◎中共福建省委宣传部资助项目成果
◎福建省社科规划社科研究基地重大项目成果
◎福建省社科基地地方文献整理研究中心成果
◎中国翻译文献整理研究中心成果
◎广西民族大学外国语言文学一级博士点支持计划成果

陳衍年譜

张旭 车树昇 龚任界 编著

海峡出版发行集团
THE STRAITS PUBLISHING & DISTRIBUTING GROUP
福建人民出版社

作者简介

张旭，香港浸会大学哲学博士，广西民族大学国际学部主任、外国语学院院长、二级教授、博士生导师，香港浸会大学翻译学研究中心荣誉研究员，中国英汉语比较研究会常务理事兼副秘书长、翻译史研究专业委员会会长，享受国务院政府特殊津贴。主要研究方向为翻译研究，兴趣兼及哲学、历史学、语言学、比较文学、中国现当代文学等。先后主持国家社科基金项目2项、国家出版基金项目1项，省部级项目8项。国际合作丛书《通天塔丛书》主编、《外国语言文化传播研究丛书》执行主编、《翻译史论丛》主编。个人学术专著有《心田的音乐：翻译家黎翠珍的英译世界》（2019）、《多维视野下的希利斯·米勒文论研究》（2020）、《近代湖南翻译史论》（2014）、《中国英诗汉译史论》（2011；2012）、《湘籍近现代文化名人·翻译家卷》（2011）、《跨越边界：从比较文学到翻译研究》（2010）、《视界的融合：朱湘译诗新探》（2008；2017）等；合著有《越界与融通——跨文化视野中的文学跨学科研究》（2012）、《外国文学翻译在中国》（2003）等；编著有《陈宝琛年谱》（2017）、《林纾年谱长编》（2014）、《风筝不断线——张佩瑶教授译学研究纪念集》（2014）等；译著有《一门学科之死》（2014）、《崛起的印度》（2012）、《翻译学导论——理论与实践》（合译，2007）等。另有学术论文90余篇散见于海内外学术期刊上。2007年获“香港翻译学会狮球教育基金会翻译研究奖学金”；2013年、2016年分获福建省社科优秀成果二、三等奖；2015年获第七届高等学校科学研究优秀成果奖（人文社会科学）三等奖；2018 年获广西社科优秀成果三等奖。

车树昇，毕业于武汉音乐学院，曾执教于长沙铁道学院、中南大学，现任职于广西民族大学。主要研究方向为音乐研究、文学。曾参加国家社科基金项目 2 项，省部级项目 2 项。参编《林纾年谱长编》（2014）、《陈宝琛年谱》（2017）、《马君武年谱》（2020）。有学术论文 10 余篇散见于各学术期刊。

龚任界，福建工程学院教授、硕士生导师，福建地方文化资源中心书画研究所所长。长期从事书画艺术理论研究与创作、艺术设计理论与实践研究、福建乡贤文化研究。先后于北京、福州等地举办个人书画展。主持福建社科重大项目 1 项，参加省级项目 4 项。绘编诗画集《没有着色的意象》（1999），编著《林纾书画集》（2014），合编《陈宝琛年谱》（2017），专著《画意千金——林纾书画研究》（2020）等，发表学术论文 10 余篇。

丛书总序

福建近现代史上，文化名人辈出，其尤著者如陈宝琛、林纾、严复、陈衍、林语堂等，或从政兴学，或赋诗为文，或研经论道，或译书新民，不仅显名于当时，更能泽被后世，具有深远影响与永久意义。对于这些文化名人的研究，除整理刊布著述、探讨思想学术之外，以年谱形式对其生平事迹、诗文著述做全面系统地梳理、考订，也是一项资料性与学术性兼备的重要工作。在这方面，由胡颂平先生编著多达十册、数百万字的巨著《胡适之先生年谱长编初稿》堪称典范。2010 年，“清华大学国学研究院四大导师年谱长编系列”由中华书局出版，在此前后，中华书局还出版了其他文化名人的年谱长编；上海交通大学出版社近年也推出了“晚清人物年谱长编”系列，均取得了较好的反响。“闽人年谱丛书”虽对象有别，但旨趣无异，而通过丛书的编写以弘扬福建地方文化，亦是题中应有之义。

本丛书以闽籍文化名人为对象，主要侧重于近现代，尤其关注尚未有过年谱或已有年谱但内容简略、资料过旧者，初步拟订的对象有陈宝琛、陈寿祺、高澍然、林纾、林语堂、沈葆桢、谢章铤、张际亮、郑孝胥、朱谦之等。资料务求翔实，编排必求妥当，全面展现谱主生平事迹、社会交往与著述情况，以期知人论世，为学界的进一步研究提供基础。

年谱之作，首重资料翔实。举凡与谱主有关之已刊、未刊著述，档案，日记，书信等，都在搜求范围之内。这些著作或藏于国内外各图书馆、档案馆，或藏于私人之手，寻访颇为不易。而且文化名人社会交往广泛，他人著述及日记书信中也往往多有记载，想要将众多资料搜罗殆尽，诚非易事，但尽可能搜寻、发现新资料，乃是本丛书编写的重中之重。在掌握相关资料的基础上，对其进行严格考辨、细致梳理、合理剪裁、逐年编排，以展现谱主之生平事迹与著述大要。

本丛书的出版，将为学界研究这些文化名人提供基础性成果，同时也可展现福建地方文化的多彩面貌和辉煌成就。

目　次

前　言

陈衍（1856—1937），幼名尹昌，字叔伊，号石遗老人，别署石遗、拾遗、醉石、陈侠、匹园等，福建侯官（今福州）人。他是近代著名诗人、词人、诗文评论家，又是研究文字学、经史、舆地学、经济学的学者。

陈衍生平大致可分为几个阶段：1856—1978 年读书侯官；1879—1890 年外出游学；1890—1898 年客居上海；1898—1906 年供职武昌；1907—1917 年治学京都；1918—1930 年归里修志，讲学厦门；1931—1937 年讲学无锡；1937 年 6 月暑假返里，竟一病不起，7 月 8 日逝世于福州文儒坊寓所，享年八十二岁，8 月 8 日葬于福州西门外梅亭文笔山。

陈衍自幼博闻强记，好学深思，自经史诗文、小学目录、山经地志乃至财政经济学，靡不涉猎。陈衍治学，贵在能于经史文学之间融会贯通，以经治史，以经释文，不屑于袭人窠臼，故能异军别张，特具识见，常能发前人所未发。他一生阅历极为丰富。光绪八年（1882）中举后，开始了近三十年的游幕生涯，先后游于台湾巡抚刘铭传（1886—1887）、湖南学政张亨嘉（1889—1890）、江南制造总局总办刘麟祥（1890—1897）、湖广总督张之洞（1898—1907）幕中。曾任官报局编纂、官学部主事等。1897 年兼上海广方言馆教习，1907 年任北京分科大学史学教授，1908—1915 年任北京大学（京师大学堂）文科教授，1916 年受聘厦门大学文科教授，1931 年受聘无锡国学专修学校教授，期间还被聘任上海暨南大学等校讲席，直至逝世，前后讲学南北历四十年，声誉卓著。

陈衍的学术著作众多，身后留有《说文解字辨证》十四卷、《说文举例》七卷、《音韵发蒙》（又名《音韵表征》）一卷；《尚书举要》五卷、《周礼疑义辨证》四卷；《通鉴纪事本末书后》十卷，主纂《福建通志》六百四十卷、《闽侯县志》一百〇六卷；《伦理讲义》一卷；《石遗室论文》五卷、《史汉文学研究法》一册；《考工记辨证》三卷、《考工记补疏》一卷、《续古文辞类纂》一册、《八家四六文补注》一卷、《元文汇补续》十卷、《烹饪教科书》一册、《戊戌变法榷议》一册等。

陈衍是中国近代诗坛著名人物，又是同光体诗人中的闽派首领，有《石遗室诗集》十卷、《补遗》一卷、《诗续》八卷，存留诗作一千三百多首。陈衍在《何心与诗叙》中说自己为诗特点是不畏“困”与“寂”，走的是一条“荒寒之路”，“无当乎利禄”。他的诗学唐仿宋，隽永清健、骨力雄奇，诗风变化多端且不尚奇奥，强调作诗“自家意思，自家言说”。这其中不乏反映社会现实的佳作，也有关心民情的篇什，更多的则是山水、游览、论诗及交游等书写生活、个人情感和创作感受之作。陈衍在《小草堂诗集叙》中谈道：道咸以前之诗人“大半模山范水，流连景光，即有感触，决不敢显然露其愤懑，间借咏物咏史，以附于比兴之体”。他提倡继承道咸以来的传统：“诗至晚清同光以来，承道咸诸老蕲向杜韩，为变风变雅之后，益复变本加厉。言情感事，往往以突兀凌厉之笔，抒哀痛逼切之辞，甚且嬉笑怒骂，无所于恤。”其诗风时而清苍幽峭，时而清新圆润，晚年更趋晓畅凝练，往往熔文学性与哲理性于一炉。钱基博《陈石遗先生八十寿序》中称：“（丈）诗最有名，盖有会于宋贤梅宛陵之仓秀，陈后山之奥峭，杨诚斋之拗折，陆放翁之宏肆，而以上窥韩昌黎之雄奇肆诡，镕裁而出之一手。”唐文治《石遗室丛书总序》则谓：“盖先生平生最喜东坡，间近昌黎，晚年多近香山。要之奄有众美，不专一家，有欲求之，此其躅矣”。黄曾樾《〈陈石遗先生谈艺录〉序》谓：“而吾师陈石遗先生，则不唐，不宋，不汉魏，不六朝；亦唐，亦宋，亦汉魏，亦六朝。《三百篇》为体，经史诸子百家为用。……其以宛陵、半山、东坡、诚斋况先生之诗者，自皮相矣。”汪国垣《光宣诗坛点将录》拟为“地煞星神机军师朱武”，评云：“一灯说法悬孤月，五夜招魂向四围。记取年时香宋句，老无他路欲何归？”在清末民初诗坛上，同光体主要在士人和遗老中盛行，陈衍则起推助之功，晚年更有“诗坛盟主”之美誉。

陈衍也是近代著名词人。他的词结集的只有《朱丝词》，收词五十阕，取调三十八种。词作最早可追溯到同治十年（1871），最晚约在光绪十三年（1887）以前，历时约十六年。其中以出游、赴试和游幕台湾时创作最多。此后词作甚少，偶为赠答、应邀之作。陈衍词作明显受浙西词派和常州词派影响，其所交游的词人既有分属浙西、常州两派者，也有游离于两派之外者，故词学思想也不拘于某一派。他充分汲取了两派的思想精髓，并与闽中地域文化相结合，颇具个性。最凸显性情的是他在文友集会时，应景趁性唱词，声情并茂，使在场者深受感染。陈衍好苏、辛慷慨之风格，从其唱词可以窥见其情怀和胸襟。

陈衍是著名的诗歌评论家。他反对唐宋门户之见，评诗多着眼于艺术形式。他的主要见解是“三元说”：开元、元和、元祐，认为诗在唐代开元（713—741）、元和（806—820）和宋代元祐（1086—1093）时最为兴盛。陈衍认为唐诗的锋芒已尽现于开元，元和则是逐渐从唐风转为宋调的枢纽时期。传统士子厚古薄今，认为后来的诗派不如前者，所以宋诗在过去的文学史中受到贬抑。但在陈衍看来，宋诗所代表的是深沉哲思、对学理的关照，即所谓“学人之诗”，其深厚性不亚于“诗人之诗”。辛亥后主要以学者身份评论诗文，影响较大。晚年诗学观点有所发展，主张“大家诗文，要有自己面目，决不随人作计”。可见其思想并非一成不变。所作《石遗室诗话》，总计三十八卷。全书主要品藻清末民初的诗人诗作，资料丰富，谈诗论艺，时有新见。另辑《近代诗钞》，收入上起咸丰下迄民初各家诗人凡三百七十人之诗，人各一卷。各家小传之后，略加评论，可与《诗话》互相补充。又撰《辽诗纪事》《金诗纪事》《元诗纪事》，均影响较大。另有《感旧集小传拾遗》四卷、《诗学概要》一卷、《诗品平议》三卷、《樊榭诗评》四册、《诗评汇编》五卷、黄曾樾编《陈石遗先生谈艺录》一卷等，均可见其诗学思想。此外，还有各类诗选本，在当时亦颇有影响。

陈衍的散文创作同样成就斐然。其《石遗室文集》十二卷、《续集》一卷、《三集》一卷、《四集》一卷，包括书信、碑铭、墓志铭、墓表、记、呈、跋、叙、序、祭、赞、传、诔等类。其内容正如《自叙》所言：“生平无韵之文无虑二三千首。教授京师、武昌各学校，说经之文数百首，论史之文数百首，论文之文百十首；佐幕台北、武昌，草奏书札数百首；卖文上海十年，寿言即数百首，杂报论说又数百首；其少时里居，课经义治事词章于书院者不数焉，今皆弃不取；尚有数百首属于记载告语各类，不于吾身尚存。择其稍雅驯者，都为一集。”陈衍尝谓，“文所以贯通经”，“未有不精于经术而能行文者”。陈衍论文之作，亦有经义存焉。

作为报人和翻译家，陈衍主张中国应设洋人报馆，延聘贯通中外时务之人，介绍西方国家的务材训农、通商兴工、敬教劝学、使贤任能各要务。他先后总纂、主笔《求是报》（1897—1898）、《湖北商务报》（1898—1904）、《国学论衡》（1931）等刊，宣传重商救国的思想，并撰写了大量文章，研究中国古代经济思想和介绍外国近代经济法律思想，以实际行动推行洋务运动和维新变法。他还先后翻译过《商业开化史》《商业地理》《商业经济学》《货币制度论》《银行论》《商业博物志》《日本商律》《日本破产律》《欧美商业实势》等著作，以开阔国人视野。

前人编纂的陈衍年谱或著述目录主要有陈声暨编、叶长青补订《侯官陈石遗先生年谱》(1927)、《侯官陈石遗年谱》(1971)，陈步编《陈石遗丛书总目录》(2007) 等。这些年谱（表）和目录，内容皆过于简略，无法完整地反映谱主的生活全貌以及历史地位，难以满足当下读者的需要。因此，我们决定编撰此《陈衍年谱》。

本年谱从陈衍的诗文、信札、翻译、编辑等资料中系统地搜集其政治、经济、教育、文艺和日常生活诸方面的活动，也参照同时代人的书信、日记、评论文字和海内外各种档案等，力求比较全面地反映陈衍的一生。

凡　例

一、本谱以尊重历史事实的态度，钩稽有关陈衍生平、思想、著述及政治活动等方面资料，以期能够准确、客观、系统、全面地反映出谱主一生的生活道路、政治倾向、思想演变和撰述历程。

二、为了说明谱主生活时代的历史背景，在各年本事之后，相应地标明相关国内外政治、文化重要事件，以便于知人论世。

三、谱主生平事迹及其诗文著述、古籍校订、书画创作，本谱予以详细记载。所撰序跋、按语、书信等则择要摘录。所引资料，均按年、月、日顺序编入，无日可考者系旬或月，无旬、月可考者系季，无季可考者系年。著译写作日期可考者，按写作日期编排；不可考者，按发表日期编排。原作题目较长或无题者，酌情依前人代拟之题。

四、引文尽量使用谱主著作原稿、原件或首次发表者，其他史料也尽可能引用第一手材料。部分无法核查第一手来源者，则尽量采用权威转述。原文有无法辨识之字，均以□表示；引用文字，原有“□”者，一律照旧；明显错字则径予改正。

五、谱前有《陈氏世系表》，谱后附《挽诗辑录》。

六、年谱所引文献，皆注明出处。相关文献首次引用时，于脚注中注明作者、书名（篇名）、出版单位、出版时间及页码，再次出现，则省略出版单位及出版时间。所引文献，也全部列入附录中的主要参考文献。

七、谱文中各年均以干支纪年冠首，附以公历纪年。民国前纪事用农历，民国后用公历。

陈氏世系表

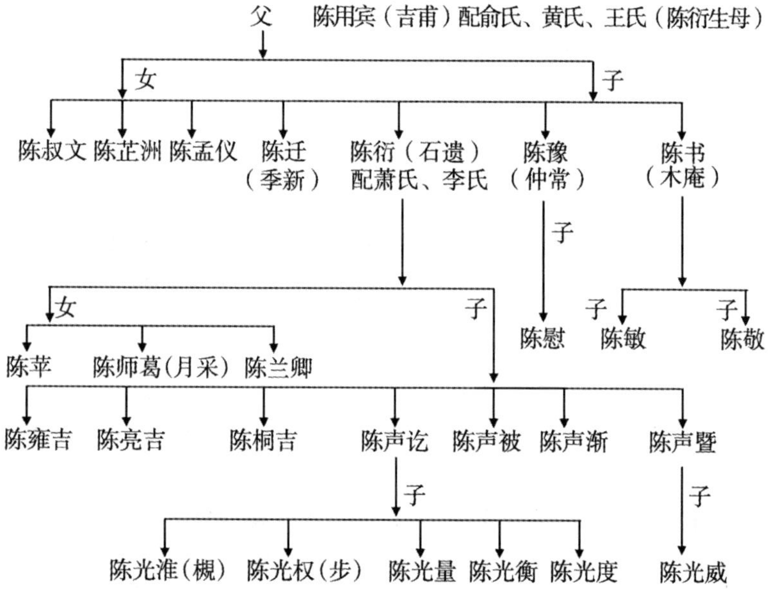
父
陈用宾（吉甫）配俞氏、黄氏、王氏（陈衍生母）
女
子
陈叔文
陈芷洲
陈孟仪
陈迁（季新）
陈衍（石遗）配萧氏、李氏
陈豫（仲常）
陈书（木庵）
子
陈慰
子
陈敏
子
陈敬
女
子
陈苹
陈师葛（月采）
陈兰卿
陈雍吉
陈亮吉
陈桐吉
陈声讫
陈声被
陈声渐
陈声暨
子
子
陈光淮（榥）
陈光权（步）
陈光量
陈光衡
陈光度
陈光威

咸丰六年丙辰（1856）　1岁

四月初八日（5月11日），出生于福州城东北井楼门内龙山之麓。

祖上于顺治年间（1644—1661）从晋江迁榕城。五世祖陈奇珍“以军官征台湾，战殁，检骨归葬东关外金鸡山，世袭云骑尉”，传至祖父陈起龙，父亲陈用宾（字吉甫），几代人“皆积学未仕”，靠设馆授徒为生。用宾两次娶妻，皆早亡；后又续娶王氏，生四子三女。陈衍为第三子，出生时，父年已五十，故取名为衍，小名尹昌，字叔伊。【按：叔，有“拾”义。《诗·豳风·七月》：“九月叔苴。”毛传：“叔，拾也；苴，麻子也。”石遗，乃叔（拾）伊之谐音。后又以之名其室、其诗文集。】

> 陈声暨编《侯官陈石遗先生年谱》卷一：家君姓陈氏，福建福州府侯官县人。先世顺治间，自泉州晋江城内草埔尾地迁省城，为始祖奇珍公，以军官征台湾，战殁，检骨归葬东关外金鸡山，世袭云骑尉。三传而至曾王父御六公，讳起龙。四传至先大父鹿笙公，讳用宾，字吉甫，皆积学未仕，年五十生家君，故名曰衍。……是年四月八日寅时，生于城东北井楼门内龙山之麓。①

> 陈衍《记先妣事》：先妣王氏，生不孝于福州井楼门龙山之麓。老屋数楹，后有废园，因山而浸隆，藜蒿没人，间以恶木。先妣自执钩镰斩刈，日千百，其坚者砺厨刀节节短之，尺为度。时方妊不孝数月，见者戒勿屈腰吕，数数挥刃，恐误残腹中儿五官支体。盖俗相传胎影所响，若剪刀、

---

① 陈衍撰，陈步编：《陈石遗集·附录一》，福州：福建人民出版社，2001年，第1938—1939页。

缝线及之，且缺唇、朘闭、眵若眇诸毁伤也。先妣笑弗顾，佣一僮，仙游人，愿而有力，督之锄地艺菜，夜则就先君授唐宋人诗。言田园耕种者久之，槎苏塞屋，不孝亦呱呱生矣。①

陈衍《故直隶博野县知县木庵先生墓志铭》：先君三娶至吾母王氏。……吾母育四男三女，……父讳用宾，妣俞氏、黄氏、王氏。②

《侯官陈石遗先生年谱》卷四：［张之洞］首询何以名衍，答以先君年五十得衍故。又问何以字叔伊，答以小名尹昌故。③

陈衍《戴母王孺人墓志铭》：先妣姓王氏，玉环人，外王父恩贡生槐江公长女。④

萧道管《命名说》：君名衍。能谈天似邹衍，好饮酒似公孙衍，无宦情恶铜臭似王衍，对孺人弄稚子似冯衍，恶杀似萧衍，无妾媵似崔衍，喜《汉书》似杜衍，能作俚词似蜀王衍，喜篆刻似吾邱衍，喜《通鉴》似严衍，喜今古文《尚书》《墨子》似孙星衍。特未知其与元祐党人碑中之宦者陈衍何所似耳？请摹其字以为名刺何如？⑤

黄濬《花随人圣庵摭忆》补篇七五：先生小名尹昌，故字曰叔伊，其以“石遗室”称者，弱冠梦至一处，重楼叠阁，阒其无人，有书数百橱，随手抽数册阅之，书边印石遗

① 《陈石遗集·石遗室文集》卷四，第460页。

② 《陈石遗集·石遗室文集》卷三，第452—453页。

③ 《陈石遗集·附录一》，第1974页。

④ 《陈石遗集·石遗室文集》卷三，第456页。

⑤ 陈衍：《石遗室诗话》，郑朝宗、石文英校点，北京：人民文学出版社，2004年，第442页。

某某书，中似是自己著作，时方阅《元遗山集》，因遂自号石遗。后细思此二字与叔伊颇相合，遗、伊国语同音，石、拾同音，叔又训拾，乃号所居为石遗室。①

陈衍《记先君子遗事》：不孝兄弟四人读，皆先君子自课。②

是年，屠寄（1856—1921）出生，原名庾，字敬山，一字景山，号结一宧主人。江苏武进人。

是年，左宗棠44岁；谢章铤36岁；李慈铭26岁；刘铭传20岁；张之洞19岁；陈书18岁；杨守敬17岁；爱新觉罗·宝廷16岁；吴汝纶16岁；何维朴14岁；冯煦13岁；叶大庄12岁；缪荃孙12岁；樊增祥10岁；袁昶10岁；周家禄10岁；张亨嘉9岁；陈宝琛8岁；王仁堪8岁；孙诒让8岁；沈曾植6岁；陈季同5岁；刘大受4岁；林纾4岁；何维栋4岁；张謇3岁；陈三立3岁；陈琇莹3岁；黄绍箕2岁；严复2岁；夏思痛2岁。

咸丰七年丁巳（1857）　2岁

是年，能识楹联上“佳美”二字。

《侯官陈石遗先生年谱》卷一：能识楹联上“佳美”二字。③

是年，朱祖谋（1857—1931）出生，字藿生，一字古微，号沤尹，又号彊村，别署上彊村民。浙江吴兴人。

沈宗畸（1857—1926）出生，字太侔，号南雅、繁霜阁主。广东番禺人。

---

① 黄濬：《花随人圣庵摭忆》（上），北京：中华书局，2008年，第998页。

② 《陈石遗集·石遗室文集》卷四，第459页。

③ 《陈石遗集·附录一》，第1939页。

咸丰八年戊午（1858） 3岁

是年，父开始教授《三字经》《千字文》。

《侯官陈石遗先生年谱》卷一：读《三字经》《千字文》。自是至十岁，皆先大父讲授课作文字。①

是年，沈瑜庆（1858—1918）出生，字志雨，号爱苍，又号涛园。福建侯官人。

是年，易顺鼎（1858—1920）出生，字实甫、实父、中硕，号忏绮斋、眉伽，晚号哭庵、一庵居士等。湖南龙阳（今汉寿）人。

咸丰九年己未（1859） 4岁

是年，读《孝经》《千家诗》。

《侯官陈石遗先生年谱》卷一：读《孝经》《千家诗》，喜“花开红树”“绿树阴浓”“黄梅时节”“去年花里”诸首，别有会心。②

八月二十日（9月16日），袁世凯（1859—1916）出生，字慰亭（又作慰廷），号容庵、洗心亭主人。河南项城人。

秋，伯兄陈书（1838—1905）应乡试。陈书，字伯初，号俶玉，一号木庵。光绪元年（1875）举人。家居侍母疾，精通医学，无意仕进。后出游苏、皖。二十六年（1900），任直隶博野知县。二十八年（1902），以疾乞归，后卒于里。著有《木庵居士诗》二卷。陈书尝从龚易图、陈宝琛、叶大庄游，岁得诗百十

① 《陈石遗集·附录一》，第1939页。

② 《陈石遗集·附录一》，第1940页。

首，与陈宝琛交尤厚，时相酬唱。陈宝琛家居期间，所作书，常与陈书、陈衍兄弟商榷。陈书曾长期客沈瑜庆幕，游江宁、池州、淮北、苏州等地。①

《侯官陈石遗先生年谱》卷一：是秋，先大世父应乡试。②

是年，梁鼎芬（1859—1919）出生，字星海，一字心海，又字伯烈，号节庵，别号不回山民、孤庵、病翁、浪游词客、葵霜、藏山、藏叟等；室名有耻堂、葵霜阁、栖凤楼、抗愤堂等；广东番禺人。

李葆恂（1859—1915）出生，原名恂，字宝卿，号文石，更号叔默，别号红螺山人，辛亥（1911）复改名理，字寒石，号凫翁，又称孤笑老人。奉天义州（今辽宁义县）人。

咸丰十年庚申（1860）　5岁

十二月初五日（1861年1月15日），弟迁生，字季新。

《侯官陈石遗先生年谱》卷一：十二月五日，季父生，先大父命之曰迁，字曰季新。③

十二月初十日（1861年1月20日），清廷设立总理各国事务衙门，恭亲王奕䜣、大学士桂良、户部左侍郎文祥总其事。

是年，父开始教授“四书”、《毛诗》、《春秋左氏传》。

《侯官陈石遗先生年谱》卷一：读四子书、《毛诗》、《春秋左氏传》。先大父烂熟经史，晨寝未兴，令家君立床前背

① 陈衍：《故直隶博野县知县木庵先生墓志铭》，《石遗室集·石遗室文集》卷三，第452—453页。

② 《陈石遗集·附录一》，第1940页。

③ 《陈石遗集·附录一》，第1940页。

诵昨日所授书，一字错落，必呵正之。①

是年，郑孝胥（1860—1938）出生，字苏戡，一字太夷，号海藏。福建闽县人。

张元奇（1860—1922）出生，字贞午，又作珍午。福建侯官人。

杨增荦（1860—1933）出生，字昀谷，以字行，别号延真子、滋阳山人。江西建新人。

咸丰十一年辛酉（1861） 6岁

七月十七日（8月22日），咸丰帝崩于热河，年三十一岁。

十月初九日（11月11日），皇太子载淳即位太和殿，以明年为同治元年。

十一月初一日（12月2日），同治帝奉两宫皇太后垂帘听政。

是年，读《左传》《尚书》。

《侯官陈石遗先生年谱》卷一：读《左氏传》《尚书》。先大父授书动数千言，若《书·禹贡》，《传》"公子重耳之出亡韩""城濮、泌、鄢陵之战"，皆起讫限一日背诵。②

是年，沈翊清（1861—1908）出生，字丹曾，号澄园。福建侯官人。

饶芝祥（1861—1912）出生，字符九，号占斋。江西南城人。

---

① 《陈石遗集·附录一》，第1940页。

② 《陈石遗集·附录一》，第1940页。

同治元年壬戌（1862）　　7岁

是年，举家移居汤门街。读唐人近体诗，最喜陈子昂、杜审言、宋之问、王湾、孟浩然等诗。常随父游览城中三山、城西小西湖、怡山长庆寺、施氏园、李氏园、城东温泉等名胜，并尝试写诗。闲时则帮母亲清理废园。

《侯官陈石遗先生年谱》卷一：移居汤门街，……先大父常提携出游城中三山、城西小西湖、怡山长庆寺、施氏园、李氏园、城东汤泉诸处。尝私学为歌诗，积一小帙焉。[①]

陈衍《记先君子遗事》：常提携适山水间，城中三山、城西小西湖、怡山诸兰若、城东温泉。[②]

陈衍《记先妣事》：不孝生七年，移居汤门街，屋后又有废园，先妣所以斩伐芜秽者，如在龙山之麓时。不孝诵书之暇，则汰瓦砾、筛细土，平画畦町，大木豫章。柚、木兰外，蔬蓏荚生实根诸物，靡不种植。贫家终岁盘碗所食，十恃五六焉。[③]

是年，陈庆年（1862—1929）出生，字善余，号横山。江苏丹徒人。

恽毓鼎（1862—1917）出生于河北大兴，字薇孙，一字澄斋。祖籍江苏常州。

十二月初五日（1863年1月23日），郑孝柽（1863—1946）出生，字稚辛，一字稚星。福建闽县人。

---

① 《陈石遗集·附录一》，第1941页。

② 《陈石遗集·石遗室文集》卷四，第459页。

③ 《陈石遗集·石遗室文集》卷四，第460页。

同治二年癸亥（1863）　　8岁

是年，读小说传奇，作两传奇。

《侯官陈石遗先生年谱》卷一：读书外，常从诸姑母私看小说传奇，戏仿为《水晶宫》《雁门关》两传奇。后来回忆，约略《柳毅传书》《昭君出塞》情事，一种数叶，不知其中作何语矣。①

是年，林开謩（1863—1937）出生，字益苏，号贻书，又号放庵。福建长乐人。

高而谦（1863—1918）出生，字子益。福建长乐人。

同治三年甲子（1864）　　9岁

秋，始从伯兄陈书习唐宋诗词及古文。

《侯官陈石遗先生年谱》卷一：十月，大世父使二世父代馆，……大世父日则奔走于外，夜则就灯下授家君唐宋人诗古文词。家君尝言夜读时，见大世父瓶中所插菊花，秀色沁入脑际，胸中一种诗味不可名言。②**【按：二世父，陈衍仲兄，名豫，字仲常。】**

《石遗室诗话》卷一：余九岁时，先伯兄讲授唐诗，自秋徂冬，王、孟、韦、柳诗成诵一二百首，上及陈伯玉、张曲江之作。③

是年至次年，开始翻阅聚红榭同人的诗词。

---

① 《陈石遗集·附录一》，第1941页。

② 《陈石遗集·附录一》，第1942页。

③ 《石遗室诗话》卷一，第19页。

陈衍《非半室诗存叙》：余生八九岁，知翻阅聚红榭同人诗词。[①]**【按：聚红榭由谢章铤创立于咸丰年间，活动时间大致在咸丰丙辰年（1856）至同治癸亥年（1863），“以依声填词为主，兼课诗，前后参加者多达二十余人”[②]，唱和作品结集有《聚红榭雅集词》《过存诗略》《游石鼓诗录》。】**

是年，陈诗（1864—1943）出生，字子言，号鹤柴山人。安徽庐江人。

王式通（1864—1931）出生，原名仪通，字书衡。原籍浙江绍兴，寄籍山西汾阳。

同治四年乙丑（1865）　10岁

正月（1月至2月），已读完《书》《诗》《周礼》《易》等经典，能背诵《文选》中“京都”“江海”诸赋。

《侯官陈石遗先生年谱》卷一：正月，大雪厚数寸，时《易》《书》《诗》《周礼》《春秋左氏传》已毕读，《礼记》才毕《曲礼》，《尔雅》才读《释诂》。[③]

陈衍《记先君子遗事》：不孝生十年毕业《诗》《书》《易》《周礼》《春秋左氏传》，《小戴礼》始读《曲礼》，《尔雅》始读《释诂》。……弃养之岁，夏暵常终夜不寐。一夜忽语不孝：“曾子易箦、孔子梦奠两楹事，汝知之乎？”特翻《檀弓》为讲此两节。次夜又讲授陶渊明《与子俨等疏》。[④]

---

① 《陈石遗集·石遗室文三集》卷三，第635页。

② 陈庆元主编：《谢章铤集》，长春：吉林文史出版社，2009年，第915页。

③ 《陈石遗集·附录一》，第1943页。

④ 《陈石遗集·石遗室文集》卷四，第459—460页。

《石遗室诗话》卷一：次年（乙丑）乃及李、杜与晚唐。①

八月（9月至10月），父用宾卒，享年六十。

《侯官陈石遗先生年谱》卷一：七月，台风起，后园一大豫章高数丈，忽拔而仆。踰月，大父卒，或其兆也。……十一月营葬。大世父自书墓碑，题一联云："芝草琅玕日应长，霓衣风马纷归来。"②

陈衍《记先君子遗事》：而八月遂覯闵凶，哀哉！③

陈衍《先室人行述》：衍家世贫，生十年，丧先君。二兄以养以教。④

陈书《先君子行状》：先君讳用宾，字吉甫，卒年六十。⑤

是年，程颂万（1865—1932）出生，字子大，一字鹿川，晚号十发居士。湖南宁乡人。

同治五年丙寅（1866）　　11岁

是年，移居灯笼巷，开始与一些福州名流往来，习科举之文。

《侯官陈石遗先生年谱》卷一：移居灯笼巷。……二世父课家君读，时两世父所常往来者，徐云汀一鹗、陈子驹遹祺、刘寿之三才、林怡庵葵，皆福州名流。陈、林能诗能

---

① 《石遗室诗话》卷一，第19页。
② 《陈石遗集·附录一》，第1943页。
③ 《陈石遗集·石遗室文集》卷四，第460页。
④ 《陈石遗集·石遗室文集》卷二，第437页。
⑤ 陈书：《木庵居士诗·木庵文稿》，光绪三十二年（1906）武昌刻本。

画，徐、刘能诗词。[①]

《石遗室诗话》卷一：十余岁时已习举业，然有终年学为诗日课一首者。[②]

陈衍《记先君子遗事》：至为制举文，则不自改削，使请业于一时号称名师者。[③]

冬，仲兄陈豫出应院试。

《侯官陈石遗先生年谱》卷一：是冬，二世父以降服故，出应院试，为郡诸生。[④]

是年，结识陈琇莹（字芸敏）、王景（字兰生）。

陈衍《故孝廉王君兰生墓志铭》：忆余年十一，先识琇莹，因识君。君馆法海寺郑姓宅，有花木池台，余与琇莹时至，醵饮为乐。[⑤]

是年，姚永概（1866—1923）出生，字叔节，号幸孙。安徽桐城人。

罗振玉（1866—1940）出生，初名振钰，入学后更名振玉，字叔言，号雪堂，晚号贞松老人。祖籍浙江上虞。

王仁俊（1866—1913）出生，字杆郑，号籀许。江苏吴县人。

孙雄（1866—1935）出生，本名同康，字君培，又字师郑，号郑斋，室名有郑学斋、师郑堂、用夏斋、眉韵楼、诗史阁、味辛斋等，又号朴庵、禹斋，晚号铸翁。江苏昭文人。

薛绍徽（1866—1911）出生，字秀玉，又字香玉，号男姒。

---

① 《陈石遗集·附录一》，第1943页。

② 《石遗室诗话》卷一，第19页。

③ 《陈石遗集·石遗室文集》卷四，第459页。

④ 《陈石遗集·附录一》，第1943页。

⑤ 《陈石遗集·石遗室文集》卷三，第450—451页。

福建闽县人。

同治六年丁卯（1867） 12岁

是年，移居鳌峰坊。

《侯官陈石遗先生年谱》卷一：移居鳌峰坊。……是岁，大世父假馆南营鹾商陈寓，挈家君往读，日课一诗。①

四月（5至6月），随仲兄游石鼓山。

《侯官陈石遗先生年谱》卷一：四月，随二世父游石鼓山，止东际楼，至喝水岩、灵源洞、水云亭、舍利窟、达摩洞、白云洞诸处。②

九月（10月至11月），仲兄陈豫乡试中副榜贡生。

《侯官陈石遗先生年谱》卷一：九月，二世父乡试中副车。③

是年，闽浙总督英桂在左宗棠所设正谊书局的基础上设立正谊书院（与鳌峰、凤池、致用合称“福州四大书院”）。首任山长是道光十六年（1836）状元林鸿年（1804—1886，字勿村）。

陈遵统等编纂《福建编年史》：（林）鸿年由同治六年起，到了光绪十一年（一八八五）冬逝世，整整做了十九年的院长。前后学生中，最先如叶大焯、陈宝琛、张亨嘉……中间如刘大受、陈书……最后如林纾（原名群玉）、陈衍、吴曾祺等都是著名的特出人才。④

---

① 《陈石遗集·附录一》，第1944页。

② 《陈石遗集·附录一》，第1944页。

③ 《陈石遗集·附录一》，第1944页。

④ 陈遵统等编纂：《福建编年史》下册，福州：福建人民出版社，2009年，第1311—1312页。

陈声聪《闽词谈屑》：清光绪间，朴学大师谢枚如（章铤），为正谊书院山长，一时名彦如陈弢庵（宝琛）、陈木庵（书）、陈石遗（衍）、张贞午（元奇）、林畏庐（纾）等，皆出其门下。以经术而为词章，与南海陈兰甫巍然相峙。[①]

是年，何振岱（1867—1952）出生，字梅生，号觉庐、悦明，晚号梅叟。福建闽县人。

柯鸿年（1867—1929）出生，字贞贤，号珍岑，晚号澹园居士。福建长乐人。

张元济（1867—1959）出生，字菊生，号筱斋。浙江海盐人。

王允皙（1867—1929）出生，字又点，号碧栖。福建长乐人。

赵熙（1867—1948）出生，字尧生，号香宋。四川荣县人。

周殿薰（1867—1929）出生，字墨史，号曙岚。福建同安人。

黄瀚（1867—1939）出生，字瀚卿，号雁汀。福建同安人。

同治七年戊辰（1868）　13 岁

四月（4 月至 5 月），随伯兄陈书往刘岵晨宅就读。

《侯官陈石遗先生年谱》卷一：四月，大世父假馆光禄坊前杭嘉湖道刘岵晨齐昂宅，挈家君往读。[②]

闰四月（6 月），江南制造局翻译馆开馆。

是年，吴士鉴（1868—1934）出生，字䌹斋，号公詧，室名

① 陈声聪：《填词要略及词评四篇》，广州：广东人民出版社，1986 年，第 150 页。

② 《陈石遗集·附录一》，第 1944 页。

含嘉室。浙江钱塘人。

同治八年己巳（1869） 14岁

是年，学作律赋。

《侯官陈石遗先生年谱》卷一：家居习举业，学为律赋，多读秦汉六朝人文，长篇若《两都》、若《哀江南》诸赋，皆背诵如流。[①]

七月（8月至9月），侄陈敬生。

《侯官陈石遗先生年谱》卷一：七月，从兄大弥生，大世父出。大弥讳敬，光绪壬寅举人。[②]

是年，章太炎（1869—1936）出生，原名学乘，字枚叔，后易名炳麟。浙江余杭人。

吴保初（1869—1913）出生，字彦复，号君遂，晚号瘿公。安徽庐江人。

同治九年庚午（1870） 15岁

是年，移居石井巷，习举业，应童子试，未售。

《侯官陈石遗先生年谱》卷一：移居石井巷，屋极湫隘。家居习举业，出应童子试，仍未售。学为骈体文。[③]

九月（9月至10月），伯兄陈书乡试中副榜贡生。

《侯官陈石遗先生年谱》卷一：九月，大世父乡试中副车。[④]

---

① 《陈石遗集·附录一》，第1945页。

② 《陈石遗集·附录一》，第1945页。

③ 《陈石遗集·附录一》，第1945页。

④ 《陈石遗集·附录一》，第1945页。

冬，移居河东街，学作诗钟。

《侯官陈石遗先生年谱》卷一：冬，移居河东街。……两世父每集朋辈吟折枝，斗菊为胜负，家君得菊较夥颐。折枝者，拈不对两字，嵌在七言对句中，约定嵌第几字，对仗工整者胜。亦名诗钟，即古人击钵催诗意。[①]

是年，高凤谦（1870—1936）出生，号梦旦。福建长乐人。

周愈（1870—1945）出生，字雨渔，晚号四香居士。福建侯官人。

同治十年辛未（1871） 16岁

是年，多阅唐宋元明人笔记小说，喜好张惠言《词选》和黄景仁《两当轩诗》。始学填词，作有《浣溪纱》《摊破浣溪纱》。

《侯官陈石遗先生年谱》卷一：多阅唐宋元明人笔记小说，喜张皋文《词选》、黄仲则《两当轩诗》。……是岁，家君始学填词，有《浣溪纱》二阕、《摊破浣溪纱》一阕。[②]

【按：陈衍的词作主要集中于同治十年（1871）至光绪十三年（1887），在其十六岁至三十二岁之间。】

龚乾义（1871—1935）出生，字惕庵，一字元彊，号华鬘。福建闽县人。

同治十一年壬申（1872） 17岁

是年，移居八角楼。冬，六姐芷洲适沈玮庆。

《侯官陈石遗先生年谱》卷一：移居八角楼。……是冬，

① 《陈石遗集·附录一》，第1945页。

② 《陈石遗集·附录一》，第1945—1946页。

六姑母适沈氏。[①]【按：沈玮庆，沈葆桢长子。】

曾代伯兄陈书作某太守寿序，书极称善。

《侯官陈石遗先生年谱》卷一：家君尝为大世父代作某太守寿序，有云："以五品官与宰相争可否者，御史也；以二千石与皇帝共忧勤者，太守也。"大世父逢人诵之。[②]

是年，罗敦曧（1872—1924）出生，字孝遹，号瘿公。广东顺德人。

傅增湘（1872—1949）出生，字沅叔，别署双鉴楼主人、藏园居士、藏园老人、清泉逸叟、长春室主人等。四川江安人。

同治十二年癸酉（1873）　　18岁

四月（4月至5月），入邑庠为诸生。

《侯官陈石遗先生年谱》卷一：四月，入邑庠为诸生。[③]

八月（9月至10月），同二兄应乡试，皆不售。

《侯官陈石遗先生年谱》卷一：八月，同两世父应乡试。九月，揭晓，皆荐而不售。[④]

十二月初十日（1874年1月27日），与同邑萧道管定婚。

《侯官陈石遗先生年谱》卷一：腊月十日，与先母萧恭人定婚。[⑤]

陈衍《先室人行述》：室人姓萧氏，讳道管，字君珮，一字道安，侯官人。父凌皋公弃儒而商，致多金，年且七

① 《陈石遗集·附录一》，第1946页。
② 《陈石遗集·附录一》，第1946页。
③ 《陈石遗集·附录一》，第1947页。
④ 《陈石遗集·附录一》，第1947页。
⑤ 《陈石遗集·附录一》，第1947页。

十，始生室人，次室林氏出也。……成《说文重文管见》一卷，《列女传集解》十卷，《萧闲堂札记》四卷，《然脂新话》三卷，《平安室杂记》一卷，遗诗文长短句各一卷，前后刊行。①

是年，林思进（1873—1953）出生，字山腴，晚年自号清寂翁。四川华阳人。

同治十三年甲戌（1874）　19岁

二月（3月至4月），入致用书院。

《侯官陈石遗先生年谱》卷一：二月，同二世父考取致用书院。②

三月（4月至5月），伯兄陈书就幕于汀州永定县，陈衍作诗送别。

《侯官陈石遗先生年谱》卷一：三月，大世父就幕于汀州永定县，携眷行。家君有送别诗，今不存。③

十月（11月至12月），迎娶萧道管。

《侯官陈石遗先生年谱》卷一：十月，先母来归，年二十。④

十二月初五日（1875年1月12日），同治帝崩，庙号穆宗。

是年，许承尧（1874—1946）出生，曾名芚，字际唐，号疑庵。安徽歙县人。

金天羽（1874—1947）出生，初名懋基，又名天翮，字松岑，号鹤望，别署金一、天放楼主人等。江苏吴江人。

---

① 《陈石遗集·石遗室文集》卷二，第437、441页。

② 《陈石遗集·附录一》，第1947页。

③ 《陈石遗集·附录一》，第1947—1948页。

④ 《陈石遗集·附录一》，第1948页。

光绪元年乙亥（1875）　20 岁

正月二十日（2 月 25 日），光绪帝即位，两宫皇太后再度垂帘听政。

二月（3 月至 4 月），移居妙巷。

《侯官陈石遗先生年谱》卷一：移居妙巷。……家君题一楹联云："翠袖影婵娟，日暮天寒倚修竹；疏帘风料峭，秋深人瘦比黄花。"有《疏影词》三阕、咏菊影；有《蝶恋花》三阕、咏落梅残月。①

萧道管《戴花平安室杂记》：余初嫁之明年，二月移居妙巷，室极小，向窗处仅容一书案，与君共之，曲尺而坐，膝相促也。……是秋，余肌容略瘦，君题楹联云："翠袖影婵娟，日暮天寒倚修竹；疏帘风料峭，秋深人瘦比黄花。"②

陈衍《先室人行述》：初嫁时，所居窗前有竹数十竿，衍偶馆于外，室人摊书绿阴，沉思独往。③

《石遗室诗话》卷二十四：余甚爱菊，而懒于种菊，不得好种，生平遂无好诗。惟少日曾填《疏影》调三阕……。词本非所工，少日偶一为之，则雅慕北宋，不欲烟视媚行，如近人之效南宋者，故粗硬既所时有；而此三阕又次朱上舍韵，更易涉牵强，然不妨为菊贡丑也。④

秋，兄陈书、陈豫中式福建乡试乙亥恩科举人。

萧道管《戴花平安室杂记》：是年为今上纪元，特开

---

① 《陈石遗集·附录一》，第 1948 页。

② 《陈石遗集·附录一》，第 2089 页。

③ 《陈石遗集·石遗室文集》卷二，第 441 页。

④ 《石遗室诗话》卷二十四，第 370—371 页。

恩榜，君为其仲兄邀往经院巷寓斋攻举业，间一二日一归。①

《侯官陈石遗先生年谱》卷一：是秋，两世父皆举于乡，家君又报罢。②

十二月末（1876年1月），夫人萧道管产下一子，夭折，萧夫人因此病重。陈衍亦病，至次年正月才痊愈。【按：萧道管先后产八男二女。】

《侯官陈石遗先生年谱》卷一：腊月杪，先母产长兄，二日而殇，病甚殆。③

萧道管《戴花平安室杂记》：是年腊月，余产一男而殇，病甚殆。君亦病，次年正月愈。④

是年，林旭（1875—1898）出生，字暾谷。福建侯官人。【按：林旭之妻沈鹊应为沈葆桢之孙女，幼授业于陈衍，称陈为三舅。】

许宝蘅（1875—1961）出生，字季湘，晚号夬庐。浙江杭州人。

夏敬观（1875—1953）出生，字剑丞，又字盥人、缄斋，晚号吷庵，别署玄修、牛邻叟。江西新建人。

张葆达（1875—1968）出生，字秀渊，号知非。福建闽县人。

陈耀妫（1875—1948）出生，字省吾，号惺庐。福建长乐人。

---

① 《陈石遗集·附录一》，第2089页。
② 《陈石遗集·附录一》，第1948页。
③ 《陈石遗集·附录一》，第1948页。
④ 《陈石遗集·附录一》，第2089页。

光绪二年丙子（1876）　　21岁

二月（2月至3月），请画师为夫人道管写小影，题《洞仙歌》一阕。

《侯官陈石遗先生年谱》卷一：二月，请画师施祖柱为先母写小影，题《洞仙歌》一阕。①

是年，常为帖括之会。

萧道管《戴花平安室杂记》：是年为丙子乡试正科，君在家与丹孙诸人，为帖括之会。当是时，年少气盛，余与君皆不甚以功名为意。②

八月末（10月），携夫人道管等游石鼓山。

萧道管《戴花平安室杂记》：是秋八月杪，与君陪余母亲游石鼓山，宿东际楼者二夜。喝水岩、舍利窟诸处，余均能健步上下石磴，不坐篮舆。归，用西洋法照相。③

秋，应乡试，未中；始治小学。

《侯官陈石遗先生年谱》卷一：是秋，家君乡闱又报罢。是年，始治小学。④

秋，原曾国藩幕客章寿麟（1833—1887，字价人）致休还乡之际，路过靖港，遥望铜官山，有感咸丰四年四月（1854年5月）靖港之战，曾国藩为太平军所败，欲投水而为章寿麟所救一事，作《铜官感旧图》记之。时朋僚故旧为此图题跋甚多，辑成《铜官感旧图题咏》四册，后世名贤亦陆续题写诗文，前后达二

① 《陈石遗集·附录一》，第1948—1949页。
② 《陈石遗集·附录一》，第2089页。
③ 《陈石遗集·附录一》，第2090页。
④ 《陈石遗集·附录一》，第1949页。

百余人，终辑成八册。后陈衍亦有题诗。

陈衍《章曼仙属题铜官感旧图》：湘乡败赴水，章公力挽之。始终置不问，论者各有辞。吾闻郭汾阳，太白救其危。白后亦获罪，免之惟子仪。晏子脱越石，越石从此辞。出已所不谢，箴言表风规。事理固万变，折中闻仲尼。溯江绝洞庭，我行过临资。赫赫报功祠，山颠复水湄。嗟哉功名士，激昂效驱驰。①

是年，与夫人联句一首，作《浣溪纱》词一首。

是年至次年，读张佩纶诗。

《石遗室诗话》卷六：丙子丁丑间，从损轩处读幼樵在都降神诸诗，才笔淹雅，与他人所扶者不同。②

是年，李宣龚（1876—1953）出生，字拔可，号观槿，室名硕果亭，晚号墨巢。福建闽县人。

陈师曾（1876—1923）出生，又名衡恪，号朽道人、槐堂。江西义宁人。

光绪三年丁丑（1877） 22岁

正月廿六日（3月10日），长子声暨生，小名钱儿。【按：陈声暨（1877—1925），字公荆，官交通部主事。工诗文，《石遗室诗话》云其诗能学韩，颇为涛园所称。编撰《石遗先生年谱》卷一至卷五前半卷。】

《侯官陈石遗先生年谱》卷一：正月二十六日，声暨生。时先母妊声暨未弥月归宁，隔宿遂生于外祖母雅道巷宅。③

① 《陈石遗集·石遗室诗集》卷五，第163—164页。

② 《石遗室诗话》卷六，第97页。

③ 《陈石遗集·附录一》，第1949页。

萧道管《戴花平安室杂记》：（次年）正月，钱儿生。未弥月，归宁，隔宿遂生于母亲家。①

七月末（8月末至9月初），大病，数十日不出户。

《侯官陈石遗先生年谱》卷一：七月，家君病，九月初始愈。②

陈衍《高逋孙墓志铭》：丁丑七月，余病且死，不出户者数十日。③

萧道管《戴花平安室杂记》：是秋七月杪，君病甚剧，近重阳始勿药。君伯兄与陈芸敏、徐仲眉、叶临恭诸人，为降神之戏，夜夜净几明灯，联吟倡和于沙盘木筏中，君亦复彻晓不寐矣。④

九月初六日（10月12日），高钟泉（字逋孙）卒，年仅二十三岁。后陈衍为之撰墓志铭，又有词悼之。

《侯官陈石遗先生年谱》卷一：而高丈逋孙瘵疾卒，往哭之恸。⑤

陈衍《高逋孙墓志铭》（作于1886年）：而君讣至，以九月六日卒矣。……君讳钟泉，侯官人。……君卒年才二十有三。……君权厝西关外，葬未有期。余旅食四方，先为之铭，将以归诸其家。铭曰：玉树之长埋兮，不一舒其枝柯。玉佩与琼琚兮，其声魄以和。吾知其奂若瓔，猛于山阿。⑥

陈衍《九日忆逋孙亡友》：茅店旗亭语不多，悲秋郊老

---

① 《陈石遗集·附录一》，第2090页。

② 《陈石遗集·附录一》，第1949页。

③ 《陈石遗集·石遗室文集》卷三，第449页。

④ 《陈石遗集·附录一》，第2090页。

⑤ 《陈石遗集·附录一》，第1949页。

⑥ 《陈石遗集·石遗室文集》卷三，第449—450页。

渺山河。无间为续重阳句，出色孤花奈汝何。君有遗诗三十余首，属定未报，“花孤饶出色”，君咏菊句也。①

陈衍《贺新凉》(1878)：竟有吞声别，怪连宵、风房露槛，云旗明灭。十载回肠无一语，已透中边洞彻。却不道，催花时节。纵有鹃声啼不断，顿西楼、月黑天如铁。曾不见，鹃之血。　百身莫赎三良穴。甚池塘、荆榛栉比，都无磨折。拼却晓风残月苦，英发雄姿休说。况细数、灯光香热。耿耿当熊占鹊感，总星辰、昨夜明河澈。又岂啻，牙琹辍。②

陈衍《岁暮怀旧绝句三十三首》(1914)其一：芙蓉摇落向秋江，卌载寒闺泣夜釭。输与卿谋携手去，女儿夫婿自双双。高逋孙文学。③

徐珂编撰《清稗类钞·高逋孙与陈石遗善》：侯官高逋孙文学钟泉之妇邵氏，幼随父宦江南，尝与逋孙谈太湖山水，为之神往，以语其友陈石遗。时陈亦蜷曲乡井，往往出门写忧，意行原野，则回汀断港，颓榭荒龛，与高相遌而笑，买山果菱芡之属以充饥渴。日既入，不忍舍去，有千百钱，则沽酒相从老屋中，谈谐动邻壁，盖高与陈固相善也。④

是年，作诗《咏史三十八首》《陈芸敏编修属题桂未谷说文系统图》等。【按：《石遗室诗集》从是年开始收录。】

仲兄陈豫寄示七言古诗一首。

《石遗室诗话》卷五：仲常家兄豫，四十以前，作诗亦不

① 《陈石遗集·石遗室诗集补遗》，第315页。

② 《陈石遗集·石遗室诗集·朱丝词》卷上，第404页。

③ 《陈石遗集·石遗室诗集》卷六，第223页。

④ 徐珂编撰：《清稗类钞·师友类》，北京：中华书局，2010年，第3619—3620页。

少，绝不留稿。丁丑旅食屏南，山行得七言古一首，寄余，惟记一韵云：“千年奇境僻未著，当无蜀道若是班。”又在屏南县署，用工部《秦州杂诗》韵二十首，惟记数联云：“哑哑庭前树，慈乌待哺归。栖枝虽稍稳，得食一何微。”又“天风吹昆仑，飘下众芳繁。落溷花无主，辞山泉有源。”又“息翮羡林鸟，奔波怜涧泉。”[①] **【按：“落溷”句，《近代诗钞》作“坠涧石无主”。】**

是年至次年，事考订之学，治《说文》。

陈衍《说文重文管见叙》：丁丑、戊寅间，衍从事考订之学，方治《说文》，取坊间重刻孙氏本，属先室人，每字剪为纸片，小注属焉。分重文、阙训、指事、象形、会意、形声、假借各类，黏贴纸本，辨别部居，不相杂厕。[②]

是年十月廿九日（12月3日），王国维（1877—1927）出生，初名国桢，字静安，亦字伯隅，初号礼堂，晚号观堂，又号永观，谥忠悫。浙江海宁人。

陈培锟（1877—1964）出生，字韵珊。福建闽县人。

光绪四年戊寅（1878）　　23岁

是年，兄弟分炊，因无住房，仍时常移居。

二月廿五日（3月28日），次子声渐生。

《侯官陈石遗先生年谱》卷一：二月二十五日，二弟声渐生，字并侯。[③]

萧道管《戴花平安室杂记》：（明年）二月，余又举一

---

① 《石遗室诗话》卷五，第83—84页。

② 《陈石遗集·附录一·说文重文管见》，第2104—2105页。

③ 《陈石遗集·附录一》，第1950页。

男。移居水流湾，屋极开敞，纱幮竹簟，余日卧其中。[①]

四月（5月），移居雅道巷岳母宅。

《侯官陈石遗先生年谱》卷一：四月，移居雅道巷外祖母宅。[②]

春，仲兄陈豫执教于福州冶山剑池，陈衍常往游。有诗。

《侯官陈石遗先生年谱》卷一：是年，二世父设帐于剑池，家君常往游，有《春日题仲兄冶亭书斋》《春暮登冶亭》《复题冶亭》诸诗。[③]

五月十四日（6月14日），夜宿小西湖。有诗二首。

陈衍《五月十四夜宿湖上宛在堂堂祀明以来闽中诗人》：

虚堂四无人，月午忽然暗。坐久已灭烛，有啸疑鬼瞰。隔岸鬼灯移，只是萤光淡。凭呼张三影，云破月来暂。

乱虫嘈杂鸣，月出声反止。倦来此欹枕，一簟白如水。侧想诸先生，魂魄或恋此。夜凉逐前庭，敲竹清歌起。寺钟且勿动，冥晤古所纪。[④]

萧道管《戴花平安室杂记》：五月，与君游小西湖，夜泛舟，宿宛在堂。君得十绝句，余得诗数首。[⑤]**【按：宛在堂始建于明代正德年间，由福州诗人傅汝舟建于西湖小孤山。清乾隆年间，宛在堂中设立诗龛，作为闽都诗人纪念堂。光绪年间，宛在堂因年久失修而倒塌，后经陈衍与王允皙、何振岱等人商议筹款得以修复。宛在堂修复后，陈衍为之作联两副，为"杜诗韩笔愁来读，林月湖风相与清"、"聊增东越**

① 《陈石遗集·附录一》，第2090页。

② 《陈石遗集·附录一》，第1950页。

③ 《陈石遗集·附录一》，第1950页。

④ 《陈石遗集·石遗室诗集补遗》，第313—314页。

⑤ 《陈石遗集·附录一》，第2090页。

湖山色，略似西江宗派图”。】

七月初八日（8月6日），兄嫂李蓉仙（？—1878）病卒。有感赋三绝句。蓉仙字琬华，为陈衍伯兄陈书继室，侯官人，工小楷，善诗词。

《侯官陈石遗先生年谱》卷一：七月八日，李琬华世母蓉仙病卒，有感赋三绝句。琬华世母能诗词，与先母至相得。事详先母《双骖园思旧记》《戴花平安室记》。①

陈衍《感赋》：又是西风曲水亭，玉簪花发去年馨。戴花人尚平安否，樊榭新词不可听。解说人间止止祥，担风握月最能妨。如何经案绳床畔，不减瓶花浅淡妆。春风香绣翠微宫，著意吟哦到底同。肠断梦游录一卷，沈郎憔悴出关中。②

秋，移居西门街，常与郭调元、陈少虞、李枚等往来。

《侯官陈石遗先生年谱》卷一：是秋，移居西门街。……是时所常往来者，为郭梅生调元、陈少虞、李友枚枚诸丈。③

萧道管《戴花平安室杂记》：是冬移居西门街，屋三楹，有小池，缭以朱栏，环以假山，上为露台，旁为花坞，花木则有木芙蓉、石榴、千叶桃、水杨柳之属。④

《石遗室诗话》卷二十四：四十年前，家居西门街，花木有木芙蓉、安石榴、千叶桃、水杨柳之属。秋来木芙蓉盛开，日百十朵，晓起新开者朵朵白如霜，午后渐转红，隔夜者红似锦。余诗所谓“芙蓉红白天初晓”是也。先室人云：

---

① 《陈石遗集·附录一》，第1950页。

② 《陈石遗集·石遗室诗集补遗》，第314页。

③ 《陈石遗集·附录一》，第1950页。

④ 《陈石遗集·附录一》，第2090页。

“此句景物之佳，非能早起者不知。”[①] **【按：“芙蓉红白天初晓”出自陈衍《秋早视兰生》。[②]】**

十二月二十九日（1879年1月21日），除夕，作杂诗四首。

萧道管《戴花平安室杂记》：是岁，君有《除夕杂诗》五首。[③] **【按：《石遗室诗集补遗》收诗四首。[④]】**

是年，著《说文举例》七卷，有民国八年（1919）上海刻本。

叶长青《石遗室丛书提要》：《说文举例》七卷，侯官陈衍著。凡治此书，须熟乎此书之体例，乃足以研究此书，字书其尤甚者也。不明乎六书之例，何以治《说文》；不明乎古籀篆文之例，何以治《说文》；不明乎许君说解之例，何以治《说文》？是书分指事、象形各例为一卷，会意、形声各例为一卷，转注、假借各例为一卷；合以古籀各例为一卷，引经、引通人说、引方言、训一曰、训同意各例为一卷；分部列字各例为一卷；训释各例为一卷。视王菉友筠《说文释例》，较简而明云。[⑤]

是年，填词《贺新凉》，作诗《湖上遇雨》《秋晚杂书》《九日忆逋孙亡友》《挽徐仲眉》等。

是年，陈曾寿（1878—1949）出生，字仁先，号苍虬阁主人、耐寂、复志、焦庵等。与陈三立、陈衍并称“海内三陈”。湖北蕲水人。

林翰（1878—1925）出生，号西园。福建莆田人。

---

① 《石遗室诗话》卷二十四，第373页。

② 《陈石遗集·石遗室诗集》卷一，第51页。

③ 《陈石遗集·附录一》，第2090页。

④ 见《陈石遗集·石遗室诗集补遗》，第315—316页。

⑤ 《国学专刊》第一卷第四期（1927年10月）。

光绪五年己卯（1879）　24岁

二月（2月至3月），伯兄陈书由丁日昌荐于浙江巡抚梅启照幕中，以内阁中书一职会办洋务局。陈衍赋诗为兄送行。后赴杭州访兄。

《侯官陈石遗先生年谱》卷二：二月，钦差大臣、前福建巡抚丁日昌，荐大世父于浙抚梅筱岩中丞启照，以内阁中书会办洋务局，居幕中。家君赋长句，书扇送行。①

秋，某日早晨访诗友王景（字兰生），有诗。

陈衍《秋早视兰生》：一夕西风作寒意，袷衣重叠不胜单。芙蓉红白天初晓，鬼䨰青苍露未干。如此秋光抛可惜，谁能早起与同看。吴江动我扁舟兴，叶叶霜枫想正丹。②

《石遗室诗话续编》卷四：余于秋花，最喜木芙蓉，少日有句云"芙蓉红白天初晓"，自以为压卷之作。③

九月初七日（10月21日），与同人结伴游览福州塔江金山寺，有诗。【按："塔江"位于闽江西港，江中有寺名金山塔寺，俗称金山寺。】

陈衍《九月初七日同人集塔江金山寺》：面面江光碧且涟，抽帆绝好纳凉天。此间置我应三日，独树于人长百年。胜地布金方丈小，佳名浮玉覆杯圆。衣裳山水清晖里，坐到忘归憺可怜。④

---

① 《陈石遗集·附录一》，第1951页。

② 《陈石遗集·石遗室诗集》卷一，第51页。

③ 《石遗室诗话续编》卷四，第668页。

④ 《陈石遗集·石遗室诗集》卷一，第52页。

九月（10月至11月），三子声被生，字冀伯。

《侯官陈石遗先生年谱》卷二：九月，三弟声被生，字冀伯。①

萧道管《戴花平安室杂记》：是时余又举第三男。②

陈衍《三儿声被圹志》：儿字冀伯，生而肥泽玉色，特异于诸兄弟，祖母、伯叔父母、姑母皆绝爱之。③

秋，乡试报罢。

《侯官陈石遗先生年谱》卷二：是秋，乡闱又报罢。④

萧道管《戴花平安室杂记》：是年又乡试，又下第。盖四下第矣。⑤

九月（10月至11月），出游，访伯兄陈书于杭州。在外时，有《一剪梅》《点绛唇》《霜天晓角》《长相思》《丑奴儿慢》《六丑》《满庭芳》《天仙子》诸词，《丈亭晚望》《大雨泊下坝》《十一夜宿抚署西轩呈伯兄二首》《吴山晚眺》《望西兴》诸诗。《吴山晚眺》中"晴湖青濛濛，澄江白晃晃。烟开塔旋螺，风平帆张鲞"二联，陈衍甚为自得，自谓"一句写西湖，一句写钱塘江，'烟开'则青濛濛中保俶诸塔渐渐现出，塔圆而上尖，本似螺形，故以螺丝之转旋而出譬之。钱江中风帆甚多，风平则帆正，譬以'张鲞'者。鲞，干鱼也。凡以鱼作鲞，必将鱼劈开，以竹撑其四面按之，使平如掌，晒乃易干，极似正面张帆"⑥。

《侯官陈石遗先生年谱》卷二：航海出游，访大世父于

---

① 《陈石遗集·附录一》，第1951页。

② 《陈石遗集·附录一》，第2091页。

③ 《陈石遗集·石遗室文集》卷三，第454页。

④ 《陈石遗集·附录一》，第1951页。

⑤ 《陈石遗集·附录一》，第2091页。

⑥ 《石遗室诗话》卷十八，第281—282页。

杭州。先至宁波，附夜航船，经上虞、余姚、会稽、萧山至西兴。大雨渡江入杭，寓抚署西斋者月余日。①

陈衍《吴山晚眺》：木落山气苍，叶干人步响。斜阳满山径，在地人影长。凭楼俯襟带，左右瞭指掌。晴湖青濛濛，澄江白晃晃。烟开塔旋螺，风平帆张鲞。市廛背填咽，颇脱局促想。当年有美堂，宾佐此吟赏。东南第一州，休沐挹朝爽。迩来马曹辈，手版持倒仰。人事有古今，登临感吾党。②

十一月初六日（12 月 18 日），归途至上海，欲赴金陵，适逢沈葆桢病逝于两江总督任上，遂返乡。

《侯官陈石遗先生年谱》卷二：十一月六日，家君归途至上海，将游金陵，闻两江督部沈公葆桢薨，遂不果往。③

萧道管《戴花平安室杂记》：十日而君行，甬上抵杭，游十八日，由沪上航海归。小别仅四十日，以出门后不得余手书，心动急归。是冬，余为钞游杭诗一卷。④

是年，作《秋日寄怀伯初家兄时兄新悼亡》《晓发下坝》《同人泛湖至孤山》《游飞来峰冷泉亭至灵隐寺》《上韬光同毕勋阁》《下韬光绝句》《冷泉亭下作》《放舟里湖循锦带桥归》《泛湖杂诗》《题西泠桥》《江上怀冬心先生宅》《寄道安》《二一四夜小饮西轩下酒物皆山味余明日将行矣》《泛湖曲赋别西湖》《六言绝句一首寄别伯初家兄》《茶禅寺》《浦东夜泊怅然有作》《送徐大》《长句送伯兄之杭州时兄初悼亡》《过石仓园》《同人泛湖过三潭

---

① 《陈石遗集·附录一》，第 1951 页。

② 《陈石遗集·石遗室诗集》卷一，第 53 页。

③ 《陈石遗集·附录一》，第 1951 页。

④ 《陈石遗集·附录一》，第 2091 页。

印月泊于白堤遂至孤山》《同人游云栖寺寺僧留饭观莲池像及遗墨心字等偈董香光尚书书金刚经》《湖上杂诗》《出艮山门寄别伯初家兄》《自落瓜堰抵司马桥绝句一首》等诗。

是年，胡朝梁（1879—1921）出生，字子方，一字梓方，号诗庐。江西铅山人。

光绪六年庚辰（1880）　25岁

是年，借住于曹晋墀宅。

《侯官陈石遗先生年谱》卷二：假馆余府巷曹长卿通守晋墀寓。[①]

萧道管《戴花平安室杂记》：庚辰，君假馆于余府巷曹氏楼，去家仅一牛鸣，早去夜归。[②]

秋，友人徐大招游武夷山，因事耽搁未能成行，殊为惆怅，作诗《徐大屡以书招游武夷作诗报之》《武夷之游以事阻独坐怅然》。

萧道管《戴花平安室杂记》：是秋，有友人招游武夷，以事阻不得往。[③]

冬，生一女，早夭。

《侯官陈石遗先生年谱》卷二：冬，先母产一妹，不育。[④]

萧道管《戴花平安室杂记》：冬，余又产一女，不育。[⑤]

---

① 《陈石遗集·附录一》，第1951年。
② 《陈石遗集·附录一》，第2091页。
③ 《陈石遗集·附录一》，第2091页。
④ 《陈石遗集·附录一》，第1952页。
⑤ 《陈石遗集·附录一》，第2091页。

是年，夫人萧道管撰《说文重文管见》一卷。

《侯官陈石遗先生年谱》卷二：是岁，先母著《说文重文管见》。①

叶长青《石遗室丛书提要》：《说文重文管见》一卷，侯官萧道管著。许书所列重文，只言古文某，籀文某，古文从某，籀文从某，古文从某省，籀文从某省，多未详所以作某从某省某之故。是书辨释精确，要言不烦，前序详之矣。②

是年，作诗《斋居春日》等。

是年，柳诒徵（1880—1956）出生，字翼谋，号劬堂、知非。江苏丹徒人。

戴礼（1880—1934）出生，字圣仪。浙江楚门人。

光绪七年辛巳（1881）　　26 岁

正月（2 月），游武夷，往返三十余日，作诗三十余首。出发时有《别道安》三首；途中有《南浦》《水龙吟》《长亭怨慢》《雨霖铃》《减兰》诸词，《将至水口山势甚峭》《溪上作》《延平城下》《连日滩行三首用渔洋山人十八滩韵》诸诗，到武夷后又有《题万年冲祐宫》《路入天游观》《水帘洞歌》等诗。后结成《干鱼集》一卷，是为陈衍第一部诗集，今已不传。

《侯官陈石遗先生年谱》卷二：春，为武夷之游，往返计三十余日，得诗三十余首，先母为钞《干鱼集》一卷。③

萧道管《戴花平安室杂记》：辛巳正月，君为武夷之游，

---

① 《陈石遗集·附录一》，第 1952 页。

② 《国学专刊》第一卷第四期（1927 年 10 月）。

③ 《陈石遗集·附录一》，第 1952 页。

别三十余日即归。余为钞游武夷诗一卷，作序一篇。①

陈衍《将至水口山势甚峭》：一折嵩溪扼上游，名滩高下渐钩辀。峰峰插水无留步，旋旋洄湾似尽头。骳骫村楼依树杪，躿躿岸影压孤舟。千山包裹来时路，更向青山裹处游。②

四月（4月至5月），与夫人唱和，作《宿雨初止晓坐联句》《初夏联句》。

六月初一日（6月26日），清廷擢张之洞为内阁学士。

是年，有感于唐、宋、金诗皆有纪事，而元诗独无，故开始编纂《元诗纪事》。此书1885年初成，1894年由沈瑜庆出资刊行，1896年又加以补辑，1919年由商务印书馆出版。

《侯官陈石遗先生年谱》卷二：是岁，草创《元诗纪事》，急欲成书，阅市借人，日日摊卷暝写。有时，借书麇至，叠床庋架，满室满堂。先母亦分抄撮之任，时妊第八胎。③

萧道管《戴花平安室杂记》：是年，君决意为《元诗纪事》，尅期欲成书，阅市借人，日日摊卷暝写。有时借书麇至，叠床庋架，满室满堂。余亦分抄撮之任。④

九月（10月至11月），萧夫人产一子，坠地已死，血崩，人常昏晕，服药后渐愈。陈衍有《暗香》二阕记其事。词云：

药香细袅，共病魂断续，帘波萦绕。漫说护持，悔煞淹煎已多少。谁遣朝占夕卜，惊心处、都非佳兆。镇夜起、步绕床前，窗纸色将皎。　　谁晓。思悄悄。算赎与百身，难问幽杳。有如日皦，曾较彭殇定谁夭。流水华年自古，好趁着、蔫花娇傒。怕杜宇、啼血也，一春未了。

---

① 《陈石遗集·附录一》，第2091页。

② 《陈石遗集·石遗室诗集》卷一，第60页。

③ 《陈石遗集·附录一》，第1952页。

④ 《陈石遗集·附录一》，第2091页。

髻鬟未整，已十旬镜槛，流黄尘冷。夜夜迟明，乍可甜乡去俄顷。金斗沉香熨尽，和绉坐、更衣全屏。漫打叠、比瘦黄花，帘押卷秋影。　　曾省。旧斗茗。指断臂海棠，续了圆颈。算天尚肯，教免蘅芜梦惊醒。持匕留裙无恙，回首处、还应悽哽。算苦少、来日也，夜游烛秉。①

《侯官陈石遗先生年谱》卷二：九月，产一弟，坠地已死。血崩，人常昏晕，服翁医师昌龄药，乃渐愈。家君有《暗香》二词记其事，先母亦有《病起》一律。②

萧道管《戴花平安室杂记》：余怀第八胎，七月而病血崩，行步则滴沥如屋漏。九月，产一男，坠地已死矣。血崩时人常昏晕，服翁医师药渐就愈。君忧甚，为和衣卧者月余日。君有二词记其事，余亦有律句一首。③

十二月十四日（1882 年 2 月 2 日），张之洞出任山西巡抚。

是年，结识同乡林纾。【按：陈衍 1883 年作《长句一首赠林琴南》，诗中有“我识君才已二年”一语，可推知。】

陈衍《林纾传》：（林纾）自少刻苦力学，强记多闻……才名噪里党，与林崧祁、林某有“三狂生”之目。④

陈衍《近代诗钞》：述庵少与林畏庐纾及林某，在里中有“三狂”之目。⑤

《石遗室诗话》卷二十九：光绪初年，福州有三狂生，皆林姓：一畏庐，一述庵崧祁，一某。⑥

---

① 《陈石遗集·朱丝词》卷下，第 404—405 页。

② 《陈石遗集·附录一》，第 1952 页。

③ 《陈石遗集·附录一》，第 2091 页。

④ 陈衍：《林纾传》，《国学专刊》第一卷第四期（1927 年 10 月）。

⑤ 陈衍编辑：《近代诗钞》，上海：商务印书馆，1935 年，第 972 页。

⑥ 《石遗室诗话》卷二十九，第 443 页。

黄濬《花随人圣庵摭忆》：记石遗先生来，与畏庐先生每谈必力争，辄至面红耳赤，龂龂然，翊庭师（吴曾祺）捻须微哂而已。①

是年，作诗《止止庵》《晚泊二曲咏止止庵前松》《登眺隐楼怀二蓝先生》《凝云道院看杜鹃花》《八曲见桃花》《武夷归次兰生见怀之韵》《建安道上过谢坑塘时有断句数联情景可念足成三首》《丁坂看菊同兰生友枚》《滩行二首》《雨后登贞元阁望黄华山》《水南桥拜谢文节祠祠即卖卜处》《三曲至四曲》《晚泊小九曲冒雨入山天黑而返》《万峰亭》《由星村桥冒雨入山至福井岩》《自福井岩下慧苑岩道上作》《宿慧苑岩》《由慧苑岩过磊石精舍饭讫而去》《胡麻涧上作》《兰生招同芸敏少虞夜集有作》《杂述四首视兰生》《夏晚》《小蕺住屋兰生以诗落之用樊榭移居韵和存一首》等。

光绪八年壬午（1882）　27岁

是年，为孀居的六姐仲容教子。

《侯官陈石遗先生年谱》卷二：是岁，为六姑母课子，假馆丰井营大世父宅，辰往酉回。六姑丈卒已二年，姑母旧自课子，至是哀伤病甚，家君为分劳以慰之。②

八月初九日（9月20日），福建乡试，主考官为礼部侍郎宝廷（1840—1890，号竹坡），副主考为嘉兴朱善祥。

《郑孝胥日记》：早，接题。视题为“大学之道”全章，只首题题字已二百九字；次题为“夫子循循然”一节；三题

---

① 黄濬：《花随人圣庵摭忆》，第1005页。

② 《陈石遗集·附录一》，第1952—1953页。

为“君子有不战”二句；诗题为“翠壁苍崖晚更奇，得奇字”。①

八月十二日（9月23日），第二场，“连作四艺”。

《郑孝胥日记》：连作四艺：《书经》为“其克诘尔戎兵”五句，《诗经》为“秩秩斯干”二句，《春秋》为“吴伐郯”，《礼记》为“自恒山”至“至流沙千里而遥”。②

八月十四日（9月25日），第三场，作策论。

九月十四日（10月25日），乡试中举，列第八十七名。同科中举者有郑孝胥、林纾、李宗言、高凤岐、方家澍、卓孝复诸人。

《侯官陈石遗先生年谱》卷二：九月，举于乡，登郑孝胥榜，同榜有林琴南丈群玉者，方肆力为文词。……是科座主为礼部侍郎宗室宝廷，号竹坡。揭晓，家君往谒，知为搜遗卷取中。③

萧道管《戴花平安室杂记》：（次年）壬午又乡试，君望中甚切，假馆丰井营，约以半日为仲容六姑课子，晨往未申即归。归则屏去一切，执墨卷咿唔，不复如往时之泄泄。是秋举于乡。④

王逸塘《今传是楼诗话》〔七九〕：竹坡典闽试时，得人称盛，海藏、石遗、畏庐诸老，均隶门籍。⑤

---

① 劳祖德整理：《郑孝胥日记》第一册，北京：中华书局，2005年，第24页。

② 《郑孝胥日记》第一册，第25页。

③ 《陈石遗集·附录一》，第1953页。

④ 《陈石遗集·附录一》，第2091页。

⑤ 王逸塘：《今传是楼诗话》，《民国诗话丛编》三，上海：上海书店出版社，2002年，第279页。

是年，与李宗言、李宗祎、林纾、黄敬熙、黄春熙、黄育韩、高凤岐、卓孝复、王允皙、周长庚、方家澍、林珩、方崑玉、李宗典、刘蕲、林葵、何尔瑸、欧骏共十九人，于光禄坊玉尺山房倡立支社。诗社每月集三四次，在李宣龚家中的双辛夷楼为文酒之会，专赋七律，互相唱和，坚持活动达十年。

李宣龚《碧栖诗词序》：逾年闽有文酒之会，曰支社，黄子穆、周辛仲、林怡庵、黄欣园、林畏庐、高愧室、卓巴园、方雨亭、陈石遗诸长者实号召之。月三四集，集必吾家之双辛夷楼，先世父、先君子皆与，倡和为乐，丈亦与焉。①

林纾《畏庐诗存·自序》：三十以后，李畲曾、佛客兄弟立支社，集同人咏史，社稿以周辛仲为冠，然皆含悲凉激楚之音。②

林纾《福州支社诗拾·序》：纾幼时学为短章，多萧寥悲凉之音，响发而辄断，声飏而不还，古人所谓文家之吃也。储稿径寸，愤而烬之，遂不更作。洎壬午，始友李畲曾兄弟。观其咏史诸诗，于孝烈忠果之士，抗声凄吟，积泪满纸，必悦其同趣。时周辛仲广文亦未就官，相与招邀同人，结为吟社，月或数集，集必数篇。吴锦舜英，而神骨不靡，则义山之遗烈也；尽锐拔萃，而进无遗力，则空同之后劲也。独纾才力沉腿，妄与诸子追角，每营度欲出口吻，声鸣益悲，操笔欲书，将下复止，竟亦不能奇也。轩辕弥明之讥，吾足以当之矣。顾跬步百蹶，而犹乐从诸子之后者。古人蓄素以弸中，散采以彪外，诸子既乐取孝烈忠果之士，形而为诗，揣其情愫，必有所近。然则诗拾之刻，藉之自鞭，

① 黄濬：《花随人圣庵摭忆》，第 632 页。

② 林纾：《畏庐诗存》，上海：商务印书馆，1931 年，第 1 页。

诸子及纾，固不能无裨也。①

黄懋和《赠陈石遗先生》：昔年支社早知名，绝世才华莫与京。海内文章曹子建，江东词赋谢宣城。地偏难得黄花赏，市远聊将白酒倾。父执今兹存有几？抠衣来拜慰平生。（原注：支社者，子穆与林畏庐、李畬曾等所结吟社，石遗有时参与，故称父执。厦大菊花不少，独少佳种，故有“地偏”之句。）②

是年，郭则沄（1882—1946）出生，字蛰云，号啸麓，别号遁圃老迂、龙顾山人。福建侯官人，生于浙江台州。

史家麟（1882—1953）出生。福建闽县人。

光绪九年癸未（1883）　28岁

春，兄弟三人同赴礼部试。是为陈衍首次入都。期间遍游都下名胜。陈氏夫妇曾住翰林院编修陈翥（字汝翼）处，并数遇李慈铭（1830—1894，初名模，字式侯，号莼客，室名越缦堂，晚年自署越缦老人，浙江会稽人）。

《侯官陈石遗先生年谱》卷二：与大世父、二世父同赴礼部试。……遂偕先母行。至都，寓同乡陈汝翼编修翥许，识李莼客部郎慈铭。③

《石遗室诗话》卷十一：癸未春挈眷入都，小住陈汝翼编修处。数遇李莼客户部慈铭，貌古瘦，读其为某封翁所作

① 朱羲胄编：《林畏庐先生年谱·贞文先生年谱》卷一，《民国丛书》第三编76，上海：上海书店，1991年，第14—15页。

② 福建省文史研究馆编：《百年闽诗（1901—2000）》，福州：海风出版社，2004年，第256页。

③ 《陈石遗集·附录一》，第1953页。

墓志铭，散行中时时间以八字骈语，殆所谓阳湖派体也。……时未见莼客之诗，后得刻本，亦未细阅。识沈子培（曾植），乃亟称其工；识樊云门（增祥），则推服其师等于张广雅（之洞）；实则清淡平直，并不炫异惊人，亦绝去浙派饾饤之习，惟遇考据金石题目，往往精碻可喜。①

陈衍《先室人行述》：癸未，衍赴礼部试，又将产子，有戒心，乃偕入都，都下名胜游览殆遍。②

陈衍《游西苑记》：余以癸未至都，尝驱车径西华门、度长桥，金鳌、玉蝀华表屹立桥西东，琼岛面其前，景山踞其东北。③

萧道管《戴花平安室杂记》：癸未正月，君入都，偕余行，事详余所作《都门旅稿叙》中。④

二月初十日（3月18日），郑孝胥入京途中遇陈衍夫妇。

《郑孝胥日记》：是夜舍蔡家村，遇陈叔伊夫妇共载。⑤

三月初三日（4月9日），上巳节，登江亭（陶然亭），作诗《三月三日登江亭》⑥。

三月初八日（4月14日），与陈三立、郑孝胥等同入场会试。

《郑孝胥日记》：夜四鼓，题纸至。首艺题为“知其说者之于天下也”二句，次艺为“文理密察”二句，三艺为“其事则齐桓、晋文”二句，诗题“花开鸟鸣晨，得晨字”。⑦

三月十一日（4月17日），第二场。

---

① 《石遗室诗话》卷十一，第174—175页。
② 《陈石遗集·石遗室文集》卷二，第437页。
③ 《陈石遗集·石遗室文集》卷五，第474页。
④ 《陈石遗集·附录一》，第2092页。
⑤ 《郑孝胥日记》第一册，第32页。
⑥ 《陈石遗集·石遗室诗集》卷一，第65页。
⑦ 《郑孝胥日记》第一册，第38—39页。

《郑孝胥日记》：二鼓，题已至。《易》题为“天下何思何虑”三句，《书》题为“九道〔河〕既道”一句，《诗》题为“日就月将”二句，《春秋》题为“晋侯使韩起来聘”一句，《礼》题为“黍曰芗合”二句。①

三月十四日（4月20日），第三场策论。

三月十六日（4月22日），出闱。

四月初六日（5月12日），与伯兄陈书同往极乐寺看海棠，有诗《四月六日饭后同伯初家兄往极乐寺看海棠抵暮乃返》②。访郑孝胥。

《郑孝胥日记》：陈叔伊来。李伯行同蒯俪卿皆来，俱去，荫孙亦去。③

四月十一日（5月17日），会试发榜，三兄弟报罢。陈衍在黄浦江登舟归乡时曾不慎落水。此次陈三立、郑孝胥亦报罢。

《侯官陈石遗先生年谱》卷二：登舟落水者，报罢归至沪，家君携一仆……乃知登轮后复返岸，浪翻小舟欹，遂坠水，浮沉数十，须臾，才援一篙而上也。④

《郑孝胥日记》：晨起，闻街头纷纷，已有噪言红录已出者。……夜二鼓，度已报罢。⑤

五月半（6月19日），归里。仍辑《元诗纪事》。

《侯官陈石遗先生年谱》卷二：五月半归里。……仍辑《元诗纪事》。⑥

---

① 《郑孝胥日记》第一册，第39页。
② 《陈石遗集·石遗室诗集补遗》，第324—325页。
③ 《郑孝胥日记》第一册，第43页。
④ 《陈石遗集·附录一》，第1954页。
⑤ 《郑孝胥日记》第一册，第43页。
⑥ 《陈石遗集·附录一》，第1954页。

萧道管《戴花平安室杂记》：五月归。……君是年仍作《元诗纪事》。①

六月朔（7月4日），七子声讫生。

《侯官陈石遗先生年谱》卷二：六月朔，七弟声讫生。②

萧道管《戴花平安室杂记》：六月朔又举一男。③

八月（9月），寄呈座主宝廷五言古五十韵。

《侯官陈石遗先生年谱》卷二：八月，有寄呈宝竹坡座主五言古五十韵，今不存。宝先生有答书。④

九月初九日（10月9日），清廷为加强海疆防务、备战御法，派翰林院侍读学士何如璋办理福建船政事宜。

十一月十五日（12月14日），法军力攻越南山西，清军与黑旗军拒之。中法战争爆发。

是年，著《说文解字辨证》十四卷。有民国八年（1919）上海刻本。

《侯官陈石遗先生年谱》卷二：是岁，成《说文辨证》十四卷。⑤

是年，作诗《法源寺看花过谢文节祠下》《同伯兄苏戡游崇效寺观红杏青松图卷遍读诸题作》《晤芸敏闻兰生有蜀道之行书寄》《重游天宁寺同道安》《黄浦登舟失足落水浮沉数十须臾欲援一篙而上》《长句一首赠林琴南》《潞河舟中作》《寄兰生蜀道》等。

是年，郭则寿（1883—1943）出生，字孝孜，号舜卿。福建

① 《陈石遗集·附录一》，第2092页。
② 《陈石遗集·附录一》，第1954页。
③ 《陈石遗集·附录一》，第2092页。
④ 《陈石遗集·附录一》，第1954页。
⑤ 《陈石遗集·附录一》，第1954页。

侯官人。

光绪十年甲申（1884）　29岁

闰五月二十日（7月12日），张之洞接任两广总督。

闰五月廿四日（7月16日），督办台湾事务大臣刘铭传抵达基隆。

陈衍《刘铭传别传》：甲申朝命督办台湾军务。铭传时已不屑为钦差大臣，欲为督抚，廷寄下，故挟数姬游杭州西湖。鸿章急递促之，不顾，寄语曰："非封疆勿相溷也。"鸿章为婉陈，加巡抚衔，乃受命。①

六月十五日（8月5日），法舰轰击基隆，强行登陆，清军在刘铭传统率下顽强抵抗，法军不得不退回海上待机再举。

七月初三日（8月23日），午刻，闽督何璟接法领事开战照会，下午一点五十六分战事开始。法军舰队司令孤拔率军舰突袭福建水师于马尾水域，击沉"扬武""福星""振威""飞云""济安""福胜""建胜"等十一艘兵舰，轰击马尾船厂。参将高腾云、"福星"号管驾都司陈英等战殁。翰林院侍讲学士、会办福建水师事宜的张佩纶败走。② 战后陈衍有诗五首。

陈衍《七月初三后杂诗五首》其一：孤军深入黄天荡，盛事争传采石矶。百姓倾城避兵去，将军下马捷书飞。

其二：敢信佛狸饮江死，颇疑老鹳凿河新。丸泥既欲封函谷，捧土又闻塞孟津。

其三：将睅而皤弃犀兕，妇鬔相吊聚狐骀。不知庾信

---

① 《陈石遗集·石遗室文集》卷一，第431页。

② 参见郭廷以编著：《近代中国史事日志》，北京：中华书局，1987年，第751页。

《江南赋》，可有《招魂》宋玉哀？

其四：行李安归仅免官，鬼兵到底守关难。帷车新妇原如此，谁遣将荷作柱看。①

《侯官陈石遗先生年谱》卷二“案”：时惟福州将军穆图善尚守长门炮台，法舰未敢径闯出，有将由梅花港遁之说，故第二首第二句云然；后法舰竟夺路扬长而去，当路恐其复来，乃议填港【按：林浦港】，故第四句云然。第三首末句谓张学士有文祭阵亡者。②

萧道管《戴花平安室杂记》：七月三日，为马江之战。马江去会城五十里，炮声轰震，赤光烛天。夜三鼓，当事者犹在梦中，以为得胜也。天黎明，闻城市中肩舆担夫，填咽转徙，乃知昨已大挫衄。吾乡船司空所造诸战舰，已灰飞烟灭。张幼樵星使，已徒跣奔鼓山下乡村中。法人船已盘踞内港，择诸炮台船库稍要害者，用测量法，轰击瓦碎。城中诸大吏，缩头不敢出衙署。新团练使林革绅寿图，献闭门塞窦之策，将囊沙塞七城门。人心皇皇，惧坐以待毙，仓皇出走。余家故无长物者，亦持挈老幼，暂避西关外宝福乡墓佃家者十余日。宝福乡去城不远，避此者得以行止自如，免为林寿图帷车闭置耳。来者余与君两老母，余三男子，君则同一力留看家中，不时往来于其间。③

七月初十日（8月30日），法国舰队退出闽江口，马江战役结束。

八月（9月至10月），举家避地建溪之房村，有《扬州慢》一词记之。【按：房村位于今日的南平与建瓯之间。】

---

① 《陈石遗集·石遗室诗集》卷一，第67页。

② 《陈石遗集·附录一》，第1955页。

③ 《陈石遗集·附录一》，第2092页。

陈衍《扬州慢》：南浦残红，西山冷翠，一舟怎去温存。自江郎赋别，此恨算重论。望烽火、乡关照澈，酒旗歌扇，消歇芳尊。已全家儿女，片帆来挂荆门。　　自来俊赏，总牵缠、哀感余根。把白练裙题，紫罗囊佩，并与销魂。寂寞鸥波门馆，花无主、蝶梦黄昏。有溪流和泪，潺湲都到江村。①

《侯官陈石遗先生年谱》卷二：八月，全家避地建溪之房村。而叶丈损轩先招大世父卜居淘江。长青案：亦名陶江，实南港上流阳崎乡，去城三十里地，多种橘。家君送大母往居。遍览江乡风景，得七绝句。②

萧道管《戴花平安室杂记》：八月，全家避地建溪之房村口，为吾闽西路盐船查验处，李畲曾浼君暂董其事，借以为避地计也。所居背山临流，正屋三楹，有楼有别院亦三楹，别院有桃有梅。登楼一望，则《竹楼记》所谓"风帆沙鸟，烟云竹树而已"。此地去建郡一日路，君偶往游，数日归。早起放船下溜，在船上假寐着凉，归后即病疟，不食者十日，委顿甚。③

八月十三日（10月1日），夜宿叶氏玉屏山庄，有诗。

《侯官陈石遗先生年谱》卷二：又有《八月十三夜宿玉屏山庄损轩出读西溪诗》长句一首。④

九月十一日（10月29日），清廷将福建巡抚张兆栋、船政大臣何如璋革职，以刘铭传为福建巡抚，仍驻台湾督办军务。⑤

---

① 《陈石遗集·朱丝词》卷下，第405页。

② 《陈石遗集·附录一》，第1955页。

③ 《陈石遗集·附录一》，第2092页。

④ 《陈石遗集·附录一》，第1955页。

⑤ 见郭廷以编著：《近代中国史事日志》，第757页。

陈衍《刘铭传别传》：和议定，铭传实授巡抚。①

十月（11月至12月），回福州，卧病三月。

萧道管《戴花平安室杂记》：余携家护君还省，时十月也。卧病三阅月，腊月方大愈。②

十二月（1885年1月至2月），六姊芷洲卒，陈衍有词哭之。

《侯官陈石遗先生年谱》卷二：六姑母卒，有《木兰花慢》词一阕哭之。③

陈衍《书仲容六姊事》：姊讳芷洲，字仲容，于诸女兄弟中最英朗……使媒氏请聘为（沈葆桢）长子玮庆继室。……姊生平梦皆奇验，不能悉记。卒前数年，梦至明庄烈帝陵，穹碑宛然，以为异日当自经死乎。岂知乃卒于甲申年十二月也，亦异矣。④

陈衍《木兰花慢》：又金棺闭了，全凋孝绰三人。是曾祭徐君，摧藏掩抑，独倍伤神。禁他五年肠断，已卷葹、不死是前身。到底山丘华屋，生前遗迹陈因。　人琴悽恻况牙琴。同调话频仍。数茗碗炉香，书签药裹，月夕花晨。如今济尼重问，怆谢家、林下渺音尘。看取童牙孤露，他年头角嶙峋。⑤

十二月底（1885年2月），为房村账目交割事外出。

萧道管《戴花平安室杂记》：以房村账目有交割未了者，腊底携一仆往，新正晦日回家。除夕前二日，与余书云："吾此来心绪殊悽然，前度尔我双栖，犹苦岑寂。际此风物

① 《陈石遗集·石遗室文集》卷一，第431页。
② 《陈石遗集·附录一》，第2092页。
③ 《陈石遗集·附录一》，第1955页。
④ 《陈石遗集·石遗室文集》卷四，第461页。
⑤ 《陈石遗集·朱丝词》卷下，第406页。

凄紧，百感峥嵘。日将西入，天色黝黑，荒村人少，远闻鹍鸡声、空山伐木声与落叶凄厉声。庭中苔草，渐有青色。门前老梅，作花已满树，糁白地上厚寸许。仆人折来教插瓶，谢绝之谓无此佳兴。种种酸臆，不知若何之一往而深。一路来时，滩声潺湲，倚枕不寐。向晚冻云四合，作欲雪天色，增人悽恻。今夜一灯荧然，揽衾入梦，不知梦能还家否，不知何时入梦也。既来此矣，姜白石词云：'第一是早早归来，怕红萼无人为主。'大约在拗九前后而已。家中绛桃，书到时定将的的作花，仆归时落英飘尽矣。"①

是年，宝廷有诗题赠陈衍。

宝廷《题陈叔伊衍诗册即以寄怀册多武夷及西湖诗》：使槎回柁恣稽迟，到处登临竟忘疲。西子湖边寻旧梦，大王峰下写新诗。名区惜未偕君往，寄景尤堪系我思。泉石依然难再赏，可怜空负此闲时。②

是年，作诗《损轩招伯兄卜居陶江余有建溪之行送母来居临水登山遍览江乡风景得七绝句》《读书杂感十七首》等。

光绪十一年乙酉（1885）　　30岁

正月晦日（3月16日），自房村返福州，有《送李次玉游武夷》绝句。是年在家授徒。

《侯官陈石遗先生年谱》卷二：正月，自房村归，有《送李次玉游武夷》绝句云……此诗集中漏刻。……是岁，在家授徒。③

---

① 《陈石遗集·附录一》，第2092—2093页。

② 宝廷著：《偶斋诗草》，上海：上海古籍出版社，2005年，第798页。

③ 《陈石遗集·附录一》，第1956页。

春，郑孝胥自金陵回籍，访陈衍论诗，以“孤往希真侣，相逢亦冷踪。何缘疏淡意，频为说诗浓”赠陈；陈衍与郑孝胥讨论同光体问题。

《侯官陈石遗先生年谱》卷二：郑苏戡年丈归自金陵，常过从。初，苏戡丈论诗专主汉魏六朝，与家君多不合。……至是，丈诗由大谢而柳州、而东野。……每夜剧谈论诗，尽二三烛而去。①

陈衍《海藏楼诗叙》：初时持论，若南山秋气之相与高，所谓否，不稍假借，用辄引为诟病。……君诗始治大谢，浸淫柳州，乙酉归自金陵，访余于西门街，则亟称孟东野。……时多过从，夜谈坐池旁树下老屋，尽两三烛而去。②

叶参等《郑孝胥年谱》：先生年二十六岁，是岁归南京，有赠陈石遗诗云：“孤往希真侣，相逢亦冷踪。何缘疏淡意，频为说诗浓”云云。③

陈衍《石遗室诗话》卷一：乙酉之春，郑苏堪孝胥归自金陵，尝借余钟嵘《诗品》，因谓余曰：“盍仿其例，作唐诗品？”④

二月初八日（3 月 24 日），夜访郑孝胥，携郑诗去。

《郑孝胥日记》：晚，风起骤寒，夜月暗。陈叔伊来坐，携余诗卷去。⑤

二月十二日（3 月 28 日），郑孝胥来访。

---

① 《陈石遗集·附录一》，第 1956 页。

② 《陈石遗集·石遗室文集》卷九，第 508 页。

③ 叶参、陈邦直、党庠周合编：《郑孝胥传》，长春：满洲图书株式会社，1938 年，第 17 页。

④ 《石遗室诗话》卷一，第 4 页。

⑤ 《郑孝胥日记》第一册，第 51 页。

《郑孝胥日记》：阴。往西门访陈叔伊所居。①

二月廿六日（4月11日），访郑孝胥，归其诗卷，并题诗于后。

《郑孝胥日记》：午后，陈叔伊来，归余诗卷，并题诗于后。②

陈衍《苏戡属题其诗后即效其体》：君诗我夙好，矜宠负高姿。③

三月十七日（5月1日），郑孝胥来访，不遇；访郑孝胥，携《孟东野诗》去。

《郑孝胥日记》：因访叔伊，不遇。夜，叔伊来坐，携《孟东野诗》去。④

三月廿二日（5月6日），夜，郑孝胥来访，坐谈至三鼓。

《郑孝胥日记》：晚，至叔伊处，坐谈至三鼓。⑤

四月初二日（5月15日），夜，访郑孝胥。

《郑孝胥日记》：夜，叔伊来。⑥

四月十一日（5月24日），郑孝胥来访。

《郑孝胥日记》：晨。往滋卿舍，旋过叔伊。⑦

四月十三日（5月26日），与郑孝胥谈。

《郑孝胥日记》：叔伊来谈。⑧

四月十六日（5月29日），晨，郑孝胥来访，留饭。

---

① 《郑孝胥日记》第一册，第51页。

② 《郑孝胥日记》第一册，第53页。

③ 《陈石遗集·石遗室诗集》卷二，第72页。

④ 《郑孝胥日记》第一册，第54页。

⑤ 《郑孝胥日记》第一册，第55页。

⑥ 《郑孝胥日记》第一册，第56页。

⑦ 《郑孝胥日记》第一册，第56页。

⑧ 《郑孝胥日记》第一册，第57页。

《郑孝胥日记》：晨，往叔伊，留饭，坐上有客曰吴倬甫。①

四月十七日（5月30日），夜，访郑孝胥。

《郑孝胥日记》：月上，叔伊来，坐至月午始去。②

四月廿一日（6月3日），郑孝胥作古诗遗陈衍。

《郑孝胥日记》：作古诗遗叔伊。③

四月廿三日（6月5日），与郑孝胥等同赴三友斋饮。

《郑孝胥日记》：复过元恭，邀出饮三友斋，呼豫生、叔伊。傍晚，叔伊同余返，怡庵舅、赓伯、大兄皆在。④

四月廿七日（6月9日），郑孝胥经陈宝琛推荐，入李鸿章幕府，是日动身离开福州，取道天津去赴任。陈衍有诗为赠。

陈衍《送苏戡之天津》：君自江南至，江南是故乡。翻飞偏独往，人海重相望。春尽波犹绿，庭幽草自芳。不知何所事，枨触断人肠。⑤

七月初九日（8月18日），郑孝胥寄信陈宝琛、陈衍。

《郑孝胥日记》：是日，作书与伯潜及陈叔伊。⑥

九月初五日（10月12日），清廷宣布台湾建省，任命刘铭传为台湾省首任巡抚。

陈衍《行抵台北内山加九岸记》：法越兵事既定，台湾改行省，合肥刘公省三实为巡抚。⑦

九月十七日（10月24日），郑孝胥得陈衍书。

---

① 《郑孝胥日记》第一册，第57页。
② 《郑孝胥日记》第一册，第57页。
③ 《郑孝胥日记》第一册，第57页。
④ 《郑孝胥日记》第一册，第57页。
⑤ 《陈石遗集·石遗室诗集》卷二，第72—73页。
⑥ 《郑孝胥日记》第一册，第65页。
⑦ 《陈石遗集·石遗室文集》卷五，第464页。

《郑孝胥日记》：得柽弟、怡舅、叔伊、赓伯书。①

九月二十一日（10月28日），郑孝胥复信陈衍。

《郑孝胥日记》：复怡舅、六姨及叔伊信。②

是年，潜心治三礼学；粗成《元诗纪事》。

《侯官陈石遗先生年谱》卷二：是岁，治三礼学。《元诗纪事》粗成，自作叙。③

是年，作诗《六姊葬病不克送怆然有作》等。

是年，朱联沅（1885—1913）出生，字芷青。浙江海盐人。

光绪十二年丙戌（1886）　　31岁

正月（2月至3月），与林纾、卓孝复、高凤岐赴京会试。

《侯官陈石遗先生年谱》卷二：正月，与林琴南、卓芝南凌云、高啸桐凤岐诸丈赴礼部试。④

二月初八日（3月13日），是日到京，寓五道庙旅馆；访郑孝胥。

《侯官陈石遗先生年谱》卷二：至都，寓五道庙旅馆。⑤

《郑孝胥日记》：叔伊来，云今日到京，坐讯乡里事。⑥

陈衍《游西苑记》：丙戌同人游海淀昆明湖，探玉泉之源，循沙堤，抚金牛，徜徉久之。时则三海未圈以宫墙，昆明湖未为颐和园也。⑦

---

① 《郑孝胥日记》第一册，第76页。

② 《郑孝胥日记》第一册，第77页。

③ 《陈石遗集·附录一》，第1956页。

④ 《陈石遗集·附录一》，第1957页。

⑤ 《陈石遗集·附录一》，第1957页。

⑥ 《郑孝胥日记》第一册，第94页。

⑦ 《陈石遗集·石遗室文集》卷五，第474页。

二月初九日（3月14日），郑孝胥从陈衍处得其弟之信。

《郑孝胥日记》：从叔伊处得柽弟十七信，云十一日得一女，越日殇矣。①

二月初十日（3月15日），郑孝胥来访，不遇。访郑孝胥，同往听戏。

《郑孝胥日记》：偕旭庄出城，步至升官店访叔伊，不遇，遂至爱苍处。……方饭，叔伊来。同往瑞胜和听戏，戏甚佳，逢希实。②

二月十一日（3月16日），郑孝胥待陈衍不至。

《郑孝胥日记》：阴。待叔伊不至。③

二月十三日（3月18日），与郑孝胥至致美斋小酌。

《郑孝胥日记》：叔伊来，同至致美斋小酌。旋出听戏，不佳。④

二月廿五日（3月30日），赴沈瑜庆之邀，至熙春堂。

《郑孝胥日记》：夜，爱苍复邀叔伊、畲曾等过熙春堂，人甚闹，呼顺林，不至，约可庄昆仲，皆不来，弼臣来而复遁，余与贻书亦驾爱苍车潜去，返下斜街。⑤

三月初五日（4月8日），晚，访郑孝胥。

《郑孝胥日记》：晚，叔伊、幼谷、畲曾来。⑥

三月初六日（4月9日），郑孝胥来坐。

《郑孝胥日记》：爱苍来，午后，同往听戏。既毕，过叔

① 《郑孝胥日记》第一册，第94页。
② 《郑孝胥日记》第一册，第94页。
③ 《郑孝胥日记》第一册，第94页。
④ 《郑孝胥日记》第一册，第94页。
⑤ 《郑孝胥日记》第一册，第96页。
⑥ 《郑孝胥日记》第一册，第98页。

伊坐。①

三月十一日（4月14日），第一场。

《郑孝胥日记》：早，天益热。始作文，题为“子张问行”一章，次题“中庸不可能也”一句，三题“取诸人以为善”一节，诗题“报雨早霞生”。②

三月十三日（4月16日），遇郑孝胥。

《郑孝胥日记》：早，点入，坐西潜肆捌，未封号，余出乘凉，晤子封、叔伊及曾慰苍、李新吾等。③

三月十四日（4月17日），第二场，作经义。

《郑孝胥日记》：始作经义。《易》义为“君子以遏恶”一句，《书》义“六府孔修”二句，《诗》义“终南何有，有纪有堂”，《春秋》义“冬十有一月，晋侯使荀庚”至“及孙良夫盟”，《礼》义“侍射则约矢”至“不擢马”。④

三月廿七日（4月30日），夜，赴郑孝胥邀，饮顺林寓。

《郑孝胥日记》：夜，余邀林氏昆仲、葆孙、家叔、肖雅、爱苍、叔伊、旭庄等饮顺林寓，中厅甚窄，殊不适，三鼓返。⑤

三月三十日（5月3日），寄信萧夫人，附《柳色黄》词一阕。

萧道管《戴花平安室杂记》：丙戌，君在都门。春尽日寄余书云：“今日春尽日矣，起略早，作殿体书三开，一面写，一面欲假寐。饭后手惫极，偶出门，见柳花飘扬，新燕

① 《郑孝胥日记》第一册，第98页。
② 《郑孝胥日记》第一册，第99页。
③ 《郑孝胥日记》第一册，第99页。
④ 《郑孝胥日记》第一册，第99页。
⑤ 《郑孝胥日记》第一册，第101页。

连翩，不觉黯然。各处花闻已盛开，终日埋头，未曾往看。劳劳而来，匆匆而去，天下何不值如之，有词一首寄读”云云。①

四月初十日（5月13日），宝廷招饮陈衍等于寓斋，陈衍初晤其子寿富。

《侯官陈石遗先生年谱》卷二：四月十日，竹坡先生招饮寓斋，出示游西山诗卷。遂分韵赋诗，得“遍”字。初晤伯福寿富、仲福富寿两公子。有诗二首。②

《石遗室诗话》卷一：忆丙戌在都，公留饮分韵赋诗，极道西山红叶之胜，约秋来同游；匆匆南返，迄未追陪。③

四月十二日（5月15日），陈三立、冯煦、沈曾桐等中式，郑孝胥、陈衍、沈瑜庆报罢。

四月十三日（5月16日），郑孝胥、陈衍、王仁堪访沈瑜庆。

《郑孝胥日记》：过爱苍，可庄亦来，晤叔伊、衡父。④

四月十四日（5月17日），与郑孝胥、沈瑜庆赴王仁东之邀至长椿寺，张謇、丁立钧、陈与冏、陈与同等同游。

《郑孝胥日记》：旭庄邀至长椿寺，叔珩、爱苍、弼臣兄弟、衡父、莪池、季直皆在。⑤

五月（6月至7月），归途，有《绮罗香》《湘春夜月》《八声甘州》《高阳台·别苏戡》《永遇乐·寄苏戡》诸词。

九月（9月至10月），应台湾巡抚刘铭传之聘入幕，至次年十二月归，前后一年有余。先乘官轮至基隆，再至台北大稻埕，

---

① 《陈石遗集·附录一》，第2093页。

② 《陈石遗集·附录一》，第1957页。

③ 《石遗室诗话》卷一，第25页。

④ 《郑孝胥日记》第一册，第103页。

⑤ 《郑孝胥日记》第一册，第103页。

住闽人李迪臣（彤恩）寓所，后随军招抚当地土著。在台期间，陈衍成诗文百余篇。起源于福建的诗歌活动“诗钟”传入台湾后，迅速传布全岛，陈衍积极推动“诗钟”在台普及。此间作《自大嵙崁行达加九岸大营三首》诸诗。岁末，寄《双双燕》《壶中天慢》《凤凰台上忆吹箫》诸词予萧夫人。

《侯官陈石遗先生年谱》卷二：九月，赴台湾刘爵抚部之招，附官轮船至基隆。有《晚渡狮球岭放船至水返脚乘月肩舆抵稻江》五古一首。至台北大稻埕，寓李迪臣营务处善后局中。①

陈衍《行抵台北内山加九岸记》：先是刘公招余入幕府，渡海至淡水，则公已进兵，寄语营务处李君彤恩，谓余若不畏临前敌，则来观战。余作健遂行。先至大嵙崁，小住帮办抚垦台人林时甫行馆。林公为备肩舆，舆夫六人更番舁，派巡防兵二十人，荷枪卫送。……至营，刘公方晚食，长揖入坐。公谓书生健步若此殊不易，惜诸番社已就抚，无战事可观；马来诗昧率数社自投，求免死，杀之恐阻来者。言已叹惋。②

《石遗室诗话续编》卷二：余客台抚刘壮肃铭传幕中，常至京卿行馆……。③

连横《台湾诗乘》：台湾建省之时，析疆增吏，大启利源。光绪十二年刘省三中丞奏设抚垦大臣，以在籍太仆寺正卿林维源为帮办，驻大嵙崁。维源字时甫，淡水人。既任事，延侯官陈石遗孝廉掌记室。石遗名衍，举乡荐，工诗，

---

① 《陈石遗集·附录一》，第1957—1958页。

② 《陈石遗集·石遗室文集》卷五，第464—465页。

③ 《石遗室诗话续编》卷二，第618页。

著《石遗诗集》行世。有《游台诗》一卷。①

十月（10月至11月），迁入抚部行台，常与洪荫之（述祖）、何研孙（维栋）、林希村（晸）等相过从。

《侯官陈石遗先生年谱》卷二：十月，迁入抚部行台，同事有洪荫之大令熙、何研孙比部年丈维栋，书院则有林希村孝廉如玉主讲席，过从颇不寂寞。②

是年，“同光体”由陈衍与郑孝胥提出。

《石遗室诗话》卷一：丙戌在都门，苏堪告余，有嘉兴沈子培者，能为“同光体”。“同光体”者，余与苏堪戏目同、光以来诗人，不专宗盛唐者也。见子培数诗，雅健有意理；后十年相见，索旧作，皆弃斥无一存者。余谓君博探群书，治史学，洎西北舆地，余亦喜治考据之学，其实皆为人作计，无与己事。作诗尚是自家意思，自家言说。子培意不能无动，间一为之。……盖余谓诗莫盛于三元：上元开元、中元元和、下元元祐也。君谓三元皆外国探险家觅新世界，殖民政策开埠头本领，故有“开天启疆域”云云。余言今人强分唐诗、宋诗，宋人皆推本唐人诗法，力破余地耳。庐陵、宛陵、东坡、临川、山谷、后山、放翁、诚斋，岑、高、李、杜、韩、孟、刘、白之变化也；简斋、止斋、沧浪、四灵，王、孟、韦、柳、贾岛、姚合之变化也。故开元、元和者，世所分唐、宋人之枢干也。若墨守旧说，唐以后之书不读，有日蹙国百里而已。故有“唐余逮宋兴”及“强欲判唐宋”各云云。③

是年，结识南通张謇。

---

① 连横：《台湾诗乘》，台北：文海出版社，1978年，第202页。

② 《陈石遗集·附录一》，第1958—1959页。

③ 《石遗室诗话》卷一，第4—5页，第7页。

《石遗室诗话》卷四：丙戌己丑间，余由苏堪识季直。[①]

是年，历时五年，成《元诗纪事》二十四卷。

叶长青《石遗室丛书提要》：《元诗纪事》四十卷，侯官陈衍辑。原本二十四卷，铅版排印，行世已三十年，后增订十余卷，并前书合编焉。与计敏夫《唐诗纪事》、厉樊榭《宋诗纪事》鼎足而三矣。陈松山田所缉《明诗纪事》，则后此乃出也。[②]

陈衍《元诗纪事叙》：唐、宋、金诗，皆有纪事，而元独无。钱竹汀（**大昕**）先生病《元史》疏芜，欲采各家诗文集、笔记、小说，改修《元史》，恐违功令，改为《元诗纪事》。事详《汉学师承记》。乃记合《元诗纪事》于《元史·艺文志》，统称六卷，《潜研堂全书书目》已刻未刻均未著“纪事”之名，惟近人陈揆《稽瑞楼书目》，于唐、宋诗二纪事后，载有《元诗纪事》二册，下注一“钞”字，据全目例，钞本也。潘文勤叙称揆殁，书尽散，翁文端以重价收其藏本，仅得三四，则《元诗纪事》钞本，未知尚在其中否也。独计竹汀先生，博极群书，尤熟元事，果如计、厉二书之遍采诗林故实，其卷数必裒然以数十计。乃《师承记》所称六卷，除《艺文志》四卷已刻外，《纪事》才二卷耳；《稽瑞楼书目》亦止云二册，何其少耶？新修《嘉定县志》云五卷，则合钱侗、陶梁所补言之，意其为书必专取关系《元史》得失者，与计、厉二书体例迥然不同者也。又尝论之，《宋诗纪事》广收无事之诗，且多采从本集者。宋诗经明人弃斥略尽，吴之振《宋诗钞》、曹廷栋《宋百家诗存》，才二百家；

① 《石遗室诗话》卷四，第68页。

② 《国学专刊》第一卷第四期（1927年10月）。

樊榭以人存诗，重在网罗散失故也。至元诗，则顾选初二三集及癸集，家数已灿然大备。今踵计、厉后为诗纪事，当搜罗一代传作，散见笔记、小说各书者，不宜复收寻常无事之诗矣。①

是年，作诗《抵都寄家书作》《孟夏十日竹坡先生出视游西山诗卷遂集同人分韵赋诗得遍字》《竹坡先生留饮初晤伯福仲福两公子二首》等。

是年，陈文翰（1886—1945）出生，字西园，自号舒云。福建福安人。

光绪十三年丁亥（1887）　32 岁

三月初三日（3 月 27 日），郑孝胥得陈衍书。

《郑孝胥日记》：得柽弟及叔伊书。②

四月（4 月至 5 月），十子雍男生。

《侯官陈石遗先生年谱》卷二：四月，十弟雍男生。③

四月（4 月至 5 月），萧夫人奉母携诸子赴台，居台北城内行台街东头一高楼。寓楼幽静，夫妇夜论诗文，往往达曙。在台期间有诗《寄故山兄弟》《九日寄丹曾甥二首》《晓行至大稻埕》《寄兰生大湖营次》《晚春闺思》《寄苏戡》《苦热》《哭刘绍庭二首》《送何研孙同年省亲扬州》等。在台约一年，于岁暮辞归。

《侯官陈石遗先生年谱》卷二：先母奉外祖母率声暨诸兄弟渡台，寓台北府城内行台街东头。④

---

① 《陈石遗集·石遗室文集》卷九，第 503—504 页。

② 《郑孝胥日记》第一册，第 107 页。

③ 《陈石遗集·附录一》，第 1959 页。

④ 《陈石遗集·附录一》，第 1959 页。

萧道管《戴花平安室杂记》：在台阳时，居一危楼，楼外有榭，榭外有台。每海月东上，开窗四顾，弥望恶竹及稻田，东南数里外，参差雉堞，映带寒山一逻，作伤心碧色。因念十年来，走京华，过春申浦上，避地于蛮溪之滨，作客情况，难具论矣，然未有若是之寒心飘摇，悽寂无主者。依人情况，燕幕本少安巢，海外飘零，弥觉家山路断也。①

闰四月十三日（6月4日），作《贺新郎》② 一阕。

十二月（1888年1月至2月），辞刘铭传而去，合家回福州。刘铭传以四百两银为赠。

《侯官陈石遗先生年谱》卷二：岁暮辞归，抚部以四百金为赆。③

陈衍《得爱苍京师书却寄》：……去去日以远，蛮府效参军。黾勉就羁栖，忽忽冬复春。曾从万山来，毒雾所蒸熏。蔽亏恶木阴，纷骇鸟兽群。周王马不到，谢公屐不闻。长揖谢吾子，才薄休云云。④

十二月底（1888年2月），四弟季新病卒，年二十九。

《侯官陈石遗先生年谱》卷二：腊不尽六日，季新九叔父病卒。叔父少家君四岁，……叔父诗才隽逸，有所眷歌者，夭逝伤逝之作，多凄厉不可卒读。家君曾录数首于《石遗室诗话》及《近代诗钞》中。⑤

是年，填词《齐天乐》《八六子》《贺新郎》《征招》等。此后甚少填词。【按：《征招》系《朱丝词》中所收较晚一首。何维

---

① 《陈石遗集·附录一》，第2093页。

② 见《陈石遗集·朱丝词》卷下，第410页。

③ 《陈石遗集·附录一》，第1959页。

④ 《陈石遗集·石遗室诗集》卷二，第78页。

⑤ 《陈石遗集·附录一》，第1959—1960页。

栋（1852—1887），字研孙（荪），清道州（今湖南道县）人，曾入台湾巡抚刘铭传幕，此为陈衍送其回扬州省亲之作。《年谱》载："研孙归不久下世，《征招》词有'缥缈见云车，是蓬莱归处'句，见者以为谶语。"[①] 何维棣《从兄刑部君研孙墓志铭》云："从台湾巡抚刘公铭传幕府，冀积资就外职，遽以疾归，光绪十三年十月十一日卒于扬州"[②]，知此词创作时间不晚于1887年11月25日。】

陈衍《题曹次岳竹坨图》：早岁曾倚声，湖海托惆怅。壮年弃之去，偷减法久忘。欲和《百字令》，出笔恐太放。[③]

陈衍《灯昏镜晓词叙》：余于词弃去且三十年。[④]

陈衍《题〈花影吹笙室填词图〉》：吹箫输与姜石帚，歇绝填词四十年。[⑤]

《石遗室诗话》卷二十：余不工词，断绝下笔者且三十年，而友朋乞作叙者，乃时时有之。[⑥]

钱仲联《光宣词坛点将录》：如序李次玉词、胡式清词、曹君直词等，持论皆精辟。自为《朱丝词》二卷，以为"癖嗜北宋"，于"此道既浅而荒"，盖谦词也。[⑦]

是年，汪辟疆（1887—1966）出生，名国垣，字辟疆，号方湖，晚年以字行。江西彭泽人。

---

① 《陈石遗集·附录一》，第1959页。

② 何维栋：《十六观斋遗集》，民国乙丑年（1914）道州何氏聚珍排印本。

③ 陈衍：《石遗室诗续集》卷七，民国二十四年（1935）刻本。

④ 见宋谦：《灯昏镜晓词》，清宣统二年（1910）铅印本。

⑤ 《陈石遗集·石遗室诗续集》卷一，第332页。按，此诗作于1922年。

⑥ 《石遗室诗话》卷二十，第308页。按，《诗话》三十二卷本初刊于1929年。

⑦ 钱仲联：《光宣词坛点将录》，《词学》第三辑，上海：华东师范大学出版社，1985年，第244页。

光绪十四年戊子（1888） 33岁

是年，家居柏林坊，窘甚。萧夫人当衣裙以质钱。

《侯官陈石遗先生年谱》卷二：家居柏林坊，至四月窘甚。先母有裙七，尽入质库，他可知矣。①

六月（7月至8月），应邀至上海沈瑜庆家教书，沈女鹊应、沈子成鹄即从之学诗。

《侯官陈石遗先生年谱》卷二：沈爱苍姻丈瑜庆将荐家君为典签奏，招先往沪上俟之。六月，附兵轮出，寓沈丈所，为摄教读，受业者一女鹊，一子鹄。②

八月（9月至10月），因林某伪造沈瑜庆的推荐信往谒卞宝第，将典签之职抢去，陈衍遂归里。

《侯官陈石遗先生年谱》卷二：时有卿人林孝廉某者，卞督部廿年前抚闽时门下士，溯江至汉口迎之，知沈丈将荐家君，伪作沈丈函以自荐。……家君事罢论。八月，归里。③

八月（9月至10月），四川学政朱善祥、湖南学政张亨嘉、河南学政陈琇莹皆函聘陈衍为总襄校，陈衍以为河南文风闭塞，四川道路险远，独湖南最近而文风蒸蒸日上，乃辞豫、蜀而就湘。

《侯官陈石遗先生年谱》卷二：则四川学使朱咏裳编修善祥、湖南学使张铁君编修亨嘉、河南学使陈芸敏给谏琇莹三处，皆函聘总襄校。家君以为河南文风鄙塞，名胜荒废；四川山水雄奇，而路险远；独湖南差近，而文风蒸蒸日上。张

---

① 《陈石遗集·附录一》，第1960页。

② 《陈石遗集·附录一》，第1960页。

③ 《陈石遗集·附录一》，第1960页。

编修又以长函极道洞庭、衡岳天下伟观，江、胡、曾、左中兴伟人，必有人士文章继起者，夸示之，以要其必往。家君乃辞豫蜀而就湘。①

陈衍《礼部左侍郎张公行状》：将之湖南，以书抵衍，极道洞庭衡岳天下伟观，江、胡、曾、左中兴伟人，必有人士文章继起者，夸示之，以要其往。②

九月（10月至11月），次女师葛生，字月采。

《侯官陈石遗先生年谱》卷二：九月，次妹师葛生，字曰月采。③

十月（11月至12月），晤陈宝琛。

《侯官陈石遗先生年谱》卷二：十月，与陈弢庵阁学年丈会于许豫生丈处。④

是年，李宣倜（1888—1961）出生，原名汰书，字释龛、释堪、释戡，号苏堂，别号阿迦居士，晚号蔬畦老人。福建侯官人。

光绪十五年己丑（1889） 34岁

二月（3月），与沈翊清等入京会试；与郑孝胥、沈瑜庆、王仁堪、丁立钧、陈与冏、陈宗濂等时相过从。⑤

《侯官陈石遗先生年谱》卷二：二月，同二世父、沈丹

---

① 《陈石遗集·附录一》，第1960页。

② 《陈石遗集·石遗室文集》卷二，第446页。

③ 《陈石遗集·附录一》，第1960页。

④ 《陈石遗集·附录一》，第1960页。

⑤ 杨萌芽：《清末民初宋诗派文人群体活动年表》，郑州：河南大学出版社，2008年，第65页。

曾表兄入都，寓驴马市旅馆。①

三月（3月至4月），十子殇于家。得信，甚痛惜。

《侯官陈石遗先生年谱》卷二：三月，十弟殇于家，家君得信，甚痛惜之。②

四月（4月至5月），会试落第。

《侯官陈石遗先生年谱》卷二：四月，揭晓，荐而不售，出都回家。③

五月底（6月），赴湖南，任府试总襄校。

《侯官陈石遗先生年谱》卷二：五月杪，携一仆赴湘。④

六月（7月），抵湘。佐张亨嘉批阅士子之文，颇受器重。因用目过度，眼疾发作。

《侯官陈石遗先生年谱》卷二：家君总其成，无一卷不经眼者。……家君目力过用受伤，……遂目疾大作，流汁如漿如糊。⑤

陈衍《归途望龟山记》：去岁六月，余之长沙。⑥

《石遗室诗话》卷一：己丑在长沙。⑦

《石遗室诗话》卷七：张铁君学使亨嘉按试长沙，余总襄校。⑧

十月（10月至11月），随学政校士岳州。期间登岳阳楼，游君山等名胜。

---

① 《陈石遗集·附录一》，第1961页。
② 《陈石遗集·附录一》，第1961页。
③ 《陈石遗集·附录一》，第1961页。
④ 《陈石遗集·附录一》，第1961页。
⑤ 《陈石遗集·附录一》，第1962页。
⑥ 《陈石遗集·石遗室文集》卷五，第466页。按，此篇作于1890年。
⑦ 《石遗室诗话》卷一，第12页。
⑧ 《石遗室诗话》卷七，第104页。

《侯官陈石遗先生年谱》卷二：十月，出棚至岳州。[①]

陈衍《游君山记》：自夏口舟行遇南风，十有九日至城陵矶。……舟人曰君山也。数须臾，抵岳阳楼下，不得泊而去。……登岳阳楼，复望君山，沙洲历历，有亘于其际者。……明晨遂往。……抵山足，行泥渚数百武。至洞庭君庙，朴陋无足观。出经虞帝二妃墓，稍上下坡垅茶园间，西转得朗吟亭。入望空水弥漫，不见涯涘，洞庭以西湖为泱漭。兹亭有楼，则山中最高处也。……然朗吟亭揽全湖之景。[②]

十一月（11月至12月），随学政由岳州至澧州。

《侯官陈石遗先生年谱》卷二：十一月，由岳州出棚至澧州。[③]

十二月（12月至1890年1月），至常德。游仙眠洲、澧县多安桥等。有诗《仙眠洲怀李文山》《多安桥吊车武子》。

《侯官陈石遗先生年谱》卷二：十二月，至常德。[④]

陈衍《归途望龟山记》：既至长沙，随学使者按试岳州、澧州、常德三郡。[⑤]

是年，作诗《江上望芦洲》《江行舟中闻苏戡考取中书寄调》《江中回望金焦二山》《牛渚》《牛渚望青山》《遥题采石太白祠》《过马当山》《过黄州》《过黄鹤楼下楼前年已毁于火》《晚眺晴川阁遂登大别谒禹庙》《楚江二首》《阻风白螺山谒吴大帝庙》《东北风大作舟过岳阳楼下不得泊遂渡洞庭》《秋日登定王台》《谒贾太傅祠》《游岳麓山憩岳麓书院》《题小桥墓》《岳阳楼月夜用杜

---

① 《陈石遗集·附录一》，第1963页。

② 《陈石遗集·石遗室文集》卷五，第465—466页。

③ 《陈石遗集·附录一》，第1963页。

④ 《陈石遗集·附录一》，第1964页。

⑤ 《陈石遗集·石遗室文集》卷五，第467页。

韵》《燮君学使阻风琴棋望长歌属和次韵》《舟过冷饭洲》等。

光绪十六年庚寅（1890）　35岁

正月（2月），辞别张亨嘉，由常德入都参加会试。

《侯官陈石遗先生年谱》卷三：正月元宵后，家君将北上。由常德取道公安、石首陆路，行四日，过虎渡河，至沙市。①

陈衍《归途望龟山记》：今春北行，出虎渡河，下荆州、沙市。至荆河口，泛舟周洞庭一匝焉。抵夏口，复见龟山残雪犹积，水落岸迴，尤庞然于江汉之浒也。②

二月（2月至3月），至都，寓沈瑜庆宅。

《侯官陈石遗先生年谱》卷三：二月至都，寓沈爱苍丈宅。③

三月十七日（5月5日），遇郑孝胥。

《郑孝胥日记》：晨，过博泉，饭毕，出城过英古斋换银，遂往洗澡。遇叔伊、季直。浴毕，同季直视子培，已愈，复同至下斜街。④

陈衍《海藏楼诗序》：乙酉后渡海游台北，溯江游湖南，亦遂变其前诗。一日遇君与季直于骡马市，相将入浴堂，君解衣探夹袋，出残稿数纸，则《游摄山》诗，皆七言，余以为神似樊榭……⑤

---

① 《陈石遗集·附录一》，第1964页。
② 《陈石遗集·石遗室文集》卷五，第467页。
③ 《陈石遗集·附录一》，第1965页。
④ 《郑孝胥日记》第一册，第174页。
⑤ 郑孝胥：《海藏楼诗集》，上海：上海古籍出版社，2003年，第3页。

三月廿二日（5 月 10 日），与郑孝胥久坐。

《郑孝胥日记》：旋过爱苍，已出，与叔伊坐久之。①

三月廿六日（5 月 14 日），访郑孝胥。

《郑孝胥日记》：晨，写卷。叔伊来。②

四月初一日（5 月 19 日），与郑孝胥等游南下洼、陶然亭。

《郑孝胥日记》：旋过叔珩，同诣爱苍，并叔伊游南下洼，于陶然亭复逢伯恭、述庭等。③

四月初三日（5 月 21 日），饭后，访郑孝胥。

《郑孝胥日记》：饭后，叔伊、丹曾来。④

四月十二日（5 月 30 日），赴郑孝胥福隆堂招宴。

《郑孝胥日记》：遂访叔珩，同至福隆堂，约赞周、小丹、旭庄、爱苍、叔伊、贻书皆至，王秀轩、林希村皆来冲筵，季直、博泉皆不至。⑤

四月十三日（5 月 31 日），午后，访郑孝胥。

《郑孝胥日记》：午后，叔伊来，金子昌来。⑥

四月十四日（6 月 1 日），访郑孝胥，同车出城。

《郑孝胥日记》：午后，叔伊来，同车出城。⑦

四月廿二日（6 月 9 日），访郑孝胥。

《郑孝胥日记》：晨，叔伊来，与叔珩同去。⑧

五月初六日（6 月 22 日），陈衍会试科卷分在冯锡仁房，评

① 《郑孝胥日记》第一册，第 175 页。
② 《郑孝胥日记》第一册，第 175 页。
③ 《郑孝胥日记》第一册，第 176 页。
④ 《郑孝胥日记》第一册，第 176 页。
⑤ 《郑孝胥日记》第一册，第 178 页。
⑥ 《郑孝胥日记》第一册，第 178 页。
⑦ 《郑孝胥日记》第一册，第 178 页。
⑧ 《郑孝胥日记》第一册，第 179 页。

语极优，冯向主考孙毓汶推荐，又多次探询中否，引起孙毓汶的怀疑。本已拟定取中，被孙改为挑取誊录，签分国史馆。同日，郑孝胥遣人探陈衍掣签得何馆。

《侯官陈石遗先生年谱》卷三：是科卷在沅陵冯莘垞给谏锡仁房，首荐于孙尚书毓汶。冯公评语扬之太过，复探中否至三四，孙公疑焉。已中矣，改挑取誊录，签分国史馆。①

《郑孝胥日记》：午后，遣王镛往百炼堂董宅，探叔伊掣签得何馆之信，董他出。②

五月初十日（6月26日），郑孝胥致信陈衍。

《郑孝胥日记》：晨，作与叔伊信及与柽弟。作白折二开。③

五月（6月至7月），至上海。入上海制造局刘麒祥幕，兼任方言馆汉文教习。课余习举业。因俸禄不多，兼授徒、卖文，时有精妙文章传遍大江南北。

《侯官陈石遗先生年谱》卷三：冯给谏与可庄丈同年，属家君往见，谓湖南襄校甚劳，劝改就上海制造局幕，为荐于刘康侯兵备麒祥。……遂留沪上，刘公聘兼方言馆汉文教习。④

《石遗室诗话》卷一：庚寅在上海。⑤

陈衍《先室人行述》：五月至上海。⑥

七月（8月至9月），萧夫人携家至上海，寓高昌庙。

---

① 《陈石遗集·附录一》，第1965页。
② 《郑孝胥日记》第一册，第181页。
③ 《郑孝胥日记》第一册，第181页。
④ 《陈石遗集·附录一》，第1965页。
⑤ 《石遗室诗话》卷一，第12页。
⑥ 《陈石遗集·石遗室文集》卷二，第442页。

陈衍《先室人行述》：上海高昌庙官屋枕溪，花木蓊翳，室人时精力饶富，佳日出游外，勤事笔砚，兼课诸子读书写作。……七月道管亦携家至。①

《侯官陈石遗先生年谱》卷三：七月，移家至，寓高昌庙。②

八月十四日（9月27日），郑孝胥得陈衍信。

《郑孝胥日记》：得叔伊信及可庄、茂先诗。夜，作七律一首。得叔伊来信，冯函转交，次日交出。③

九月初九日（10月22日），重阳日，席上食蚶。有诗《重九日席上食蚶客问始见何书记出江赋戏作二首》。

十一月十三日（12月24日），宝廷去世，享年五十一。

陈衍《挽宝廷》：品望迈冶亭铁君，年来兰田屏居，夜半苍茫射猛虎；题诗遍戒坛盘谷，他日平山重过，壁间飞动见龙蛇。④

十一月（12月至1891年1月），游金陵，寓沈瑜庆宅。有诗。

《侯官陈石遗先生年谱》卷三：十一月，游金陵，寓爱苍丈所。有《晚登雨花台》《雪后过莫愁湖》诗。⑤

《石遗室诗话续编》卷二：余昔寓沪上，数十至金陵，所有名胜，游踪殆遍，独未游牛首、栖霞。⑥

是年，始识萧穆、何维朴等。

---

① 《陈石遗集·石遗室文集》卷二，第441、442页。

② 《陈石遗集·附录一》，第1965页。

③ 《郑孝胥日记》第一册，第195页。

④ 龚联寿编著：《中华对联大典》，上海：复旦大学出版社，1998年，第683页。

⑤ 《陈石遗集·附录一》，第1965页。

⑥ 《石遗室诗话续编》卷二，第617页。

《侯官陈石遗先生年谱》卷三：始识桐城萧敬甫茂才穆、道州何诗孙副贡维朴、湘乡成子晋郡守希缙、葛心水布衣道殷、湘潭胡式清布衣澄廓、湘阴胡浴生大令。①

是年，治礼学，成《考工记辨证》三卷，《补疏》一卷，有家刻本。

《侯官陈石遗先生年谱》卷三：是岁治礼学，成《考工记辨证》三卷、《补疏》一卷，刻之。②

陈衍《考工记辨证叙》：范书称郑君受学马融，以善算闻。窃谓郑君惟未精于算，故注《考工》。如加轸与轐之类，间有误者。贾疏又多失郑恉，郑误因以滋多。我朝经师辈起，群然訾謷之，然未之深思，而遽不以为然，有不尽为高密诤臣者。衍作《辨证》三卷，辨郑者八条，辨贾者十有九条，辨本朝诸家者八十有四条，抑又替否献可之微意已。陈衍石遗识。③

叶长青《石遗室丛书提要》：《考工记辨证》三卷，侯官陈衍著。《考工记》虽非正经，然制作之纲维，官礼之枢纽，有清一代经学大师，无不治之者。且中多数学，虽老师宿儒，往往牵强舛误。先生此书，凡数易稿，有既梓而更刊正之，可以知其慎且难矣。

《考工记补疏》一卷，侯官陈衍著。多其义甚要而贾疏付之阙如者。所补皆精审，间著以图。④

是年，作诗《自九江至湖口舟中望庐山用孟韵》《江上望彭泽县》《村居江上已近重阳即事兴怀辄用东坡霜风渐欲作重阳句

① 《陈石遗集·附录一》，第1965页。
② 《陈石遗集·附录一》，第1965页。
③ 《陈石遗集·考工记辨证叙》，第949页。
④ 《国学专刊》第一卷第四期（1927年10月）。

作起三首存一》《晚食》《村居》《题山谷梨花诗后》等。

是年，撰《归途望龟山记》。

是年，吴大玠（1890—1960）出生，字圭峰。福建南安人。

光绪十七年辛卯（1891）　36 岁

三月十三日（4 月 21 日），日本昙华和尚在东京圆寂，享年七十七。陈衍为作塔铭。

陈衍《日本昙华和尚塔铭》：日本林学士野尻君，介其友大作君，以昙华和尚行略请为塔铭。……案和尚本姓畠山，近江国蒲生郡日野村麻生町人。……以东历天保元年九月十九日入东京小石川区原町一行院受度，师事本佛和尚。……明治二十四年三月十三日示寂，生年七十有七。……铭曰：白马西来，达摩菩提。为震旦师，留钵传衣，既信而迷。日出天子，唐居其西。文物名词，输入斯时，孝谦挈提。……墨儒同归，泰然荼毗。[1]

秋，仍居上海，挚友王景乡试中举。

《侯官陈石遗先生年谱》卷三：是秋，妇翁王兰生文举于乡，久屈忽伸，家君为喜甚。[2]

陈衍《故孝廉王君兰生墓志铭》：辛卯始举于乡，余旅食上海。[3]

是年，屡游金陵，有诗。

《侯官陈石遗先生年谱》卷三：屡游金陵，有《游后湖》

① 《陈石遗集・石遗室文集》卷三，第 457—458 页。

② 《陈石遗集・附录一》，第 1967 页。

③ 《陈石遗集・石遗室文集》卷三，第 451 页。

《过半山寺》《题楞严庵莫愁小象》诗。①

是年，结识湘乡葛道殷。

《石遗室诗话》卷八：岁辛卯，余旅食上海，始识湘乡葛心水道殷。心水方自测量黄河归，读所撰《测量三省黄河图例言》数千言，言测量事甚缕。因谂心水幼究心算术，尤耽西人格致之学，旁及医理；倾谈娓娓不少休，而口操土音，始听十仅得二三，后且七八。……未几，又应湖北舆图局测量之招，归成《测天揭要》，属余为叙。最喜余《黄州》《大别山》《洞庭湖》诸诗，见辄讽诵不已。……又别余云："信有三生石，来寻海上因。沉吟期许意，都是眼中人。"语浅而情深。有小序云："道殷居海上八年，知交中能文章而得性情之正者，叔伊外尚有一胡式卿。适鄂省舆图局开，调道殷承乏，行有日矣。式卿赠以骈体文，叔伊赠以长句，期许之词不同，意则无不同也。尤爱叔伊之诗，音节古雅，穆然思深，不禁短句答之。"后闻心水还乡教授学堂，十余年不通音问矣。②

是年，治礼学；成《周礼疑义辨证》初稿，有家刻本。

《侯官陈石遗先生年谱》卷三：仍治礼学，撰《周礼辨证》。后孙仲容比部年丈诒让闻有是作，寄书将以所著《周礼正义》就商榷，未果。后孙年丈没，久之《正义》始出版，家君为纠正数十条，增在《辨证》中。③

是年，作《记先君子遗事》《记先妣事》《书仲容六姊事》等文。

《侯官陈石遗先生年谱》卷三：是岁多作文，有《书先

① 《陈石遗集·附录一》，第1966页。
② 《石遗室诗话》卷八，第125—126页。
③ 《陈石遗集·附录一》，第1966页。

君子遗事》《书先妣事》《书仲容六姊事》。①

是年，黄濬（1891—1937）出生，字秋岳，号哲维，室名花随人圣庵。福建侯官人。

曹经沅（1891—1946）出生，原字宝融，后字纕蘅。四川绵竹人。

郑贞文（1891—1969）出生，字幼坡，号心南。福建长乐人。

光绪十八年壬辰（1892） 37岁

正月十九日（2月17日），母王太夫人病故，陈衍奔丧返里。

《侯官陈石遗先生年谱》卷三：正月十九日，丁先大母忧。家君自元旦起，心绪作恶不可名言，行坐不宁，元宵后尤甚。十八夜四鼓，家君忽从梦中惊呼曰："母亲死矣。"先母亦同时惊呼醒，所梦同。知必有异，披衣起剔灯，须臾打门，凶电至矣。②

陈衍《故孝廉王君兰生墓志铭》：明年正月，君至，余奔母丧归。③

四月（4月至5月），葬母毕，奉岳母至上海。

《侯官陈石遗先生年谱》卷三：四月，葬先大母毕，复至沪，奉外祖母来居。④

五月初五日（5月30日），端午，夜邀郑孝胥等至一家春，沈翊清在座。

---

① 《陈石遗集·附录一》，第1966页。

② 《陈石遗集·附录一》，第1967页。

③ 《陈石遗集·石遗室文集》卷三，第451页。

④ 《陈石遗集·附录一》，第1967页。

《郑孝胥日记》：夜，叔伊邀至一家春，坐唯丹曾，匆匆即散。①

八月（9月至10月），好友王景卒，享年四十三。四年后，陈衍为之铭。【按：王景系陈衍长媳王孟玉之父。】

陈衍《故孝廉王君兰生墓志铭》：王君兰生卒之四年，其孤我臧至上海，携君遗诗一册，请为叙。余曰："君生平交最亲且久者惟故兵科给事中陈君琇莹及余。琇莹早达，先君卒，余后死，当为铭幽之文，岂独叙君之诗？"……游台，瘴气所中，不自知病，日以深。七月力疾归，已不可救。八月某日，卒于家。……君讳景，侯官人，卒年四十三岁。……铭曰：赍志已矣，遇如其诗。瘠而不颐，蹙而不颀。人为之耶，抑天实为之。噫！②

是年，许贞幹（豫生）注吴鼒所选《八家四六》刻成寄沪。陈衍见其阙误较多，为补正数百条，并为作叙。后二注合印，题作《八家四六文补注》，1892年由上海方言馆铅印出版。

《侯官陈石遗先生年谱》卷三：许豫生文注吴山尊鼒所选《八家四六》若干卷，刻成寄示。家君见其阙误甚多，为补正数百条，并作一骈体叙还之。叙历言注家之病，盖有十数，一时传诵遍大江南北。……而坊间将二注合印，传布万本，非家君所欲也。③

叶长青《石遗室丛书提要》：《八家四六文补注》一卷，侯官陈衍补注。先生之友许贞幹，原有《八家四六文注》，而缺误尚多。先生详为补注，盖兼司马贞之《索隐》，及刘

---

① 《郑孝胥日记》第一册，第297页。

② 《陈石遗集·石遗室文集》卷三，第450—452页。

③ 《陈石遗集·附录一》，第1967页。

炫之《规过》矣。①

萧穆《陈叔伊八家四六文补注序》：侯官陈叔伊孝廉侨寓春申江上，与余往还两年矣。生平精经学、小学，撰著宏富。顷以《八家四六文补注》一编见视，则为其友许豫生太守作者。自注书之难也，昔胡身之谓小颜释班史，弹射数十家无完肤；而三刘所以正小颜者正复不少。全谢山先生三笺《困学纪闻》，述之又以为安知海内博物君子不有如三刘者。今许君所作，余虽尚待问津，而卷帙裒然，其用力之勤，已可概见；叔伊犹为之补正，则所谓“直谅多闻”之友矣。然叔伊此编特其绪余耳，其精力所萃者，有《说文广例》十二卷、《经史札记》十数卷、《元诗纪事》三十卷、《元诗癸集拾遗》十卷、《厉樊榭诗注》二十卷，将次第刊行之。叔伊年甫逾壮，其所成就已如此。吁，可畏哉！光绪十八年秋八月。②

是年，成《礼记辨证》五卷。

叶长青《石遗室丛书提要》：《礼记辨证》四卷，侯官陈衍著。《小戴记》集七十子之徒所传师说，时有异同，不能别黑白而定一尊。郑君多以为二代之礼，又间杂春秋战国以来是非颇谬于圣人者，故以孔疏之既博复精，而不能无抵牾之处。是书辨其非而证其是，虽至“许友以死”“甚宜其妻”各条，辨驳皆用汉法，绝不为宋人之空言。③

是年，陈甘簃（1892—1953）出生，一作赣一，字藻青，号颍川生，别署睇向斋主、听天由命生、旁观客等，晚号半翁。江西黎川人。

---

① 《国学专刊》第一卷第四期（1927年10月）。

② 萧穆：《敬孚类稿》，合肥：黄山书社，1992年，第55页。

③ 《国学专刊》第一卷第四期（1927年10月）。

姚鹓雏（1892—1954）出生，以号行，原名锡钧，字雄伯，笔名龙公、宛若、伯子、红豆村（词）人等，别号梦湘阁主。江苏松江人。

光绪十九年癸巳（1893） 38岁

三月（4月至5月），回福州，与兄陈书相聚二十余日。有诗《春暮归家与伯兄相聚者二十有五日得读〈客冬大雪〉〈与弢庵阁学叠韵〉诸作春尽日既别来沪殊不可为怀得诗一首亦次弢庵韵》。

《侯官陈石遗先生年谱》卷三：三月，回福州，与大世父相聚者二十余日。①

是年，在上海，与叶大庄过从甚密。

《侯官陈石遗先生年谱》卷三：时叶损轩文司谳上海县，过从至密。②

是年，伯兄陈书有诗怀陈衍。

陈书《忆叔伊弟》：家山无处堪容汝，逐客垂垂到老兄。火急著书真解事，诗声变征可怜生。③

是年，作诗《题损轩吴门集后》《寄题龚霭仁布政芙蓉别岛中多好石》《次损轩韵》《雨后访损轩》等。

光绪二十年甲午（1894） 39岁

正月（2月至3月），回福州。

---

① 《陈石遗集·附录一》，第1968页。

② 《陈石遗集·附录一》，第1968页。

③ 陈书：《木庵居士诗》卷二，光绪三十二年（1906）武昌刻本。

《侯官陈石遗先生年谱》卷三：正月，回福州省兄。①

二月（3月至4月），至沪。由高昌庙搬出。

《侯官陈石遗先生年谱》卷三：二月，复至沪。……余家在高昌庙，赁屋而居，……是年居停始腾出官屋，借居之。②

陈书《叔伊将归上海》：聚已无端别可疑，春灯对案费寻思。赏诗迳尔论千载，浪迹行将挟二弥。邓尉相须情欲动，皖公未到意先疲。看云自是平生惯，病臂无眠奈此时。③

五月（6月至7月），沈瑜庆为陈衍出资刊行《元诗纪事》。书前有陈衍自叙，并另立凡例四则，说明选辑体例和取去标准。初编二十四卷本，后增补至四十五卷，收入诗人八百三十三人，由商务印书馆于1921年出版排印本，1925年、1935年曾再版，仍用原叙。此书流传甚广。

《侯官陈石遗先生年谱》卷三：五月，爱苍丈出赀代刊《元诗纪事》，赋诗为谢。④

陈衍《爱苍出赀代刊〈元诗纪事〉赋诗为谢时海氛甚恶连夜过宿剧谈》：我有元人本事诗，敏夫樊榭是吾师。十年搜讨拼全力，一诺开雕拜重赀。著述等身原画饼，戈船横海亦围棋。南楼办得凉千斛，再把胡床就月移。⑤

《石遗室诗话》卷三：爱苍号涛园，……其子女皆受业于余，重以姻娅，曾出资为余刊《元诗纪事》。⑥

---

① 《陈石遗集·附录一》，第1969页。
② 《陈石遗集·附录一》，第1969页。
③ 陈书：《木庵居士诗》卷三。
④ 《陈石遗集·附录一》，第1969页。
⑤ 《陈石遗集·石遗室诗集》卷二，第90—91页。
⑥ 《石遗室诗话》卷三，第50页。

六月（7月），长沙饶识三（号石顽）之女饶运玙卒，年仅十二岁。次年，陈衍为之铭。

陈衍《饶氏女墓铭》：不幸以喉疾殇于甲午六月，年仅一十有二，有《藕香馆遗诗》若干首。……疾作时，吾游浙未归。……铭曰：韩氏女挐，白氏金銮。女幼能诗，孰如吾石顽。①

十一月初七日（12月3日），往南京晤郑孝胥。

《郑孝胥日记》：晤陈伯初、叔伊及丹曾之弟。②

十一月初九日（12月5日），在沈瑜庆处，与郑孝胥等谈。

《郑孝胥日记》：陈伯初、叔伊皆在爱苍许，就谈半日。③

十二月（1895年1月），携子声暨及门生钱家骧在南京度岁。

《侯官陈石遗先生年谱》卷三：旧腊，挈声暨及门生钱仲德家骧在金陵度岁。④

是年，伯兄陈书接陈衍所寄刀鲚，有诗为赠。

陈书《弢庵再饷奶饼同日得叔伊刀鲚之寄》：不是胡儿那识酥，居然风味落江湖。烟波西塞从君访，刀鲚还书报阿奴。⑤

是年，作诗《岁朝二日损轩见过继之以诗余已还山来沪后始获披读次韵奉答》《绝句三首送林赞虞之官昭通》《至沪寄伯初家兄》《用损轩韵送爱苍还夷陵首言重修四贤堂事》《旬月嗜睡偶读后山四绝句每首摘其二句续以二句亦得四首》《书孙仲容〈古籀拾遗〉后寄仲容兼谢〈札迻〉之赠》《雪后游灵谷寺》等。

---

① 《陈石遗集·石遗室文集》卷三，第455页。
② 《郑孝胥日记》第一册，第450页。
③ 《郑孝胥日记》第一册，第450页。
④ 《陈石遗集·附录一》，第1970页。
⑤ 陈书：《木庵居士诗》卷二。

光绪二十一年乙未（1895）　40岁

元月初二日（1月27日），于筹防局晤郑孝胥。

《郑孝胥日记》：饭后，步过鉴泉，坐顷之，与博泉同至筹防局视旭庄，晤叔伊、孝明、子扬等，同至寓。①

元月初六日（1月31日），归沪。有诗赠家兄陈书和林旭。

《侯官陈石遗先生年谱》卷三：岁朝六日归沪上，有《拉杂书事寄伯初家兄并视爱苍》，颇言时事。有《五言一首赠晚翠》，晚翠，林旭之号。②

三月（3月至4月），入都，应会试不第。此时由于甲午中日战争中国战败，清廷与日本签订《马关条约》，拟割台湾和辽东半岛向日求和。陈衍闻之大愤，乃与方家澍、林纾、卓孝复（芝南）、高凤岐（啸桐）等上书都察院，争辽南割地事。上书由陈衍起草，未得批复。

《侯官陈石遗先生年谱》卷三：三月，入都。……与方雨亭家澍、林琴南、卓芝南、高啸桐诸年丈上书都察院《争辽南割地事书》，家君起草，投入不报。③

四月初八日（5月2日），都察院代奏"福建京官兵部主事方家澍、侯官县举人陈衍、闽县举人卓考复④、侯官县举人林旭、刘蕲、闽县举人叶大华条陈"。⑤

---

① 《郑孝胥日记》第一册，第466页。

② 《陈石遗集·附录一》，第1970页。

③ 《陈石遗集·附录一》，第1970页。

④ 按：原书如此，应为卓孝复。

⑤ 见茅海建：《戊戌变法史事考二集》，北京：生活·读书·新知三联书店，2011年，第11页。

五月（5月至6月），返沪，与顾云、梁鼎芬、蒯光典、顾印愚等交往；有诗寄梁鼎芬。

《侯官陈石遗先生年谱》卷三：五月，归沪上。梁节庵寄扇及横幅，报以诗。……顾石公学博云招饮薜庐，……坐有梁节庵、蒯礼卿检讨光典、顾印伯舍人印愚。①

十二月廿七日（1896年2月10日），与陈书、李宣龚等同访郑孝胥。

《郑孝胥日记》：伯初兄弟、若村叔侄及李拔可皆来。②

是年，叶大庄《小玲珑阁词》成，后收入《写经斋全集》。《小玲珑阁词》收词三十首，经陈衍删存，并为之叙。

陈衍《小玲珑阁词叙》：爰命余为删存三十阕。③

是年，作诗《杂感十七首》《试礼闱毕寄伯初家兄江南》《自利涉桥步至青溪望钟阜》《送程生芷庭赴德国兼讯朱生听涛》《论诗一首送觐俞同年归里》《节庵寄扇及横幅》《饶识三属题其〈明宫杂咏〉》等。

是年，刘蘅（1895—1998）出生，字蕙愔。福建长乐人。

光绪二十二年丙申（1896）　41岁

正月人日（2月19日），赴顾云约至其居，与郑孝胥、梁鼎芬、林旭等谈。

《郑孝胥日记》：阴。子朋约至其居，坐有梁星海、顾印伯、郑寿彭、蒯礼卿、陈叔伊、林暾谷等。④

① 《陈石遗集·附录一》，第1970页。
② 《郑孝胥日记》第一册，第542页。
③ 叶大庄：《小玲珑阁词》叙，清光绪二十一年（1895）刻本。
④ 《郑孝胥日记》第一册，第544—545页。

正月初八日（2月20日），访郑孝胥，借其诗及郑珍诗。

《郑孝胥日记》：午后，……叔伊、康安、细弥、瞰谷、拔可、叶乃锦皆来坐，叔伊借余诗及郑子尹诗携去。[①]

正月初十日（2月22日），访郑孝胥，谈至夜分乃去。

《郑孝胥日记》：叔伊来，谈至夜分乃去。[②]

正月十二日（2月24日），刘铭传在六安刘新圩病逝，享年六十。后赠太子太保，谥壮肃。

陈衍《刘铭传别传》：刘铭传，字省三，安徽合肥人。……自言五十六岁又当革职，六十岁当死，已而果然。论曰：刘宗海又云：西捻张总愚逼畿辅，李鸿章、铭传皆夺官。铭传怒，将变，有不屑奴性之屈服焉。抚台，则铁路、电线、邮政、炮台、学堂、船商、火器、水雷、诸机械制造，于举国未为之日，独先为之。今居政府若南北洋大臣，革命元功殆无有出其右者。膺疆寄，僻处海外，地小不肆厥设施，郁郁以没，伟大事业岂不以其时乎？[③]

正月（2月至3月），游江宁。归沪时过镇江，住茅子贞家，同游北固山、金山，有七古二首。

《侯官陈石遗先生年谱》卷三：正月，游金陵归，过京口，宿茅子贞茂才宅。晓起，同游北固、金山，有七古二首。游北固诗，颇讥讽时事。时某督，议以长江归英国保护，以抗日舰。[④]

二月十五日（3月28日），陈衍、陈海梅、吴曾祺、何振岱、洪星帆等人在乌石山双骖园宴请自京返乡的林纾，并演闽剧《紫

---

① 《郑孝胥日记》第一册，第545页。

② 《郑孝胥日记》第一册，第545页。

③ 《陈石遗集·石遗室文集》卷一，第430—432页。

④ 《陈石遗集·附录一》，第1971页。

玉钗》助兴。①

三月（4月至5月），声暨娶王氏。

《侯官陈石遗先生年谱》卷三：三月，为声暨授室王氏，兰生外舅长女也，就赘福州。②

五月初五日（6月15日），端午节，西湖开化寺主持品峰法师邀林纾、陈衍等名士湖滨品茗，观看龙舟竞渡。林纾出《上金台》剧本，并说已请举人洪星帆协助编曲，写成一折戏。众人传览，交相称许，乃推荐闽班"驾云天"排演。③

五月廿二日（7月2日），郑孝胥得陈衍信。

《郑孝胥日记》：得叔伊书。④

九月初九日（10月15日），重阳节，乌石山涛园主人沈瑜庆约订"驾云天"戏班作《上金台》首演，演出时，林纾与陈衍、陈宝琛、林绍年等到场。⑤

九月（10月至11月），携长子声暨至杭州文澜阁，抄阅元代典籍以补《元诗纪事》。

《侯官陈石遗先生年谱》卷三：九月，挈声暨至杭州，寓豫生许丈处。日同往西湖文澜阁钞书，补缉《元诗纪事》。⑥

陈衍《重至西湖归来寄啸桐并视杭州诸故人》：携儿作

---

① 赵家欣、杨湘衍：《林纾编写〈上金台〉的前前后后》，见福建省政协文史资料委员会编：《文史资料选编·文化编》，福州：福建人民出版社，2001年，第213页。

② 《陈石遗集·附录一》，第1971页。

③ 赵家欣、杨湘衍：《林纾编写〈上金台〉的前前后后》，见《文史资料选编·文化编》，第214页。

④ 《郑孝胥日记》第一册，第563页。

⑤ 赵家欣、杨湘衍：《林纾编写〈上金台〉的前前后后》，见《文史资料选编·文化编》，第214页。

⑥ 《陈石遗集·附录一》，第1971页。

仆兼钞撮，蒙古故事搜联翩。阅元代子史集百余种，将以补《元诗纪事》。①

十一月初七日（12月11日），寄信郑孝胥，嘱问出国一事，又寄林旭《晚翠轩诗》二本。

《郑孝胥日记》：夜，月明。陈叔伊来信，属为谋出洋，又寄林暾谷《晚翠轩诗》二本。暾谷年幼无知，叔伊张之，可笑。②

十一月十二日（12月16日），郑孝胥得陈衍复信。

《郑孝胥日记》：叔伊复来信，言稷臣已调余为参赞。③

是年，陈书有诗三首赠陈衍。

陈书《叔伊劝刻诗道有出资者写成未之寄也》：此心行寂漠，斯文乃毫毛。谓言刻牺尊，青黄亦已劳。同党二三士，新诗奏云璈。嘤虫感时节，自取陈所遭。云龙从上下，柏马思遁逃。子由天下士，意气凌秋涛。论史昨写读，悠悠烦贬褒。我意殊懒惰，鼓音衰伏弢。抄成未即寄，酸涩愧时髦。行当挟之去，掷弃委蓬蒿。不然叩禅林，写定付僧曹。他年扬子云，或能味空鳌。

陈书《叔伊久不至》：柳村即是今东府，叔伊居高昌庙，夹道柳数里。络纬桐梧不后时。正忆悼亡为日近，东坡悼亡五十八岁，八月别东府时裁一月耳。惨凄秋月独无诗。

陈书《知叔伊病数日未往视之》：小女乍来知汝病，想当病已柳初黄。先零我故惭蒲箭，早客君宜熟药方。足陌僦车行复止，隔坡见帽别何尝。岂知孙楚今难忍，八月槎来再

---

① 《陈石遗集·石遗室诗集》卷二，第100页。

② 《郑孝胥日记》第一册，第580页。

③ 《郑孝胥日记》第一册，第581页。

望乡。[1]

是年，作诗《京口访茅子贞留宿晓起同登北固山》《放舟至金山江天禅寺观东坡玉带遂登最高处》《寒食日用昌黎寒食出游韵寄伯初家兄》《清明日次山谷过家上冢二诗韵寄仲常家兄》《戏作饮酒和陶》《放言向茹真乞酒》《儿乞酒归再得一绝句》《答豫生》《寄燮君》《茹真送笋及菜放言报之笋自武昌来》等。

光绪二十三年丁酉（1897）　42岁

正月十二日（2月13日），张之洞筹设湖北官钱局。

正月廿一日（2月22日），午后，访郑孝胥。同往者有陈季同、何嗣焜、施滋卿。

《郑孝胥日记》：午后，陈叔伊、陈敬如、何眉孙、滋卿来。[2]

正月廿四日（2月25日），访郑孝胥，午后同至日升楼。

《郑孝胥日记》：陈叔伊、施滋卿来，午后，同步至日升楼。[3]

正月（2月至3月），患病。病中评阅书院课卷。

《侯官陈石遗先生年谱》卷四：正月，忽得一病。……后三十年未尝卧病，小病皆服凉剂。时居停即真苏松太兵备道，道属九书院，官课各种卷不下万本，专聘家君评阅。……口念评语，使声暨书之。[4]

七月（7月至8月），由林旭介绍往上海，寓高昌庙，周星诒

① 陈书：《木庵居士诗》卷三。

② 《郑孝胥日记》第二册，第589页。

③ 《郑孝胥日记》第二册，第589页。

④ 《陈石遗集·附录一》，第1972页。

曾来访。

《石遗室诗话》卷四：丁酉余客上海，祥符周季贶星诒访余于高昌庙寓庐，谈艺甚久。①

八月初三日（8月30日），访郑孝胥。

《郑孝胥日记》：陈叔伊来。②

八月初四日（8月31日），郑孝胥至印书会，陈季同等办《求是报》，经林旭推荐以陈衍为主笔。

《郑孝胥日记》：遂至印书会，陈敬如等立《求是报》，以叔伊为主笔，洪永之、王幼蕴皆在焉。③

八月廿五日（9月21日），与高凤岐访郑孝胥。

《郑孝胥日记》：高啸桐、陈叔伊来谈久之。④

八月廿六日（9月22日），夜，与高凤岐访郑孝胥。

《郑孝胥日记》：夜，高啸桐、陈叔伊来谈。⑤

八月（8月至9月），刘麟祥卒。陈衍因此失去了“馆谷较优”的职务。

《侯官陈石遗先生年谱》卷四：八月，居停刘兵备瘵疾卒。⑥

九月初五日（9月30日），与同乡陈季同、陈寿彭兄弟集资开办的《求是报》正式创刊，为旬刊，任主笔。馆设上海六马路格致书院东首，创刊号上刊有陈衍以“求是报馆主人”署名写的《求是报叙》，希望以“纪事本末”体裁编纂各省“紧要成案”和

① 《石遗室诗话》卷四，第64页。
② 《郑孝胥日记》第二册，第615页。
③ 《郑孝胥日记》第二册，第615页。
④ 《郑孝胥日记》第二册，第619页。
⑤ 《郑孝胥日记》第二册，第619页。
⑥ 《陈石遗集·附录一》，第1973页。

使馆档案，附加评论，来考当世之得失。《求是报》共出12册，半年之后陈衍离开，杂志停办。《求是报》内容包括社论、谕旨恭录、中外新闻、中外法律法规、逸闻、理论科学的译介和小说连载等，且每期都有针对中国现状的论说，因此读者日多，风行一时。

陈衍《求是报叙》：秦孝公曰：寡人思念先君之意，常痛于心。痛之何补耶？齐桓公使曹宿孙处楚，商容处宋，季劳处鲁，徐开封处卫，匽尚处燕，审友处晋；处之何为耶？然则今日谋国之故，盖可识矣。前事之不忘，后事之师，昨日之事，前事也。天下变故，非复常理。鉴于古不若鉴于今，鉴于史不若鉴于报矣。商务不振，国日贫；邦交不振，国日弱；制造、武备、矿物、铁路诸大政不振，终无救，贫且弱。乃者，税则轻重，彼族把持之；用人可否，彼族干预之；宝藏虚实，彼族睥睨之。其借才之未尽得力者，抑无论已。苟求其故，而思有以善其后，前事乌可忘者。且庚申以后之情形，非甲申以后之情形也。甲申以后之情形，非甲午以后之情形也。变故日亟，国势日异。国势日异，变故愈日亟。考之无素，以辨交涉，则撤参不已，继以赔款，赔款不已，继以戮民矣。以兴工商，则整顿不起，付之包办，包办不起，付之停止矣。受病所在，症结必有可指，独不切而药之耶？今本报断自甲午，取各省紧要成案，各使馆档案，分类编纂，仿各史纪事本末及近人中西纪事体裁，特删繁就简焉。末缀鄙论，为《史》《汉》论赞、《资治通鉴》"臣光曰"之例，亦当世得失之林乎？海内君子，有志时务与有任事之责者，其诸亦有乐乎此也。求是报馆主人叙。①

---

① 《时务报》第三十八册，光绪二十三年八月十一日（1897年9月7日）。

《侯官陈石遗先生年谱》卷四：同乡陈敬如副将季同、绎如孝廉寿彭兄弟，与洪荫之大令述祖数人，集赀开办《求是》杂志，月出三册，多译格致实学，以及法律规则之书。林暾谷孝廉以为非家君秉笔修饰润色不可，遂公推作主笔。家君序，痛言中西交涉以来，种种受亏，率坐暗于外情，历抉其痛痒所在，传诵万纸。……如是者半年，家君去而杂志停矣。①

十月十五日（11 月 9 日），发表《求是报后叙》，刊《求是报》第五册，署“侯官陈衍”。叙中再次强调本刊内容是为了“于中外事务渐扩见闻”，文末附录的评论也仅为“疏证贯通”而不是空发高论，文末介绍了《求是报》创刊后的成绩。②

十一月初八日（12 月 1 日），郑孝胥访《求是》报馆，同观陈宝琛、洪述祖之诗。

《郑孝胥日记》：午后，诣晋升栈访缪小山，不遇。遂至求是报馆，晤叔伊、荫之、幼蕴，观伯潜与荫之诗。③

十一月廿二日（12 月 15 日），访郑孝胥，留饭；后同至大马路。

《郑孝胥日记》：陈叔伊来，留饭，同步至大马路，遂诣公司。④

十一月廿五日（12 月 18 日），发表《论中国宜设洋文报馆》，刊《求是报》第九册。此文系陈衍所作报馆论五篇之一，主张延聘贯通中外时务之人，介绍西方国家务财、训农、通商、兴工、

---

① 《陈石遗集·附录一》，第 1973 页。

② 见《求是报后叙》，《求是报》第五册，光绪二十三年十月十五日（1897 年 11 月 9 日）。

③ 《郑孝胥日记》第二册，第 631 页。

④ 《郑孝胥日记》第二册，第 632—633 页。

敬教、劝学、使贤、任能各要务，筹议切实可行的整顿之法，广为论说。

十二月初五日（12月28日），发表《报馆论一：论报馆最有益于学子》《某学士论矿物片稿》，刊《求是报》第十册。

十二月廿七日（1898年1月19日），时湖广总督张之洞由《求是报》看出陈衍的卓越才干，便邀请他到武昌，办理一切新政笔墨，并任官报局总编纂。

许同莘《张文襄公年谱》卷六（光绪二十四年三月条）：衍以文字见知，自《求是报》始。公阅报，称其才识杰出，文章俊伟，约来鄂一谈。此上年十二月事。旋入幕府。①

《郑孝胥日记》：午后，诣公司，得南皮来电，嘱邀叔伊赴鄂一谈。……过求是报馆觅叔伊，不遇，留字而去。②

同日，张之洞托梁鼎芬、郑孝胥等邀陈衍来鄂。

梁鼎芬《致陈石遗》（光绪二十三年十二月廿七日巳刻发）：上海制造局福州陈叔伊衍：别友愿见，南皮知君才名，亟思一谈。明正初五前请来鄂。盼复。鼎芬。③

张之洞《致上海铁路总公司郑苏龛》（光绪二十三年十二月二十七日巳刻发）：《求是报》载有陈君衍文字，才识杰出，文章俊伟，近今罕见，欲邀来鄂一谈可否。望婉商，速示覆。感。④

陈衍《石遗室师友诗录》卷一：丁酉腊月，又在他处见

---

① 许同莘：《张文襄公年谱》卷六，北京图书馆编：《北京图书馆藏珍本年谱丛刊》第174册，北京：北京图书馆出版社，1999年，第13页。

② 《郑孝胥日记》第二册，第637页。

③ 《张之洞电稿丙编》第73册，中国社会科学院近代史研究所图书馆藏档案：甲182—194。

④ 赵德馨主编：《张之洞全集》九，武汉：武汉出版社，2008年，第281页。

余论时事文数篇，以为才识罕有其匹，令梁节庵致电招往武昌，又电告郑苏戡令转邀。①

《侯官陈石遗先生年谱》卷三：腊月不尽三日，庭梅方开，徙倚长廊吟望，忽叩门送武昌电报，发之则梁节庵代广雅督部传语，久切饥渴，欲请新正到鄂一谈，立促覆电。而苏戡丈处又送电至，则广雅读《求是》杂志上文字，必欲晤家君，知苏戡丈同年挚好，长电托相邀，有“文章光明俊伟，读之使人神王”等语。遂电复，开正有江轮即行。②

是年末，接袁昶（1846—1900，原名振蟾，字爽秋，一字重黎，号渐西村人）寄所刻丛书及所著诗文并来书。

《石遗室诗话》卷七：又丁酉岁杪，爽秋观察寄所刻丛书及所著文集来书云：“赤县困穷，九流混浊，终当引去，重感其意，四叠与云门倡和韵敬以奉报，不干时事，亦无标榜，不过刺取惠书名，如千里之赋一尘尔。”③

是年，著《尚书举要》五卷。有民国八年（1919）上海刻本。

《侯官陈石遗先生年谱》卷三：是岁成《尚书举要》五卷。④

黄濬《花随人圣庵摭忆续编》：尚有《尚书举要》，为力辟伪古文之作，见解甚博而创。⑤

是年，作诗《村居移梅二树开花粲然》等。

是年，冯振（1897—1983）出生，字振心，号自然室主人。

---

① 《国学萃编》第九期（1909年）。
② 《陈石遗集·附录一》，第1973页。
③ 《石遗室诗话》卷七，第116页。
④ 《陈石遗集·附录一》，第1973页。
⑤ 黄濬：《花随人圣庵摭忆》，第998页。

广西北流人。

光绪二十四年戊戌（1898） 43岁

正月初三日（1月24日），访郑孝胥，留饭。

《郑孝胥日记》：陈叔伊来，留饭乃去。①

正月初五日（1月26日），赴鄂任官报局总编纂。有诗二首。自此在武汉前后九年。

《侯官陈石遗先生年谱》卷四：正月五日，携一仆赴鄂。②

《郑孝胥日记》：夜，叔伊来谈，登长安船赴鄂。③

陈衍《张广雅督部电招来鄂呈二首》：其一：廿年忧国老尚书，汲汲求才渴不如。拒魏联吴劳决策，辟荀荐孔费征车。罪言猥许空余子，长句曾邀叹起予。愿识荆州天下士，翻传急递到樵渔。

其二：昔岁沅湘单舸还，苍茫风雪下江关。路从郢树荆门转，梦落郎官大别间。一卧忽惊天醉甚，万牛欲挽陆沉艰。上游形胜看如昨，要拱中原控百蛮。④

陈衍《石遗室师友诗录》卷一：戊戌正月，余至武昌，遂留幕府。⑤

正月初九日（1月30日），诏设经济特科。同日，抵武昌，居梁鼎芬寓所。

---

① 《郑孝胥日记》第二册，第639页。

② 《陈石遗集·附录一》，第1974页。

③ 《郑孝胥日记》第二册，第639页。

④ 《陈石遗集·石遗室诗集》卷三，第102页。

⑤ 《国学萃编》第九期（1909年）。

《侯官陈石遗先生年谱》卷四：九日至，主梁节庵丈寓。[①]

正月初十日（1月31日），张之洞在督署约见陈衍，谈及海内学人优劣，并邀陈衍主纂新办杂志。

《侯官陈石遗先生年谱》卷四：广雅约次日迟明见。节庵为备饭备舆，至节署，……首询何以名衍，答以先君年五十得衍故。……又问："在上海久，所识海内有学问之人必多，鄙人所未知者，能分类举其最优者否？"……后遂谈《求是》杂志事，可以弃彼就此，此间亦拟出一杂志。[②]

《石遗室诗话》卷七：戊戌正月，客张广雅督部所，广雅询海内文人，余举孙仲容、皮鹿门，以次及君（章太炎）。广雅以为文字诡谲，余复言终是能读书人。[③]

正月十一日（2月1日），上七律二首。当晚张之洞招饮，同席者有梁鼎芬、王秉恩、王仁俊、朱克柔。

《侯官陈石遗先生年谱》卷四：次日，家君上七言律二首。是夕，广雅招饮……同席者节庵外，有王雪澂观察秉恩，华阳人，癸酉举人，熟目录之学；王捍郑主政仁俊，字幹臣，吴县人，甲午进士，改庶吉士，散馆改吏部，著作甚富，皆广雅门下士。朱强甫茂才克柔，嘉兴人。……坐间，广雅言中国自大创于日，朝廷厉行新政，然起行必由于坐言，拟稍集留心时务者研究政学，庶有裨于万一。[④]

正月十二日（2月2日），答拜张之洞，接受官报总编纂之聘，函辞上海《求是报》馆之职。

---

① 《陈石遗集·附录一》，第1974页。

② 《陈石遗集·附录一》，第1974—1975页。

③ 《石遗室诗话》卷七，第106页。

④ 《陈石遗集·附录一》，第1975页。

《侯官陈石遗先生年谱》卷四：次日来答拜。使节庵道达诚意，请本年起留鄂，办理一切新政笔墨，暂任官报局总编纂，鄂中度支不足，月先致薪水百金，勿弃菲薄。诺之，乃函辞沪馆。①

正月十三日（2月3日），梁鼎芬在两湖书院为陈衍接风，同席者有杨守敬、马贞榆、邹代钧、陈庆年、陈曾寿等。晚，梁鼎芬在寓所招待陈衍，龙凤镳陪座。

《侯官陈石遗先生年谱》卷四：又次日，节庵招饮两湖书院……是日识杨惺吾、马季立、邹沅帆、陈善余、陈仁先诸人。……夜深散，仍回节庵寓。……其表弟龙伯鸾秀才凤镳，顺德人，刻《知服斋丛书》数十册，雕版颇精，赠家君两部，是日在坐。②

《石遗室诗话》卷四：余于戊戌正月识顺德马君贞榆于武昌。君字季立，以老明经充两湖书院分教；曾及陈兰甫先生澧之门。治经通《尚书》《左传》。貌似画像中钱竹汀，而衣履褴褛，时时见肘决踵。③

二月（2月至3月），张之洞使梁鼎芬促陈衍入都会试，陈衍辞以无意科名，张之洞不悦，谓尚未中年，岂宜过于自弃。陈衍乃决意入都赴试。

《侯官陈石遗先生年谱》卷四：二月，广雅忽使节庵促入都会试，登第后早来。辞以无意科名，不悦，谓："尚未中年，岂宜过于自废?"不得已遂请假，广雅、节庵、雪澂排日饮饯，有《再至两湖书院视节庵》诗。……（广雅）独饯家君毕送出，乃云："此去状元及第，好为文文山。"期许

---

① 《陈石遗集·附录一》，第1975页。

② 《陈石遗集·附录一》，第1976页。

③ 《石遗室诗话》卷四，第69页。

之重，不觉其失言矣。①

二月十一日（3月3日），自鄂至沪，见郑孝胥。

《郑孝胥日记》：夜，陈叔伊来，新自湖北至。②

二月二十六日（3月18日），张之洞将王仁俊所办《实学报》改名《正学报》。③

三月（3月至4月），入都，与伯兄陈书同住烂面胡同莲花寺。林旭常至陈衍寓所谈艺谈国事，并结识冒广生。林旭请为《晚翠轩诗》作叙。

《侯官陈石遗先生年谱》卷四：三月，入都，寓烂面胡同莲花寺，大世父以选人至同住。④

《石遗室诗话》卷四：戊戌余寓都下莲华寺，暾谷介绍（冒鹤亭）来相识。⑤

陈衍《林旭传》：戊戌，衍寓京师莲华寺，康有为、梁启超寓上斜街，方上万言书开保国会，旭日至衍所谈艺谈国事。衍语以子向习词章，经济非所长，时局会有变，盍姑少竢。⑥

陈衍《重刻〈晚翠轩诗〉叙》：暾谷年方二十有二，有诗一卷欲刻之，患人议其早计，丐余作叙。……戊戌春在都，暾谷以余前叙，未道作诗甘苦，欲自毁前刻，合并后作，使余痛割弃，存百首，再作一叙，余诺之。十年不忍下笔，今乃忍痛为之云。⑦

---

① 《陈石遗集·附录一》，第1976—1977页。

② 《郑孝胥日记》第二册，第645页。

③ 见陈庆年：《戊戌己亥见闻录》，《近代史资料》第81号，北京：中国社会科学出版社，1992年，第107页。

④ 《陈石遗集·附录一》，第1977页。

⑤ 《石遗室诗话》卷四，第67页。

⑥ 《陈石遗集·石遗室文集》卷一，第433页。

⑦ 《陈石遗集·石遗室文集》卷九，第504—505页。

《石遗室诗话》卷一：林暾谷旭年二十余，即自刊其《晚翠轩诗》，余实主张之，因乞为叙，草草不成文章也。尚有未刻诗数十首，视已刻者尤胜。稿多在余处。①

《石遗室诗话》卷十六：暾谷颇事冶游，后识孟德后人，欢场中时有身世之感。《与石遗丈大兴里饮罢过宿有叹》云："往日矜夸一任谩，远来共醉事殊难。高楼罢酒天初雨，短榻挑灯夜向阑。流落倾城同一叹，忖量终岁得多欢。此怀恐逐晨钟尽，留遣回肠报答看。"是夜座中所述，矜奇俶诡，又足凄断。②

闰三月（4月至5月），未中式，出都至沪，谒张之洞。

《侯官陈石遗先生年谱》卷四：家君出都至沪，船上谒广雅。广雅言还镇亦好，子可速来。③

闰三月廿四日（5月14日），访郑孝胥。

《郑孝胥日记》：晴。过叔衡。叔伊来。④

闰三月（5月），与萧夫人至杭州。同游者有林纾、高啸桐、郑孝柽、林旭、李宣龚等。

《侯官陈石遗先生年谱》卷四：闰三月，家君以寓沪八年，未同先母至杭州，今将他适，遂同往，有《三至西湖同道安》二律。时琴南、啸桐、郑稚辛诸丈，与暾谷、拔可，相继亦至。⑤

陈衍《林旭传》：既下第，强使出都，同游杭州。⑥

---

① 《石遗室诗话》卷一，第10页。
② 《石遗室诗话》卷十六，第259页。
③ 《陈石遗集·附录一》，第1978页。
④ 《郑孝胥日记》第二册，第655页。
⑤ 《陈石遗集·附录一》，第1978页。
⑥ 《陈石遗集·石遗室文集》卷一，第433页。

萧道管《一剪梅同石遗游西子湖归，戏效董文友于字韵体。》：与君一舸狎吴波，绿到春波，爽到秋波。金波桥外月金波，门出清波，志读清波。　禾波往事付沧波，步尽凌波，军渺凌波。李波不唱唱回波，天水余波，亭子鸥波。金波桥在杭州城内。

合将画舫署沤波，帘卷层波，网录吹波。钓徒何日号烟波，查也烟波，释也烟波。　衍波笺纸写徐波，辞托微波，榭署微波。交河谁肯隔青波，莫数连波，莫认横波。王惕甫与曹墨琴所居号沤波舫。国初释宗止有《烟波集》。顾横波曾同龚芝麓尚书游西湖。①

四月初八日（5 月 27 日），张之洞于汉口电令梁鼎芬、王仁俊、陈衍、朱克柔四人为《正学报》班底，申明由梁鼎芬总理。【按：《正学报》最终并没有刊布，但陈衍与王仁俊撰写的两册样稿却被保存下来：一册题为“上谕、章奏、附书”，另一册题为“叙文、论撰”。北京大学图书馆藏稿本。书前钤印有“麐嘉馆印”，知为李盛铎旧藏。其中，“叙文、论撰”一册卷首贴有王仁俊的禀单：“案《正学报叙》已改定，拟梁节庵前辈口气，故前后有鼎芬等云云。其篇中原有之‘格致古微’与‘实学报’等字，均已删去，余遵夫子改本。合并申明。受业王仁俊上。”所云“夫子”似即张之洞，而二稿本中大量出现的苏体字眉批、按语，亦似为张之洞或其幕府文案的手迹。②】

吴天任《梁节庵先生年谱》：三月，张香涛撰《劝学篇》成，……同时，创办《正学报》，以昌明正学，宏扬圣道为

---

① 林葆恒编，张璋整理：《词综补遗》卷二十九，上海：上海古籍出版社，2005 年，第 1089 页。

② 见陆胤：《政教存续与文教转型：近代学术史上的张之洞学人圈》，北京：北京大学出版社，2015 年，第 75 页。

主旨，内分时政摘录、外报译录、前贤论说、时人论说，同调题名五门。编撰人员除先生外，计有麻城吴星陔（兆泰）、姚彦长（晋圻）、嘉兴沈子培（曾植）、朱强甫（克柔），天门周少朴（树模），元和曹叔彦（元弼），长洲王幹臣（仁俊），长沙胡子威（元仪），侯官陈叔伊（衍），丹徒陈善余（庆年），献县纪悔轩（钜维）。而以先生为总理，一切事宜及各人撰述文字，均须先生核定。（《张文襄公年谱》卷六及全集卷二一三《劝学篇序》及《正学报叙例》）①

张之洞《致武昌两湖书院梁太史，纺纱局王幹臣、陈叔伊、朱强甫三君》（光绪二十四年四月初八日未刻自汉口发）：《正学报》请梁节庵太史总理，早经议定奉达。一切馆内事宜，凡选刻各报及各人撰述文字，均须节翁核定，方可印行，切要。庚。②

四月廿三日（6月11日），光绪帝下“明定国是”诏，宣布进行维新变法。自此始至八月初六日（9月21日）失败止，史称“百日维新”。此间，光绪帝前后发布几十道变法命令，提倡私人兴办工商业，奖励官民发表政见，创办学堂，裁并机构，废除八股等。

四月（5月至6月），至武昌，仍寓纺纱局。萧夫人亦携女师葛来鄂。

《侯官陈石遗先生年谱》卷四：四月至武昌，仍寓纱局。……先母随后携葛妹至，寓文昌门内大街。③

五月（6月至7月），沈曾植应张之洞聘主讲两湖书院史席。至武昌，与陈衍同住纺纱局西院，始相识，自此常夜谈诗。

---

① 吴天任：《梁节庵先生年谱》，台北：艺文印书馆，1979年，第127页。

② 《张之洞全集》九，第316页。

③ 《陈石遗集·附录一》，第1978页。

《侯官陈石遗先生年谱》卷四：乙盦丈名曾植，字子培，嘉兴人，嘉道间鼎甫侍郎维鐈之孙。……因丁内艰，广雅聘为两湖书院史学分教，至，亦住纱局西院。①

陈衍《沈乙盦诗叙》：余与乙盦相见甚晚。戊戌五月乙盦以部郎丁内艰，广雅督部招至武昌，掌教两湖书院史学，与余同住纺纱局西院。初投刺，乙盦张目视余曰："吾走琉璃厂肆，以朱提一流购君《元诗纪事》者。"余曰："吾于癸未丙戌间，闻可庄、苏戡诵君诗，相与叹赏，以为同光体之魁杰也。"同光体者，苏戡与余戏称同光以来诗人不墨守盛唐者。自是多夜谈。索君旧作，则弃斥不存片楮矣。乙盦博极群书，熟辽金元史学、舆地，与顺德李侍郎文田、桐庐袁兵备昶论学相契，词章若不屑措意者。余语乙盦："吾亦耽考据，实皆无与己事。作诗却是自己性情语言，且时时发明哲理。及此暇日，盍姑事此？他学问皆诗料也。"君意不能无动，因言："吾诗学深，诗功浅。夙喜张文昌、玉溪生、山谷内外集，而不轻诋七子。"诗学深者，谓阅诗多；诗功浅者，作诗少也。余曰："君爱艰深，薄平易，则山谷不如梅宛陵、王广陵。"君乃亟读宛陵、广陵。②

《石遗室诗话》卷一：戊戌余与子培同居武昌，夏暵如坐甑中。一日逭暑于汉阳伯牙琴台。傍晚隔江有雨，稍分凉气，入夜月出，吞吐坏云里，俯视台下湖水，万荷不辨花叶，萤火数十点，浮沉其间，微风荡之，高不及台而坠。忽忽坐达晓，有句云："风萤升复沉，云月出还闭。露坐遂到明，俯仰是何世。"写萤火尚未蹈袭前人意，当时真景物如

① 《陈石遗集·附录一》，第 1978—1979 页。

② 《陈石遗集·石遗室文集》卷九，第 507 页。

是也。①

《石遗室诗话》卷十：初梅宛陵诗无人道及，沈乙盦言诗夙喜山谷，余偶举宛陵，君乃借余宛陵诗亟读之，余并举残本为赠。②

夏日，张之洞多次招聚幕僚于织布局，避暑夜谈。常来者有陈衍、梁鼎芬、沈曾植、王秉恩、王仁俊等。

《侯官陈石遗先生年谱》卷四：武昌既酷热，广雅又喜夜谈，每约家君及乙盦、节庵、雪澂、捍郑诸人，集织布局广台上露坐，夜深乃散。集必有酒肴。③

六月廿四日（8月11日），午后，郑孝胥至纺纱局晤谈陈衍、沈曾植等。

《郑孝胥日记》：午后，乘舆出城，至纱局晤子培、叔伊，复过梁星海、陈立村而返。④

六月（7月至8月），应沈曾植之邀游月湖，并夜话。

陈衍《沈乙盦招游月湖夜话达曙》：赭山不能云，逭暑苦无计。夜谋月湖宿，晨鼓渡江枻。……风萤升复沉，云月出还闭。露坐遂到明，俯仰是何世。……我家东海头，六月足啖荔。处处听松风，谡谡李司隶。⑤

此间，陈衍常与沈曾植、郑孝胥等论诗。沈劝其作诗话。

《石遗室诗话》卷一：又数年戊戌，客武昌，张广雅督部所，子培、苏堪继至。夏秋多集两湖书院水亭、水陆街姚园、墩子湖安徽会馆，多言诗。子培欲余记所言为诗话。自

① 《石遗室诗话》卷一，第23页。
② 《石遗室诗话》卷十，第151页。
③ 《陈石遗集·附录一》，第1979页。
④ 《郑孝胥日记》第二册，第670页。
⑤ 《陈石遗集·石遗室诗集》卷三，第103页。

是易中实顺鼎、曾重伯广钧、陈伯严三立诸人，遇则急询诗话，而余实未之为也。①

七月，撰《戊戌变法榷议》。该书共分十篇：一议相，二议兵，三议卒，四议将，五议械，六议税，七议农，八议学，九议译，十议上书言事。前九篇为陈衍自撰，末篇为子声暨撰。后于光绪二十七年（1901）三月付刻。

陈衍《戊戌变法榷议叙》：左议十条，作于戊戌七月。当时时事虽亟，视之今日，又不可同日语矣。拟再作《辛丑变法私议》数则，以见变法者，固不能一变而不更变者也。然此议亦有尚可不变者。书坊请以稿付梓，叙而畀之。末一条为儿子声暨之论。辛丑三月侯官陈衍叙。②

八月初五日（9月20日），赴王秉恩宴。

陈庆年《横山乡人日记》：晚间，至王息存处谈宴。同座者为姚石荃、梁节庵、陈叔伊诸君。③

八月初六日（9月21日），慈禧太后临朝训政，幽光绪帝，戊戌变法失败。

八月十三日（9月28日），谭嗣同、杨锐、杨深秀、林旭、刘光第、康广仁六君子死难。有悼林旭诗《哀晚翠》，1912年作《林旭传》。

陈衍《哀晚翠》：谈空说有便瞢腾，为证莲华有一灯。多事千言并万语，临崖撒手欠垂藤。④

陈衍《林旭传》：数日，未具狱辞，斩西市。……旭死

---

① 《石遗室诗话》卷一，第4页。

② 《陈石遗集·戊戌变法榷议》，第1766页。

③ 陈庆年：《戊戌己亥见闻录》，《近代史资料》第81号，第120页。

④ 《陈石遗集·石遗室诗集》卷三，第104页。

年二十有四，无子，有《晚翠轩诗》。①

《石遗室诗话》卷二十四：暾谷诗印本有两种，而苦觅不得。昨又检出手稿一纸，急录之，云："河干风月足情文，暂与追凉清赏分。夹岸人多俱有役，当楼曲好与谁闻？伤春日往心犹在，兴利时迁议尚纷。不遣诗人忧世事，还能回眼醉红裙。"此则的是宋人笔意，"忧世事""醉红裙"心中事自道尽之，遽丧其生，伤哉！②

钱仲联《梦苕庵诗话》：陈石遗称戊戌六君子诗，以杨漪春深秀为最。余谓当以刘裴村光第为冠，林暾谷旭次之，又次为谭复生嗣同。石遗喜香山、放翁二家，故亟称漪春而不知其论之不公也。③

八月十七日（10月2日），访陈庆年。陈衍言太后待皇帝甚厚，陈庆年言康宜诛、法宜变。

陈庆年《横山乡人日记》：饭后，陈叔伊见过，言皇太后以天下与今上二十四年，待之至厚；朝臣屡思离间，皆为皇太后所容。康以变法执朝权，思抑太后以便己，其罪至大。余言康宜诛，法宜变，惟不能如康之浸欲变本，且漫无次序。宜入告我皇太后、皇上，不可因噎废食也。惜无人言之者，为之太息。④

九月初二日（10月16日），梁鼎芬交代张之洞嘱托，让陈衍、陈庆年、朱克柔三人将《劝学篇》中暗攻康梁者一一检注。

陈庆年《横山乡人日记》：梁节庵以字见邀，云有事要商。及去，朱强甫、陈叔伊均在，乃南皮师嘱将《劝学篇》

① 《陈石遗集·石遗室文集》卷一，第434页。

② 《石遗室诗话》卷二十四，第375页。

③ 钱钟联：《梦苕庵诗话》，济南：齐鲁书社，1986年，第10页。

④ 陈庆年：《戊戌己亥见闻录》，《近代史资料》第81号，第121页。

中暗攻康、梁者一一检注，令我三人分任之。[1]

九月（10月至11月），新政既废，官报停办，陈衍旋入张之洞幕。结识海门周家禄，常有诗唱和。

《侯官陈石遗先生年谱》卷四：九月，广雅因新政一切停顿，官报亦停，令家君入参幕府。……初识周彦升明经家禄，与乙盦丈同住节署，剧谈多至夜深。[2]

《石遗室诗话》卷四：周彦升明经家禄，海门人，……诗不多作，有《石遗先生枉赠长句次韵》云："东城寂寞动经年，忽漫劳君枉赠篇。兴发湖山争突兀，愁深江海阻沿缘。倦游且作躬耕计，饱食犹思博弈贤。料理丛残身后集，闭门何暇更忧天。"又《石遗见示寄苏堪诗再次韵》云："屈宋风流尽，闽江得二贤。（一时有陈、郑之称）岳渊互渟峙，圭璧各方圆。白发何须讳，青编已足传。更寻耦耕约，东海有桑田。"（二君皆有买田通州之议。）余原韵云："与君此地过三年，一字曾无赠答篇。嵇阮形骸殊可略，净名言说渐无缘。移文岂到周居士，好客长吟沈下贤。尚有田园春兴在，上洄下瀵事由天。"[3]

九月，严复自都寄书郑孝胥，附一诗，是为见严复之诗始。

《石遗室诗话》卷七：戊戌九月，苏堪出都至汉口，督理京汉铁路事。严几道自都寄书，中附一诗云："解后人天别，都来几昼昏。渚莲清逭暑，丛桂远招魂。投分欣倾盖，沉冤痛覆盆。不成扶孱弱，直是构怨恩。忆昨皇临极，殷忧国运屯。长吟怀牖户，痛哭为黎元。救溺情原切，求贤诏屡敦。明堂需杞梓，列辟贡玙璠。岂谓资群策，翻成罪莠言。

---

① 陈庆年：《戊戌己亥见闻录》，《近代史资料》第81号，第122页。

② 《陈石遗集·附录一》，第1980页。

③ 《石遗室诗话》卷四，第68页。

衅真由近习，祸已及亲尊。动魄移宫狱，伤心养士恩。叹应同董养，人况异陈蕃。夫子南邦彦，当时士论存。一枝翘国秀，三峡倒词源。每欲禽填海，深怜虱处裈。奇材相揞拄，高步各攀援。卿月辉三接，皇风敞四门。凄凉鸣晚鴂，容易刈芳荪。且靳东朝论，谁扬太学旛？血疑漂地轴，精定叩天阍。谣诼氛仍恶，交亲泪暗吞。雨云真旦暮，忧患塞乾坤。莫更秦头责，休将卫舌扪。草堂赀孰寄，吾合老丘樊。”为林暾谷作也。余见几道诗始此，在苏堪座上，相与叹赏。①

十月初五日（11月18日），应邀至移居斋，与郑孝胥谈至暮。同座有陈立村、郑诗镇、双寿。

《郑孝胥日记》：诣陈立村，固留移居斋中，遂邀叔伊来，谈至暮。郑希杜、双松如皆来。十一点乃寝。②

十月初六日（11月19日），与郑孝胥访自强学堂，同登黄鹤楼。晚，汪凤瀛过郑孝胥、陈衍，谈至十点。

《郑孝胥日记》：午后，同叔伊、立村偕过自强学堂，晤希杜，荃台、汪芝房亦居于此，诣谈久之。与立村、叔伊、希杜步登黄鹤楼，……步归，同诣希杜之居，留晚饭，荃台亦来，谈至十点乃散。③

十月初七日（11月20日），郑孝胥来访。

《郑孝胥日记》：风起稍寒。过叔伊。④

十月初八日（11月21日），访郑孝胥。

《郑孝胥日记》：风益大，转寒，午后稍霁。叔伊来。⑤

---

① 《石遗室诗话》卷七，第105—106页。
② 《郑孝胥日记》第二册，第695页。
③ 《郑孝胥日记》第二册，第695页。
④ 《郑孝胥日记》第二册，第695页。
⑤ 《郑孝胥日记》第二册，第695页。

十月初十日（11月23日），访郑孝胥。

《郑孝胥日记》：叔伊来。[①]

十一月初八日（12月20日），郑孝胥来访。至陈立村斋，郑孝胥亦来，久谈。

《郑孝胥日记》：既退，过叔伊。……遂诣立村饭，叔伊亦来，谈久之。[②]

十二月十一日（1899年1月22日），郑孝胥、沈曾植至陈衍新居。

《郑孝胥日记》：遂至叔伊新居，沈子培在焉。谈有顷，视表已五点，复渡江。[③]

十二月二十日（1月31日），与沈曾植、朱克柔同访郑孝胥于汉口铁路局楼上；与沈曾植留宿，相督为律诗。

《郑孝胥日记》：子培、叔伊、朱强甫偕来。夜，子培、叔伊留宿。[④]

《侯官陈石遗先生年谱》卷四：腊月，偕乙盦丈过江，宿苏戡铁路局楼上，约暇时相督为律诗。[⑤]

是年，结识程颂万（1865—1932，字子大，号十发居士，湖南宁乡人）。

《石遗室诗话》卷二十二：戊戌余客武昌，始识宁乡程子大，词翰缤纷，楚艳之侈也。[⑥]

是年，王仁俊编《辽文萃》将脱稿，陈衍与沈曾植促其

---

① 《郑孝胥日记》第二册，第696页。

② 《郑孝胥日记》第二册，第703页。

③ 《郑孝胥日记》第二册，第709页。

④ 《郑孝胥日记》第二册，第711页。

⑤ 《陈石遗集·附录一》，第1981页。

⑥ 《石遗室诗话》卷二十二，第347页。

付梓。

王仁俊《辽文萃·自序》：岁在戊戌，客武昌官报局，暇编辽文十四卷。既脱稿，嘉兴沈子培比部曾植、侯官陈石遗孝廉衍怂恿付梓，因循未果。①

《石遗室诗话》卷十二：王捍郑太守仁俊著述等身，长于辑佚之学，最善者为《辽文萃》《西夏文缀》，余与乙庵促使付梓。今与《唐文粹》《宋文鉴》《元文汇》诸书，共有千古矣。② **【按：《辽文萃》《西夏文缀》《西夏艺文志》皆刊于光绪三十年（1904）。】**

是年至1906年，陈衍居张之洞幕府凡九年，期间与其交往者皆一时名流，其诗论中的“三元说”及“同光体”之名即在此期间生发。

刘成禺《洪宪纪事诗本事簿注》：南皮广延名流，礼遇有差，往来鄂渚不入幕者，当时目为第一名流，如王闿运、文廷式之属，经心、江汉山长谭献、张裕钊、吴兆泰之属，宴会首座，时谚呼为分缺先。幕府诸贤，如汪凤瀛、王秉恩、钱恂、许珏、梁敦彦、郑孝胥、程颂万之属，两湖、经心监督分校余肇康、姚晋圻、杨守敬、杨锐、屠寄、杨裕芬、邓绎、华蘅芳、纪钜维之属，宴会皆列三、四座以下，当时皆目为第二名流，时谚呼为坐补实缺，总督僚属分司也。而梁鼎芬、蒯光典、陈三立、易顺鼎，位在第一、二名流之间，名曰宾僚，时谚呼为分缺间。他如陈庆年、陈衍、张世准之属，不过领官书局月费，时谚呼为未入流。京官在籍如周树模、周锡恩之属，礼遇有加，时谚呼为京流子。此

---

① 王仁俊：《辽文萃》，《丛书集成续编》第148册，上海：上海书店，第1页。

② 《石遗室诗话》卷十二，第189页。

南皮在鄂人才之九品宗正也。至若王先谦断绝往来，孙诒让礼聘不答，时谚呼为上流人物。①

是年，作诗《十二夜江行黄州望月寄伯初家兄》《忆高昌庙旧居花木》《冬夜感怀季新亡弟》等。

是年，黄曾樾（1898—1966）出生，字荫亭，号慈竹居主人。原籍福建永安，生于长乐。述《陈石遗先生谈艺录》。

邵祖平（1898—1969）出生，字潭秋，别号钟陵老隐、培风老人，室名无尽藏斋、培风楼。江西南昌人。

光绪二十五年己亥（1899）　44 岁

正月朔（2 月 10 日），郑孝胥来访。

《郑孝胥日记》：昧爽，过江谒南皮，旅贺而退。诣叔伊。②

正月十三日（2 月 22 日），夜，示郑孝胥诗四首。

《郑孝胥日记》：晚晴，夜月极明。叔伊示诗四首。③

正月上元日（2 月 24 日），郑孝胥录诗寄陈衍。

《郑孝胥日记》：录诗寄叔伊。④

正月十六日（2 月 25 日），诣汉阳琴台应梁鼎芬之约，在者有郑孝胥、顾印愚、朱克柔、汪鸾翔。

《郑孝胥日记》：晨，诣汉阳琴台，应梁星海之约。在坐者顾印伯、陈叔伊、朱强甫、汪巩庵也。⑤

---

① 刘成禺：《洪宪纪事诗本事簿注》卷一，太原：山西古籍出版社，1997 年，第 119—120 页。

② 《郑孝胥日记》第二册，第 713 页。

③ 《郑孝胥日记》第二册，第 715 页。

④ 《郑孝胥日记》第二册，第 715 页。

⑤ 《郑孝胥日记》第二册，第 715 页。

正月廿五日（3月6日），郑孝胥来访，小坐即返。

《郑孝胥日记》：渡江谒南皮，未见，告巡捕使转禀。过叔伊小坐，即返局。①

正月（2月至3月），作诗数首。

《侯官陈石遗先生年谱》卷四：正月，有《视苏戡》《新正卧病连日读荆公诗仿其体寄苏戡》《新春病起视苏戡》《友人约看梅洪山病未果往》《十六日节庵招游琴台》《归再作二律视节庵太夷》诸诗。②

正月（2月至3月），林纾口译之《巴黎茶花女遗事》在福州刊行。陈衍为之题诗。

陈衍《为林琴南题〈巴黎茶花女遗事〉后》：曾论懿德回心院，西土重生加他邻。事到无聊说因果，夫人汧国定前身。③**【按："回心院"指辽道宗皇后萧观音失宠后所创词牌；"加他邻"即俄女皇叶卡捷琳娜一世；"汧国夫人"指唐白行简《李娃传》中长安之娼女李娃。陈衍以妓女的恋爱来比附林纾所译《茶花女》。】**

二月朔（3月12日），夜，宿郑孝胥处。

《郑孝胥日记》：夜，叔伊来宿，避榻让之，夕不能寐，作五绝四首。④

二月初十日（3月21日），《湖北商务报》创刊，到1904年2月改为《官报》止，每年出三十三册（元旦休假），共出一百六十五册，实为旬刊。以刊载工商文牍、本省外省商情、译报、商务表、商务专案为主要内容，志在"开商智，振商务"。陈衍任

---

① 《郑孝胥日记》第二册，第716页。

② 《陈石遗集·附录一》，第1981页。

③ 《陈石遗集·石遗室诗集》卷三，第111页。

④ 《郑孝胥日记》第二册，第717页。

总纂并主笔“内部”文章历时五年，前后发表文章近20篇，内容聚焦于币制整顿、武汉商业基地开发论及报类论三个方面。【按：“内部文字”不署名。】除连载外，他同河濑仪太郎翻译了《银行论》《货币制度论》《商业经济学》《商业地理》《商业开化史》《商业博物志》《欧美商业实势》《日本商律》（即《日本新商法》）《日本破产律》，以研究实业为主。①

二月十三日（3月24日），晚，与朱克柔在纺纱局楼上招饮，来者有郑孝胥、梁鼎芬。

《郑孝胥日记》：晚，赴陈叔伊、朱强父之招，在纱局楼上。②

二月十五日（3月26日），午后，郑孝胥招宴于汉口铁路局楼中，与顾印愚、朱克柔、陈立村同往。

《郑孝胥日记》：午后，星海、印伯、强甫、叔伊、立村皆来，宴于楼中，厨子肴甚野劣。夜，月明，客散已九点矣。③

二月廿九日（4月9日），与郑孝胥、陈立村、张曾畴、双寿游洪山宝通寺。

《郑孝胥日记》：渡江谒南皮，未见，约夜谈。遂偕立村、叔伊、张望屺、双松如同游洪山宝通寺，南皮建阅兵台于山脊，略与寺塔平。武昌城外，东南北皆陂湖，间以小山而已。④

郑孝胥《洪山登南皮尚书阅兵台》：跨城山势各依依，遥爱浮图插翠微。桑麦欲成春过半，江湖长绕客安归？其亡

---

① 见《陈石遗集·经济类著译选编》，第1881—1882页。

② 《郑孝胥日记》第二册，第718页。

③ 《郑孝胥日记》第二册，第719页。

④ 《郑孝胥日记》第二册，第720页。

隐痛南公语，可去曾闻穆氏儿。莫倚高台看落日，论兵残泪向谁挥？余去岁在都召对乾清宫，极言练兵之急。①

陈衍《读苏戡登阅兵台诗书后二首》：其一：南公论楚时，怀王虏已久。果如亡秦言，隐痛亦何有。

其二：非遭柳下黜，尚设穆生醴。幕燕去安之，枉下枯鱼涕。②

三月十四日（4月23日），赴陈立村招饭，同席有郑孝胥、郑洵甫、林子京、陈文濂、林敏生。

《郑孝胥日记》：立村邀博泉饭，坐有郑洵甫、林子京、陈藕泉、陈叔伊、林敏生。③

三月廿一日（4月30日），同林子京等往会馆团拜。

《郑孝胥日记》：叔伊、马苇林、林子京来，皆往会馆团拜。是日，余辞不往。④

春，翻译《日本破产律》，并撰《日本破产律发明》，对其中若干条文做了注释，出发点是“以备异日定中国商律之用”，《湖北商务报》于1902年冬第一百二十五册开始连载，并于第一百二十七册载有《日本破产律发明》一文，下署“本馆撰”，对未尽事宜补充解释若干条。⑤

《侯官陈石遗先生年谱》卷四：自去秋筹办《商务报》，订日本人高等商学毕业河濑仪太郎字长定，专译商务各种书报，是春开始发行。家君仍移寓纺纱局办事，副者惟朱强甫，首译商律五百余条、破产律数十条，两月而毕。其中商

---

① 郑孝胥：《海藏楼诗集》卷四，第96页。
② 《陈石遗集·石遗室诗集》卷三，第106—107页。
③ 《郑孝胥日记》第二册，第722页。
④ 《郑孝胥日记》第二册，第722页。
⑤ 见《陈石遗集·经济类著译选编》，第1922页。

务名词多所未识……又须简明注出，使阅者易知。①

四月初四日（5月13日），郑孝胥偕陈立村来访。

《郑孝胥日记》：午后，渡江谒南皮，已入内午饭，同望屺、立村谈久之，复偕立村诣叔伊。②

四月十二日（5月21日），访陈立村。

《郑孝胥日记》：过江答拜数客，诣立村坐，叔伊亦至。③

五月十一日（6月18日），晤郑孝胥。

《郑孝胥日记》：渡江，雨。……晤立村、叔伊。返局尚早。④

六月十六日（7月23日），至安徽会馆观荷花，在者有郑孝胥、沈曾植、陈立村。

《郑孝胥日记》：与博泉同至农务学堂，晤汪荃台、陆宗舆，饭毕，至安徽会馆观荷，子培、叔伊、立村等皆至，月上乃散。⑤

六月（7月至8月），据瓜生寅日译本转译英国尼用椅支著《商业博物志》，1901年5月首载于《湖北商务报》第七十五册，内容分动物、植物、矿物三门，分别介绍世界各地主要物产。⑥

《侯官陈石遗先生年谱》卷四：六月，译《商业博物志》成。原本英文，日人译之，今又转译中文。分植物、动物、矿物三门，学者不可不阅之书。⑦

---

① 《陈石遗集·附录一》，第1981页。
② 《郑孝胥日记》第二册，第724页。
③ 《郑孝胥日记》第二册，第724页。
④ 《郑孝胥日记》第二册，第727页。
⑤ 《郑孝胥日记》第二册，第730页。
⑥ 《陈石遗集·经济类著译选编》，第1923页。
⑦ 《陈石遗集·附录一》，第1981页。

七月初四日（8月9日），访郑孝胥。

《郑孝胥日记》：陈叔伊来。①

七月初八日（8月13日），郑孝胥渡江，晤程仪洛、王秉恩、陈立村、陈衍、沈曾植、沈曾桐。

《郑孝胥日记》：渡江，晤程雨亭、王雪澄、立村、叔伊、子培、子封等。②

七月至八月间（8月至10月），武汉酷热，沈曾植等发起食瓜会，陈衍与会。

《侯官陈石遗先生年谱》卷四：湖北天酷热，无好瓜，子培丈诸人醵钱为食瓜会。③

八月（9月至10月），与广东水师提督吴长庆之子吴保初唱和甚多。吴与谭嗣同、陈三立、丁惠康合称“清末四公子”。

《侯官陈石遗先生年谱》卷四：九月，吴彦复来访。④

【按：“九月”应作“八月”。】

《石遗室诗话》卷八：己亥彦复客武昌，所常过从者，子培及余。余答子培诗，所谓“屡简吴郎益旧题”也。彦复与余拉杂倡和者甚多，稿零落殆尽。有《读陈石遗诗集遂和其论诗原韵》云：“客邸镇无聊，向人借书看。游兴久已阑，吟侣亦渐罕。暮携陈子诗，兀兀诵至旦。珠玉随风翻，咳唾落天半。咏怀追步兵，耆酒过中散。云梦偶相值，江湖游汗漫。师门君所思，世途吾已惮。虽有鸿羽仪，不及羊头烂。泽畔放臣吟，楼头思妇欢。词妥极艰辛，语妙益凄惋。始觉涪翁豪，不逊临川锻。吾师擅风雅，薪传火未断。救衰虽已

① 《郑孝胥日记》第二册，第732页。

② 《郑孝胥日记》第二册，第732页。

③ 《陈石遗集·附录一》，第1982页。

④ 《陈石遗集·附录一》，第1982页。

迟，振靡或未晏。谁为压卷篇？有人唱之涣。”彦复清提督吴武壮长庆子，名保初，一字君遂，以将门之子，儒雅能文，学诗于宝竹坡先生，诗中所称“师门”者也。时人以君并谭嗣同、丁惠康、陈三立，称四公子。任子得官，在刑部数年，非其所好。前后与刚毅、端方龃龉，憔悴以死。……余有一诗，题系《彦复屡以诗见枉迄未有赠答以二十字书其哭姬人诗卷后》，云：“事事肖吾师（谓竹坡先生），姬亡屡哭之。寻常诗已肖，尤肖哭姬诗。”盖喜纳姬，喜为诗，尤喜为长庆体之诗，师弟二人相同也。彦复答云：“鲰生百不肖，惟哭肖吾师。哭肖诗不肖，吾师夙知之。”亦足解颐。①

九月廿五日（10月29日），访郑孝胥。与郑孝胥同往看沈曾植病情。

《郑孝胥日记》：叔伊来。过视子培。②

九月（10月至11月），沈曾植居武昌城南水陆街姚园，与陈衍时相唱和。作诗《冬述四首示子培》，其三反映其论诗观。沈曾植亦有诗揭示他们论诗的主旨。【按：据陈步编《陈石遗集》，陈衍自1898年开始与沈曾植唱和，一直到1922年最后一首《哭乙庵》，诗题中有沈氏字号的，共34首；而《沈曾植集》中写给陈衍的诗则有23首。】

《侯官陈石遗先生年谱》卷四：是秋，子培丈病疟，逾月不出户，乃时托吟咏，与家君寓庐密迩，有所作辄相夸示，或夜半缄笺抵家君，至冬已积稿百十首。③

陈衍《沈乙盦诗叙》：明年君居水陆街姚氏园，入秋病

① 《石遗室诗话》卷八，第127—128页。

② 《郑孝胥日记》第二册，第739页。

③ 《陈石遗集·附录一》，第1982页。

疟，逾月不出户，乃时托吟咏。余寓庐相密迩，有作必相夸示，常夜半扣门，函笺抵余。至冬，已积稿隆然。[①]

《石遗室诗话》卷一：次年，余移居水陆街，君居姚园，相去不数武。秋冬病疟寒困卧，遂日有所作，或一日数夸示之，或夜三四鼓，犹打门送诗。不两三月，已积百余首，多可存。……时余有《冬述》四首示子培。……其三云："往余游京华，郑君过我邸。告言子沈子，诗亦'同光体'。杂然见赠答，色味若淾醴。十年始会面，辍乐正读礼。从之索旧作，发箧空如洗。能者不自珍，翻悔笔轻泚。我言诗教微，百喙乃争启。《风》《雅》道殆丧，庞言天方懠。内轻感外重，怨悱遂丑诋。何人抱微尚，不绝似追蠡。宋唐皆贤劫，胜国空祖祢。当涂逮典午，导江仅至澧。先生特自牧，颇谓语中綮。年来积怀抱，发泄出根柢。虽肆百态妍，石濑下见底。我虽不晓事，老去目未眯。谅有古性情，汩汩任有弥。……子培有《寒雨积闷杂书遣怀襞积成篇为石遗居士一笑》诗，八十余韵。余与君论诗语，略具其中。诗云："……乃知古诗人[②]，心斗日迎拒。程马蜕形骸，杯棬代尊俎。莫随气化运，孰自喙鸣主。开、天启疆域，元和判州部。奇出日恢今，高攀不输古。韩、白、刘、柳骞，郊、岛、贺、籍伴。四河道昆极，万派播溟渚。唐余逮宋兴，师说一香炷。勃兴元祐贤，夺嫡西江祖。寻视薪火传，皙如斜上谱。中州苏、黄余，江湖张、贾绪。譬彼鄱阳孙，七世肖王父。中泠一勺泉，味自岷觞取。沿元虞、范唱，涉明李、何数。强欲判唐、宋，坚城捍楼橹。咄兹盛、中、晚，帜自闽严树。氏昧荀、中行，谓句弦偭矩。持兹不根说，一眇引

① 《陈石遗集·石遗室文集》卷九，第507页。

② "乃知古诗人"，《近代诗钞》作"吾思古诗人"。

群簪。从棘限墙闱，通涂成岨峿。谁开人天眼，玉振待君拊。……”①

《石遗室诗话》卷十一：余居武昌时，有所作必示苏堪、子培，必加评品。《雨后同子培子封对月》云：“此雨宜封万户侯，能将全暑一时收。未知太华如何碧，想见洞庭无限秋。”子培云：“真是香山风味。”《再答子培》云：“药里书签拉杂携，草堂犹似蜀都西。未遭田父缘多病，屡简吴郎益旧题。坐黑晚窗思窎远，吟黄秋叶纸悽迷。因君老屋横街语，预想京尘忆印泥。”子培云：“事理相扶，昭彰朗彻。讽咏再三，不能去手。”《雨窗沉闷欲继雅音而抽思不续次韵答子培》云：“凭余自写陈居士，步屧频来不筝将。入室屡呼无门者，借书私喜有诗藏。长江见白难为客，东野于韩讵在旁。随意恣谈敧坐久，累君烟月受清凉。”子培云：“生劲乃类文湖州，笔妙真不可测。”《冬述四首》（诗三首已见卷一），子培云：“别具町畦，亦以此法得一长古。”《二月移居水陆街二首示子培》云：“移居数数太无端，爱此庭中众绿团。藤架方春筛月朗，鹊巢经岁避风寒（墙外大白杨树，上有大鹊巢）。一襟幽思闲抛惯，十扇明窗晏起难。衡宇初望君不驻，只应携卷树根摊。”子培云：“‘十扇’七字斩新。”其二云：“一亩荒园故足窥，不如园里即书帷（故居有空园，纳凉最宜）。绿苔生榭宜铺板，汲井当门待插篱。借荫喜分邻树美，伤根悔把旧花移。落帆黄鹤三年共，细茵寒匏欠夥颐。”子培云：“真北宋人语，王、梅间左挹而右拍矣。”以外诗长者均不录。②

十月十一日（11月13日），夜，访郑孝胥。

---

① 《石遗室诗话》卷一，第5—7页。

② 《石遗室诗话》卷十一，第184—185页。

《郑孝胥日记》：夜，月明，立村、叔伊、肖彭皆来。①

十月十四日（11月16日），沈曾植寄书陈衍。

沈曾植《奉呈石遗》：孤云与寒石，郢路偶相将。老斫知轮苦，新硎得刃藏。芥根松叶味，寒月大堤旁。画出陈居士，披披布衲凉。②

十月十七日（11月19日），示郑孝胥诗。

《郑孝胥日记》：叔伊示诗。③

十一月朔（12月3日），郑孝胥来访。

《郑孝胥日记》：诣督署上谒，广雅病，不见客。遂过叔伊。④

十一月廿九日（12月31日），午后，郑孝胥来访。

《郑孝胥日记》：午后，过叔伊、子培、立村。⑤

十二月初一日（1900年1月1日），发表《商务报世界主要诸国货币铸造额表书后》，刊于《湖北商务报》第二十六册。⑥

十二月初（1900年1月初），沈曾植雪中招陈衍观沈周山水长卷。

陈衍《乙盦雪中招饮观沈石田山水长卷》：雪中打门来急递，乙盦主人借行厨。来朝画社设寒具，出观石田山水图。⑦

十二月初七日（1900年1月7日），沈曾植致函陈衍。

---

① 《郑孝胥日记》第二册，第741页。

② 钱钟联校注：《沈曾植集校注·海日楼诗注》卷二，北京：中华书局，2001年，第249页。

③ 《郑孝胥日记》第二册，第741页。

④ 《郑孝胥日记》第二册，第742页。

⑤ 《郑孝胥日记》第二册，第745页。

⑥ 见《陈石遗集·经济类著译选编》，第1910—1912页。

⑦ 《陈石遗集·石遗室诗集》卷三，第110页。

沈曾植《与陈衍书》：陆集廿册、张集十册奉览。昨游劳苦备尝，然今日仍犹勉强可支，意回味当在明后日耶？公体操诗黄鹤上头，凡笔安得再吐耶？弟植顿首。腊前一日。①

十二月十四日（1900年1月14日），午后，郑孝胥来访。

《郑孝胥日记》：午后，过子培，又过叔伊。②

十二月廿八日（1900年1月28日），与郑孝胥聚，久谈。

《郑孝胥日记》：午后，过沈子培，遇叔伊，谈久之乃返。③

是年冬，郑孝胥发起红梅诗，相和者有陈衍、沈曾植、梁鼎芬。

陈衍《红梅和苏堪四首》：其一：莫怪东君懒主张，此花骨相总清狂。何曾不入今人眼，到底终非时世妆。积李崇桃纷长养，青枝绿叶费端相。江城玉笛横吹处，岭上白云空断肠。

其二：老去空山偃蹇身，何心绚烂斗精神。错缘驿路南来使，误认胭脂北地春。照影西湖惊畹晚，攀枝东阁意逡巡。岁阑只有题襟语，差觉红炉雪点新。

其三：生平未作绮怀诗，林下风期写较宜。但觉文君蓉作脸，本来姑射雪为肌。此身岂合芦帘住，人日依然镜槛姿。成碧看朱浑不是，难将迟暮减相思。

其四：涂抹何如杨用修，又疑康节戴花头。余霞散绮成篇富，大雪弥天被酒休。弃我朱颜如日及，看他白眼亦风流。此情端属陈居士，颜色宁须刻意求。④

---

① 许全胜：《沈曾植年谱长编》，北京：中华书局，2007年，第220页。

② 《郑孝胥日记》第二册，第745页。

③ 《郑孝胥日记》第二册，第747页。

④ 《陈石遗集·石遗室诗集》卷三，第110—111页。

《侯官陈石遗先生年谱》卷四：是冬大雪，……又有……《红梅和苏戡四首》……乙盦、节庵皆有和。家君作，多自寓身世。①

是年，在武昌与沈曾植论诗时提出“三元说”。

《石遗室诗话》卷一：盖余谓诗莫盛于三元：上元开元、中元元和、下元元祐也。君谓三元皆外国探险家觅新世界，殖民政策开埠头本领，故有“开天启疆域”云云。余言今人强分唐诗、宋诗，宋人皆推本唐人诗法，力破余地耳。庐陵、宛陵、东坡、临川、山谷、后山、放翁、诚斋，岑、高、李、杜、韩、孟、刘、白之变化也；简斋、止斋、沧浪、四灵，王、孟、韦、柳、贾岛、姚合之变化也。故开元、元和者，世所分唐、宋人之枢干也。若墨守旧说，唐以后之书不读，有日蹙国百里而已。故有“唐余逮宋兴”及“强欲判唐、宋”各云云。②

是年，郑孝胥作《偶占视石遗同年》四首赠陈衍，陈衍和之。

《石遗室诗话》卷十：时苏堪居汉上，余一日和其诗，有“著花老树初无几，试听从容长丑枝”句。苏堪曰：“此本宛陵诗。”乃知苏堪亦喜宛陵，因赠余诗，有云：“临川不易到，宛陵何可追。凭君嘲老丑，终觉爱花枝。”自是始有言宛陵者。③

《石遗室诗话》卷十四：然十数年前，苏堪有与余诗云：“临川不易到，宛陵何可追。”当时余盖与苏堪首表章宛

---

① 《陈石遗集·附录一》，第1982页。

② 《石遗室诗话》卷一，第7页。

③ 《石遗室诗话》卷十，第151页。

陵者。①

是年，作诗《早起渡江逾汉饭于苏戡复询作诗归途成一首故末联云》《书堂听雨》《调子培并答惠诗》《赠林李两生》等。

光绪二十六年庚子（1900）　45 岁

正月十三日（2 月 12 日），郑孝胥约陈衍等本月十八日琴台午饭。

《郑孝胥日记》：约星海、子培、尧阶、叔伊十八日琴台午饭。②

正月十四日（2 月 13 日），访郑孝胥。

《郑孝胥日记》：陈叔伊来。③

正月十八日（2 月 17 日），郑孝胥招宴于汉阳琴台，陈衍、沈曾植、梁鼎芬同席。

《郑孝胥日记》：宴子培、星海、叔伊及岑尧阶于琴台。④

二月十一日（3 月 11 日），郑孝胥来访。

《郑孝胥日记》：渡江谒南皮。过子培，晤叔伊。⑤

二月（3 月），移居水陆街，作诗示沈曾植。

《侯官陈石遗先生年谱》卷四：二月，移居水陆街，有七律二首示子培丈。⑥

陈衍《二月移居水陆街二首示子培》：其一：移居数数

---

① 《石遗室诗话》卷十四，第 222 页。
② 《郑孝胥日记》第二册，第 749 页。
③ 《郑孝胥日记》第二册，第 749 页。
④ 《郑孝胥日记》第二册，第 749 页。
⑤ 《郑孝胥日记》第二册，第 751 页。
⑥ 《陈石遗集·附录一》，第 1983 页。

太无端，爱此庭中众绿团。藤架方春筛月朗，鹊巢经岁避风寒。墙外大白杨树上有大鹊巢。一襟幽思闲抛惯，十扇明窗晏起难。衡宇初望君不驻，只容携卷树根摊。

其二：一亩荒园故足窥，故居有荒园，纳凉最好。不如园里即书帷。绿苔生榭宜铺板，汲井当门待插篱。借荫喜分邻树美，伤根悔把旧花移。落帆黄鹤三年共，细茵寒匏欠夥颐。①

三月初九日（4月8日），郑孝胥来访。

《郑孝胥日记》：再诣陈叔伊、沈子培、陈立村。②

三月初十日（4月9日），郑孝胥约午饭。

《郑孝胥日记》：约沈鲁青、立村、叔伊、子益等至德华楼午饭。③

四月初六日（5月4日），约郑孝胥等同至广恒信。

《郑孝胥日记》：陈叔伊来，同至广恒信饭，子益强欲付钱，遂从之。④

五月二十五日（6月21日），清廷下诏与各国宣战。

五月（5月至6月），时北方拳乱，忧心兄及子，寄沈曾植诗一首，沈后有答诗。

陈衍《用苏戡韵送子培时子培有弟余有兄有子均在北方乱中》：别泪从来不浪弹，此回端觉彻心酸。仓皇烽火传三月，辛苦麻鞋累一官。避地依人行已老，自厓送子反良难。更将骨肉投豺虎，可免磨牙吮血残。⑤

---

① 《陈石遗集·石遗室诗集》卷三，第111页。
② 《郑孝胥日记》第二册，第753页。
③ 《郑孝胥日记》第二册，第754页。
④ 《郑孝胥日记》第二册，第756—757页。
⑤ 《陈石遗集·石遗室诗集》卷三，第112页。

沈曾植《石遗书来却寄》：浩劫微生聚散看，空江老眼对辛酸。河山落日沧浪色，兄弟危时冗散官。肠绕蓟门通梦远，石穷溟海化禽难。邗江鄂渚书邮返，叠鼓鸣笳烛泪残。[1]

六月初四日（6月30日），访郑孝胥，与李宣龚一同渡江。

《郑孝胥日记》：叔伊来。晚，凤生、颂臣行。余偕叔伊、拔可渡江，南风水溜，以小轮泝流而上，约二点钟乃到文昌门。博泉在寓，谈至十一点乃去。[2]

六月廿七日（6月23日），访郑孝胥；晚随郑孝胥、李宣龚渡江。

《郑孝胥日记》：叔伊来。晚，偕叔伊、拔可渡江。夜，雨。[3]

六月廿八日（7月24日），光绪帝生诞，与郑孝胥等渡江，在福建会馆作万寿祈祝会。

《郑孝胥日记》：皇上三旬天长节，与立村、叔伊、郑乐泉俱渡江，在福建会馆作万寿祈祝会，演戏设宴，携诸儿往观。夜，先归，以小轮送立村、叔伊、金少卿及诸儿归武昌。[4]

六月（6月至7月），作诗《感愤坐庭心见杂草木皆不祥之物作六言五首》。

陈衍《感愤坐庭心见杂草木皆不祥之物作六言五首》：其一：袁粲郊野步屐，何妥门巷屏居。萧萧悲风时起，今我不愁何如。白杨。

其二：少游醉卧其下，文长画里青青。二人抑郁以死，

---

① 《沈曾植集校注·海日楼诗注》卷三，第323页。
② 《郑孝胥日记》第二册，第761页。
③ 《郑孝胥日记》第二册，第761页。
④ 《郑孝胥日记》第二册，第764页。

劳生大梦可醒。紫藤。

其三：宋陵松柏无地，此树乃种山阴。胡为汉南有此，不待雍门沾襟。冬青。

其四：看汝垂垂花发，无恙不减田家。我独兄弟分散，豺虎吮血磨牙。紫荆。

其五：淮南小山丛生，谁知草木无情。牵动长江万里，风声鹤唳皆兵。桂。①

七月初四日（7月29日），于张之洞督署访郑孝胥，连日夜谈。

《郑孝胥日记》：叔伊来。午饭及夜饭皆在督署，夜，谈至四鼓乃返。②

七月廿一日（8月15日），八国联军侵入北京。避乱至陶江。

《石遗室诗话》卷五：后十余年庚子，余亦以避乱至陶江，遂购薄田，买果树，为退休计。先室人及子女媳妇，前后住数年，余则最久者未及一月，故村居之诗，前岁始有作焉。③

七月廿三日（8月17日），八国联军沿街巷入民宅烧杀淫掠。宝廷子寿富（伯福）不甘受辱，与其弟寿蕃（仲福）自尽。陈衍有诗《追悼寿伯福兄弟》为吊。

《石遗室诗话》卷七：寿伯福编修富，竹坡先生长公子。生平吟咏甚富，庚子殉国难后，遗稿不可得。……庚子之乱，君恐被辱，约其弟仲福仰药，不死，复雉经。君体肥重，使仲福抱持投缳，而后仲福亦自经。余吊之云："国破犹能干净死，巢倾宁有顾瞻情？屈原、夷叔空相况，三百年

---

① 《陈石遗集·石遗室诗集》卷三，第112页。

② 《郑孝胥日记》第二册，第764—765页。

③ 《石遗室诗话》卷五，第76页。

前黄蕴生。”明亡，陶庵兄弟皆自经死，何其相似也。[①]

八月（8月至9月），为避唐才常起义引发的动荡，萧夫人携全家归里，陈衍后归。

《侯官陈石遗先生年谱》卷四：八月以唐才常之乱，先母挈全家归里，家君后归。[②]

九月十六日（11月7日），自上海至武昌。夜与郑孝胥、王寿昌、高而谦聚。

《郑孝胥日记》：陈叔伊、郑希杜亦自上海来。夜，宴高、陈、二王。[③]

《侯官陈石遗先生年谱》卷四：九月家君复至鄂。[④]

九月廿四日（11月15日），晨，郑孝胥渡江来视，座中有沈曾植。

《郑孝胥日记》：晨，渡江，视子培、叔伊。[⑤]

九月廿五日（11月16日），李宣龚招饮，借郑孝胥洋厨，座中有郑孝胥、高而谦、高凤谦、王寿昌、陈衍。

《郑孝胥日记》：拔可借洋厨召客，二高、子仁、叔伊皆来。[⑥]

九月廿六日（11月17日），与郑孝胥同渡江，至护军左旗观武建左旗操。

《郑孝胥日记》：午后，与叔伊同渡江，遂至护军左旗观武建左旗操，傍晚返局。[⑦]

---

① 《石遗室诗话》卷七，第114页。
② 《陈石遗集·附录一》，第1983页。
③ 《郑孝胥日记》第二册，第773—774页。
④ 《陈石遗集·附录一》，第1983页。
⑤ 《郑孝胥日记》第二册，第774页。
⑥ 《郑孝胥日记》第二册，第775页。
⑦ 《郑孝胥日记》第二册，第775页。

九月（10月至11月），次子声渐为斥退欲调戏同学袁世荫新妇的洋兵而惨遭杀害。

《石遗室诗话》卷二：而第二子已先丧于庚子。①

陈衍《哀渐儿》：儿在天津学堂，乱作，住同学袁宅。袁有新妇，洋兵将据焉，儿为说退之，兵旋复来，开枪戕儿。冥鸿两两将五雏，年年翻飞度江湖。四雏南来一雏北，哀哉中镞亡其躯。尔雏不为稻粱谋，胡独北去天一隅。苍颉鸟篆世久厌，旁行苦记羊皮书。孽臣昏妖天下无，鬼兵守关先张弧。桃茢巫祝本无验，以车载鬼纷负涂。众人相惊则皆走，有足谁絷长趑趄？晦冥白日鬼瞰室，况有粲者窥踦间。尔非道安弓剑徒，宁能为人护孀孤？谬思谈笑却羌胡，哀哉性命戕须臾。……②

陈衍《次儿声渐哀辞》：光绪二十六年夏，京师诸孽臣鼓煽拳匪，与旅华外人作难，不两月，京师沦陷，吾次儿声渐肄业天津北洋大学，辗转死焉。呜呼！此中致死之由，何其曲而毒也。……五月余在鄂闻乱，十七得儿初八书，言匪最仇学生，将攻学堂。驰书令急去学堂，谋速归。二十晚，洋兵攻大沽炮台，书已不达。二十四得儿十四书，言已去学堂，寄居同学袁姓宅。二十九又得儿十五书，言匪甚乱，欲走伯父博野，闻道梗奈何。自是南北隔绝，天津一带已糜烂。七八月间，所知有逃至保定、顺德者，儿杳然。八月全家回里。九月余复至鄂，南北邮政电信皆已达，儿终杳然。次年乃知联军入京师，儿尚寓袁所，袁有新妇，洋兵将据焉，儿为说退之，且曰敢尔，当告而帅。兵惧复来，开枪戕儿，九月间事也。呜呼痛哉！辞以哀之，曰：卢仝死于王涯

① 《石遗室诗话》卷二，第38页。

② 《陈石遗集·石遗室诗集》卷三，第113—114页。

之宅兮，益恩赴乎孔融之难。乱邦既昧于不居兮，强暴岂独力所御捍。汝虽非许友以死兮，胡义形于色，而执言之侃侃。呜呼哀哉！①

萧道管《哀渐儿》：我生不忍残一蚁，我子乃以饲豺虎。我子于我果何人？三宿空桑聊尔汝。茫茫无天那有道？咎以不仁彼无语。干将、莫邪刚必折，弱居六极又无取。不刚不柔是底物？玉碎土崩日旁午。黄土抟人偶儿戏，调水和泥满寰宇。成例既开遂莫禁，土满人浮孰能御？大荒大疫及水火，万不去一何足数？惟有生人能杀人，以一杀万疾风雨。此时乃信弱者亡，脆女稚男膏野土。本无魂魄又何知？万里关山梦亦阻。②

十月十四日（12月5日），访郑孝胥。夜，宴请高凤谦等，借郑孝胥洋厨。

《郑孝胥日记》：阴。叔伊、君重来。……夜，叔伊借洋厨宴梦旦、君重。③

十一月初二日（12月23日），与郑孝胥、沈曾植聚会。

《郑孝胥日记》：渡江，至子培、叔伊小坐，遂谒南皮。④

十一月十二日（1901年1月2日），示郑孝胥《次子声渐哀辞》，郑为作律诗。

《郑孝胥日记》：叔伊示《次子声渐哀辞》，为作律诗一首。⑤

郑孝胥《陈叔伊次子声渐殁于天津之乱叔伊自为哀辞使

① 《陈石遗集·石遗室文集》卷十一，第543—544页。

② 《石遗室诗话》卷二十七，第417页。

③ 《郑孝胥日记》第二册，第776页。

④ 《郑孝胥日记》第二册，第778页。

⑤ 《郑孝胥日记》第二册，第779页。

余题其后》：神京烽火莽连云，爱子书来隔虏氛。魂梦飞扬多幻想，道途惊绝入传闻。栖栖江汉诗人老，去去家山落日曛。剩有哀情似熙甫，一篇思子缀奇文。①

十一月廿一日（1901年1月11日），访郑孝胥。

《郑孝胥日记》：返局，叔伊及欧阳君重来。②

十二月朔日（1901年1月20日），发表《论铸造小银元贵在实能行用》，刊《湖北商务报》第六十二册。③

同日，在纺纱局与郑孝胥、沈曾植聚会。

《郑孝胥日记》：至纱局视子培、叔伊，谈有顷，遂谒广雅，留饭，欲余为武备学堂提调。④

十二月十五日（1901年2月3日），郑孝胥来访。

《郑孝胥日记》：晚，过纱局，晤子培、叔伊、邹沅帆、欧阳君重等，即返局。⑤

十二月十八日（1901年2月6日），送沈曾植归扬州，于纺纱局晚饭。

《郑孝胥日记》：沈子培归扬州，叔伊、君重送之，在局晚饭乃散。⑥

是年，译成《货币制度论》《商业经济学》，连载于《湖北商务报》。

《侯官陈石遗先生年谱》卷四：是年，译《货币制度论》《商业经济学》二书成。⑦

---

① 《海藏楼诗集》卷四，第113页。

② 《郑孝胥日记》第二册，第780页。

③ 见《陈石遗集·经济类著译选编》，第1901—1902页。

④ 《郑孝胥日记》第二册，第781页。

⑤ 《郑孝胥日记》第二册，第782页。

⑥ 《郑孝胥日记》第二册，第782页。

⑦ 《陈石遗集·附录一》，第1984页。

是年，易顺鼎过武昌，与陈衍有诗唱和。

《石遗室诗话》卷一：庚子过武昌，出《魂西集》属题，余戏效其体，用“魂”“西”二字为韵云：“华裾客子过题门，几上牛腰束笋存。万里麻鞋行在所，一囊古锦乐游原。堂堂国事西台哭，草草交期北梦言。欲唤临川汤玉茗，为君宛转记还魂。”“体格唐三十六齐，更将五十六评题。潼关、华岳新高掌，林屋、匡庐旧赫蹄。令仆黑头方衮衮，才人白下尚栖栖。樊南甲乙樊川两，肯让樊山与浙西。”举止生硬，效颦终不似也。[1]

是年，作诗《为人题短衣骑马图》《岁暮怀人诗十五首》等。

是年，黄孝纾（1900—1966）出生，字颧士，一字公渚。福建闽县人。

曾克耑（1900—1976）出生，字履川，号橘翁。福建闽县人。

光绪二十七年辛丑（1901）　46 岁

正月初七日（2 月 25 日），与欧阳锜、邹代钧同访郑孝胥，谈至夜，饭后乃去。

《郑孝胥日记》：叔伊、君重、邹沅帆同来，谈至夜，饭讫乃去。[2]

正月廿一日（3 月 11 日），发表《论银换小银元宜有一定重量》，刊于《湖北商务报》第六十四册。[3]

二月初六日（3 月 25 日），访郑孝胥。

---

① 《石遗室诗话》卷一，第 13 页。

② 《郑孝胥日记》第二册，第 785 页。

③ 见《陈石遗集·经济类著译选编》，第 1902—1903 页。

《郑孝胥日记》：陈叔伊来。[①]

二月初十日（3月29日），在商务报馆晤郑孝胥。

《郑孝胥日记》：遂至商务报馆，晤叔伊、梦旦、君重。[②]

二月十一日（3月30日），发表《论兑换银元铜元不必立有限制》，刊于《湖北商务报》第六十六册。

二月廿一日（4月9日），发表《论铸紫铜元贵详核成本》，刊于《湖北商务报》第六十七册。

三月初一日（4月19日），发表《改铸一文铜钱议》，刊于《湖北商务报》第六十八册。[③]

三月初九日（4月27日），访郑孝胥。

《郑孝胥日记》：叔伊、君重来。[④]

三月廿七日（5月15日），过郑孝胥。

《郑孝胥日记》：夜，叔伊来。[⑤]

三月廿八日（5月16日），与郑孝胥渡江，谒张之洞。

《郑孝胥日记》：偕叔伊渡江，入谒广雅，与仲弢同留饭。[⑥]

四月初一日（5月18日），发表《论市上渐有小钱急宜改铸一文铜钱》，刊于《湖北商务报》第七十一册。[⑦]

四月十一日（5月28日），访郑孝胥，留饭。

---

① 《郑孝胥日记》第二册，第789页。

② 《郑孝胥日记》第二册，第789页。

③ 以上分见《陈石遗集·经济类著译选编》，第1900—1901、1905—1906、1907—1908页。

④ 《郑孝胥日记》第二册，第792页。

⑤ 《郑孝胥日记》第二册，第794页。

⑥ 《郑孝胥日记》第二册，第794页。

⑦ 见《陈石遗集·经济类著译选编》，第1906—1907页。

《郑孝胥日记》：叔伊、君重、梦旦来谈，遂留共饭。①

四月十六日（6月2日），托郑孝胥请假两月。

《郑孝胥日记》：渡江谒南皮，与仲弢同留饭。叔伊托为请假两月。出过叔伊，遂诣博泉。②

四月廿一日（6月7日），发表《论银元局各省不必多设》，刊于《湖北商务报》第七十三册。③

四月廿九日（6月15日），访郑孝胥，共食西餐并照相。

《郑孝胥日记》：欧阳君重、陈叔伊、黄叔颂、沈子封皆来，以船迓仲弢至，午后，共食洋菜，复同出照相，君重先去，不与。④

五月初五日（6月20日），端午，偕子访郑孝胥。

《郑孝胥日记》：叔伊父子来，由局行。⑤

五月廿七日（7月12日）、六月初四日（7月19日）、六月五日（7月20日），两江总督刘坤一、湖广总督张之洞联衔上达有关育才兴学，论政治、致富、致强之道，以及采用西法的“江楚会奏变法三折”。由此开始长达十年之久的“清末新政”。

陈衍《石遗室师友诗录》卷一：庚子后相国与两江总督刘忠诚公会奏变法条陈，曾采余《变法榷议》入告。⑥

六月十三日（7月28日），陈宝琛、沈翊清、叶在琦等访因避乱回闽的陈衍于叶氏玉屏山庄，此间互有唱和，陈宝琛作《六月十三日丹曾肖韩同舟枉存因访叔伊玉屏山庄有诗征和感念损轩

① 《郑孝胥日记》第二册，第795页。
② 《郑孝胥日记》第二册，第796页。
③ 见《陈石遗集·经济类著译选编》，第1898—1900页。
④ 《郑孝胥日记》第二册，第799页。
⑤ 《郑孝胥日记》第二册，第799页。
⑥ 《国学萃编》第九期（1909年）。

昔日之游即次其韵并视珍午》①。

《石遗室诗话》卷十：庚子避乱，尽室自武昌回，借居涛园（文肃公祠）。旋卜居陶江，甥从马渎同肖韩拿舟来访。次日余亦拿舟过螺江陈弢庵所，遂至船司空。甥有长句一首纪其事，弢庵有和作。余匆匆赴鄂，只报以一律云："濒行送我一长句，往复沧江无限情。极浦趁潮生又落，空林踏月暗还明。山中风物冬逾好，客子光阴老更惊。种橘买田吾纵返，恐君蜀道记登程。"②

七月十六日（8 月 29 日），夜，陈宝琛访陈衍于叶大庄旧居，送之归鄂。

陈衍《七月余将由家来鄂弢庵阁学冒雨乘月两过别后奉寄》：一年一度到林亭，真共摊书就绿阴。君有"留客便盘圆石坐，借书惯就绿阴摊"句。草草归人如过客，寥寥旧雨对开襟。荒江月黑篮舆滞，浅渚潮生短棹临。少待躬耕全性命，望衡渡沔是初心。③

七月廿五日（9 月 7 日），奕劻、李鸿章代表清廷与英、俄、美、日、法、德、意、奥、比、西、荷十一国公使正式签订《辛丑条约》。

七月廿八日（9 月 10 日），访郑孝胥。

《郑孝胥日记》：陈叔伊来。④

八月朔（9 月 13 日），访郑孝胥。

① 见陈宝琛：《沧趣楼诗文集》，上海：上海古籍出版社，2013 年，第 45—46 页。

② 《石遗室诗话》卷十，第 165 页。

③ 《陈石遗集・石遗室诗集》卷三，第 114—115 页。

④ 《郑孝胥日记》第二册，第 808 页。

《郑孝胥日记》：叔伊来。与子益共饭。①

八月廿一日（10月3日），发表《商务报论（三）》，刊于《湖北商务报》第八十五册。

九月初一日（10月12日），发表《论行用钞票亦须辅以小银元》，刊于《湖北商务报》第八十六册。②

九月初七日（10月18日），访郑孝胥。

《郑孝胥日记》：陈叔伊来。③

九月十三日（10月24日），与郑孝胥谈。

《郑孝胥日记》：司直、叔伊来谈。④

九月廿六日（11月6日），与郑孝胥同出照相。

《郑孝胥日记》：叔伊来，同出照相。⑤

十月初一日（11月11日），发表《论税关厘局人员宜阅商务书商务报》，刊于《湖北商务报》第八十九册。

十月初七日（11月17日），同郑孝胥、李宣龚送吴学庄赴岐亭同知任。

《郑孝胥日记》：过博泉，送其赴岐亭同知任，叔伊、拔可皆在座，谈顷之，同步至营务处。⑥

十月十一日（11月21日），发表《论官办各局厂委员司事宜阅商务书商务报》，刊于《湖北商务报》第九十册。

十月廿一日（12月1日），发表《论各埠商董巨商宜令阅商

---

① 《郑孝胥日记》第二册，第808页。

② 以上分见《陈石遗集·经济类著译选编》，第1915—1917、1904—1905页。

③ 《郑孝胥日记》第二册，第811页。

④ 《郑孝胥日记》第二册，第811页。

⑤ 《郑孝胥日记》第二册，第812页。

⑥ 《郑孝胥日记》第二册，第814页。

务报》，刊于《湖北商务报》第九十一册。[①]

十一月十二日（12月22日），赠所译《日本商律》二卷于郑孝胥。

《郑孝胥日记》：午后，即返局。叔伊遗《商律》二卷，新译日本书。[②]

十一月十七日（12月27日），访郑孝胥，夜同至戏园听戏。

《郑孝胥日记》：叔伊来。……夜同叔伊、子益等至戏园听戏。[③]

十一月十八日（12月28日），赴郑孝胥处午饭。

《郑孝胥日记》：邀子益、叔伊、东明午饭。[④]

十一月（12月至1902年1月），与日本人河濑仪太郎合译《日本商律》（即《日本新商法》）之叙成。原书共六百八十九条，于明治三十二年（1899）颁行，同年译载于《湖北商务报》首数册。该书所言公司、保险金、票券证券等，国人大都未识。陈衍为之作叙，阐明了翻译动机、翻译始末以及该书情况。

陈衍《译日本商律叙》：为其事而不设其律以待之者，必其相恃之甚深者也。相恃甚深之道，施之相与有素者，犹或失之。况于贸易逐利之市场，百出不穷之变态乎。中国自秦汉以后，始轻商人，一切商事听民自为，官不过问。其经官者，官以民律治之。夫民律之不足以治商也久矣。……而以治民之律治之，则律所不载，为商者无所恃以不恐，商之智力且随而俱屈，商何由振？南皮宫保稔其然也，奏设商务局，即陈及护商律例、创行《商务报》。略例第十二条，令

① 以上见《陈石遗集·经济类著译选编》，第1919—1921页。
② 《郑孝胥日记》第二册，第817页。
③ 《郑孝胥日记》第二册，第818页。
④ 《郑孝胥日记》第二册，第818页。

译东西各国商律，以备异日定中国商律之用，今年变法奏议又言及之。今馆中所译《日本商律》，本名《新商法》，其旧商法凡一千余条，以多与民法相复，故于明治三十二年参酌各西国商法，改正为《新商法》，共存六百八十九条。近时日本新出商业各书，间引旧商法，然所依据者皆《新商法》也。惟律意颇精深，率然译之，则数百条中相触相背者往往而有。又所言各种公司，各种保险，各种票券、证券，以及各种商行，多为中国人未经涉猎者。然其书有《要义》二卷，为日本法学士丸山长渡所著述，西川一男所参助解释，最为详明，总数十万言。每与东士河濑仪太郎氏共译此律，一条一句之中有所未解，或往复辨论，至再至三，以至于十数，或更详译所谓要义者以发明之。其不名《新商法》，而名《日本商律》者，所谓名从主人，物从中国意也。光绪二十七年冬月叙。[①] **【按：三年间，陈衍与河濑仪太郎合作翻译经济书八种，是为第一种译著之序。】**

除夕（1902年2月7日），接梁鼎芬数笺，有诗评语。

《石遗室诗话》卷十一：节庵在官，喜说忙，又喜作整暇。辛丑冬从西安归，问余近作，写数首示之。除夕忽来数笺，各下评语，多当者。《秋夜读杜工部孟襄阳诗》……评云："是作家。"《思归》……评云："用笔转折自如。"《寄弢庵》……评云："收二句感深言不尽，'草草'二句稍快，因下二句已是叙景。"李亦元寄诗一帙，属为评定，中《望帝》《湘君》二首为最……评云："才调缤纷。"《题易实甫魂西集戏效其体》……评云："妙妙。"《赠周彦升》……评云："员适。"《苏堪书来屡以诗老相称奉调》……评云："拟赠一

① 《陈石遗集·石遗室文集》卷九，第505—506页。

‘蓄’字。”《作货币论一卷刊之戏成示苏堪》……评云：“得‘直’字。”《出门望隔江山色》……评云：“可入《万首绝句》。”①

是年，与河濑仪太郎合译成几本有关经商的教科书，其中日本法学博士田尻稻次郎原著《银行论》、原著者不详《商业开化史》，分载于《湖北商务报》第一百二十五册、第一百六十三册。

《侯官陈石遗先生年谱》卷四：是年，译《商业开化史》《商业地理》《银行论》成。②

《石遗室诗话》卷二十五：余在武昌编《商务杂志》时，请日本人河濑如侗仪太郎司翻译。如侗一字长定，高等商业学校毕业生，通汉文，学唐、宋八家，善饮喜为诗，文胜于诗。余从学经济理财学者数年。译书十余种，杂报百十万言，皆刊板行世，相得甚欢。回国时，余赋五言长古送行，有云：“嗟我乏谋人，贫弱乃无匹。万端待经纬，予手据以拮。百废当具举，欲汲苦短繘。岂知韫椟者，宝藏固充溢。坐兹金银气，染指甘如蜜。”又云：“如君经济学，雅抱计然七。相从日讨论，要旨迨纤悉。窃思挽时局，财政宜秩秩。硬货定本位，纸币相辅弼。中央集散法，制限屈伸术。股券若泉流，国事理如栉。”又云：“平生慕鸱夷，志岂在簪韠。于国既不施，于家宁遑恤。茫茫东海水，战血将渟潏。主人不执兵，缨冠望同室。晖台谋方殷，曹社闻谄諦。吾行为虫沙，相见未可必。别酒惨不欢，赠策聊一述。”此日、俄未战以前作，厥后不幸言皆中矣。如侗有《留别诗》云：“五年为客楚江头，知己推君第一流。经国文章原绝类，育英乐事更无俦。北风飞雁传边警，东海浮鸥赋别愁。明日片帆扬

---

① 《石遗室诗话》卷十一，第184页。

② 《陈石遗集·附录一》，第1984页。

子路，殷勤回望鄂城楼。”……又《在美洲读石遗室诗次韵呈石遗先生》云：“男子功名万户侯，摩霄健翮未全收。美洲风俗金银气，禹域文华锦绣秋。回忆旧游空对月，翻来新著急登楼。尘埃满地云山隔，愧我自甘为楚囚。”君家营酿业，复游美洲学农务，日、美本多违言，君书来于华、美二国，有所左右，第二联云云是也。①

《石遗室诗话续编》卷五：因念余生平未至日本，未谙日文，惟在武昌督办商业学堂，会办商务局，创办《商务报》时，与日人河濑仪太郎译经济财政书十数种。而日人前后先施来访者，若矢野仁一博士，若冈本要八郎院长，若神田喜一郎学士，若久保得二博士，若饭沼龙远教授，若西泽义征总领事，皆一见如旧相识。别后或书来，以经学、文字学、史学相质问。至铃木虎雄博士，未相见，为著《石遗诗说》，久保天随赠诗，有“一获君知死不辞”之句。②

是年，鉴于当时铜价昂贵，各地发生毁钱售铜的事，致使市面上零钱缺乏，几乎无法周转，陈衍作《货币论》数篇。这是中国第一本关于货币的专著。先以论文形式于1891年至1901年连载于《湖北商务报》，后由湖北商务报社汇集成书。【按：《陈石遗集》中仅收得其中的十二篇。】书成后，陈衍有诗示郑孝胥。

陈衍《作货币论一卷刊之戏成示苏戡》：生事纷纷怨孔方，求田问舍赖伊强。归山何与江神事，要敬钱神一瓣香。③

【按：《石遗室诗话》卷十一所录文字与此稍有不同。“生事”

---

① 《石遗室诗话》卷二十五，第392—393页。

② 《石遗室诗话续编》卷五，第707—708页。

③ 《陈石遗集·石遗室诗集》卷三，第112页。

作“多事”；“伊强”作“依强”。①】

陈衍《书张广雅相国逸事》：又尝阅余《货币论说》，有言金币中参铜者，疑之，急召询。余曰：“公创铸中国银币者，银质略刚，造币且须参铜，况金质之柔乎?”因言金币重二钱余，约参铜十之一。公称善。②

是年，沈曾植离开武昌去扬州度岁，留下百余首诗在陈衍处。陈衍将这些诗汇总，为作《沈乙盦诗叙》，其中称沈为“同光体之魁杰”。【按：钱仲联在《论同光体》一文中指出，此文与1912年发表的《石遗室诗话》中对沈曾植的评价“能为同光体”，二者之间有细微出入。】略云：

余曰：“吾于癸未丙戌间，闻可庄、苏戡诵君诗，相与叹赏，以为‘同光体’之魁杰也。‘同光体’者，苏戡与余戏称同光以来诗人不墨守盛唐者。”……余生平喜检拾友朋文字，君作落余处者殆百余首，念离合之踪无定也，特叙而存之。③

《侯官陈石遗先生年谱》卷四：有《沈乙庵诗序》。④

是年，作诗《哀渐儿》《追悼寿伯福兄弟》《闻歌》《寄丹曾大甥》《得爱苍书有寄》《日本河濑长定尊人六十初度索诗》等。

光绪二十八年壬寅（1902）　　47岁

正月廿五日（3月4日），过郑孝胥。

《郑孝胥日记》：叔伊来。⑤

---

① 《石遗室诗话》卷十一，第184页。

② 《陈石遗集·石遗室文集》卷四，第462页。

③ 《陈石遗集·石遗室文集》卷九，第507—508页。

④ 《陈石遗集·附录一》，第1984页。

⑤ 《郑孝胥日记》第二册，第824页。

正月廿八日（3月7日），郑孝胥邀饭。

《郑孝胥日记》：邀子益、叔伊共饭。①

二月初八日（3月17日），为郑孝胥作《海藏楼诗叙》。初十日成。

《郑孝胥日记》：叔伊为余作诗序一篇。②

《侯官陈石遗先生年谱》卷四：二月，为苏戡文作《海藏楼诗叙》。③

陈衍《海藏楼诗叙》：苏堪写定其诗，示余顾子子朋所为叙。曰："子方草创诗话，必有微言深恉，可以叙吾诗者，盍为吾一长言之？略如姜白石所自为诗叙若诗说。"余曰："诺。"且为君默记往昔彼此之言杂书之，以为笑乐。余与君治诗皆二十余年，相与商略为诗亦二十年。初时持论，若南山秋气之相与高。所谓否，不稍假借，用辄引为诟病，回思足自哂。然亦可见年少负气，不如今之老大顽钝，誉不喜而毁不怒也。君诗始治大谢，浸淫柳州。乙酉归自金陵，访余于西门街，则亟称孟东野。诣君案有手钞东野诗四册，题五言古数章于上，有精语，足资诗学。出示癸未甲申诗数十首，属为评品。题以诗，题一五言古还之，君乃以余诗为精进。时多过从，夜谈坐池旁树下老屋，尽两三烛而去。两家老屋皆有池有树。未久君将往天津，作五言一首为别，自谓似颜延之北使洛。喜余送行两五律，诵于陈弢庵，又喜诵余建溪数诗。余次年入都，都下所知有能诵之者。客天津，书来言，北地旷爽，诗蕴皆尽，大抵作诗亦随地气，山川秀蕴，则触处成吟；原野衺延，则搜劚难就，云云。寄示《浮

① 《郑孝胥日记》第二册，第824页。
② 《郑孝胥日记》第二册，第824页。
③ 《陈石遗集·附录一》，第1985页。

海》诗、《出都》诗，今集中皆不存。文人喜割弃少作，未必其前尽不如后也。己丑庚寅入都，君寓可庄所，及官学，案上手钞诗本，有晚唐韩偓、吴融、唐彦谦诸家，北宋梅圣俞、王荆公诸家。君诗已一变再变，为姚合体、为北宋，服膺荆公。而余感君言，作诗盘郁往复于中者稍久，其出之也，必有自耐咀味者。乙酉后渡海游台北，溯江游湖南，亦遂变其前诗。一日遇君与季直于骡马市，相将入浴堂，君解衣探夹袋，出残稿数纸，则《游摄山》诗，皆七言，余以为神似樊榭，君乃为此。君曰："吾向未尝为七言，去年始为之。"自后相见，常论七言。君于七古尝独举韦苏州、温庭筠，然亦一时兴到，语所作如《大阪登高感旧》《示李芝楣》《登北极阁》《登周处读书台》《侯府怀陈幼莲》《石钟山》《昭忠祠》《郗超》《汉阳琴台》《子培见访湖舍》等篇，皆半山、遗山、道园之遗，何尝为苏州、庭筠哉？君每言作诗无深抱远趣，所谓不可适独坐者，固已。若处处不忘是作家，而不敢极其才思，诚作家矣，然终于此而已，安有深造自得之境？其《题晚翠集》云云，余故以为至言，非君莫能道者。君又言，律诗要能作高调，不常作可也。余曰，高调要不入俗调，要是自家语。元裕之多是高调，却无俗调。高季迪、前后七子喜高调，遂多俗调。东坡律句极少高调，属对每以动宕出之。此秘发于沈佺期、王右丞，极变化于老杜。《吴都赋》云："嵚崎乎数州之间，灌注乎天地之半。"七律中对要有此二语体势。戊戌君来鄂，所居隔一江，岁暮约相督为律诗。余言作诗起调不落凡近易，结调不落凡近难。君言作诗用利笔易，用秃笔难。谓余《寄弢庵》《送子培》诗中，有能用秃笔者。殆即书家折钗脚、屋漏痕之说耳。大抵诗要兴象、才思两相凑泊，有惘惘不甘之情，不自觉其动魄惊心、回肠荡气也，有自然高妙之恉，乃使人三日思、百回读也。李卫公、白乐天、东坡、荆公、山谷、放翁、遗山，皆有自然高妙语。姜白石、文与可亦庶几。姜白石甚似孟浩然，文与可颇类韦苏州。与浩然同时，有李杜摩诘，皆推服浩然。与白石同时，有尤、萧、范、陆、杨，皆倾倒白石。白石如《哭石湖》《寄诚斋》等篇，集中亦不多遇也。又余尝论，诗为友朋而为者居多，然往往有数友朋焉。为彼为之常工，为此为之不尽工，岂其意之属不属？如灵运所云“对惠连辄有佳句”欤？然又有刻意求工而不工，不刻意求工而转工，又所谓伫兴而得者欤？二者事理乃相反，则或者其工力之至与不至。不至者不刻意则转工，天之事也；至焉者，意所不属，亦天之事。意所属，又学之功欤？子培工为诗而不常为，尝言吾遇苏戡，诗思自生，为之亦多工。弢庵诗为谢枚如、张幼樵而为，常工于他作。苏戡工者固多，为子朋而作者则尤工，且无不工。是数者于前数说必有合者也。君论诗宗旨可听者实多。以余妄见，向多已合复离，近来亦罕有所异同，彼此亦垂垂老矣。乃寻检所存往来诗札，及平日所言，记为谁语与不记为谁语者，皆书之，以复于君。壬寅二月十日陈衍叙。[①] **【按：癸丑六月（1913年7月）陈衍有《记》云：“此叙本二千余言，中引证古人诗句者九百余言，支蔓太繁，今悉节去，以入《诗话》。”】**

《石遗室诗话》卷二十六：后在武昌，为《苏堪诗集》作叙。报书谓结构在姜白石、杨诚斋之间。白石自叙诗集，历举并世名人之评赏其诗者以为言。余叙苏堪诗，略仿其意矣，若诚斋文，则实未之见。[②]

---

① 《陈石遗集·石遗室文集》卷九，第508—510页。

② 《石遗室诗话》卷二十六，第398页。

二月十二日（3月21日），寄郑孝胥自删改序稿。

《郑孝胥日记》：叔伊自删改序稿寄来。①

三月初四日（4月11日），访郑孝胥，留饭。

《郑孝胥日记》：金子昌、陈叔伊来，留饭。②

四月十一日（5月18日），发表《改铸一文铜钱有益筹款说（下）》，刊于《湖北商务报》第一百五册。③

四月廿六日（6月2日），访郑孝胥，留饭。

《郑孝胥日记》：叔伊来，留饭，日斜乃去。④

五月十一日（6月16日），访郑孝胥，留饭盟鸥榭。

《郑孝胥日记》：陈叔伊来，留饭盟鸥榭，小饮薄醉。⑤

五月二十日（6月25日），郑孝胥招午饭。

《郑孝胥日记》：邀沅帆、善余、叔伊、士可、洪肇生午饭。⑥

五月廿四日（6月29日），晚，郑孝胥来坐。

《郑孝胥日记》：晚，过叔伊小坐。⑦

六月朔（7月5日），与魏瀚赴盟鸥榭郑孝胥招宴。

《郑孝胥日记》：邀叔伊、季渚宴林中丞于盟鸥榭，夜，送登江永。⑧

六月初三日（7月7日），郑孝胥来访。

---

① 《郑孝胥日记》第二册，第825页。

② 《郑孝胥日记》第二册，第826页。

③ 见《陈石遗集·经济类著译选编》，第1909—1910页。

④ 《郑孝胥日记》第二册，第834页。

⑤ 《郑孝胥日记》第二册，第835页。

⑥ 《郑孝胥日记》第二册，第836页。

⑦ 《郑孝胥日记》第二册，第836页。

⑧ 《郑孝胥日记》第二册，第837页。

《郑孝胥日记》：至营务处饭，过叔伊而返。①

六月初四日（7月8日），郑孝胥来报馆，留饭。

《郑孝胥日记》：遂过商务报馆叔伊室中坐，得督帅来字：二点钟会议商约，邀与议。叔伊留饭讫，即入署。②

六月初五日（7月9日），访郑孝胥，留午饭。

《郑孝胥日记》：叔伊来，留午饭。风雨，坐盟鸥榭观云涛甚奇。③

六月十八日（7月22日），郑孝胥来访。

《郑孝胥日记》：午后，渡江，过立村、叔伊，遂至纱局而返。④

七月初三日（8月6日），访郑孝胥，留午饭。

《郑孝胥日记》：叔伊来，午饭乃去，约辜鸿铭，不至。⑤

七月十三日（8月16日），访郑孝胥，共饭。

《郑孝胥日记》：叔伊来，共饭，午后乃去。⑥

七月十八日（8月21日），郑孝胥来小坐。

《郑孝胥日记》：饭讫，过叔伊，小坐而返。⑦

七月廿八日（8月31日），在营务处与郑孝胥谈。

《郑孝胥日记》：遂至学务处，饭讫，至营务处，叔伊、士可皆来谈。⑧

八月朔（9月2日），访郑孝胥，共饭。

---

① 《郑孝胥日记》第二册，第837页。
② 《郑孝胥日记》第二册，第837页。
③ 《郑孝胥日记》第二册，第837页。
④ 《郑孝胥日记》第二册，第839页。
⑤ 《郑孝胥日记》第二册，第840页。
⑥ 《郑孝胥日记》第二册，第841页。
⑦ 《郑孝胥日记》第二册，第842页。
⑧ 《郑孝胥日记》第二册，第842—843页。

《郑孝胥日记》：叔伊来，共饭。夜，同听天一戏。①

同日，发表《论武汉为中国商务中心》，刊于《湖北商务报》第一百十六册。

八月初六日（9月7日），郑孝胥来访。

《郑孝胥日记》：申刻渡江，诣叔伊小坐，遂入督署。②

八月初八日（9月9日），饯邹代钧于盟鸥榭。

《郑孝胥日记》：饯邹沅帆于盟沤榭，子益、叔伊皆在座。③

八月十一日（9月12日），发表《论督办商务大臣与商业中心关系之要》，刊于《湖北商务报》第一百十七册。

八月十六日（9月17日），午后，访郑孝胥。

《郑孝胥日记》：午后，叔伊来谈，至暮乃去。是日极热，夜，风起。……叔伊示诗一首。④

八月廿一日（9月22日），发表《论报馆非营利之事》，刊于《湖北商务报》第一百十八册。

八月廿二日（9月23日），午后，宴林中丞于盟鸥榭。留宿。

《郑孝胥日记》：午后，宴林中丞于盟鸥榭。叔伊、士可、季渚、和叔皆在座。夜，叔伊、士可留宿。⑤

八月廿六日（9月27日），夜，与郑孝胥谈至十点。

《郑孝胥日记》：夜，与赞如中丞、叔伊谈至十点乃返。⑥

九月初八日（10月9日），与郑孝胥登船至文昌门。

《郑孝胥日记》：渡江诣贺，叔伊适来，余已登船，遂同

① 《郑孝胥日记》第二册，第843页。
② 《郑孝胥日记》第二册，第843页。
③ 《郑孝胥日记》第二册，第843页。
④ 《郑孝胥日记》第二册，第844页。
⑤ 《郑孝胥日记》第二册，第844页。
⑥ 《郑孝胥日记》第二册，第845页。

舟至文昌门。①

九月初十日（10月11日），访郑孝胥。

《郑孝胥日记》：雨。叔伊、王君九、陈士可皆来。②

九月十九日（10月20日），郑孝胥来访。

《郑孝胥日记》：过叔伊坐。③

九月廿二日（10月23日），招宴沈曾桐。

《郑孝胥日记》：叔伊、士可宴沈子封于安徽馆，余辞不往。④

九月廿三日（10月24日），访郑孝胥，留饭。

《郑孝胥日记》：叔伊来，饭讫乃去。⑤

九月廿四日（10月25日），荐许姓仆夫妇于郑孝胥。

《郑孝胥日记》：叔伊荐许姓仆夫妇。许，闽人；其妇，扬州人。⑥

九月廿九日（10月30日），赴郑孝胥招宴。

《郑孝胥日记》：邀善余、士可、叔伊、季渚等共食。⑦

十月廿七日（11月26日），访郑孝胥。

《郑孝胥日记》：叔伊、士可来。⑧

十月廿九日（11月28日），赴郑孝胥招饮。

《郑孝胥日记》：邀善余、士可、叔伊及冈幸七郎、狩野

---

① 《郑孝胥日记》第二册，第846页。
② 《郑孝胥日记》第二册，第846页。
③ 《郑孝胥日记》第二册，第847页。
④ 《郑孝胥日记》第二册，第847页。
⑤ 《郑孝胥日记》第二册，第847页。
⑥ 《郑孝胥日记》第二册，第847页。
⑦ 《郑孝胥日记》第二册，第848页。
⑧ 《郑孝胥日记》第二册，第852页。

直喜共饮。①

十二月初一日（12月30日），发表《银价日低急宜整顿钱法论（上）》，刊于《湖北商务报》第一百二十八册。同册另载所译《欧美商业实势》，系日本法学博士森山守次著，作于明治三十五年（1902）。

十二月初十日（1903年1月8日），赴郑孝胥招饮于盟鸥榭。

《郑孝胥日记》：招陈善余、士可、叔伊、季渚共饭于盟鸥榭，论辟师弟名分之习。②

十二月十一日（1903年1月9日），发表《银价日低急宜整顿钱法论（下）》，刊于《湖北商务报》第一百二十九册。

十二月十二日（1903年1月10日），访郑孝胥。饭后同往照相。

《郑孝胥日记》：奭良来。陈叔伊、士可同来，饭毕，同往照相。③

十二月十五日（1903年1月13日），被张之洞保举为经济特科人才。

吴剑杰《张之洞年谱长编》：保荐经济特科人才三十人：缪荃孙、张謇、刘奉璋、李维格、曹元忠、吴廷燮、张焕纶、王季烈、刘季年、华纪芳、贾文浩、蒯光典、刘廷琛、沈曾桐、陈骧、孙诒让、李希圣、华学涑、罗振玉、魏瀚、王咏霓、邹代钧、汪鸾翔、陈衍、姚炳奎、马贞榆、左孝全、罗照沧、汤金铸。④

---

① 《郑孝胥日记》第二册，第852页。

② 《郑孝胥日记》第二册，第857页。

③ 《郑孝胥日记》第二册，第857页。

④ 吴剑杰编著：《张之洞年谱长编》下卷，上海：上海交通大学出版社，2009年，第763页。

《侯官陈石遗先生年谱》卷四：（广雅）奏保经济特科人才，饬知及咨文，至家君考语，有“学富才长，于中外古今政治利病，皆能持之有故，言之成理”云云。漕督陈夔龙亦奏保家君特科人才。①

《石遗室师友诗录》卷一：壬寅又以熟于中外古今政治之学，荐之于朝，尤为逾量称许。前后委办学务、商务，创译商律及理财各书，筹议铜元、钞票、小银元各货币，刊在杂报，一时有钱流地上之称云。②

是年，作诗《鸥鹭一首和太夷〈野鹤〉诗》《卧病旬月子大招饮不能赴实甫枉过亦未能见用子大韵视二君子》《雨一首病中作》《答爰苍次韵》《月蚀诗》《和苏戡双清馆诗》《秋旱作》《大旱苦热中秋夜同士可登安徽会馆西台》《劲儿书来言数月避疫入城置书村舍为白蚂蚁食五大箱皆无完肤者亦一小劫也》《赠马季立》《腊尽书怀次山谷还家呈伯氏韵寄伯初家兄》。

是年，叶长青（1902—1948）出生，原名俊生，字长青，以字行，号长卿。福建闽县人。

叶可羲（1902—1985）出生，字超农，亦字秋农。福建福州人。

光绪二十九年癸卯（1903）　48岁

春，兼两湖书院监督。

正月廿四日（2月21日），访郑孝胥。

《郑孝胥日记》：叔伊来。③

① 《陈石遗集·附录一》，第1986页。

② 《国学萃编》第九期（1909年）。

③ 《郑孝胥日记》第二册，第864页。

二月（2月至3月），三儿声被娶王晚峰。

陈衍《三儿声被圹志》：癸卯娶妇王氏，至睦。①

《侯官陈石遗先生年谱》卷四：二月，为声被三弟在家娶妇王氏。②【按：王晚峰系王寿昌侄女。】

二月（2月至3月），受聘湖北两湖师范学堂国文兼伦理学教授，兼方言学堂国文教授。

《侯官陈石遗先生年谱》卷四：湖北创立两湖师范学堂，梁节庵以武昌府知府充监督，聘家君充国文兼伦理学教授，并兼方言学堂国文教授。③

二月（2月至3月），张之洞奉旨入觐。后自都寄语梁鼎芬，促陈衍入都赴试。

《侯官陈石遗先生年谱》卷四：广雅交卸两江督篆，入都述职，自都寄语节庵，促家君应征。④

三月（3月至4月），与沈瑜庆同至扬州。

《侯官陈石遗先生年谱》卷四：三月行，访爱苍丈于清江。时丈官淮扬道观察使，寓官斋数日。……与爱苍丈同至扬州，……同游者为沈墨藻表兄。⑤

三月（4月），途经上海，会晤汪康年等人。作诗《海上晤汪穰卿以纸索赠诗》。

《侯官陈石遗先生年谱》卷四：至上海，有赠汪穰卿诗。⑥

---

① 《陈石遗集·石遗室文集》卷三，第454页。

② 《陈石遗集·附录一》，第1986页。

③ 《陈石遗集·附录一》，第1986页。

④ 《陈石遗集·附录一》，第1986页。

⑤ 《陈石遗集·附录一》，第1986页。

⑥ 《陈石遗集·附录一》，第1987页。

四月（4月至5月），回武昌。

《侯官陈石遗先生年谱》卷四：四月回武昌，拟不入都矣。①

五月朔（5月27日），将应特科，询郑孝胥与金月梅事。

《侯官陈石遗先生年谱》卷四：五月，节庵丈又传广雅意，促行。②

《郑孝胥日记》：陈叔伊来，将应特科，询余曰，“佳人已属沙叱利”乎？余曰，何谓也？曰，发汉口时，季渚云云；至清江时，爱苍亦云尔。余乃笑曰：仆之佳人，以古押牙自任，纵有沙叱利，亦无妨也。③

五月初二日（5月28日），访郑孝胥。

《郑孝胥日记》：陈叔伊来。④

五月初四日（5月30日），访郑孝胥。

《郑孝胥日记》：傍晚，叔伊与柽弟同来，小坐先去。⑤

闰五月（6月至7月），入都应特科。谒张之洞，按例当用门生帖子，陈衍认为虽然论辈行品学，张之洞均可为师，但此次“惟因荐举而称门生，则鄙矣，遂不用门生帖子”。是次，张之洞等六人为阅卷大臣。张本欲列其试卷为第一，但因试卷未按规定格式写，不送阅，故未取。

《侯官陈石遗先生年谱》卷四：闰五月，至都谒广雅。旧例见举主，皆用门生帖子。家君以为论辈行品学，广雅均可为师，惟因荐举而称门生，则鄙矣，遂不用门生帖

---

① 《陈石遗集·附录一》，第1987页。
② 《陈石遗集·附录一》，第1987页。
③ 《郑孝胥日记》第二册，第878页。
④ 《郑孝胥日记》第二册，第878页。
⑤ 《郑孝胥日记》第二册，第878页。

子。……某日廷试于保和殿，特派广雅及某某尚侍六人为阅卷大臣，……特命诸大臣阅卷，定去取高下后，归广雅总其成。……通场共取八十名，岂知试日，家君论顶格写，违式卷束不阅也。旧格式，论顶格写，自乡会试首场改八股为论，新式低二格写，与策同。家君久不试礼部，不知也。是日同试者见之，皆不以告，惟陈绎如丈寿彭言之，家君尚与争论，已写两叶矣。揭晓日，拆弥封，广雅见无家君名，大骇，询诸陈玉苍尚书，陈告以违式卷不送阅事。广雅嚄唶曰："经济人才而用考试，已不合矣，尚要论格式乎？鄙人殿试，即以不合旧格式置第三，今尚将卷束起乎？可叹！可叹！"①

闰五月（6月至7月），在都与沈曾桐、张元奇、程颂万、曾广钧、冒广生、周松孙、陈毅、曹元忠等游，有诗。

《侯官陈石遗先生年谱》卷四：有《答张珍午次韵》《再次韵答冒鹤亭》《三次韵答曾重伯》《次韵答周松孙》《再次韵赠琴南》各诗。②

《石遗室诗话》卷一：曾重伯亦相知十余年而后见面。癸卯在都，次冒鹤亭韵赠余，因题余《元诗纪事》后云："置酒新亭便可悲，如山退笔未能奇。见君磅礴傲新界，告我踞觚捐故知。楚士苍凉穷北望，闽山秀绝最南枝。论诗常恨无周谱，喜得因君获导师。"余亦次韵答之云："渭城唱彻总堪悲，况汝惊才世所奇。两面又千万里别，二人早十五年知。桓伊逊此笛三弄，吾衍报之箫一枝。欲识蓬莱深浅事，只宜重问李师师。"谓乱后联军入都，仪鸾殿中事。③

《石遗室诗话》卷五：余交张珍午元奇民政十余年。癸卯

① 《陈石遗集·附录一》，第1987—1988页。
② 《陈石遗集·附录一》，第1988页。
③ 《石遗室诗话》卷一，第12页。

都门别后，余仍客武昌，君出守岳州，与武昌一江上下，邮筒隔宿可至，至必有诗若书。①

六月十七日（8月9日），致信郑孝胥，寄其女相片，欲婿郑垂。

《郑孝胥日记》：晤子益，得初一、初八、初九等日家信，季直信、钟侄信、叔伊信。叔伊欲婿大七，寄其女相片来。②【按：宣统元年八月十六日（1909年9月29日）《郑孝胥日记》："为大七聘定浙江殷氏。"同年十二月初六日（1910年1月16日）《日记》又："为大七娶温州殷铸任，四点钟，往亲迎。"显然陈、郑联姻事未成。】

七月（8月至9月），归里，与伯兄陈书相处一月。与陈宝琛、郑锡光等时相唱和。

《侯官陈石遗先生年谱》卷四：七月归里，与大世父相处者匝月。……常与弢庵丈、郑澹庵姻丈、大世父诸人为文酒之集。家君始与澹庵丈订交，倾盖如故，丈以为有夙缘。③

八月（9月至10月），至武昌。

《侯官陈石遗先生年谱》卷四：八月，闻先母在武昌病急，挈张、庄二仆行。至，母病渐愈。④

十月（11月至12月），日人河濑仪太郎返日本，有诗为赠。

《侯官陈石遗先生年谱》卷四：十月，有《太息一首送河濑如侗归日本》。⑤

陈衍《太息一首送河濑如侗归日本》：……自强在尚武，

---

① 《石遗室诗话》卷五，第75页。

② 《郑孝胥日记》第二册，第897页。

③ 《陈石遗集·附录一》，第1988页。

④ 《陈石遗集·附录一》，第1989页。

⑤ 《陈石遗集·附录一》，第1989页。

原富在戒逸。……窃思挽时局，财政宜秩秩。硬货定本位，纸币相辅弼。中央集散法，制限屈伸律。股券若泉流，国事理如栉。求言下征车，谓可陈造膝。……①

十一月廿六日（1904年1月13日），清廷批准《奏定大学堂章程》，改革全国学制。

十一月（12月至1904年1月），武昌知府梁鼎芬聘陈衍为武昌府立师范学堂国文和伦理学教授。

《侯官陈石遗先生年谱》卷四：十一月，武昌府立师范学堂聘充教授。②

十一月（12月至1904年1月），与日人河濑仪太郎合作所译《商业开化史》下卷第四篇（译于1901年），刊于《湖北商务报》第一百六十三册。

十一月（12月至1904年1月），日人户野周二郎招饮索诗，有诗为赠。

《侯官陈石遗先生年谱》卷四：两湖师范学堂日本教习户野周二郎招饮索诗，有作。③

陈衍《两湖师范学堂日本教习户野周二郎招饮索诗》：经年学舍育群英，今日登堂酒屡倾。万里琴书双伉俪，一家师范两先生。夫人亦教育家。速成业毕科犹隘，普及功收国有氓。可惜同仇方御侮，不将袍泽赋偕行。④【按：户野周二郎时任武汉师范学堂讲席，曾著有《图书馆教育》，1910年由谢荫昌翻译（奉天图书馆发行所）。其妻曾创设女子学堂。】

十二月廿一日（1904年2月6日），孙家鼐任学务大臣，张

① 《陈石遗集·石遗室诗集》卷三，第126—127页。

② 《陈石遗集·附录一》，第1989页。

③ 《陈石遗集·附录一》，第1989页。

④ 《陈石遗集·石遗室诗集》卷三，第127页。

亨嘉任大学堂总监督，专管京师大学堂事务。

是年，作诗《高邮舟中补酬河濑长定赠行作次韵》《扬州杂诗七首》《海上晤汪穰卿以纸索赠诗》《士可旧号菘畦属余赋诗》《慈仁寺访松同鹤亭》《子封招同君直鹤亭游苇湾话别》《次伯兄韵》《又次韵答伯兄》《肖韩次石湖韵纪积翠寺山楼吟集并送余行次韵兼呈弢庵阁学》《次伯兄写别韵》《次韵答珍午见寄》等。

光绪三十年甲辰（1904）　49岁

二月十四日（3月30日），张之洞回任湖广总督。

三月（4月至5月），曹元忠来武昌游，归时赠以诗。

> 《侯官陈石遗先生年谱》卷四：三月，曹君直先生来游武昌，……有《送君直归苏州》诗。①

三月（4月至5月），《湖北商务报》改为官报，任官报局总理。

> 《侯官陈石遗先生年谱》卷四：改《商务报》为官报局，家君仍总其事。②

六月（7月至8月），与王我臧同赴南昌，居沈曾植官斋七日，将游庐山，沈曾植馈金四十饼为游资。作诗寄沈曾植，沈有诗报之。游览庐山归宗寺、开先瀑布、三峡涧、白鹿洞书院等名胜，皆以诗文记之。

> 《侯官陈石遗先生年谱》卷四：六月，同王俶田我臧游南昌，止乙盦丈官斋数日。……将游庐山，丈赠四十饼金为游资。……此行有《滕王阁》《百花洲》《南昌别乙盦太守》《归宗寺阻雨两宿》《雨后重过开先观二瀑布》《三峡涧五言

---

① 《陈石遗集·附录一》，第1989—1990页。

② 《陈石遗集·附录一》，第1989页。

四十韵》《至白鹿书院》《下匡庐宿南康郡斋视叶至川太守兼寄乙盦太守》各诗。而叶郡守又命官舫送至九江，湖中遇风遇大雨，至湖口停泊，有《雨中登石钟山》诗。①

陈衍《南昌别乙盦太守》：……巨樟青白桐，离立时往参。露台出其杪，俯见江影涵。凌虚复超然，夜色碧潭潭。取彼四年事，偿以七日谈。贳此五夜眠，胜过百纸函。哲理我断断，群学公醰醰。坐我节目翁，诗骨耸瞿昙。食我五色瓜，诗味与同甘。局棋罢李远，去船命刘惔。观画撤寒具，说部付白蟫。沧浪四万钱，压杖不可担。连绵一纸书，为觅舁笋篮。……②

沈曾植《石遗寄示庐山游诗理富于都官韵高于白傅旷代奇作绝尘而奔矣吟讽不倦秋晓有怀寄呈四韵》：秋心周万里，之子剧相思。独往物无碍，苦吟天所私。三年江海别，七日义言奇。为报匡君瀑，同游后有期。③

九月初九日（10 月 17 日），与李葆恂、陈庆年等在武昌登高。

《侯官陈石遗先生年谱》卷四：九月，有《九日武昌昙花林北山登高送文石善余别》。④

九月（10 月至 11 月），为曹元忠《云瓿词》作叙。

陈衍《云瓿词叙》：贤者之有所为，必有其自得之趣，于世人之所共趣者，不必刻意避之；而苟非其所自得，惟于人所共趣，从而趣之，以蕲合于时好，苟以分毫末之名，必其所不为者矣。词之有南北宋，犹唐人诗之有初、盛、中、

---

① 《陈石遗集·附录一》，第 1990—1991 页。

② 《陈石遗集·石遗室诗集》卷三，第 128 页。

③ 《沈曾植集校注·海日楼诗注》卷三，第 338—339 页。

④ 《陈石遗集·附录一》，第 1991 页。

晚也。今之为词者，莫不南宋是宗，浙派之南宋耳。联缀冷艳各词，努力出一二隽折语，非不翘然足自喜也。余则癖嗜北宋，岂如明人之诗必盛唐乎？词之为道，已叠石为山，植盆为花；若求工于一字二字，乃至于四字五字六七字，直花花叶叶为之矣。且譬如花，为北宋者，有如山桃、溪棠、梨花、木笔之属，木本者也，即在草木，亦芍药、牡丹，繁然一株花也；为南宋者，则折枝清供焉耳，能如白石道人之具体荷花有几耶？君直为诗必玉溪生，词则北宋，不于世人所共趣者从而趣之，可不谓贤者乎？余不为词且二十年，此道既浅而荒，徇君直请，姑妄见而妄言之，其为世人所骇且笑也必矣。甲辰九月书。①

十二月十五日（1905年1月20日），仲兄陈豫卒于里，享年六十一。

《石遗室诗话》卷二：余甲辰十二月丧仲兄。②

《侯官陈石遗先生年谱》卷四：十二月十五日，二世父卒于家。其夜尚与家人为叶子戏，夜深，无疾坐逝，年六十一。③

是年，被张亨嘉电聘为京师大学堂教授，以张之洞坚留不许，电辞张百熙。

《侯官陈石遗先生年谱》卷四：北京大学堂监督张铁君电聘充大学堂教授，广雅坚留不听去，以电辞管学大臣张百熙。④

《石遗室诗话》卷九：（掞东《志哀诗》）其三云："斯

---

① 《石遗室诗话》卷二十，第309—310页。

② 《石遗室诗话》卷二，第37页。

③ 《陈石遗集·附录一》，第1992页。

④ 《陈石遗集·附录一》，第1991页。

文日殂丧，大道嗟久裂。朝贵谢宏奖，风流竟衰歇。公实秉至诚，求士若饥渴。奖诱到薄伎，苞苴绝宵谒。……”余在湘在都，与公皆未相见。甲辰公管学务，张铁君光禄为京师大学堂总监督，电招余就教务事，而余先在武昌张广雅督部幕府，不能来。广雅电告文达，文达复电，极道饥渴。掞东此诗第三首所云云，殆纪实也。①

是年，作诗《送善余还镇江时余将去武昌》《余将赴北京大学堂监督张燮君之招广雅督部坚留不听去且劝作官余辞谢商量累日重违督部意然于燮君殊负负矣》等。

是年，王真（1904—1971）出生，字耐轩，号道真，又号道之，自署道真室主人。福建福州人。

光绪三十一年乙巳（1905）　　50岁

正月初三日（2月6日），三子声被丧。

《石遗室诗话》卷二：乙巳正月丧第三子。②

《侯官陈石遗先生年谱》卷四：客岁十月，三弟病于阳崎。……以正月三日卒。二亲闻病重信，急归，至家已盖棺十日矣。③

陈衍《三儿声被圹志》：儿字翼伯，生而肥泽玉色，特异于诸兄弟，祖母、伯叔父母、姑母皆绝爱之。岁余立门首，见路上有躄者学其状，揶揄之。数岁，屡跌，伤额流血半碗许，遂慧不如前。嬉不好读，挞之不改。稍长，其仲兄声渐千里贻书痛戒之，乃折节向学。教之读，习字属文，粗

---

① 《石遗室诗话》卷九，第138页。

② 《石遗室诗话》卷二，第37页。

③ 《陈石遗集·附录一》，第1992页。

有可观。兼学英文，四方转徙，数年方成。嗜算学，冥心覃思，夜三四鼓不睡，演草盈箧。庚子之乱避地村居，江水冷，饮者多疟寒疾，儿尤甚。癸卯娶妇王氏，至睦。甲辰秋，举一男不育，相向凄惋。未几病，误服药，亦小愈矣。其季弟病于城中，呼之往，力疾赴之，遂大病。寄居妇家，竟至绵惙。乙巳正月三日卒，娶未二年也。余与室人在鄂，以儿素善病，未留意。及闻病笃，四千里路行六日，至已不及见矣。航海将至，室人忽凄然曰："吾儿得佳妇，吾尚未见，乃以孀见乎？"泪下如縻，悲夫悲夫！铭曰：幼而慧，稍长而嬉，长而孝友好学，又从而夺之。丧其子而孀其妻，谁实为之？①

二月（3月），置宅于福州文儒坊三官堂。

《侯官陈石遗先生年谱》卷四：二月，买宅于会城文儒坊三官堂，以家人住淘江，水冷不宜故也。②**【按：该巷现名大光里。】**

三月（4月至5月），至鄂，开刻诗集，取名《石遗室诗集》。

《侯官陈石遗先生年谱》卷四：三月，至鄂，始开雕诗集。初，家君自少至壮，有诗千余首，至是痛自删削，前后二十九年，只存四百余首，编年分三卷刻之，名曰《石遗室诗集》。石遗室者，弱冠时，梦至一处，重楼叠阁，阒其无人，有书数百橱，随手抽数册阅之，书边印石遗某某，书中似是自己著作。醒时只记如此，书中云何，则忘之矣。时方阅《元遗山集》，因遂自号"石遗"，后细思此二字与叔伊颇相合："遗""伊"国语同音，"石""拾"同音，"叔"训

---

① 《陈石遗集·石遗室文集》卷三，第454—455页。

② 《陈石遗集·附录一》，第1992页。

“拾”。①

六月（7月），往武昌西山避暑，归时过赤壁，有诗。

《侯官陈石遗先生年谱》卷四：六月，往武昌西山避暑，……归舟过赤壁。②

八月三日（9月1日），张之洞七十寿辰，为作寿文。【按，此文未入集。】

《侯官陈石遗先生年谱》卷四：八月三日为广雅七十寿辰。广雅向不许称觞，开府后五十、六十生辰，送寿屏者，皆只钞其文，原屏璧还。至是先谕巡捕厅并文亦不许钞录。湖北属吏群谋于家君，家君曰：“吾姑尝试之，且看如何。”于是起草一文，首段略言广雅六十岁以前之事业。六十时，作文者已备述。今专就六十以后十年间所有事实关于中国政务者，凡二十八节，仿郑亚《会昌一品制集序》体，质言分疏二十八小段，末结一段。清稿呈阅，广雅甚首肯，命不要写屏，写一册页可也。于是幕僚及省垣官吏，又丐家君再出一花样。家君乃取历代正史中，各卿相将帅事实与广雅事实相类者，传采一条，百传采百条，每条注出处，似赞似铭，然佥名上之，广雅甚喜。③

八月十七日（9月15日），伯兄陈书卒于里，享年六十八。

《侯官陈石遗先生年谱》卷四：十九日**【按：应为十七日】**，大世父卒于家。……家君大恸，飞寄挽联回，句云：“视公如父，视我如子，兄弟师友不足道；有声彻天，有泪彻泉，山川舟车尔何仇。”……乃作哀辞墓志，陆续寄回

① 《陈石遗集·附录一》，第1992—1993页。

② 《陈石遗集·附录一》，第1993页。

③ 《陈石遗集·附录一》，第1993页。

志墓。①

《石遗室诗话》卷二：八月丧伯兄。②

陈衍《伯兄木庵先生哀辞》：呜呼，吾一生至亲爱之兄，终吾身遂不可复见矣。兄寿七十，有诗二千首。……强为词，以告哀，曰：吾生十年，失父何怙。兄也如父，教诲字抚。宁独我躬，凡我同父。少时之乐，未易悉数。长时之别，渐伤肺腑。贫吾故物，驱我远去。兄既浙游，中返乡土。而江而皖，而淮而沪。而苏而燕，而宰畿辅。适丁妖乱，遍地猰貐。鷩栗中宵，羽箭旁午。却征百牢，教买犊牯。已空皮骨，投劾高举。我从台建，沅湘申浦。间以徂燕，遂落鄂渚。萍聚星散，三十寒暑。其合弥乐，其离弥苦。其结弥坚，其解弥拒。兄归三年，直一炊黍。我面九旬，瞥电风雨。人生几何，间此修阻。余生几何，禁此酸楚。茫茫六和，谁复深语。等身何为，万本何补。独弦哀歌，独行茕踽。来生世世，此事孰睹。③

陈衍《故直隶博野县知县木庵先生墓志铭》：光绪三十有一年八月十七日，我伯兄木庵先生卒于里居，春秋六十有八。遗命使衍为志墓之文，哀哉！吾家顺治初年自漳州迁福州，传至吾兄弟才六世。自吾兄弟四人及其所出以外，无期功、缌、麻、袒免之亲。世读书，至吾伯兄，年二十始为县学生员。又十余年，始为副举人、为举人。先君三娶至吾母王氏，始举伯兄。少通达，当世务，以文章名于时。督闽抚闽使者徐公宗干、左公宗棠、王公凯泰、丁公日昌、岑公毓英皆以为奇才。丁公荐诸浙江巡抚梅公启照，年六十有二，

---

① 《陈石遗集·附录一》，第1993—1994页。

② 《石遗室诗话》卷二，第37页。

③ 《陈石遗集·石遗室文集》卷十一，第544—545页。

始以知县赴选，得直隶博野。适拳匪之乱起，保定为拳渊薮，日夜煽动岌岌。博野治无城、署无垣，兄百方镇抚，有去而攻掠于旁邑者，则不忍其官，相诫以无累之也。各国联军入都，四出搜余匪，责供亿，措拄终年得无事。以羸病乞休，直隶总督李公鸿章手批禀牍，有“正赖保障一方”语，不听去。又二年，乃得归。心力尽瘁，咯血不止矣。兄少有至性，侍先君谈，夜深不忍归寝。先君见背，初患痢，数日遽剧，兄刲股煎药不效，痛父疾非不治，误于无良医，乃敝精力于学医。自是上奉老母、弟妹各三人，教养婚嫁惟兄是赖。吾母育四男三女，劬劳善病。兄目京师归不出，调护者十有余年。喜为诗，屡弃少作。村居陶江，移居龚氏双骖园、武陵园，前后与徐副将葆龄、陈给事琇莹、刘县令大受、叶郡丞大庄、刘州牧玉璋、龚布政易图、陈阁学宝琛游，具林壑琴尊之乐，岁得诗百十首。母卒，徇沈兵备瑜庆之招，出而游江宁、池州、淮北、颍州、滁州、苏州以至作宰。关河行役、兵火豺虎之交，亦未尝旬月不为诗。兄诗天才超逸，胸中不滞于物，故与乐天、东坡为近。中间为后山、放翁、诚斋，为陆鲁望、皮袭美，雅不以空言神韵，专事音节以为能，为岑参、李颀、孟浩然、韦应物、柳宗元之所为者为然。晚精诗律，圈点老杜、山谷全诗，诗境益谨严，益闳肆。善说杜诗，常有人人熟读而莫究其作何语，一经说解，闻者爽然。兄讳书，姓陈氏，字伯初，晚乃自号木庵。曾祖讳相贵，妣吴氏。祖讳起龙，妣王氏、温氏。父讳用宾，妣俞氏、黄氏、王氏。娶林氏，贤孝无出，先兄卒。又娶李氏，能文词；聘邹氏，皆早卒。二子：敬，举人；次敏，国学生，皆李氏出。孙二人，寅孙殇。巳孙、孙女一人。平生交友未尝责望以私，见有不可，虽其宠妾爱子，直言不徇，有责善而无匿怨，故始终亲之者多。居陶江时，野叟村童至于蜑户，问字、求医、乞书画者时容接不厌。后隔二十年许，犹有岁时入城持果蔬馈饷者。所居虽客舍，必焚香扫地，倏若世外。遇蹭蹬贫乏，未尝有抑郁之意云。铭曰：闽诗作者日可观，兄之为之莫之先。一官垂老备险艰，诗中境地坦以宽，吁嗟此室俨考槃。①

叶长青《石遗室丛书提要》：《木庵居士诗》四卷，《补遗》一卷，侯官陈书著。木庵先生生平有诗二千余首，此由石遗先生先择六百首，刻于武昌，山谷《精华录》之意也。②

九月（9月至10月），梁鼎芬于湖堂开诗钟会，与会者有陈衍、陈三立等二十余人。沈曾植居鄂期间，亦常与陈衍游，并有诗唱酬。

《侯官陈石遗先生年谱》卷四：与陈伯严年丈会。自伯严丈与家君为同年，相知二十余载，初未相见。此次梁节庵丈大会鄂渚名流，为诗钟之集，首唱系“试、霜”，嵌在第二字，家君取丈第一句云：“屡试不售名辈老，十霜共醉故人稀。”真可谓本色当行者。丈赠七言律一首云：“胜流沈乙盦郑苏戡抗颜行，说子渊渊无尽藏。狼藉诗篇为客久，摩挲檑具看人强。过逢江汉头俱白，上薄风骚气独苍。更欲用心到圣处，坐收俊语挂奚囊。”家君次韵答二首，所谓“闻声廿载才今雨”者也。③

易顺鼎《诗钟说梦》：去年在武昌，伯严由南昌来，节庵开诗钟会于湖堂，会者将廿余人，极一时之盛。时所发题为“试霜”二字，阅卷者为石遗、陈荔村，皆闽人。石遗取

① 《陈石遗集·石遗室文集》卷三，第452—454页。

② 《国学专刊》第一卷第四期（1927年10月）。

③ 《陈石遗集·附录一》，第1994页。

伯严卷第一，荔村取余卷第一。伯严卷云："屡试不售名辈老，十霜共醉酒人稀。"余卷云："屡试未登罗隐第，三霜愁听杜陵砧。"次句用杜诗"三霜楚户砧"典。伯严之"十霜"虚，而余之"三霜"实。然实者仍不及虚者之佳，盖其吐属名隽，一望而知为名手也。节庵诸君皆谓伯严善于揣摩闽派云。①

陈衍《次韵答伯严二首》：其一：庐阜东南一太行，扶舆元气久深藏。徐陈不作凭谁继，虞揭而还觉汝强。滚滚沅湘流涕尽，栖栖江汉鬓毛苍。题襟赠缟酸寒否，待转风轮窍土囊。

其二：东冶亭边字数行，谁知怀袖却收藏。闻声廿载才今雨，把臂千秋几古强。河岳殷璠看落落，海山表圣说苍苍。雁声凄戾西风里，诗榻离披冷隐囊。②

十月十一日（11月7日），为送别陈三立离鄂，陈衍等于黄嗣东别业霭园山楼宴集，席间以陶潜诗"采菊东篱下，悠然见南山"分韵赋诗。陈三立、席汇湘、程颂万、余嵩庆、易顺鼎、张祖同、曾广镕、叶德辉、李葆恂、曾广钧等同集。

陈衍《与黄小鲁兵备同日宴客客同者伯严文石实甫子大重伯理初因移尊小鲁山楼且合席焉小鲁即席有诗次韵》：半天楼阁似浮槎，载酒来游愿不赊。送别登高霑白露，送伯严别。合尊促席借黄花。群公冠盖多三楚，主客共十三人，湖南北居其九。行省车书各一家。同治后各省有官书局，文石近主鄂局，今年各省铁路皆乡人筹自办，坐中张席二君及伯严理初皆筹议铁路者。待看长房真缩地，不妨聚散屡抟沙。③

陈衍《石遗室诗话》卷二十二：汉阳黄小鲁兵备嗣东有

---

① 《庸言》第一卷第十二号（1913年5月）。

② 《陈石遗集·石遗室诗集》卷三，第134页。

③ 《陈石遗集·石遗室诗集》卷三，第135页。

《宴集崇府山楼送张雨珊归长沙陈伯严归南昌以采菊东篱下悠然见南山为韵分得见字赋呈石遗》云……崇福山在武昌城南隅，上有霭园，为小鲁别业，伯严、实甫至武昌皆舍馆焉，实甫所以有《霭园诗事》之刻也。……是日群集霭园，为文字饮，余亦携酒馔宴诸君，遂合席焉。①

十一月（11 月至 12 月），《石遗室诗集》三卷，《补遗》一卷刻竣于武昌。收 1877 年至 1905 年间创作的四百多首诗，按年编排。

《侯官陈石遗先生年谱》卷四：十一月诗集刻竣，自为一叙，凡一百七十五字，见者以为一字不能增减。②

叶长青《石遗室丛书提要》：《石遗室诗》六卷，《补遗》一卷，《续集》三卷，侯官陈衍著。精深博大，兼擅古今诸大家之长。前三卷，光绪乙巳，刊于武昌，有自撰一序。③

陈衍《石遗室诗集叙》：余作诗三十年，所剩止此，所诣亦止此，乃分为三卷刻之。第一卷凡八年，多闲居及游览之作；第二卷凡十有三年，多行旅之作，有歌劳之思焉；第三卷凡八年，有悲伤之作，诗与人亦俱老矣。此后或三四年，或五六年、七八年，以至长辞人世，当更得一卷之诗，为第四卷，其诗境未知何如。然得自放于山颠水涯，则幼时之流连景光、览玩物华，意中有欲言而未能言者，将如获故物、如履旧游焉。不亦既全其天矣乎？乙巳十一月陈衍石遗自叙于武昌寓庐。④

十二月（12 月至 1906 年 1 月），请假回闽。

---

① 《石遗室诗话》卷二十二，第 343—344 页。

② 《陈石遗集·附录一》，第 1994 页。

③ 《国学专刊》第一卷第四期（1927 年 10 月）。

④ 《陈石遗集·石遗室诗集》叙，第 44 页。

《侯官陈石遗先生年谱》卷四：十二月，请假回闽。[①]

十二月廿日（1906年1月14日），郑孝胥接陈衍信，嘱题《石遗室诗集》签。

《郑孝胥日记》：叔伊来书，属写《石遗室诗》签，即书寄之。[②]

是年，作诗《正月自鄂归闽实甫行将去闽之鄂弢庵阁学招饮酒楼实甫有诗留别次韵》《题王捍郑海东访学图》《题赵承旨杜陵遗像摹本》《避暑往武昌西山半途遇雨二宿灵泉寺归舟过赤壁不得上》《实甫读余西山诗先得一句云饱听寒溪夜雨声即以寄示因催其足成之》《喜乙盦至即送其别兼讯同叔效乙盦体》《九日寄乙盦》《文石次伯严韵枉赠并叠韵寄挽伯初先兄奉答二首》《酷热得雨》等。

光绪三十二年丙午（1906）　51岁

正月（1月至2月），携妻儿启程归里。

《侯官陈石遗先生年谱》卷四：正月，……随家君与先母归里。[③]

正月廿一日（2月14日），寄郑孝胥《石遗室诗集》刊本。

《郑孝胥日记》：陈叔伊寄来《石遗室诗》刊本。[④]

二月三日（2月25日），乘船至镇江，游北固、金山等。有诗。

《侯官陈石遗先生年谱》卷四：二月三日，江船至镇江，

---

① 《陈石遗集·附录一》，第1995页。

② 《郑孝胥日记》第二册，第1023—1024页。

③ 《陈石遗集·附录一》，第1996页。

④ 《郑孝胥日记》第二册，第1029页。

寓某旅馆，先游北固，继至金山。①

二月四日（2月26日），至焦山。有诗。

《侯官陈石遗先生年谱》卷四：次日凌晨，放船至焦山。②

二月十九日（3月13日），在上海。郑孝胥来访，同访朱祖谋，至九华楼为张元济饯行。后游愚园、张园。

《郑孝胥日记》：过叔伊，同诣朱古微，遂至九华楼为张菊生饯行。饮罢，复同叔伊游愚园、张园。③

二月廿日（3月14日），访郑孝胥。

《郑孝胥日记》：叔伊及其戚王君来。④

二月廿八日（3月22日），访郑孝胥。

《郑孝胥日记》：叔伊来。⑤

三月（3月至4月），女陈苹卒。

《侯官陈石遗先生年谱》卷四：至沪，闻苹妹病，家君携宗杨入苏视之。……家君至，已卧床不能起坐。……岂知未数剂，而妹已卒。病入膏肓，非医所能救也。⑥

陈衍《石遗室诗话》卷二：丙午三月丧苹女。⑦

三月（3月至4月），偕夫人归里，筑小楼，正对乌石山。有诗。

陈衍《三月归里于敝庐筑一小楼正对乌石山楼成将去诗以志之》：起楼看山宽五筵，承尘复壁相新鲜。乌石半面纳

---

① 《陈石遗集·附录一》，第1996页。

② 《陈石遗集·附录一》，第1996页。

③ 《郑孝胥日记》第二册，第1034页。

④ 《郑孝胥日记》第二册，第1034页。

⑤ 《郑孝胥日记》第二册，第1036页。

⑥ 《陈石遗集·附录一》，第1996页。

⑦ 《石遗室诗话》卷二，第37—38页。

窗牖，苍秀在眼醒朝眠。……①

陈衍《小楼既成楼前杂莳花木寿若落之以诗兼寿余初度末有招隐意依韵报之寿若有宅花树无数数醉其下》：……当户一山疑夏口，绕楼群木向春阳。盘飧近市何愁少，斗酒能沽不定藏。……②

四月（4月至5月），嫁女师葛于吴氏。

《侯官陈石遗先生年谱》卷四：四月遣嫁葛妹于吴氏。③

闰四月廿八日（6月19日），自福州到沪。郑孝胥宴陈衍、伍光建、高梦旦、徐沅。

《郑孝胥日记》：遂至一品香，邀昭扆、芷生、叔伊、梦旦，皆至；……九点乃散。叔伊是日自福州到沪，取去寄洋二百元。④

五月（6月至7月），携妻至武昌。

《侯官陈石遗先生年谱》卷四：五月，家君与先母复至武昌，寓水陆街小金龙巷。⑤

七月（8月至9月），学部咨调赴京任职，当时萧夫人患病，不欲入都。

《侯官陈石遗先生年谱》卷四：七月，学部以咨文向湖广总督调家君到部，广雅询家君意，颇不欲往，澹庵闻之，以诗属君常劝驾，叠韵示二君。⑥

陈衍《送马君通伯南归序》：丙午七月，学部大臣以文

---

① 《陈石遗集·石遗室诗集》卷四，第137页。

② 《陈石遗集·石遗室诗集》卷四，第138页。

③ 《陈石遗集·附录一》，第1996—1997页。

④ 《郑孝胥日记》第二册，第1046页。

⑤ 《陈石遗集·附录一》，第1997页。

⑥ 《陈石遗集·附录一》，第1997页。

书调，其明年三月将来，吾妇甚阻余。余曰："京师友朋文酒之乐，已不如昔时，然以余所居，若武昌、若长沙、若上海，所游若杭州、江宁、南昌、安庆，皆东南繁富都会，至往往面其贤者。而是邦大夫多能饰文采、盛宾从，益以舟车便利，游客奔辏，方诸京师，则犹贫富多寡之不相若也。"①

十一月十一日（12月26日），郑孝胥渡江来访，同入督署。

《郑孝胥日记》：晨渡江访叔伊，逢子益、子有、王渭臣、王文东等于官报馆。与叔伊同步入督署，晤陈介庵、张望屺、杨肖岩、金茗生等。……过叔伊，复至官报馆，共饭毕，出文昌门，仲弢居布局，投刺而去。②

十一月十二日（12月27日），访郑孝胥。

《郑孝胥日记》：叔伊、子仁、子益来，同至东海宴宾楼饭。③

十一月十三日（12月28日），与郑孝胥同步至张曾畴宅，观甲站劝业场。

《郑孝胥日记》：与叔伊同步至张望屺宅，观甲站劝业场。④

十一月十四日（12月29日），与郑孝胥登黄鹤矶怀白茶楼。同往富兴楼，饭后与郑孝胥久谈。

《侯官陈石遗先生年谱》卷四：十一月，苏戡丈至鄂，同登黄鹄矶怀白楼，有作次韵。⑤

---

① 《陈石遗集·石遗室文集》卷七，第487—488页。

② 《郑孝胥日记》第二册，第1069页。

③ 《郑孝胥日记》第二册，第1070页。

④ 《郑孝胥日记》第二册，第1070页。

⑤ 《陈石遗集·附录一》，第1997页。

《郑孝胥日记》：晨，渡江，登黄鹤矶怀白茶楼独坐久之。刘铁侯、陈叔伊皆至，同往富兴楼饭讫，过叔伊谈。①

是年，作诗《鲁髯中实招集霭园赏雪夜归》《畏归二首》《同道安暨儿登焦山》《初出阊门至虎丘》《与澹庵话别时澹庵亦有出山之意》《题摹本陈圆圆小象原本在云南西关瓦仓社三圣庵》《读渔洋诗话有怀伯严》《读君常送朝鲜刘侍郎诗寄君常》《沈雪庐属题猨叟所临第七十七通张迁碑》《学部调作官数月未往澹庵以诗属君常劝驾叠韵示二首》《苏戡至武昌同登黄鹄矶怀白楼有作次韵》《后月蚀诗次前月蚀诗韵时天清无云月余一钩》《赠黄陂刘文卿萧北丞》等。

光绪三十三年丁未（1907）　　52岁

正月底（3月初），黄州知府王仁俊约往游。有诗。

《侯官陈石遗先生年谱》卷五：正月杪，……知黄州府王捍郑先生仁俊约往游，携一仆往。住郡斋数日，游赤壁笠屐亭，访竹楼旧址。②

正月廿三日（3月7日），夜抵安庆，访沈曾植。

《侯官陈石遗先生年谱》卷五：二十三夜抵安庆，提学署甚庳狭，一宿而返。观董蔗林相国衡湘画册，题诗一首。③

二月（3月至4月），欲入都，料理行计。

《侯官陈石遗先生年谱》卷五：二月，料理行计，向广雅督部销都署文案、会办商务局、帮办洋务局、官报局诸差。广雅致赆千金，并留官报局一差，月薪水五十金，以资

① 《郑孝胥日记》第二册，第1070页。
② 《陈石遗集·附录一》，第1998页。
③ 《陈石遗集·附录一》，第1998页。

都门旅费。①

二月十五日（3月28日），赴黄绍箕之饯别会，为诗钟。

《侯官陈石遗先生年谱》卷五：十五日，黄仲弢提学借梁节庵提刑署中乃园置酒，为诗钟饯别。坐客有纪香骢舍人钜维、顾印伯大令印愚、曾履初兵备广镕、程子大太守、张黄楼兵备、林贻书提学开謩辈十数人。②

三月（4月至5月），张之洞由湖北调京任军机大臣，兼管学部，以征辟方式调陈衍、马其昶诸人，且限于当年三月前报到。

陈衍《张之洞传》：丁未乃以大学士入为军机大臣，兼管学部。③

三月初一日（4月13日），应林绍年之邀携夫人由京汉铁路快车入京。

《侯官陈石遗先生年谱》卷五：三月初一日，同先母由京汉铁路快车北行。④

三月初三日（4月15日），到京，寓沈翊清庐。

《侯官陈石遗先生年谱》卷五：初三早至都，卸装奶子胡同沈丹曾表兄寓庐。⑤

《石遗室诗话》卷九：余丁未三月，携家由铁道入都。⑥

三月初四日（4月16日），派为学部总务司审定科兼参事厅行走。

《侯官陈石遗先生年谱》卷五：至都第二日，学部长官

---

① 《陈石遗集·附录一》，第1998页。
② 《陈石遗集·附录一》，第1998页。
③ 《陈石遗集·石遗室文集》卷一，第429页。
④ 《陈石遗集·附录一》，第1999页。
⑤ 《陈石遗集·附录一》，第1999页。
⑥ 《石遗室诗话》卷九，第140页。

即派家君在总务司审定科兼参事厅行走，旬日间审定之书，凡百十种。①

三月十三日（4月25日），赴陈曾寿招游枣花寺。

陈衍《三月十三日仁先招游枣花寺是二十五年前同伯兄苏戡观红杏青松图卷处卷已亡于庚子之乱怅然有作》。②

三月十五日（4月27日），移居宣武门外上斜街，为顾嗣立旧居小秀野草堂，在此居住的五年内，不断招邀诗朋酒友，此处成为庚戌、辛亥诗社雅集的一个重要场所。

《侯官陈石遗先生年谱》卷五：十五日，移居宣武门外上斜街。③

陈衍《朱芷青哀辞》：丁未三月，吾承乏京师大学经学讲席。④

《石遗室诗话》卷一：自余丁未入都，……计余居都门五年。⑤

《石遗室诗话》卷二：余初至都，冒鹤亭广生为余赁居上斜街。群木绕屋，古槐夭矫拏空，是数百年物。层楹轩爽，稍具亭榭，缭以朱藤、海棠、丁香诸杂花，间以湖石，枣树覆之。袁珏生励准谓是顾侠君先生小秀野草堂。何猨叟题有楹联云"草堂小秀野，花市下斜街"者也。⑥

《石遗室诗话》卷十一：余留都下五年，皆寓居草堂，补种桃杏杨柳甚多，朋辈往来富有题咏，既屡见前数卷中。⑦

---

① 《陈石遗集·附录一》，第1999页。

② 见《陈石遗集·石遗室诗集》卷四，第142页。

③ 《陈石遗集·附录一》，第1999页。

④ 《陈石遗集·石遗室文集》卷十一，第547页。

⑤ 《石遗室诗话》卷一，第25页。

⑥ 《石遗室诗话》卷二，第35页。

⑦ 《石遗室诗话》卷十一，第180页。

《石遗室诗话》卷二十二：余旧寓上斜街小秀野草堂，高林丛杂，夜色最佳。仁先绝爱之，有怀余绝句云："佳节从来忆兄弟，中年恨事更相参。何生重倚斜街月，酒后论诗说木庵？"不曰何年何时何宵，而曰"何生"，沉痛极矣。①

八月十八日（9月25日），夫人萧道管去世，享年五十三。陈衍作长诗《萧闲堂诗三百韵》悼亡。悼亡后大病，戒酒。萧道管亦能诗善文，有《列女传集解》《萧闲堂遗诗》《萧闲堂遗著》《说文重文管见》《戴花平安室词》《然脂新话》《平安室杂记》《萧闲堂札记》等传世。

《侯官陈石遗先生年谱》卷五：家君以手指承鼻端，但觉两道凉气，有出无入，渐微渐尽，目亦闭矣。哀哉！时十八日子刻也。②

陈衍《先室人行述》：素善钩稽，喜考据之学，成《说文重文管见》一卷，《列女传集解》十卷，《萧闲堂札记》四卷，《然脂新话》三卷，《平安室杂记》一卷，遗诗、文、长短句各一卷，前后刊行，论文极精审。……室人前后产八男二女，复不耐讲究卫生。数十年来，夜寝必至四鼓，或深谈，遂以达曙。患血崩症十数年，咯血复年余。卒于京师，年五十有三。长子声暨，次声渐死于庚子天津之难，次声被前卒，次声讫；女师葛适吴铎，余均殇。……卒之岁，衍作《萧闲堂五言长律三百韵》哭之云。③

陈衍《道安室事略》：室人姓萧氏，讳道管，字君珮，一字道安，侯官人。幼就傅读书，未成诵，讲解未了然于心，辄废寝食。书法秀劲，学《卫景武碑》及虞永兴《庙堂

① 《石遗室诗话》卷二十二，第344页。

② 《陈石遗集·附录一》，第2001页。

③ 《陈石遗集·石遗室文集》卷二，第441—443页。

碑》。生二十年来嫔，长身颀立，闲雅有容止，先母王太恭人钟爱逾所生。产长男，不育，病甚笃，先母抚视，忧泣数夜不睡。衍家世贫，生十年，丧先君，赖二兄以养以教。既娶，食指渐增，乃析爨。乡试屡报罢，束修膏火之入，不足供事畜，室人连岁产子，皆不自乳。乳妪雁行立，所有奁赠，于以荡然。壬午，衍举于乡。癸未会试，将入赀为内阁中书。又室人产子，往往濒于危。是年又将产子，有戒心，乃偕入都。都下名胜，时至游览。嗣是，衍旅食四方二十余年，室人无不挈儿女以从，游踪所至，西上黯淡滩，东望赤嵌山色；泛西子湖，憩灵隐、天竺，探韬光，入云栖，立吴山，俯钱塘江，金、焦、北固诸山，皆造绝顶；登黄鹤楼，达武胜关，走许、郑、卫、燕、赵之郊，临广武，渡大河，逾芦沟，复入都，遂卧病不起矣。生平料理家计，随所入多寡，未尝空乏，子妇恒怪之。年来岁入稍充，室人撙节力余其半，里中用以有田、有庐、有果树。年少时，欲博先母及外姑欢，亦望衍成立功名。二老既逝，殊漠然。衍有微官，遂以不为，此来京师颇阻之。晚究心哲理，见解迥异常流。娶媳十余年，尚未弄孙，一女嫁后即别去，俱不介介于怀。惟近年丧二子，不能无痛耳。至于鬼神巫祝之类，尤鄙笑不道，故病革，神明湛然，无一语涉于恍惚者。衍生平不作置妾，想室人年已五十，见者谓尚未老。尝自言："吾过五十即当死，儿女长大，婚嫁俱毕，无未酬之愿。及此面未皱，头未白，而藏吾丑也。"初嫁时，所居窗前有竹数十竿，衍偶馆于外，室人摊书绿阴中，日阅《通鉴》《唐人说荟》等书，沉思独往，况味颇复清寂。移居西门街，小有池台树石，衍时治《说文》，草创《元诗纪事》，室人则阅《四库全书总目》，读唐宋人文，诸儿子读书写作，皆一人督教之。

性善钩稽，喜考据之学，成《说文重文管见》《列女传集解》。读书时有札记，不喜为诗，论文极精审，作者罅隙瘢垢所在，指摘无遁形。衍不能文，酬应条陈之作，必与商榷利病。多阅近人所译外国小说，辄指摘其罅病。前后产八男二女，复不耐讲究卫生，数十年来夜睡必至四鼓，或深谈，遂以达曙。患血崩症十余年，咳血复年余，气血交亏，更无能久之理。中年取山谷老人语，颜所居曰“戴花平安室”，自书横幅，今犹存。卒年五十有三。丁未八月，陈衍挥泪书。①

陈衍《朱芷青哀辞》：八月吾丧妻，自是悲伤无俚。②

《石遗室诗话》卷二：余居半载，遂赋悼亡，朋辈相慰藉者，时过从谈宴赋诗。樊樊山云：“倾盖逢君胜故知，春明何意聚牙期。悲怀早止辛楼酒，选本新添癸集诗。（君曾著《元诗纪事》数十卷，尚有续刻。）老作斜街花市长，贫无背郭草堂资。绛云舒卷丹霄上，比似渊明此最宜。”又次韵云：“门多长者驻骈骖，门内佳花涌钵昙。善本枣梨同秀野，小园杨柳异江潭。选诗断烂嗤贻上，（渔洋十种诗选，余雅不喜。）缒井幽光阐所南。风雅衰于嘉庆末，笑他祭酒诩诗龛。（诗龛主人特好事耳，诗实不工。）”……余诗云：“三雅门前昔驻骖，而今戒酒住瞿昙。芳菲合署枣花寺，荦确疑分积水潭。竹垞旧闻赓日下，草堂雕本共江南。元诗大有因缘在，留得编排地一龛。”（余旧嗜酒，悼亡后大病，戒之。）

丁叔雅惠康有《奉怀石遗老人病状诗》云：“苦念空斋老病夫，近来诗思定何如？斜街古屋飞花满，萧寺华年把盏

---

① 陈衍《道安室事略》，载萧道管：《道安室杂文》，清光绪三十三年（1907）刻本。

② 《陈石遗集·石遗室文集》卷十一，第547页。

虚。与汝安心宁已了，偷闲作计未全疏。凭谁更话温存味，慵卷晶帘对道书。”此见过视病归后作也。余答诗云：“畸人丁野鹤，能访老迦陵。春去愁如海，诗来意似冰。斜街婪尾药，老屋半身藤。君看绳床客，枯眠即是僧。”……余时方丧妻，君亦丧其爱妾爱子，支离憔悴，殆不可为怀。然余遇悲从中来，能痛自发泄，极之于其所往，虽根株碻不可拔，亦所谓蹂躏其十二三，盖拗怒而少息者。

叔雅外，仁先最怜余者，常以诗相慰。有云：“见法空闻喜悦多，不堪隐儿老维摩。诗能遣恨寻医去，酒可忘忧奈病何。在昔高眠动湖海，只今袖手看关河。大江东去风流尽，愁绝当筵一曲歌。”……又次韵答余云：“早识畜虀胜盐虀，如何车马易锄犁。堂堂人与诗争老，缓缓春来意更悽。万事都如杯覆水，先生不复酒成醯。从知千偈初无语，应候何妨故故啼。”余原韵云：“刀剑瘢创肉欲虀，世间舍我孰泥犁。法如可喜妻何恋，春纵非秋月亦凄。朱髓青肝归纡绝，冰床雪被试摩醯。此寒更比尧年甚，漫向旁人作浪啼。”①

《石遗室诗话》卷十二：丁未八月，室人既逝，岁暮不可为怀，成五言长律三百韵，叙述生平，名曰《萧闲堂诗》，以多为贵，盖元、白、皮、陆以来所未有也。杨昀谷题诗后云：“蕉萃潘郎苦费辞，萧闲堂上梦离离。百年几日容孤卧，四海何人解《五噫》。老去情怀原作恶，病来歌哭总成痴。浮云遮断三生路，木叶安心恐已迟。”**【按：该诗又题《题陈石遗萧闲堂诗后》。】**樊山题后云：“三笔今为无价宝，五洲君是有心人。福州绿荔惟存液，相府红莲为写真（君客冰师幕最久）。对剔秋檠商汉学，强扶衰鬓阅京尘。哀蝉一诔三

① 《石遗室诗话》卷二，第35—37页。

千字，岂独能伤奉倩神。”又有一首云：“想见拈髭瞑坐时，年华履水一灯知。双携京国愁奔命，三首河阳岂费词。前阁暗香闻故故，斜街残日过迟迟。寻常文字能哀感，此是春蚕百转丝。”诗极工，末不署名，不记何人之作矣。苏堪亦有五古一首，稿佚不可得。柯逊庵抚部逢时寄挽二章云：“小劫人闲五十年，寻常了却向平缘。孪孪共命迦陵鸟，黯黯伤春蜀道鹃。笺注稿留中垒传（著有《列女传集解》十卷），仪容典淑女师篇。鸿妻莱妇同高躅，多恐清言逊此贤。”“白云黄鹤往辎軿，往日清游付杳冥。梦室流芳遗挂在，妆台耀首宝钗停。些辞闻设闲安像，神术谁通仿佛灵。凄绝落英秋菊尽，西风催制瘗花铭。”数诗皆古人所谓工于哀挽者。此外弢庵、叔疋、仁先，均有替人垂泪之作，已见前数卷中。柯诗用《楚词》“像设君室静闲安些”语，实甫挽对亦用之，而先室人既号道安室，又称萧闲堂，“闲安”二字殊巧合也。①

陈衍《萧闲堂记》：昔萧闲主人欲仿杭堇浦之杭谱、厉樊榭之厉谱，而作萧谱。以为萧字甚隘，乃天文则暧萧，天时则萧辰，地理则萧山、萧丘、萧关、萧县、萧家巷，宫室则萧寺、萧斋、萧选楼、萧后妆楼、萧森亭、萧闲阁、萧闲堂，其在人则萧郎、萧娘、萧史、萧观音、张萧亭、余萧客，爵位则萧王、萧公，器用则萧局、萧斧，未易悉数也。又言：“吾若多金，当买一山、一丘，曰萧山、萧丘。建一寺，曰萧寺，自为比丘尼象，择古今比丘尼之名者为主客图焉。其斋曰萧斋，其亭曰萧亭，其闭关处曰萧关，其堂曰萧闲堂，其阁曰萧闲阁，又自为女冠象，择古今女冠之名者为主客图焉。其楼曰萧选楼，其书则《左氏传》、《史记》、《汉

① 《石遗室诗话》卷十二，第191—192页。

书》、《昭明文选》、《齐书》、《梁书》、《周书》、《萧茂挺集》、萧东夫诗、萧贯歌、萧尺木画，聚古今妇女之能文词者为主客图焉。又为梳妆楼，聚吾萧氏妇女之名者为主客图焉。其斋若亭若楼，之前位置以萧宅二三子，若竹、若石之类焉。吾畏冷冬，则拥萧局而坐。吾习劳贫，亦能纬萧而食。学吾先姑，持萧斧而樵也。”言已，相与大笑。因自号萧闲堂主人。嗣余有宅一区，有堂、有斋、有楼、有竹石，与主人共处将百日。又远游武昌、京师，而主人归道山矣。前岁余弃官归，儿辈避乱村居，余独居斯堂、斯斋、斯楼，萧寂况味，萧兀形神，无几微异于萧寺之僧也。一仆甚似萧颖士之杜亮，与谋异日别构一庐，以居儿辈，自以此宅践萧闲主人之言。不视萧衍之舍身，萧瑀之舍宅，益亲切于事情乎？[1]

九月（10月），陈宝琛、柯逢时寄挽诗。

《侯官陈石遗先生年谱》卷五：九月六日，在本寓受吊，陈弢庵年丈、柯巽庵抚部逢时，皆远寄挽诗。[2]

《石遗室诗话》卷二：弢庵有诗挽先室人云：“鸾龙一泪已伶俜，潘鬓秋来又损青。鹣鸟平生惟比翼，鳏鱼从此剩长醒。检书赌茗成追忆，割俸营斋自写铭。无可奈何还强慰，《南华》元自有真经。”自注：“石遗来告悼亡，距哲兄木庵之没才三载耳。”[3]

是年，作诗《宿王捍郑黄州官斋次余鲲魏家驹两生韵示捍郑》《从黄州访乙盦提学安庆出观蔗林相国衡湘画册属题》《送啸桐兼示苏戡》《登碧云寺白石浮图将往卧佛寺未果》《由灵光寺出游三山庵大悲寺龙王潭香界寺上宝珠洞复下折至秘魔崖》《翠微山第

---

① 《陈石遗集·石遗室文集》卷五，第471—472页。

② 《陈石遗集·附录一》，第2003页。

③ 《石遗室诗话》卷二，第38页。

一高峰名虎头灵光寺废池在其下夜坐待月忆竹坡先生》《题日本岛田彦桢皕宋楼源流考并购获本末后》《赞虞侍郎邀游积水潭过城北诸寺寻法梧门诗龛不得晚饮十刹海酒楼月午始散尚约盘山之游》《子久出示木庵先生诗墨索题适其尊人赞虞侍郎由枢廷出抚汴感书十七韵》《妇病甚亟》《和仁先见慰之作》等。

光绪三十四年戊申（1908）　53岁

三月（4月），沈曾桐简署广东提学使，陈衍有诗为赠。

《侯官陈石遗先生年谱》卷五：沈子封丈，去夏即放山西平阳府知府，久不赴任，所居比邻，时来慰藉。今年三月奉旨以道员用，简署广东提学使，家君送以七言古。《集》中误编在去年。[①]

四月（4月至5月），撰《送高啸桐出都序》，略云：

啸桐曾以同知权知梧州府事者也，与保送补试第一，为御史有日矣。御史例须记名，第一例无不记。记名之日，啸桐束装以待，亦自疑不得记也。已而果然。噫！啸桐即入台，日上封事，弹劾权贵，权贵诚有力，固百封事百无效也，乃必预拒其入台，非计之拙欤？然至不得不用其预拒，则必有窥之于素者矣。呜呼！孰使啸桐而使人窥之于素若此哉！[②]

五月廿五日（6月23日），严复向郑孝胥言陈衍在京出诗人榜之事。

《郑孝胥日记》：又陵言：叔伊在京出诗人榜，无第一，以余为第二。评云，“恨无长篇，否则可为第一”。伯严第

① 《陈石遗集·附录一》，第2004页。

② 《陈石遗集·石遗室文集》卷七，第486—487页。

三，伯潜第四，易实甫第十，余人不能详；高啸桐能一一记之。①

十月二十一日（11月14日），光绪帝驾崩。

十月二十二日（11月15日），慈禧太后病逝。

是年，因力争顾（炎武）、黄（宗羲）、王（夫之）三儒从祀孔子庙事，与学部尚书荣庆意见不合，又以学古文学堂图书馆处理不当事，上书批评某权要，为所忌恨，故官不迁。在学部任职，直至清帝退位。

陈衍《顾黄王三儒从祀文庙议》：……礼臣驳黄、顾二儒，谓笃信好古则有余，纯粹以精则不足。夫纯粹精乃孔子赞乾德之辞，未易遽及。孔子自谓信而好古，窃比老彭。又言："我非生而知之者，好古，敏以求之者也。"又曰："笃信好学，守死善道。"孔子之自道而许人者不过如此。黄、顾二儒既当之无愧色，亦足以从祀庙廷矣。王夫之发愤著书，有楚屈原之遗风，《潇湘怨》诸词，亦《九歌》之流亚。礼臣谓其著录《四库》及存目各书，均有纯驳互见之处，此不过考证之有疏密而已。……今黄道周、刘宗周、孙奇逢、陆世仪、张履祥均已从祀，而三儒未获议准，似于崇儒重道之大公有所未尽，理合具议，咨请贵部察核施行。谨议。

右议由学部尚书荣华卿协揆命作，稿上，大失意旨，荣公意主驳也。后广雅相国在枢廷，乃力持议准。衍记。②

《侯官陈石遗先生年谱》卷五：是时顾、黄、王三儒久已从祀，张广雅相国所主张也。初从祀一节，各部长官多议驳者，惟吾乡张燮钧侍郎主之甚力，而适丁内艰，不得与闻

① 《郑孝胥日记》第二册，第1146页。

② 《陈石遗集·石遗室文集》卷六，第480页。

其事矣。广雅往吊，张侍郎稽颡谢吊。后重稽颡曰："从祀事，惟赖世叔主持。"后广雅至军机处，见各部说帖，皆以三儒颇言民权，议驳。广雅因疏《孟子》言民权者数条，曰："诸君将并孟子亦摈出文庙乎？"……卒于数日内，奏补总务司审定科主事。①

是年，从袁励准处得知其上斜街居所为顾嗣立旧居，特作诗纪其事。此诗引来"都下和者甚众"。因何绍基所书楹联"草堂小秀野，花市下斜街"早已无存，沈瑜庆又书以为赠。

陈衍《上斜街寓庐袁珏生编修云是顾侠君先生旧居》：三雅门前昔驻骖，而今戒酒住瞿昙。芳菲合署枣花寺，荦确疑分积水潭。竹垞旧闻赓日下，草堂印本共江南。元诗大有因缘在，留此编排地一龛。余初辑《元诗纪事》，印于江南。近复补续，方鸠赀重刊。② **【按：诗中提到"元诗大有因缘在"，因为顾嗣立选元诗三百家，陈衍也曾辑《元诗纪事》四十五卷，且欲有所赓续。】**

《侯官陈石遗先生年谱》卷五：上斜街寓庐是长洲顾侠君先生旧居，颜为小秀野草堂，袁珏生编修以告，公始知，有诗纪其事，都下和者甚众。③

是年，常与郭曾炘、林纾、陈懋鼎、易顺鼎、吴士鉴等为击钵吟之集。

《侯官陈石遗先生年谱》卷五：是岁，公多与郭春榆、林畏庐、陈征宇、易实甫、吴絅斋诸先生为击钵吟之集。击钵吟者，亦创于闽人。命题限韵为七言绝句，人不拘若干首，轮流取若干首，分等第为胜负。公与畏庐丈，一题多作

① 《陈石遗集·附录一》，第2005—2006页。
② 《陈石遗集·石遗室诗集》卷四，第153—154页。
③ 《陈石遗集·附录一》，第2005页。

至十数首，以洋蜡烛为所赌之彩，有一唱赢至七八十枝者。[①]

是年，甥沈翊清病逝，年未五十。

《石遗室诗话》卷十：余甥沈丹曾翊清，文肃长孙。久典马渎船司空，由孝廉积官四川道员，加四品卿衔。丁未陆军部奏派八省阅兵，积劳道病，抵都遽卒，年未五十。生平有诗百十首，长于叙事。……丁未入都，相聚数月，遂尔长逝。第六子观冕字冠生，在北京大学堂，受业于余，极喜学诗，时有佳句。[②]

是年，撰《书张广雅相国逸事》，赞颂张氏虽为高官却无官僚习气。[③]

是年，作诗《赠仁先》《答叔雅见过视病之作》《病中闻明日春尽作》《病起示啸桐》《答杨昀谷》《叔雅出观其先抚部公旧扇是木庵先兄所画泫然有作》《叔雅出千金所购古琴为弹索诗》《为文石题寒碧楼主人画》《题所南翁画兰卷子为樊山布政作》《次韵答樊山》《题絅斋侍讲〈扈从负书图〉》《絅斋招集积水潭高庙为诗钟之戏晚归遇雨》《七夕集朱艾青宗丞寓斋复作诗钟是日酷热》《送樊山布政之官江宁》《樊山和余骖字韵诗叠韵奉答》《樊山复有赠言再次韵》《江抗甫招饮江亭索诗》《俳体四首赠芸子》《樊山新刻〈苏门日记〉成属题》《樊山将行再作廿八字送之并示伯严》《题片帆细雨下潇湘图为郑叔进作》《黄次腴侍御节母柳太夫人五十寿诗》《为袁珏生题潘莲巢〈焦山图〉》《戏用上下平韵作论诗绝句三十首》《书初学集后》《思兄述旧诗四十六韵》等。

是年，钱仲联（1908—2003）出生于江苏常熟，号梦苕。原籍浙江湖州。

---

① 《陈石遗集·附录一》，第 2006—2007 页。

② 《石遗室诗话》卷十，第 164—165 页。

③ 见《陈石遗集·石遗室文集》卷四，第 462 页。

宣统元年己酉（1909）　54岁

二月十三日（3月4日），乡人高凤岐病卒于上海，享年五十一。

《侯官陈石遗先生年谱》卷五：啸桐丈卒于上海，公与畏庐丈为位，受吊于陶然亭。①

二月十九日（3月10日），陈宝琛入京，任礼学馆总纂，招陈衍辅助之。

《侯官陈石遗先生年谱》卷五：阁学将入都，都中诸同乡以公无宦情，欲浼公归主学务，……继而朝命阁学充礼学馆总纂，则急电都中人，止公毋归，为臂助。②

二月至次年三月（3月至1910年5月），开始在《国学萃编》连载《石遗室师友诗录》。附录光绪二十八年（1902）前后就已开始草创的《石遗室诗话》初稿。已发表的六卷，论张之洞、宝廷、陈书、陈宝琛、沈曾植、梁鼎芬、冯煦、陈三立八人诗作。

《〈石遗室师友诗录〉前六卷出书启》：此书共十二卷，今先印六卷。第一卷南皮相国诗，第二卷宝竹坡侍郎诗后附陈木庵诗，第三卷陈伯潜学士诗，第四卷沈子培方伯诗，第五卷梁节庵廉访诗，第六卷冯梦华中丞、陈伯严部郎诗。除卷一、卷三已刊入《萃编》外，余四卷亦按期刊登数页。因诸君均以先睹为快，特将此六卷另印单本，廉价发售，计一百余页，分订三本，售大洋五角，外省加邮费四分，价须先付，空函概不作答，幸勿见怪。准月底出书，因排印费过

① 《陈石遗集·附录一》，第2008页。

② 《陈石遗集·附录一》，第2008页。

巨，仅印二百部，欲购从速。[1] **【按：《师友诗录》最初拟出十二卷，后因陈衍与主编沈宗畸交恶，仅刊前六卷。今三十卷本与十二卷本俱未见，仅见《国学萃编》六卷本。】**

《石遗室诗话》卷十一：此论曾刊印《师友诗录》中，公（张之洞）薨前数月，特取阅之。[2]

闰二月初一日（3月22日），赴诗钟第八集。

《许宝蘅日记》：三时赴福州馆，郭春榆侍郎、沈爱沧方伯、陈叔伊主政、林子有公子约诗钟第八集。[3]

闰二月十六日（4月6日），赴诗钟第十集。

《许宝蘅日记》：午后到嵩阳别业，与陈松山侍御田、李姚琴参议稷勋、陈翼年部郎士芑共作主人，约沈涛园方伯瑜庆，郭春榆侍郎曾炘，朱艾卿宗丞师益藩，曾刚甫参议习经，吴絅斋侍读士鉴，易石甫兵备顺鼎，伍叔保铨萃、顾亚蘧瑗、伯寅承曾、温毅甫肃、袁树五嘉穀、袁珏生励准六编修，郑叔进侍讲沅，宋芸子育仁、罗掞东惇曧两观察，杨昀谷增荦、金实斋葆桢、袁叔瑜、陈叔伊衍、叶玉虎五部郎，王书衡推丞式通，诗钟第十集，夜十二时散。[4]

三月廿日（5月9日），与许宝蘅等乘车游颐和园。

陈衍《游西苑记》：己酉余乃得游颐和园。湖上宫殿排列结构如印板，千步廊最胜，然去湖稍远，不受湖光。又夹持以容色惨瘁之桧柏，使人不怡。后前后截留海军费八千万金，府海内怨，所经营廑若此。[5]

---

① 《国学萃编》第十七期（1909年）。

② 《石遗室诗话》卷十一，第172页。

③ 许宝蘅：《许宝蘅日记》第一册，北京：中华书局，2010年，第239页。

④ 《许宝蘅日记》第一册，第241—242页。

⑤ 《陈石遗集·石遗室文集》卷五，第474页。

三月（4月至5月），京师大学堂设经、文、格致、法政、医、农、工、商八科，因毕业后出路等问题，经、文两科考生奇少，且根底甚浅，陈衍建议改由各省保送举人、贡生、监生，择优录取，以免国学湮没。此议直呈军机大臣兼管学部张之洞，获准施行（但其中不含监生）。

陈衍《请大学经文两科学生由各省保送议》：自国家创立学堂以来，为学生者皆注意新学，谓知未知、能未能，学成而有用也。至于旧学，久以为无用，且若已知、已能也者，实则何尝知、何尝能？向者新学未兴，科举未废，经史子集各学，精者已无几，今更如此废弃，惟有一少一日。……愚昧之见，大学经文两科既乏合格学生，惟有变通办法，咨行各省，令不拘举、贡、生、监，考察保送，来京考取派入。其游学随宦在京者，另行保举应考。当此旧学废弃未久，各省士子尚有根柢略优、年岁稍长、未入各种学堂者，其人既堪造就，培之有用。若再迟十年，则并此等学生亦不可得，中国旧学将绝迹于天下矣。谨议。①

四月廿一日（6月8日），于寓中作诗钟，坐有严复等人。

《严复日记》：先是，在陈石遗处做诗钟，夜食。②

四月卅日（6月17日），“清末四公子”之一的丁惠康卒，享年四十一。【按：萧夫人卒，丁氏屡慰问之；丁父日昌任福建巡抚时，与陈衍兄陈书交笃。】

《侯官陈石遗先生年谱》卷五：夏，丁叔雅部郎惠康卒。叔雅为雨生督部公子，公尝拟诸战国四公子、明末四公子，而与陈散原、吴彦复、谭复生号为清末四公子者也。……公

---

① 《陈石遗集·石遗室文集》卷六，第481—482页。

② 王栻主编：《严复集》第五册，北京：中华书局，1986年，第1493页。

哭之恸，有五古二首，并为撰行状。[1]

陈衍《丁叔雅征君行状》：君讳惠康，字叔雅，自号惺庵，广东丰顺人。父日昌，以诸生起家，官至福建巡抚。……君其第三子。……又隆冬无裘不炭，积冻伤胃脘伤肺，初病嗽，上气。继以欧逆，遂以宣统元年四月晦日卒于京师。……尝以独山莫友芝所辑《持静斋书目》尚少提挈纲要，欲为有清《经籍志》及《寰宇访学录》诸书，移书梓芳，商榷义例，未成而卒。有子女各一。遗诗百十首，存惇矗、衍处。友人陈衍谨状。[2]

夏，力钧屡送盆花，索诗，有诗为赠。

《侯官陈石遗先生年谱》卷五：医隐先生屡送盆花、索诗。[3]

六月廿七日（8月12日），郑孝胥接陈衍书。

《郑孝胥日记》：得陈叔伊书。[4]

七月（8月至9月），在小秀野草堂见林纾为诗人孙雄所绘《诗史阁图》，后作《题诗史阁图》。诗云：

杜陵久无人，兹事束高阁。微生踵秀野，水竹专一壑。君乃追浣花，草堂欲负郭。四朝闻见录，囊括亦何博。更将编《纪事》，夹持贵阳橐。吾复集耆旧，剞劂付鲁削。千秋诗话楼，江海两落落。胡为在泥滓，北陇听嘲谑？面山空三层，谡谡松风作。

五言九十字，奉题师郑诗人《诗史阁图》，所言皆两人修诗故事也。己酉七月，陈衍记于小秀野草堂。[5]【按：陈衍

---

① 《陈石遗集·附录一》，第2008—2009页。

② 《陈石遗集·石遗室文集》卷二，第443—444页。

③ 《陈石遗集·附录一》，第2009页。

④ 《郑孝胥日记》第三册，第1204页。

⑤ 孙雄辑：《道咸同光四朝诗史·甲集》卷首《四朝诗史题词汇录》，《续修四库全书》本。

《石遗室诗集》未载此诗，年谱亦未提及。此诗在孙雄辑《道咸同光四朝诗史·甲集》卷首《四朝诗史题词汇录》，居十三家内之第二家。】

八月廿一日（10月4日），张之洞逝世，享年七十二。谥文襄。陈衍有挽联，后又为之传。

《侯官陈石遗先生年谱》卷五：是冬，广雅薨于位，即日定谥文襄。……公挽广雅联句云："合陶桓公、谢太傅为一人，弘济艰难心力尽；有裴中令、李赞皇老从事，平生学术见闻真。"①

陈衍《张之洞传》：张之洞，字孝达，一字香涛，直隶南皮人，晚自号抱冰。督两广时创广雅书院、广雅书局，故又称广雅。……至于椎心呕血，病旬月以薨。遗疏有"守祖宗永不加赋之规，凛古人不戢自焚之戒"各语，天下诵之。……论曰：《传》云：长国家而务财用者，必自小人，此大一统之世之言也。今不能与列强闭关绝约，人富强，己贫弱，犹为此言，非騃则狂易耳。中国士夫讳言财用，见之洞用财如粪土，从而百端诟病之。然其家固不名一钱也，三十年经营财用，与外国理财家较挈短长，去之尚远，而中国居高位者，遂未有其人。闱姓籤捐之类，固不轨于正。铁厂、纱布、丝麻各厂，亦折阅相继。然一易商办，则赢利巨万，一击不中，谤者引为大戒，岂不误乎？独铜圆钞票畅行时，衍请以中国所自有金铸造金币，以数百万建织呢大厂，可支三十年国用。迟回审顾，未之能从，滋可惜耳，为专制之说者。至谓开学堂、遣派游学、练兵造械为乱阶，彼骊山囚徒又何尝负笈之学子耶？望溪守退之义法，戒文士不得私

① 《陈石遗集·附录一》，第2010—2011页。

为达官立传。然列传创于司马子长，史记即文士私作，多同时人。张广雅相国在清末最有关系，见闻之真殆无如余，特援子长例为之，冒望溪之不韪所弗恤矣。衍记。①

八月廿七日（10月10日），受邀参加京张铁路通车典礼。后作文记沿途所见。

陈衍《出居庸关记》：居庸为太行第八陉，居九边诸关之一。自京张创设铁路，由京师止于关内为南口，由张家口止于关外为北口，中关四重，曰下，曰中，曰上，曰八达岭。岭最高最北，下关最南，关相距十五里，城垣缭焉。山路巉嶭，工久不成，欲往游未果也。庚戌八月告成，总斯路者具车券致客，通车张家口以落之。余以二十七日携一仆出西直门，登车至南口。②

秋末，林绍年招游戒坛等处，有诗。

《侯官陈石遗先生年谱》卷五：秋杪，赞丈招公游戒坛至潭柘，得诗二首。③

九月初九日（10月22日），与赵熙天宁寺登高。

《侯官陈石遗先生年谱》卷五：九日，同赵尧生侍御天宁寺登高，赋五律一首。侍御和以七言律。④

陈衍《九日同尧生天宁寺登高》⑤

九月廿七日（11月9日），与许宝蘅、梁鼎芬等议为张之洞刊文集事。

《许宝蘅日记》：［午后］到油漆作，赴履初、司直、望

① 《陈石遗集·石遗室文集》卷一，第427—430页。
② 《陈石遗集·石遗室文集》卷五，第467页。
③ 《陈石遗集·附录一》，第2009页。
④ 《陈石遗集·附录一》，第2009页。
⑤ 《陈石遗集·石遗室诗集》卷五，第168页。

屺之约，因议为张文襄刊集事，有梁节庵廉访、陈叔伊、陈仁先、许溯伊五人，尚有曾刚甫、伍叔保二君未到，节庵议文襄电稿最多，拟分类刊刻，以事相从，又议定油漆作之宅，题名为广雅书局，余意均不以为然。①

九月廿九日（11月11日），与力钧向严复荐陈器。

《严复日记》：陈衍、力钧荐陈器。②

十月（11月至12月），途经上海，会见郑孝胥等，有诗。

陈衍《题海藏楼》。③

十月廿三日（12月5日），访郑孝胥，不遇。

《郑孝胥日记》：陈叔伊来，不遇。④

十月廿四日（12月6日），郑孝胥至大安栈访陈衍，同至海藏楼。

《郑孝胥日记》：访叔伊于大安栈，同至海藏楼，饭于雅叙园，沈鲁青、郑绛生皆至。沈鲁青、爱苍、叔伊、绛生同来海藏楼，谈至日斜乃去。⑤

十月三十日（12月12日），于九华楼晤郑孝胥。

《郑孝胥日记》：午后，与稚辛同至九华楼，晤叔伊、子益、梦旦及刘崧生、林宗孟等。⑥

十一月（12月至1910年1月），请假归里。结识同乡何振岱。

《侯官陈石遗先生年谱》卷五：十一月请假归里，由京

---

① 《许宝蘅日记》第一册，第268页。

② 《严复集》第五册，第1496页。

③ 见《陈石遗集·石遗室诗集》卷五，第170页。

④ 《郑孝胥日记》第三册，第1217页。

⑤ 《郑孝胥日记》第三册，第1217页。

⑥ 《郑孝胥日记》第三册，第1218页。

汉铁路下长江，至沪。……入杭晤卓芝南太守，……小住数日。……抵里，住三官堂月余日。①

《石遗室诗话》卷六：乡人中能为深微淡远之诗者，有何梅生振岱。非惟淡远，时复浓至，其用力于柳州、郊、岛、圣俞、后山者，皆颇哜其截也。常自恨其为乡人，家贫不能常出游，以广大其诗。余谓诗固宜广大，然不精微，何以积成广大？……《孤山独坐雪意甚足》云："山孤有客与徘徊，悄向幽亭藉绿苔。钟定声依无际水，诗成意在欲开梅。暮寒潜自湖心起，雪点疑随雨脚来。一饮恣情宜早睡，两峰待看玉成堆。"君尝以此诗书余扇头，见者无一不极赏"钟定"一联，子培、掞东尤爱其有禅理。己酉冬月微雪，挈一仆自断桥至孤山，延伫移时，觅句不得，读此诗为我言之矣。②

十一月初三日（12月15日），访郑孝胥，同至雅叙园，饭后至海藏楼久谈。

《郑孝胥日记》：陈叔伊来，同至雅叙园，饭讫，至海藏楼，谈久之。③

十二月初七日（1910年1月17日），清廷赐予十二名"游学专门回国在十年以外者"以"进士及第"的头衔。其中文科状元、榜眼和探花分别为：严复、辜鸿铭、伍光建。同榜者尚有詹天佑、王劭廉等人。同日，严复作诗《十二月初七日阅邸抄作》，后以此诗示陈衍。陈衍次韵一首。

《侯官陈石遗先生年谱》卷五：公赠诗有"五十本来少进士"句，用《唐摭言》"五十少进士，四十老明经"语。④

① 《陈石遗集·附录一》，第2009—2010页。

② 《石遗室诗话》卷六，第94—95页。

③ 《郑孝胥日记》第三册，第1218页。

④ 《陈石遗集·附录一》，第2011页。

《石遗室诗话》卷五：己酉在都，几道见示《十二月初七日阅邸抄作》云："自笑衰容异壮夫，岁寒日暮且踟蹰。平生献玉常遭刖，此日闻韶本不图。岂有文章资黼黻，耻从前后说王庐。一流将尽犹容汝，青眼高歌见两徒。"几道以马江习流学子，既游学西国，精英文，复肆力探究四部之书。所译《原富》《天演论》《名学》各种，文笔雅驯，殆罕其匹。此邸抄乃中朝采访数十年绩学有名者，赏给进士。看花之年，虽同于东野；及第之赐，大异于方干。得意马蹄，难逢开口之笑；同阜牛骥，终免仰首之鸣。诗末联较有意趣，视古人弟子得桂，先生灌园者，迥不同矣。余急和其韵云："夫子雄才敌万夫，苦吟字字费踟蹰。偶将雁塔题名记，写入诗龛祭脯图。五十本来少进士，百年能几大胡庐。看君放荡无涯思，莫管南公与左徒。"唐人最重进士，有"五十少进士，四十老明经"之谣，君并示送朝鲜某侍郎诗，故末句及之。①

十二月十一日（1910年1月21日），访郑孝胥，求借五十元。

《郑孝胥日记》：陈叔伊、王俶田来，叔伊求借五十元。同至海藏楼，至夜，食面乃去。②

十二月底（1910年1月至2月），携家人过武胜关。

《侯官陈石遗先生年谱》卷五：腊月底，挈青子兄伉俪洎月采姊、江生、仞九同行。③

《石遗室诗话》卷二十七：己酉腊月，复携家过之，则在日中刻。意欲作一诗，不成，只得两句云："向北诸峰皆

① 《石遗室诗话》卷五，第76页。

② 《郑孝胥日记》第三册，第1224页。

③ 《陈石遗集·附录一》，第2010页。

积雪，出关一道是中原。”①

是年，兼任京师大学堂译学馆教习，讲授伦理学课程。期间编有《伦理讲义》。该讲义共分七课，论述了孔子学说的本源及其涵义。存手稿，后收入《陈石遗集》。

陈步《伦理讲义题解》：一九〇九年，陈衍兼任京师大学堂译学馆教习，讲授伦理学课程，本书为教材。是书以《论语》《大学》为经，以经传及孔门弟子言论为纬，系统疏解了孔子孝弟、忠信、直谅、仁智、义恕、敬恭、礼乐诸范畴。作者一反以训诂注经的常例，重在辨证，并指出了孔门弟子对孔子学说的误解。

尤其值得一提的是，陈衍在书中为利正名，指出利是褒词，屡见于赞易之辞，孔子并非绝口不言利，而是主张不能专利于己。此外，陈衍还对忠孝观念作了正确解释，认为忠不能专作忠君解，而是尽已之心，忠于友、忠于事、忠于社稷；孝亦不仅指孝养父母，而是维护父母令名，不辱于亲，进而具备各种美德，这样方为全孝。凡此种种，均富有新意。

本书逻辑严密，条理分明，是研究古代伦理学说的一部佳作。②

是年，成《通鉴纪事本末书后》。有1934年无锡国学专修学校铅印本。

叶长青《石遗室丛书提要》：《通鉴纪事本末书后》二十卷，侯官陈衍著。是书与王船山先生《读通鉴论》大同小异。每篇标题，载明所纪某事，自某句至某句止，以下案

① 《石遗室诗话》卷二十七，第419页。

② 《陈石遗集·伦理讲义》题解，第1793页。

语，即考证辨论其事。有征实而无驾空，与寻常史论不同矣。①

陈衍《通鉴纪事本末书后绪言》：《经解》曰："温柔敦厚，诗教也；疏通知远，书教也；广博易良，乐教也；絜静精微，易教也；恭俭庄敬，礼教也；属辞比事，春秋教也。"古者但称《诗》《书》《礼》《乐》《易》《春秋》而已。初无六经之名，惟《庄子·天运篇》云："孔子谓老聃曰：'丘治《诗》《书》《礼》《乐》《易》《春秋》六经，自以为久矣。'"故《戴记》亦以"经解"名篇。《左传》言韩宣子来聘，观《书》于太史氏，见《易象》与鲁《春秋》，曰："周礼尽在鲁矣。"孟子曰："王者之迹熄而《诗》亡，《诗》亡然后《春秋》作。"晋之《乘》、楚之《梼杌》、鲁之《春秋》，一也。其义则齐桓、晋文，其文则史。古者六经即史，别无史之名。经圣人所定，后世乃尊之为经。《春秋》内外传，其经史所由分界乎？古书简奥，非考订钩稽，未易说解。后世之史，日就详明，不难说解，读者贵能博观，贯以特识。不博观囿于一家之言，无特识常有受蔽之患，则书能误人矣。此《通鉴纪事》一书，所以不能已于书后也。

史学一纵一横，纪传、编年，二者而已，本无所谓纪事本末类也。纪事本末，即出于编年史中。如《左传》，初郑武公娶于申一大段，详共叔段始末事，非《通鉴纪事本末》中梁孝王骄恣、淮南谋反、唐太宗平内难之事乎？初晋穆侯之夫人一大段，详曲沃始末事，非《宋史纪事本末》中金匮之盟，《明史纪事本末》中燕王起兵、建文逊国之事乎？晋公子重耳之及于难也一大段，详重耳出亡反国事，非《通鉴

---

① 《国学专刊》第一卷第四期（1927年10月）。

纪事本末》中光武中兴、刘备据蜀，《宋史纪事本末》中高宗嗣统之事乎？编年史之善，《左传》后无过于《资治通鉴》。《纪事本末》则专取史事之荦荦大者，分别部居，贯串首尾，使阅者一目了然。然不稽正史、古史、别史、杂史诸书，不足以参考《通鉴》，更何以参考《纪事本末》？今于纪事中应略者省之，于纪事外应详者增之，其各史纪载异同者审议之，其各家论断得失者平议之。

历代之制度沿革，详于正史各表志，及“九通”、《六典》、会要、会典诸书，讲史学研究法者之事也。纪事本末，则以借鉴治乱兴衰之故为主。于是所纪关于兵事者，十居八九。然从来治乱兴衰之故，成于兵事者固多，而用人理财各要政，尤为治乱兴衰之源。内政不修，民隐不恤，君子在野，小人在位，兵乱恒由此兴。敌国外患之乘，亦观衅而动。至于骨肉之争、藩镇之祸，未尝不由于立法不善、用人不当所酿而成。修史者多书生，读史者亦多书生，往往喜谈兵而不尽确论。诵诗读书，所以贵论世也。拟于各《纪事本末》所载外，有关于要政，而首尾略具者，稍补著焉。侯官陈衍书。①

是年，为亡妇萧道管刊行《列女传集解》，并补凡例若干条。

《侯官陈石遗先生年谱》卷五：为萧恭人刊《列女传集解》行世，补著凡例若干条。②

是年，撰《文笔山生圹记》，记购地于福州西门外文笔山以作家族墓地事：

出西郭外右转为小西湖，过雄兵桥，湖居堤之右，左为西湖书院，亭台就废，为大梦山。有松，半里许为第一亭，

① 《陈石遗集·通鉴纪事本末书后》绪言，第1226—1227页。

② 《陈石遗集·附录一》，第2011页。

堤上有小浮图，左转为宋李忠定祠，循祠垣左转度平桥，为湖中一洲渚，澄澜阁在焉。度飞虹桥，又湖中一洲渚，开化寺宛在堂在焉。其后小孤山，镜湖亭在焉。径祠前堤行里许，为流憩亭、为谢泉。半里许一亭，无名，于是背湖左转土名陈都墓。墓古灵先生远孙，为明都御史者也。旁有祠，就圯，老松十余，泉石嵚崎。又里许为地藏寺，里许为宝福亭，吾先人之墓在其左纱帽山，吾妇翁之墓在其右白龙山。又二里许则梅亭，过亭左转数十步，则文笔山矣。山凡五峰，登麓左转，得径渐高。里许，至第三峰下，则吾生圹矣。……表吾圹之东北界，吾妻圹最右，吾在其左，子、子妇以次居左，降数步焉。①

是年，作诗《题王石谷十万图册后十首》《题畏庐画四首》《题孙子潇先生双红豆图四首》《章曼仙属题铜官感旧图》《哭丁叔雅二首》《长夏将阑医隐送茉莉两本小竹数丛枨触平生成两绝句》《杨昀谷法部属题其先德蓉峰采药图》《旭辰法部属题所藏道光五年搢绅录》《柯凤孙参议属题镜影图》《送实甫兵备督关云南次其留别之韵并寄樊山布政》《医隐送木芙蓉两本》《医隐送菊花数十盆报之以诗并作还山之约》《医隐又送菊》《九日同尧生天宁寺登高》《胡漱唐御史尊人六十寿诗》《答黄方舟太守不见十五年矣》《题刘壮肃奏议后》《赞虞招游戒坛看红叶次日至潭柘》《代题北宋石经残本长句三十三韵》《题海藏楼》《题烟霞洞》《冒雨至西溪》等。

宣统二年庚戌（1910）　55岁

正月初十日（2月19日），郑孝胥得陈衍书。

---

① 《陈石遗集·石遗室文集》卷五，第473—474页。

《郑孝胥日记》：得柽弟及叔伊书，示诗二首。[1]

二月初二日（3月12日），花朝，与陈宝琛、林纾、曾习经、胡思敬、冒广生、赵熙、林思进、罗惇曧等人集于陶然亭，有诗《花朝同人集江亭暮饮酒家》[2]。

二月初三日（3月13日），花朝后一日，创为诗社（即庚戌诗社）。招何彝震、朱联沅、梁鸿志、曾念圣、黄濬诸子“集小秀野寓庐小饮”，各赋五言律诗一首。几乎每人都以“秀野”“斜街”故实入诗。

《侯官陈石遗先生年谱》卷五：花朝后一日，招何鬯威彝震、梁仲毅鸿志、朱芷青联沅、曾次公念圣、黄秋岳濬诸子饮集寓斋。鬯威外，皆公门人。公与门人为文字饮始此。[3]

陈衍《秋社吟集叙》：余言庚戌春在都下，与赵尧生、胡瘦唐、江叔海诸人创为诗社，遇人日、花朝、寒食、上巳之等世所号良辰者，择一名胜地，挈茶果饼饵集焉。晚则饮于寓斋若酒楼，分纸为即事诗，五七言古近体均听；次集则易一地，汇缴前集诗，互相评品为笑乐，其主人轮直之。……闽中胜地尠，不如都下，宜择数家有亭馆花木者足焉。[4]

《石遗室诗话》卷三：庚戌一春，尧生、瘦唐、刚甫、毅夫、叔海、掞东诸同人，创为诗社。……庚戌花朝后一日，余招鬯威、芷青、仲毅、次公、秋岳数子，集小秀野寓庐小饮，限各赋五言律一首。……诸子皆年少，出笔各极其胜，一时之盛也。余诗云：“春来人事集，久不对方尊。好我二三子（中惟鬯威不在二三子之列），起余五七言。南中

---

① 《郑孝胥日记》第三册，第1233页。
② 见《陈石遗集·石遗室诗集》卷五，第172页。
③ 《陈石遗集·附录一》，第2011页。
④ 《陈石遗集·石遗室文续集》，第585页。

花已粲，北地树尤髡。居易他年录，行藏懒细论。”①

三月初三日（4月12日），上巳日，与江瀚同做东，集于天宁寺，晚饮于小秀野草堂。

《石遗室诗话》卷三：上巳，余与叔海为主人，集于天宁寺，晚饮余寓斋。……是日叔海至寺中待客，余料理饮馔未至，逸云、瘦唐皆以为客至主人不来也，故诗中均及之。②

三月十九日（4月28日），与赵熙、胡琳章等至法源寺看丁香，有诗。

《侯官陈石遗先生年谱》卷五：三月十九日，尧生、铁华招集法源寺看丁香。③

四月初八日（5月16日），与梁鸿志、黄濬至北京南城白纸坊崇效寺看牡丹。

《石遗室诗话》卷三：四月八日，又同仲毅、秋岳崇效寺看牡丹，仲毅觞余酒楼。④

四月（5月至6月），江春霖归里，陈衍有诗送之。

《侯官陈石遗先生年谱》卷五：四月，江杏邨侍御春霖归里，公有诗送之。上半首云：“四海争传真御史，九重命作老翰林。当诛臣罪非今日，待养亲年值万金。”⑤

陈衍《石遗室诗话》卷七：清末造重用满人，以谋中央集权。举军机处、海陆军、财政、外交诸重任，均以皇宗亲贵掌之。时事既日非，言官中若赵启霖、江春霖、胡思敬、赵熙、陈田数人，皆直言极谏，先后罢斥引退相继去。方庆

---

① 《石遗室诗话》卷三，第53—54页。

② 《石遗室诗话》卷三，第53页。

③ 《陈石遗集·附录一》，第2012页。

④ 《石遗室诗话》卷三，第54页。

⑤ 《陈石遗集·附录一》，第2012页。

王奕劻将引其党某为军机大臣，江春霖特疏纠参，疏上，逐回原衙门行走。春霖旋假归养母，都下赋诗送行者甚众。[1]

六月十三日（7月19日），杨增荦将入蜀，陈衍等在小秀野草堂为其饯别，均有诗。

《侯官陈石遗先生年谱》卷五：学部江叔海参事，简放开归陈许道，约往游嵩洛，是时社集已散矣。杨昀谷太守亦将之官四川，公送以诗，一时号《八况篇》，以篇中用八“况”字，历言种种难别之意。[2]

六月（7月至8月），寄信冒广生并附诗一首。略云：

昨得五言诗一章美女公子，书送乃翁一乐。外附先室人遗著一册以饷之。

鹤亭诗人

衍顿首。

鹤亭长女方十余岁能割臂医祖母病作诗美之

剜肉以回生，其事亦偶尔。

至爱迫忧煎，计穷惟出此。

彼哉见义辈，刚勇视此女。

庚戌六月陈衍[3]【按：笺末钤“衍”朱文印记。】

八月初三日（9月6日），与赵熙访郑孝胥。

《郑孝胥日记》：叔伊、赵尧生同来。[4]

八月初七日（9月10日），郑孝胥来访。同访林纾。

《郑孝胥日记》：又过陈叔伊，同诣林琴南，约明日饭于

① 《石遗室诗话》卷七，第112—113页。

② 《陈石遗集·附录一》，第2012—2013页。

③ 上海博物馆图书馆编：《冒广生友朋书札》，上海：上海书画出版社，2009年，第168页。

④ 《郑孝胥日记》第三册，第1275页。

万生园，遂返。①

八月初八日（9月11日），与郑孝胥、林纾同游西直门外农事试验场。

《郑孝胥日记》：游农事试验场，在西直门外，同游者叔伊、琴南。②

八月廿七日（9月30日），赴傅岳棻、陈曾寿约。

《许宝蘅日记》：四时偕节庵赴治芗、仁先约，同座为杨子安、陈石遗、徐莹甫、刘宝臣、徐豫斋，照相，彦云后至，未与。夜作击钵吟，题为“子猷看竹”，限“勋、裙、焚”三韵，仁先诗最佳，十时归。③

九月初九日（10月11日），与黄濬、赵熙天宁寺登高。

《石遗室诗话》卷二：己酉余同尧生天宁寺荒台登高，……次年登高，又同在天宁寺，则有众异、秋岳诸子，皆有诗，余与尧生无诗。④

九月十七日（10月19日），于马其昶处晤姚永概。

姚永概《慎宜轩日记》：于伯通处晤闽中陈叔伊（衍）主事。⑤

九月廿五日（10月27日），姚永概、马其昶来访。

姚永概《慎宜轩日记》：偕通老访陈石遗（衍，又字叔伊）。⑥

九月廿六日（10月28日），访姚永概，赠书数种。

---

① 《郑孝胥日记》第三册，第1275—1276页。

② 《郑孝胥日记》第三册，第1276页。

③ 《许宝蘅日记》第一册，第314页。

④ 《石遗室诗话》卷二，第33页。

⑤ 姚永概：《慎宜轩日记》，合肥：黄山书社，2010年，第1165页。

⑥ 《慎宜轩日记》，第1166页。

姚永概《慎宜轩日记》：陈叔伊来，赠书数种。[1]

十月初五日（11月6日），招赵熙、胡思敬、王式通、林纾、马其昶、姚永概、陈诗、吴保初、冒广生等人饮于小秀野草堂，“并观看文物之什”。

《石遗室诗话》卷四：庚戌十月五日，余招饮斜街寓庐，同集者杨昀谷、赵尧生、胡瘦唐、王书衡、马通伯、姚叔节、吴君遂、冒鹤亭、林畏庐。君（陈诗）归赋诗云：“日晡适城南，奔骑如突鹘。斜街在釜底，人家矗而凸。流风逾百年，佳处尚林樾。侠君秀野堂，今曰石遗室。清流日骈罗，韵事未衰歇。乡味出闽海，珍错煮石发。隽有江珧鲜，甘真海月匹。谈谐萃古欢，勃窣入理窟。比舍有瘿藤，彊叟旧所宅。（朱彊邨先生尝赁居查查浦，旧宅即在比邻。）赁者今为谁？叩门儩遭叱。霜天拄归策，坠绪聊一摭。”[2]

十月（11月），闽人宋谦《灯昏镜晓词》成，陈衍为之叙。

陈衍《灯昏镜晓词叙》：余少日曾学为词，喜北宋，以为词之有唐五代，诗之汉魏六朝也；至北宋，而唐之初盛矣。东坡、二安，则元和也；白石、梦窗，诗中苏黄；余则江湖末派耳。清三百年诗词，浙人为盛。竹垞学北宋，间沿明体；樊榭避之，乃为南宋；竹山、草窗，未易遽语白石也。闽人喜苏、辛，直喜龙川、龙洲之学苏、辛，遂为词家所病，而并以病苏、辛，殆于苏、辛，惟见《念奴娇》《水调歌头》《永遇乐》三数阕耳。其《杨花》《石榴》《春事阑珊》《冰肌玉骨》以及《宝钗分》《斜阳烟柳》诸作，缠绵凄惋，惊心动魄，晏、秦、周、柳无以过之者，独未之见耶？

① 《慎宜轩日记》，第1166页。

② 《石遗室诗话》卷四，第64页。

白石不囿于南宋，如“三十六陂人未到，水佩风裳无数”“自胡马窥江去后，废池乔木，犹厌言兵”“何逊而今渐老，都忘却春风词笔”“昭君不惯胡沙远，但暗忆江南江北”“南去北来何事，荡湘云楚水，极目伤心”皆出笔稍大，不以雕琢一二冷隽字句为能事者。《灯昏镜晓词》宗北宋，所作多伤逝之音，与郑仲濂先生《考功词》殆同病而呻。余于此事，弃去且三十年。悼亡四载，伤痛肝肺，不能成一字，读此词不禁涕泗之横集矣。①

十月廿八日（11月29日），大雪，陈宝琛招陈衍、赵熙、杨增荦登陶然亭。

《侯官陈石遗先生年谱》卷五：是冬早寒，十月廿八日已大雪，弢庵丈招同尧生侍御、昀谷太守冒雪饮酒家，遂登江亭联句。暮归，公复放言二十八韵，极淋漓酣畅。②

十二月初三日（1911年1月3日），撰《送马君通伯南归序》，略云：

今月二日，通伯乃至余寓庐，言将暂归，色若甚惜别。既而曰：相知良未久，然见君意许在朋友之数。京师知交若某某，辱于吾有赠言，视君知吾未能或之先，君独未有赠言，异日思君，若有憾也。……余恐其三思而终远引也，遂书之以为别。庚戌十二月三日。③

十二月十九日（1911年1月19日），与陈宝琛、陈曾寿赴端方邀，至宝华庵雅集，纪念苏轼生日。时梁鼎芬、林纾、缪荃孙、刘师培、于式枚、傅岳棻、李葆恂、陈毅、柯绍忞、王式通、劳乃宣等在座。

---

① 《石遗室诗话》卷二十四，第372页。

② 《陈石遗集·附录一》，第2013页。

③ 《陈石遗集·石遗室文集》卷七，第487—488页。

《侯官陈石遗先生年谱》卷五：十二月东坡生日，梁节庵按察适至，端匋斋尚书招集宝华庵，至者王书衡推丞式通、陈弢庵阁学、柯凤孙提学劭忞、林畏庐学博、刘申叔孝廉、罗玉初京卿乃宣、陈仁先侍御曾寿、傅治芗学部岳棻、陈士可参事、宝沈盦侍郎、李柳溪侍郎、缪筱珊京卿荃孙、于晦若侍郎式枚、李文石兵备。……次日，公成七言长句七百字，杂记其事，陶斋以长卷乞书之。①

陈衍《东坡生日陶斋尚书招集宝华庵成长句七百字》：十有二月十八日，节庵自荆遄臻燕。东坡生日在诘旦，陶斋主人集群贤。……②

是年，俞明震曾访陈衍于小秀野草堂。

《石遗室诗话》卷四：俞确士学使明震庚戌入都，访余于秀野草堂，云有近诗一册，在弢庵处，请余商定。旋提学甘肃，寄示纪行数诗，附以书云……③

是年，撰《与唐春卿尚书论存古学堂书》，反映出陈衍等学部官员与学部尚书在办学方针上的扞格。全文如下：

春卿尚书阁下：前者张广雅相国既设存古学堂于武昌，旋管学部，衍议请推广各省，省设一区，所以存中国学问于万一。上备大学文科、经科学子之选，下储伦理、国文、史学、舆地教授之材，所操甚约，而收效甚大也。今之议者曰："国之所以不竞者，旧学有余，新学不足也。既曰古矣，焉用存。"又曰："吾中国自有之学问皆古也，未尝亡，何待存?"夫学无古今，惟问其有用与否。国之所以为国，一如人之所以为人，必有其本然之性质。浅之为语言文字，深之

① 《陈石遗集·附录一》，第 2013—2014 页。

② 《陈石遗集·石遗室诗集》卷五，第 180 页。

③ 《石遗室诗话》卷四，第 63 页。

为风俗道德，而后政教施焉。若一切受命于人，悉丧其所固有，国不既亡矣乎？宁待种类澌灭而后为亡哉？且徒存此跂行喙息之躯，与刍豢之畜牧于人者，曾何以异耶？今存古学堂实一专门文学堂耳，存之之意则是，古之为名则非也。其主课分经学、史学、文学三门。经学者，人伦道德所从出，而兼唐虞三代之上古史也。史学者，治乱兴衰之故，无中外古今而可缺者也。文学则言语文章所以发挥其知识，畅达其纪载，抒写其性情也。名之曰古，侪诸乐器、金石、书画、板本诸古物之列，勿怪来不学者之诟病，百方欲去之矣。然则所恃以号称学子者，有书贾编纂纰缪百出之课本为教育之具耳。以衍所见卒业试卷，误书讹字满纸，支离不可句读，甚者点画随意增减，偏旁信手配合，莫辨其为何字。如此尚目为读书有学问之人，殆于不可。但使一省有一文学堂，专习经史文字，三年卒业，得稍优者数十人，升入大学及用为教授，读书种子可以不绝于中国，是在阁下力主持之。若听不学者之武断灭裂，则异日追原其事，必曰中国读书种子之绝，绝于阁下为学部长官之时，当亦非阁下所乐居也。冒昧上陈，幸恕其戆直。衍白。①

是年，撰《书姚石甫张亨甫两先生事》，记道光年间姚莹与张际亮的深厚友谊。②

是年，作诗《几道出示岁暮诸作奉和一首次其初七日阅邸抄韵》《为君直题山水卷》《花朝后一日招剀威仲毅芷青次公秋岳诸子饮集寓斋》《清明日掞东毅夫约游万柳堂并寻袁督师墓不得憩夕照寺》《送江杏村归里》《三月十九日尧生铁华招集法源寺看丁香因约春尽日集枣花寺》《潘兰史属题江湖载酒图图凡百方》《再

---

① 《陈石遗集·石遗室文集》卷八，第492—493页。

② 见《陈石遗集·石遗室文集》卷四，第463页。

为题山塘听雨图》《题训鸡图》《题孙子潇先生与吴竹桥诗册》《瘦唐以所藏乾隆二十九年搢绅录属题》《送江叔海兵备之官开封》《答弱庵》《追题陈可斋白日看云图》《穰卿属题东轩吟社图》《寄袁树五提学杭州》《送王病山布政之官武昌》《送杨昀谷太守之官四川》《送杨祇庵出守广信》《邀子言苏戡饮草堂子言赠诗和之兼示苏戡》《题莫愁湖图卷》《十月二十八日弢庵阁学招同尧生侍御昀谷太守冒雪饮酒家遂登江亭联句暮归复放言二十八韵》《题医隐所藏蜀石经左传残本》等。

宣统三年辛亥（1911）　　56岁

正月（1月至2月），与陈宝琛、郑孝胥、林纾、胡思敬、曾习经、温肃、樊增祥、罗惇曧等结辛亥诗社，逢佳日良辰，寻访胜迹，诗文唱酬，为一时盛会。

《侯官陈石遗先生年谱》卷五：是年文酒之会愈盛。①

正月初三日（2月1日），与郑孝胥同访林纾，不遇。

《郑孝胥日记》：午后，过王司直、陈叔伊，与叔伊同诣林琴南，不遇。②

正月初五日（2月3日），于寓中宴请端方。

《侯官陈石遗先生年谱》卷五：开正五日，觞陶斋于寓庐。③

正月初七日（2月5日），人日，应罗惇曧之约集于四印斋。是为辛亥诗社第一集。

《侯官陈石遗先生年谱》卷五：人日，掞东先生招公同

---

① 《陈石遗集·附录一》，第2014页。

② 《郑孝胥日记》第三册，第1306页。

③ 《陈石遗集·附录一》，第2014页。

陈弢庵、赵尧生、曾刚甫、胡瘦唐、林畏庐、温毅夫、林山腴、冒鹤亭、梁仲毅诸先生，集所居四印斋，至者五人。……此后每集皆畏庐丈绘图，以饷主者。①

《石遗室诗话》卷十二：是岁人日，集瘿公四印斋，分韵作诗。苏堪方从关外来。余有云："冲雪入关真失喜，穿云登岱预为期。"或曰：何计之早？尧生亦有诗云："长安二月乍飞雪，此雪如催故人别。新昌庭省送将归，海藏觞春留一月。马卿昨日方至都通伯，不知赵子能来无湘帆？行攀嵩少三花树，并仿秦松五大夫（今年所画游事）。"后余与尧生皆践所言。②

《石遗室诗话》卷三：（林纾）少时诗亦多作，近体为吴梅村，古体为张船山、张亨甫，识苏堪后悉弃去，除题画外，不问津此道者殆二十余年。庚戌、辛亥，同人有诗社之集，乃复稍稍为之，雅步媚行，力戒甚嚣尘上矣。③

正月初八日（2月6日），赴陈宝琛之约作诗钟。

《郑孝胥日记》：午后，赴伯潜之约作诗钟，耳圆、黄阵、阳万三唱，终已十点。食毕散归，已十二点。是日，座客约二十人，晤又陵、贞宇、星衡等。余以无车，附叔伊车归。④

正月初九日（2月7日），赴友人招饮，罗振玉、王式通、缪荃孙、陈毅等在座。

缪荃孙《艺风老人日记》：菘山同年招饮，陈石遗、罗叔蕴、董寿京、王式通、陈仕可、王时甫同席。⑤

---

① 《陈石遗集·附录一》，第2014页。

② 《石遗室诗话》卷十二，第202页。

③ 《石遗室诗话》卷三，第52页。

④ 《郑孝胥日记》第三册，第1307页。

⑤ 缪荃孙著，张廷银、朱玉麒主编：《缪荃孙全集·日记3》，南京：凤凰出版社，2014年，第125页。

正月初十日（2月8日），与林纾等聚于上斜街。

《郑孝胥日记》：赴叔伊、琴南之约于上斜街，座间晤孙师郑、傅子香。①

正月十七日（2月15日），访郑孝胥。

《郑孝胥日记》：陈叔伊、陈任先箓、郑洵甫、孟庸生、张小帆来。②

正月廿日（2月18日），张亨嘉病逝，享年六十四。陈衍为作行状上清史馆。

陈衍《礼部左侍郎张公行状》：公讳亨嘉，字燮钧，一字铁君，福建侯官人。……以宣统三年正月二十日无疾痰涌遽薨。生于道光丁未，享年六十有四。……公薨数月，奉旨给予二品荫生，公官卿贰例得史馆立传。衍兄事公四十年，知最详，谨具历官行事状上之。礼学馆纂修、学部主事陈衍谨状。③

同日，赴赵熙之约于广和居。

《郑孝胥日记》：赴赵尧生之约于广和居，伯潜、琴南、叔伊、掞东、毅夫、鹤亭、若海皆在座。④

正月廿二日（2月20日），午后，郑孝胥来访。

《郑孝胥日记》：午后，过柯贞贤、陈震仲起、白振民、陈叔伊。⑤

二月初一日（3月1日），在温肃的召集下，辛亥诗社同人于慈仁寺雅集。参加此次雅集的有陈宝琛、林纾、陈衍、郑孝胥、

---

① 《郑孝胥日记》第三册，第1307页。

② 《郑孝胥日记》第三册，第1308页。

③ 《陈石遗集·石遗室文集》卷二，第445—448页。

④ 《郑孝胥日记》第三册，第1308—1309页。

⑤ 《郑孝胥日记》第三册，第1309页。

胡思敬、曾习经、冒广生、林思进、罗惇曧和潘博。陈衍有诗《二月一日集旧慈仁寺看松畏庐为毅夫作图题诗其后》[①]。

二月初二日（3月2日），招约。

《郑孝胥日记》：夜，与稚辛同赴叔伊之约，座中晤陈镜潭、陈仁先、赵尧生、梁中毅、曾次公。[②]

二月初五日（3月5日），孙雄招约郑孝胥于陈衍宅中。

《郑孝胥日记》：赴孙师郑之约于叔伊宅中，归过女景。[③]

二月十五日（3月15日），花朝，由罗惇曧作社主，在花之寺为诗社第三集，陈衍作《花朝集花之寺忆与叔雅旧游示掞东》[④]。

《郑孝胥日记》：过陈叔伊，同赴罗掞东之约于花之寺。夜，饮广和居。[⑤]

二月二十日（3月20日），与林纾、力钧同访郑孝胥。

《郑孝胥日记》：琴南、叔伊、力轩举同来，使婉秋出见之。[⑥]

二月廿二日（3月22日），郑孝胥来访。

《郑孝胥日记》：午后，过叔伊、庸生、梧冈。[⑦]

二月廿三日（3月23日），集陶然亭，夜饮广和居。

《郑孝胥日记》：遂至陶然亭，赵尧生亦至。是日集者：胡瘦篁、温毅父、曾刚甫、罗掞东、潘弱盦、林山腴、冒鹤亭、陈弢庵、林畏庐、陈石遗、梁众异，唯江翊云未至。

---

① 见《陈石遗集·石遗室诗集》卷五，第182页。
② 《郑孝胥日记》第三册，第1310页。
③ 《郑孝胥日记》第三册，第1311页。
④ 见《陈石遗集·石遗室诗集》卷五，第182页。
⑤ 《郑孝胥日记》第三册，第1312页。
⑥ 《郑孝胥日记》第三册，第1313页。
⑦ 《郑孝胥日记》第三册，第1313页。

夜，饮广和居。①

三月初二日（3 月 31 日），与郑孝胥谈甚久，坐有林纾。

《郑孝胥日记》：过陈叔伊，逢林琴南，谈久之。②

三月初三日（4 月 1 日），修禊于宝泉河（又名南河泡），林思进作主。

《侯官陈石遗先生年谱》卷五：三月三日，禊集苇湾，山腴主之。③

冒怀苏《冒鹤亭先生年谱》：林山腴召集同人修禊于南河泊，南河泊旧称苇湾。列席者与前略同。除曾刚甫、赵尧生、温毅夫、胡漱唐皆以事未至。是晚仍聚饮广和居。林琴南绘制《南河泊修禊图》，先生作《三月三日山腴招苇湾修禊》。④

三月初四日（4 月 2 日），访郑孝胥，同赴柯劭忞之约于聚贤堂。

《郑孝胥日记》：叔伊来谈，同赴柯凤孙之约于聚贤堂，晤陈士可，约同听戏。⑤

三月初六日（4 月 4 日），郑孝胥来访，与林纾同至琉璃厂。

《郑孝胥日记》：过琴南、叔伊，同步琉璃厂。⑥

三月初八日（4 月 6 日），赴万生园恩福田之约。

《郑孝胥日记》：赴万生园恩福田之约，琴南、叔伊皆来游。……是日清明，游人颇多。⑦

---

① 《郑孝胥日记》第三册，第 1313 页。

② 《郑孝胥日记》第三册，第 1314 页。

③ 《陈石遗集·附录一》，第 2015 页。

④ 《冒鹤亭先生年谱》，第 172 页。

⑤ 《郑孝胥日记》第三册，第 1314 页。

⑥ 《郑孝胥日记》第三册，第 1315 页。

⑦ 《郑孝胥日记》第三册，第 1315 页。

三月十四日（4月12日），午后，与力钧访郑孝胥。

《郑孝胥日记》：午后，陈叔伊、力轩举来。[①]

三月十八日（4月16日），午后，郑孝胥来访。

《郑孝胥日记》：午后，过叔伊、掞东。[②]

三月廿一日（4月19日），午后，晤郑孝胥。

《郑孝胥日记》：午后，答访城南诸客，晤章曼仙、林稚眉、琴南、叔伊、轩举。[③]

三月卅日（4月28日），与郑孝胥、林纾、罗惇曧夫妇至法源寺赏丁香。

《郑孝胥日记》：与叔伊同步至法源寺看丁香，琴南已待于栝下，设茗酒，坐谈顷之，掞东偕其室迦音亦来，日斜乃散。[④]

《石遗室诗话》卷十七：芳原绿野妆点春景者，莫如桃李花，荆公"崇桃兮炫昼，积李兮缟夜"二语尽之矣。惟少陵诗喜说桃花，昌黎、荆公诗喜说李花，殆以桃花经日经雨，皆色褪不红，一望成林时，不如李花之鲜白夺目；所以少陵之爱桃花，亦在深红间浅红时。余作《法源寺丁香诗》，所谓"昌黎半山总爱李，爱其缟色天不晡"也。[⑤]

四月初五日（5月3日），郑孝胥来访。

《郑孝胥日记》：过郭春榆、陈叔伊。[⑥]

四月十四日（5月12日），陈宝琛招林纾、陈衍等游西山秘

---

① 《郑孝胥日记》第三册，第1316页。

② 《郑孝胥日记》第三册，第1316页。

③ 《郑孝胥日记》第三册，第1317页。

④ 《郑孝胥日记》第三册，第1319页。

⑤ 《石遗室诗话》卷十七，第267—268页。

⑥ 《郑孝胥日记》第三册，第1319页。

魔崖，寻宝廷题字。三人同题名于其后。

《侯官陈石遗先生年谱》卷五：五月，弢庵招同畏庐游西山秘魔崖，寻宝竹坡先生题字，三人同题名于其后。公有诗纪之。[1]**【按：《年谱》误作五月。】**

林纾《四月十四日同陈弢庵石遗高颖生游翠微山薄暮至龙王堂庑下坐月》：积阴锁庭除，不纳门外云。暮色已潜动，初疑为游氛。月光注矢下，才觉人影分。长松蟠古苔，老柏含微芬。池鱼仰泉脉，攒动挠波纹。回顾池上人，松气流衫裙。静语及道数，若有山灵闻。

林纾《秘魔岩见宝竹师题壁诗怆然有作》：题名忽及偶斋师，竟似重生再见期。八口宁忘泉下痛，廿年犹泚壁间诗。料无风概宗先辈，忍对沧桑语盛时。早晚商量校遗草，门生也感鬓边丝。[2]

《石遗室诗话》卷一：后二十余年，同弢庵、畏庐至秘魔崖，壁间题字尚如新，赋二十八字云："尚余二客话山邱，卅载门生共白头。绝似平山堂下过，龙蛇飞动壁间留。"[3]

四月十七日（5月15日），招约天宁寺。

《郑孝胥日记》：午后，赴天宁寺叔伊之约。[4]

四月廿日（5月18日），访郑孝胥。

《郑孝胥日记》：陈叔伊来。……过叔伊、汪立元、刘孝祚莲舫。[5]

四月廿九日（5月27日），郑孝胥寄赠《渡海》诗。

---

① 《陈石遗集·附录一》，第2015页。
② 林纾：《畏庐诗存》卷上，第3页。
③ 《石遗室诗话》卷一，第25页。
④ 《郑孝胥日记》第三册，第1321页。
⑤ 《郑孝胥日记》第三册，第1322页。

《郑孝胥日记》：寄《渡海》诗与石遗、庸生。①

四月（5月），胡思敬将弃官归江西，陈衍有诗与赠序。

《侯官陈石遗先生年谱》卷五：四月，瘦唐先生将弃官归江西，……同人集谢文节祠送之。公有七言律二首，所用皆江西故事。②

陈衍《送胡瘦唐侍御归新昌序》：远游之归其乡，人情之所甚乐也。……为谏官不二年，章数十上。传闻弹劾皆亲贵，上及禁近，终不报，亦终不之罪。故语秘不得详，虽至亲昵亦未尝得闻之也。今岁正月，忽为诗七章，以别僚、别友、别谢文节祠、别江亭、别东华门、别琉璃厂书贾、别会馆花木。瘦唐非以归为乐，何为而出此？……吾虽不乐瘦唐之归，固不忍瘦唐之甚不乐而久居此也。③

五月十九日（6月15日），郑孝胥来访，同至春晓楼；饭后游陶然亭。

《郑孝胥日记》：遂过叔伊、琴南，同至春晓楼福州馆，饭讫，游陶然亭。④

五月廿一日（6月17日），访郑孝胥。

《郑孝胥日记》：叔伊来。⑤

五月廿五日（6月21日），赴胡琳章之约。

《郑孝胥日记》：遂赴胡铁华之约，晤石遗、赵、罗诸君，余先去。⑥

---

① 《郑孝胥日记》第三册，第1323页。

② 《陈石遗集·附录一》，第2015页。

③ 《陈石遗集·石遗室文集》卷七，第488—489页。

④ 《郑孝胥日记》第三册，第1325页。

⑤ 《郑孝胥日记》第三册，第1325页。

⑥ 《郑孝胥日记》第三册，第1327页。

五月（5月至6月），缪荃孙因管国立图书馆，聘陈衍任纂修。

《侯官陈石遗先生年谱》卷五：缪筱珊先生管国立图书馆，聘公充纂修，招饮于十刹海。①

六月初二日（6月27日），访郑孝胥。

《郑孝胥日记》：叔伊、庸生来。②

六月初三日（6月28日），于小秀野草堂寓中招集诗社，是为该社最后一次雅集。

《侯官陈石遗先生年谱》卷五：最后集公寓。寓中花木本极盛，中有单叶白桃花一株，忽变为千叶桃，烂熳千百朵。席设花下，花片时坠杯中，大有宋人飞英会之致。群公是日乐甚。真案：公尝言，平生文酒之乐，是集为最。③

六月初四日（6月29日），诗社同人集于宅中。

《郑孝胥日记》：赴诗社同人之约于叔伊宅中，摄影。④

六月十一日（7月6日），至津门，将游泰山。

《侯官陈石遗先生年谱》卷五：六月，携张宗杨与同部胡绥之名玉缙，仁和人，考取特科，用知县。游泰山，作记一首千余言，所以状泰山者，特为详明。⑤

《石遗室诗话》卷十八：辛亥余游泰山，道出津门，林子有告余，沅叔方从泰山归，当咨问之。已而沅叔所以指告之者甚详……⑥

---

① 《陈石遗集·附录一》，第2015页。
② 《郑孝胥日记》第三册，第1328页。
③ 《陈石遗集·附录一》，第2015页。
④ 《郑孝胥日记》第三册，第1328页。
⑤ 《陈石遗集·附录一》，第2015页。
⑥ 《石遗室诗话》卷十八，第287页。

《郑孝胥日记》（六月十二日［7月7日］）：叔伊亦于昨日至津，将往游泰山。①

六月十三日（7月8日），中午时分，至泰安城外。后作《登太山记》记登泰山所见。略云：

余以辛亥六月十三日日将午至泰安城外，遂命肩舆，不数里至太山之麓，已见所谓南天门者，在数千仞之上夹持于两峰之颠。……同游者元和胡玉缙、余仆张宗杨。

姚姬传《登太山记》力为其简，示不为题震也。东汉马第伯《封禅仪记》，则郁律千余言，殚诘厥状。盖不见真面太山，无以异于众矣。当日由东道而登，与今日由南道者殊异，故不惮复详为表之。衍又记。②

六月（7月），从泰山归，致书俞明震，针对乡试、会试已废，士子皆由学堂出身，然各省督抚、州县吏及乡绅对学校干预极多，提学使无从措手现象，力主废止学校给学生“出身”，以根除各方干预。书云：

确士贤兄足下：前月蒙惠书及诗二纸，感气类之离索，述道途之阻艰。……适从泰山归，……学务之堕坏，至于今日，盖有数端，而无财不与焉。自学院废，改为学司，外厅指撝于识字不多之疆吏，内受束缚于抱守文法之部曹，凭报告为抉经之精，握簿书为执圣之权，中等以上学校之长命于疆吏，提学使不得过而问之也。讲师及各执事之人，主持于居乡之搢绅先生，提学使不得臧否而进退之也。提学使者主画诺，尸其名而已。如其咎也，谁职之乎？提学使职之也。学校之有奖励，弊在试卒业者全体，而登第尽人而得官也。……言学务者醉心于外国普及之名，谓有术焉，以必致之

① 《郑孝胥日记》第三册，第1330页。

② 《陈石遗集·石遗室文集》卷五，第468—470页。

也，编为浅而易知之言以教之，立为子弟不学、罪其父兄之法以绳之，意非不美也。然而行之数年，效如捕风，乡间识字之子日见其少，何哉？学部长官惟奉教于游学东国之学子，以为六经、《语》、《孟》断不可以教也。兹事之然不，且勿论辩。今之学子，非书贾编纂之书不得读，其陋俗貤缪亦勿问也。……衍不自量，屡龂龂于长官，为其所恶，虽举足下之苦衷毅力、应机立断而殚精以赴者，日鸣号于众，亦莫之动听也。足下为所得为，姑尽吾力，若主画诺而职其咎，吾知足下必不同于人人也。衍白。[①]

七月初一日（8 月 23 日），招饮陈宝琛、缪荃孙、曹元忠等。

缪荃孙《艺风老人日记》：石遗招饮，酒菜均佳。毓少岑、曹揆一、陈伯潜同席。……冒鹤庭送双图归，即请石遗题……[②]

七月初四日（8 月 27 日），缪荃孙宴请陈衍、陈曾寿、曹元忠等。

缪荃孙《艺风老人日记》：到会贤堂请客。毓少岑、陈石遗、张砚云、傅艺香、陈仁先、张文元、王捍郑、曹揆一、定閎公小饮并赴馆观书。[③]

七月初七日（8 月 30 日），陈宝琛邀陈衍、林志钧等游十三陵，是夜宿端方所筑山楼。陈衍后作文记之。

《侯官陈石遗先生年谱》卷五：七月七夕，弢庵都统招同林宰平志钧、程郁庭树德、施藜观书游十三陵。……是夜宿端陶斋所筑山楼。[④]

---

① 《陈石遗集·石遗室文集》卷八，第 495—496 页。

② 《缪荃孙全集·日记 3》，第 155 页。

③ 《缪荃孙全集·日记 3》，第 155 页。

④ 《陈石遗集·附录一》，第 2016—2017 页。

陈衍《游明陵记》：永乐以下十三陵聚于昌平一州。天于昌平之山数十里，连冈叠阜，专为明设。……辛亥七月与陈弢庵阁学同游，归特为之记。①

七月初八日（8 月 31 日），大雨，与陈宝琛等困于山中，将游沟沟崖不果。

陈衍《同弢庵都统游明陵次日将往沟沟崖大雨不果》：十三陵外碧峰奇，准备重沟涉险巇。猛雨中宵何突兀，乱云竟日尚奔驰。水深断涧舆难渡，石滑层崖蹇不宜。天纵肯晴吾亦去，未游却作纪游诗。②

七月初九日（9 月 1 日），河流甚涨，陈衍因事先下山；招约郑孝胥等。

《侯官陈石遗先生年谱》卷五：第三日，公有事须下山，河流甚涨，无舟不得渡，携仆由一铁道轨木达彼岸。半道颇惴惴。弢丈诸人仰翻栲栳作舟，使数土人凫水，肩而行，至则满身泥滓矣。③

《郑孝胥日记》：赴叔伊之约。④

七月廿日（9 月 12 日），郑孝胥访陈衍，久谈。

《郑孝胥日记》：遂访叔伊，坐久之。⑤

七月廿四日（9 月 16 日），夜，招约郑孝胥。

《郑孝胥日记》：夜，赴陈叔伊之约。⑥

七月廿七日（9 月 19 日），晨，访郑孝胥。

---

① 《陈石遗集·石遗室文集》卷五，第 471 页。
② 《陈石遗集·石遗室诗集》卷五，第 190 页。
③ 《陈石遗集·附录一》，第 2017 页。
④ 《郑孝胥日记》第三册，第 1340 页。
⑤ 《郑孝胥日记》第三册，第 1343 页。
⑥ 《郑孝胥日记》第三册，第 1344 页。

《郑孝胥日记》：晨，叔伊来。①

八月初二日（9月23日），赴陈宝琛招约，郑孝胥、严复在座。

《郑孝胥日记》：午后，赴伯潜之约，几道、石遗在座。②

八月十四日（10月5日），郑孝胥来访，小坐。

《郑孝胥日记》：访叔伊小坐。③

八月十七日（10月8日），郑孝胥来访。

《郑孝胥日记》：席散，过叔伊，听音机数阕。④

八月十九日（10月10日），革命党人在武昌发动起义，史称"武昌起义"。时《全闽诗录》方刻成于武昌。乃举家自京师归里。

《侯官陈石遗先生年谱》卷五：八月廿日，苏戡文自施饭寺电告，武昌革命军起，鄂督瑞澂不知所往。⑤

《石遗室诗话》卷五：余刻《全闽诗录》于武昌，方成而兵事起。⑥

八月廿四日（10月15日），郑孝胥来访。

《郑孝胥日记》：出城，过叔伊、琴南，琴南亦欲送眷暂避于天津租界。⑦

八月廿五日（10月16日），命家眷检装南下。

《侯官陈石遗先生年谱》卷五：廿五日，公命眷检装

---

① 《郑孝胥日记》第三册，第1345页。

② 《郑孝胥日记》第三册，第1346页。

③ 《郑孝胥日记》第三册，第1348页。

④ 《郑孝胥日记》第三册，第1348页。

⑤ 《陈石遗集·附录一》，第2017页。

⑥ 《石遗室诗话》卷五，第77页。

⑦ 《郑孝胥日记》第三册，第1350页。

南下。[①]

八月廿六日（10月17日），家眷启程南下，自留京中。后与梁鸿志、黄濬话别。

《侯官陈石遗先生年谱》卷五：廿六日晨行，自留京寓，侍者惟张宗杨及车夫厨子门者三人。……其夜，仲毅、秋岳来送行。[②]

《石遗室诗话》卷十一：哲维先有五言一首云……此诗送余别草堂归里也。[③]**【按：黄濬此五言诗即《送陈石遗先生归里》。】**

八月廿七日（10月18日），凌晨乘汽车出京，过天津至沪，再乘船归里。

《侯官陈石遗先生年谱》卷五：凌晨行，鹄俟汽车。……至津，住旅馆，搭轮舟至沪。适闸口革命军起。……遂航海归里……[④]

九月十五日（11月5日），抵里。令家人借居陶江力钧庐，陈衍则居城中。岁末有《归陶江诗》四首。

《侯官陈石遗先生年谱》卷五：遂航海归里，实十五日也。[⑤]

《石遗室诗话》卷五：前岁九月，举家归自京师。家人借居陶江力氏庐，余携张仆居城中，时往来于城乡之间。岁暮有《归陶江诗》四首寄力医隐云……[⑥]

---

① 《陈石遗集·附录一》，第2017页。
② 《陈石遗集·附录一》，第2017页。
③ 《石遗室诗话》卷十一，第180—181页。
④ 《陈石遗集·附录一》，第2017—2018页。
⑤ 《陈石遗集·附录一》，第2018页。
⑥ 《石遗室诗话》卷五，第77页。

九月十八日（11月8日），福州光复。同日，葬萧夫人柩于梅亭乡文笔山后。

《侯官陈石遗先生年谱》卷五：十七夜，有党人来告，定于明晚举事。十八早，命家人避兵阳崎。后呼文笔山生圹墓佃，将举萧恭人及冀伯姊丈两棺渴葬之。午后携仆上山，二圹已开竣，须臾两棺亦从开化寺权厝至。……有诗纪之。……是夜睡至四更，果闻炮声大震，南北两道火光烛天。①

九月十九日（11月9日），林纾避难天津，期间发奋作诗，自命“诗史”，将所作录寄陈衍评定。

《石遗室诗话》卷五：前岁畏庐避地天津，忽发愤大作诗，自命杜陵诗史，写十数首寄示余，工者二三，未工者七八，不及《都门游集》诸作多可存也。寓书劝其淘汰，并奉怀绝句云：“畏庐畏乱复畏贫，稚子旁妻寄析津。飘泊干戈曹霸笔，铺张排比杜陵人。”闻畏庐颇不乐。夫“铺张排比”，元微之以赞美少陵；元裕之则云：“少陵自有连城璧，争奈微之识碔砆（是铺张者少陵之碔砆）？”余以为铺张排比亦谈何容易。②

十二月卅日（1912年2月17日），除夕，仆人张宗扬和陈衍《村韵》数首。

《石遗室诗话》卷五：余仆张宗扬，侯官绅带乡人。……宗扬从余十余年，年亦三十矣。喜弄文墨，无流俗嗜好，……前岁除夕，亦和余村韵三首云：“诗人无不爱江村，我愿江头得小园。艺菜莳花成老圃，种松栽竹绕柴门。此时岩下梅应发，（主人所居名楞岩。）遥想暗香都断魂。待到晓来潮水涨，鲜鱼味微佐芳尊。”“夜眠如在万梅村，（室中瓶

---

① 《陈石遗集·附录一》，第2018页。

② 《石遗室诗话》卷五，第82页。

梅甚夥。）晓起寻诗城北园。（主人女公子园林在城北。）寄语主人休远念，出游自锁几重门。鼕鼕腊鼓岁云暮，耿耿兰釭摇梦魂。爆竹声喧街柝静，昨宵独酌酒盈尊。”“雪峰水碓响村村，草棘为篱护茶园。记得童时返樵担，山中日落早关门。田园不觉十年别，世事茫茫若梦魂。欲与主人同笠屐，到吾草舍醉匏尊。”三首起句俱好。①

是年，致信广东提学使秦树声，略云：

仆以为学之亡于下，皆亡于上也。公卿大夫以枵然无具之躬，憪然居高位，信口道说短长。朝廷命之兴学，则遣识字不多之夫，于于然往游东国，浅尝辄返，从而受命惟谨焉。彼以为周公仲尼之学之道，皆不可以教学子也。举国学子，非书贾编纂猥鄙陋俗、众憷䟕缪之言，禁不得读也。乃至以叔梁纥之抉县门，为即孔子之事，以“美哉禹功”“微禹其鱼”之言，为亦孔子之言。学部奏定学章，罗举书籍，乃至列《文心雕龙》于《楚词》《文选》之次，号为总集；数《古文苑》《续古文苑》于《文苑英华》之次，称为卷帙浩繁。《全唐诗》之下，乃不知有《全五代诗》；《全金诗》之上，乃以为有《全宋诗》。大篆乃以为即古文，下又列有籀文。知有姚氏《今诗选》，乃不知有王氏《古诗选》。如此之伦，未易悉数。传播海内外，不亦羞朝廷而轻中国之士耶？……②

是年，为姚永概赠序。

陈衍《赠桐城姚叔节序》：桐城人以能文章名于时，殆二百年而未有绝，文章遂若为桐城人所私者。……于是有桐城文派之说。人不必桐城，文章则不能外于桐城。为是文

---

① 《石遗室诗话》卷五，第78页。

② 《陈石遗集·石遗室文集》卷八，第493—494页。

者，纡回蓄缩，务使词尽意不尽，以至词意俱不尽，可不谓谨严有守者之所为欤？余识马君通伯，因识姚君叔节。叔节为石甫先生孙、通伯妻弟。二君皆刊有文集一巨册，时贤评识烂然。……一时自许为文人者，往往以能识挚父、通伯诸君子，得一言许与执为能文之券，而通伯昔岁告归，既请余赠言，叔节亦以宿诺在，彼今年重至京师，斤斤责偿，岂余言之足为桐城人重欤？①

是年，郑杰原辑、陈衍补订《闽诗录》四十一卷刻成于武昌。

叶长青《石遗室丛书提要》：《全闽诗录》四十一卷，侯官郑杰原本，陈衍补订。是书凡五集，唐为甲集，五代为乙集，宋为丙集，金为丁集，元为戊集。唐五代补订尚少；宋代原稿仅百余人，补至七百人；金全补；元原稿仅二十余人，补至百余人。其明代原稿，则由里人郭柏苍补订，改名《闽诗传》。清代自顺治至乾隆，杰自刊板，分正续两集；嘉庆以后，则尚待续编也。②

是年，作诗《人日掞东招集四印斋以人日题诗寄草堂分韵赋诗得诗字》《二十三日集江亭苏戡主之春雪放晴景色特异》《续题海藏楼图卷》《由农事试验场步至苇湾》《三月三日苇湾禊集示山腴》《刚父招集枣花寺牡丹尚未开丁香方盛是日瘦唐尧生未至漫赋吴体》《法源寺丁香盛开为尧生主人赋》《陈剑潭撰其亡弟琴甫事略属题》《鹤亭长女方十余岁割臂医其祖母病作诗美之》《同人集谢文节祠送瘦唐御史归江西》《满庭桃杏盛开饮酒其下》《题力孝子万里寻亲图》《为刚父题唐人写经卷》《沈庵侍郎属题罗两峰上元夜饮图》《题北宋石经礼记册残本七言十八韵》《极乐寺是二

---

① 《陈石遗集·石遗室文集》卷七，第490—491页。

② 《国学专刊》第一卷第四期（1927年10月）。

十九年前旧游海棠数十株大皆合抱今十无一二矣国花堂匾尚存》《弢庵先生招游积水潭》《鹤亭招集夕照寺拜其族祖巢民先生生日余未至》《秘魔崖书竹坡先生题字后示畏庐》《登岱四首》《历下杂诗》《题双忽雷图》《彊村侍郎寄归鹤图属题》《筱岑阁学招集积水潭高庙》《叔海兵备于洛阳白文公墓前创建白亭书来索诗寄题》《为筱珊先生题蕉窗读画图》《题邝海雪墨迹后》《陈独漉隶书张曲江诗卷题后》《题周郁如画山水》《九月十八日葬先室人于梅亭乡文笔山后十九日展视作》《庭梅将开约梅生月夜弹琴兼以话别》《冬日种竹竟活喜作》《橘价贱落戏书》《岁暮怀人绝句三十二首》《郊行见菜花》等。

民国元年壬子（1912） 57岁

2月12日（辛亥十二月二十五日），隆裕太后颁布清帝退位诏书，参议院选举清内阁总理大臣袁世凯为中华民国临时大总统。

2月24日（旧历正月初七日），陈衍为姻亲郑锡光作哀辞。

> 陈衍《澹庵郑先生哀辞》：前岁庚戌丑月，澹庵先生五十初度。……乃遂以今年丑月十日中风卒。……壬子人日，姻愚弟陈衍撰书。①

2月29日（旧历正月十二日），长孙光度生于福州陶江。

> 《侯官陈石遗先生年谱》卷六：正月，公家人将自陶江移入城。十二日，长孙生于陶江，名曰光度入声，字曰德斋。②

3月6日，惊蛰，为陈曾寿诗集作叙，略云：

---

① 《陈石遗集·石遗室文集》卷十一，第546页。

② 《陈石遗集·附录一》，第2019页。

唐宋以还，能持不律属字句者，殆无不为诗，然可称为工者实不多。有工为诗者，非独其诗之不屑乎众人，必其人之不屑乎众人也。其结想欣戚无以稍异于众人，其有所言，谓之能属字句也足矣。仁先弱冠登甲乙科，为部郎，以言官待补特科，入高等，能为经济家言、性理家言，公卿大臣多器之。稍有甘利达、乐高职之意，与同时年少之子并驱先登矣，皆弃不顾，独肆力为凄惋雄挚之诗。始为汉魏六朝，笔力瘦远，余虑其矜严而可言者寡也，意有未足。别去三四年，相见京邸，出所作一二百篇，无以识其为仁先之诗。韩之豪、李之婉、王之遒、黄之奇，诗中自道所祈向者，皆向所矜慎而不敢遽即者也。余以谓，诗者荒寒之路，羌无当乎利禄。仁先精进之猛，乃不在彼而在此，可不谓嗜好之异于众欤？旧岁八月，武昌兵事欻起。仁先挈家人奉二亲祖母，流寓春申江上，食指三百数。居数月，大困，无以自存，乃以书抵余闽中，言自理其诗，将刊之，乞为叙者，累百十言，何其困苦转徙之余，拳拳之独在此欤？仁先鄂人也，浩然、子美、袭美、元章，天下诗人莫盛焉。至明，驱驰中原主坛坫者，犹有信阳、公安、竟陵、黄公、茶村。清则君曾祖秋舫先生，二百六十年未能或之先，盖鄂诗人之衰亦久矣！然之数人者，诗与其人各不同，而负异于众、不屑流俗之嗜好则同也，仁先非其人耶？昔欧阳公序梅圣俞诗，既疑诗能穷人，又疑穷而后工。吾以为皆非也。圣俞为都官，富于诗，岂真穷饿能以诗自饱哉？穷无定准，欧公穷圣俞，有穷于圣俞者，圣俞不穷；圣俞惟不自穷，故敢于工其诗。自谓穷，则戚其穷不暇，何诗之能工？仁先旅食大困，亦若穷然，然工诗固已久矣。暂而穷，即以坐诗，非道也。况今天下旅食大困者万仁先，有一二工诗如仁先者耶？故余序仁先诗，原其所以工，又断言其不受能穷之坐也。壬子惊蛰节叙。①

4月2日，与何振岱同游耿王庄。

《侯官陈石遗先生年谱》卷六：花朝，同梅生师游耿王庄，访林韵芳夫人于庄畔寓庐，有诗。②

4月15日，旧历二月二十八日，姚永概来访。

姚永概《慎宜轩日记》：访石遗、琴南，各小坐。③**【按：该日页眉有“石遗住福州三官堂”字样。】**

4月20日，孙中山从上海来福州。陈衍参加欢迎筹备活动，并书楹联。

王宜汉《辛亥光复之初的陈石遗先生》：时临时大总统孙中山先生以全国已统一光复，决定辞去大总统之职，拟办理交代后分赴各省游历，并决定先行来闽，然后转粤。4月19日晚孙先生抵马江，翌日早到南台，首至桥南社受诸同盟之欢迎，至下午5时始进城，在明伦堂受国民协会及各社团欢迎。是时各界预备欢迎异常热烈，而以明伦堂之规模为最大，会场当中悬一楹联，上书“有天下而不与，微斯人谁与归”。此联系陈石遗所制，见者皆称落落大方，异常贴切。④

4月至5月，旧历三月，派仆人张宗杨到武昌运回书版及书籍，到北京运回书籍、字画、瓷器等物。后因张病重，陈衍亦入都。

《侯官陈石遗先生年谱》卷六：三月，遣张宗杨往武昌，

---

① 《陈石遗集·石遗室文集》卷九，第513—514页。

② 《陈石遗集·附录一》，第2019—2020页。

③ 姚永概：《慎宜轩日记》，第1227页。

④ 中国人民政治协商会议福建省委员会文史资料委员会编：《福建文史资料》第27辑，福州：福建人民出版社，1990年，第107页。

运《石遗室丛书》版、《闽诗录》版及已印《闽诗录》二百部，往北京运书籍、字画、瓷器等物，暂住力医隐先生宅。①

5月至6月，旧历四月，力钧邀陈衍入都，遂起程。

《侯官陈石遗先生年谱》卷六：四月，宗杨病甚重，医隐书来，速公入都。公亦欲观乱后情状，遂行。②

6月17日，旧历五月初三日，至都，寓力钧宅；重过小秀野草堂，屋已归乡人林少项。

《侯官陈石遗先生年谱》卷六：五月初三抵都，寓医隐园中。③

《石遗室诗话》卷五：去岁五月余至都，与畏庐同寓医隐处。④

《石遗室诗话》卷十一：壬子癸丑，重至京师，屋已归乡人林少项参事。有《重过小秀野草堂故居和哲维旧岁之作》云："五载斜街旧草堂，偏栽桃杏共垂杨。坏垣未补犹山色，颓榭全倾只石廊。陈迹履綦尘漠漠，归魂环珮月荒荒。夜阑秉烛分携处，佳句曾劳寄数行。"哲维原作云："悲烽一夕偏江关，垂老诗人掉臂还。过客已怜江令宅，坏垣能见翠微山。悬知畎亩终吾事，便涴尘沙未算闲。南望战云初不极，欲移归梦入刀镮。"屋后一带高坡短垣，望西山最好，哲维句写得如画，使人讽诵不厌。⑤

6月19日，端午节，节后游西苑，有记。

陈衍《游西苑记》：燕都西北隅多辽金故迹，至元以海

① 《陈石遗集·附录一》，第2020页。

② 《陈石遗集·附录一》，第2020页。

③ 《陈石遗集·附录一》，第2020页。

④ 《石遗室诗话》卷五，第82页。

⑤ 《石遗室诗话》卷十一，第180页。

子著，至明中叶以西苑著。……壬子端午节后导游西苑，隔三十年复登金鳌、玉蝀之桥，左北海、右南海，莲叶无际，老柳蔽亏骄阳。……观那拉后以浮桥禁景帝处，苑中景色苍黯，与颐和园有雅俗之异，然亦垂垂为废苑矣，同游者相与叹惋。夫以富有四海，养以天下，苟平其政，区区亭台、池馆之娱，即多糜金钱，宜若无大过。然而嬴政、陈叔宝、杨广、赵佶之徒败亡相踵，曾无幸者，愿者恫焉，黠者戒焉，岂得谓之过计哉！顾自古无不亡之国，四时之代谢，烟云之变灭，废兴成毁之相寻于无穷也。恫者、戒者，毋亦一姓一家见耶？国家者，积无万数民命为之，财力其脂膏也。脂膏竭，大命无能在者，而廑一姓一家之足恫且戒耶？[1]

6月20日，于小有天遇许宝蘅谈。

《许宝蘅日记》：十时偕豫斋至小有天午餐，遇陈叔伊谈，十一时到车站。[2]**【按：据1950年9月8日《许宝蘅日记》："阅《石遗室诗话》，石遗昔在学部共事，辛亥后仅仅得二三见。"[3]】**

7月至8月，陈宝琛以诗稿就商于陈衍。

《俟官陈石遗先生年谱》卷六：六月，病大愈，将归。……病中为弢丈删定诗稿，存六百首。[4]

《石遗室诗话》卷一：陈弢庵宝琛则必改而后成，过后遂不能改，谓"结构心思已打断矣"。罢官乡居，有作必就商于先伯兄木庵先生书。……伯兄既逝，弢庵亦复出山，在都数年，有作则必商定于余。今年六月，复以全稿属去取。病

① 《陈石遗集·石遗室文集》卷五，第474—475页。

② 《许宝蘅日记》第二册，第412—413页。

③ 《许宝蘅日记》第四册，第1636页。

④ 《陈石遗集·附录一》，第2020页。

中尚为圈点数册，约存六百首，劝刊行之。①

陈衍《为橘叟删定诗稿毕书廿八字》：又向京尘聚一回，眼看深浅换蓬莱。推敲字句商题事，似为君诗特地来。②

8月，南归，林纾送以长句。

《侯官陈石遗先生年谱》卷六：月杪到家。③

《石遗室诗话》卷五：六月南归，君（林纾）送以长句云："明知行促故牵裾，门外新泥已溅车（时大雨新霁）。名辈渐稀君愈贵，清贫能耐计非疏。灰心肯挂沧桑眼，索画仍描水竹居。病起定饶相见地，风前不盼雁来书。"时有大学校讲席之约，期余复来也；次联极见用意。④

8月2日，访郑孝胥，同至汇中楼上晚饭。

《郑孝胥日记》：陈叔伊来谈，遂同至汇中楼上晚饭。⑤

9月至10月，时为北京大学校长的严复以分科学生未毕业为由，续聘陈衍主经史学讲席，电促尽快入京。自此在北京大学执教至1916年2月。

《侯官陈石遗先生年谱》卷六：严几道先生复为大学校长，以分科学生未毕业，订公续主经史学讲席，姑诺之，雅不欲就也。……七月，北京大学电促入都，适闽省当路欲强公出任事，乃出走避之。八月至都。⑥

秋，致函戴礼，讨论其所著《大戴礼集注》。略云：

圣仪吾贤足下：得来书及所著《大戴礼集注》十三卷，

---

① 《石遗室诗话》卷一，第11—12页。

② 《陈石遗集·石遗室诗集》卷六，第200页。

③ 《陈石遗集·附录一》，第2020页。

④ 《石遗室诗话》卷五，第82—83页。

⑤ 《郑孝胥日记》第三册，第1427页。

⑥ 《陈石遗集·附录一》，第2020页。

忻慰无已。此著惜不早告，前撰《太夫人墓志》，当载及此，无负太夫人命女游学意也。当世巨公未尝学问，末由识此，宜其束置不观。秋暑未退，不能多亲书卷，略翻一过，叙录前后数千言，于孔检讨、纪尚书诸家说外，推勘《大戴》非《小戴》删余之本，殆无剩义。惟据贾疏谓大小戴十七篇唐时犹存，疑《大戴》逸四十六篇即十七篇在内，此说未审。……贤研究有素，尚望有以辨难起予，余竢细阅后尚当续布。衍白。[①] **【按：戴礼，字圣仪，系陈衍女弟子，能诗，著有《清列女传》《女小学》《女小学韵文》《大戴礼集注》《礼记通释》；《太夫人墓志》即《戴母王孺人墓志铭》。】**

10月18日，重阳日，时移居北京前门右街桐城馆，其妻萧道管逝世已五年，遗著《说文重文管见》付刻，并为之序。

《侯官陈石遗先生年谱》卷六：九月，移寓前门右街桐城馆，为萧夫人写刻《说文重文管见》，作叙一首。[②]

陈衍《〈说文重文管见〉叙》：……室人读古书，时有神解，善蹈瑕隙，字书形、声、义，辨识豪厘，审人所略，往往洞贯窾核，会厶乖踳。然情韵高远，雅好奇服，不愿为人人之为。推究哲理，于人天死生，妙悟深澈，以身后名，易其自适之趣，非其志也。日常把卷，意有所得，时弄笔札记之，旋弃掷不爱惜，……此书一卷，二百一十有余解，多�府落粺孨，然一条之中，首尾毕具，无未完之义，理而叙列之不难也。室人尝语余："近人治许学有所撰著，惟段氏称《说文解字注》，其它《说文义证》《说文句读》之类，命名率省'解字'二字，非正词也。吾此本专释重文，宜可单称'说文'，又吾名管，即以管见名其书，在他人为谦词，在吾

① 《陈石遗集·石遗室文集》卷八，第500—501页。

② 《陈石遗集·附录一》，第2020页。

直质言而已。”今言笑如昨，墓木已新……往君为余跋《考工记辨证》，甘苦所在，烛照数计。余举此报君，君已一瞑不视矣。悲夫！际此国学荒芜，学子略不识字，尤不宜韫而不出，乃序而刊之。衍亦著有《说文辨证》《说文举例》二书，方之此作，甚愧辞费矣。壬子重阳节陈衍重至京师，书于面城寓庐。①

10月28日，旧历九月十九日，与陈宝琛同游京郊西山狮子窝。

陈衍《九月十九日与弢庵同游师子窝次日至秘魔崖两处景物迥异》：凄紧西风连夜霜，登高来作展重阳。看山觅句骑驴惯，出郭寻秋下直忙。树石凌寒凝水墨，林峦著色遍丹黄。行窝一卧临厓坐，两幅天然画本张。②

11月至12月，刚从日本归国不久的梁启超准备在北京办《庸言》杂志，向陈衍约稿，拟刊登其诗话。是月，梁启超将游历台湾时写就的《台阳》诗集，请陈衍删改。

《侯官陈石遗先生年谱》卷六：十月，梁任公启超开办《庸言》杂志，时任公为司法总长。约公编诗话，计字酬金，千字酬八饼金，月约用万言。公旧有诗话百十则，未成书，兹先编二卷与之。任公以游台湾诗稿一册坚属删改，中言台事有误者，为易数处。任公至喜。③

12月1日，《庸言》杂志在天津创刊。《庸言》馆员姓名如下：主干——梁启超，撰述——林纾、严复、陈衍、吴贯因、夏曾佑、黄远生、徐佛苏、麦孟华。自创刊号起，陈衍所撰《石遗室诗话》月成一卷，共刊印十三卷，是陈衍诗话的第一次发表。

---

① 《陈石遗集·附录一》，第2105—2106页。

② 《陈石遗集·石遗室诗集》卷六，第203页。

③ 《陈石遗集·附录一》，第2020—2021页。

《庸言》停刊后，1914年在上海的《东方杂志》继续发表《诗话》，亦月成一卷，共刊印十八卷。1927年成书。

12月10日，访郑孝胥，谈《庸言》所登《石遗室诗话》之事。

《郑孝胥日记》：叔伊来谈，梁启超所作《庸言报》登所著《石遗室诗话》。①

12月中旬，旧历十一月初，回闽，至家小住。

《侯官陈石遗先生年谱》卷六：十一月大学年假，将回闽，复作《诗话》四卷与任公。初旬行，至家小住。②

12月，与郑孝柽相遇故里。

《石遗室诗话》卷三：稚辛诗不多见。壬子冬月，相遇里中，皆暂归即去，故乡翻成客里也。③

冬，复信刘洙源。

洙源足下：得复书，论议至畅至允。所云诔讄二物，辨之既审，可发明鄙意所未尽。许书二篆异训，绝不相蒙，为生者居前，为死者居后，列叙犹可见也。至谓文章源流，在意义不在形貌，以鄙论赋非六义之赋为未安，而据《毛传》“登高能赋”、班孟坚《西都赋叙》“赋者，古诗之流”，及西汉诸小赋才数句、十余句者，直四言诗，尤为精确不易，真能助我起予，匡其不逮矣。夫疑赋非六义，则王子渊之颂圣主得贤臣，扬子云之颂赵充国，又何以区别于《诗》颂？既有之，赋亦宜然，近在目前而不觉，良可笑人。前书已刊，用复答此，以志吾过。衍白。④

---

① 《郑孝胥日记》第三册，第1445页。

② 《陈石遗集·附录一》，第2021页。

③ 《石遗室诗话》卷三，第48页。

④ 《陈石遗集·石遗室文集》卷八，第502页。

是年，为赵熙诗稿作叙。

尧生豪于诗者也。观其诗，疑若锤凿甚力，而为之则甚乐而易……清奇浓淡，无不备也。独深嗜余诗，刊本数百首，能背诵其大半。……尧生好游，足迹所至，泰岱、嵩高、伊阙，以及吴越平远秀丽之区。然其游峨眉最久，居京师思之不已。宜其所为诗，载蜀山蜀江之青碧而出也……①

是年，复书江瀚。

叔海足下：来书本大著《孔学发微》之指，标举贵公贵仁诸大义，欲立会，以发起孔子祭典于举世耳食目论之时，不听积非之胜是，夫何闲然。衍以为天下之大，古今之遥，未有其人其物不为世所利用，而可不陵夷衰微者。三代以还，世主往往尊礼孔子，祀以太牢，隆以王爵，史从而大书特书之，彼岂有知孔学之广大精微哉！马上得天下，不可以马上治之，则必用稍读书识字者。彼稍读书识字者皆自附孔子之徒也。彼孔子者，固删诗书、修礼乐，显之有五伦，隐之有五常，以纲维家国天下之局者也。尊一孔子，举可以弹压而鞭笞之矣。……②

是年，就自编文集体例事致书门人姚梓芳与刘复礼。

君悫、株源二贤足下：前月接到孔教公会章程，得二贤与孝觉诸君相为料理，至善至善。……数月来衍燕居无所事，恐蚤莫填沟壑，生平无韵之文流落人间，异日有谬坿赏识，摭拾旁勼而流传之者，必非吾意所愿，则大不幸。不如择稍雅驯者刊之，余悉弃去。顾体例有急待商榷者，自元明人有唐宋文十家八家之选，有韵之文与无韵之文判若四渎之不相入。桐城姚鼐氏纂古文辞，分十三类，学者奉为科律，

① 《陈石遗集·石遗室文集》卷九，第518—519页。

② 《陈石遗集·石遗室文集》卷八，第496—497页。

罔敢异议。然箴、铭、颂、赞、词赋、哀祭，皆有韵者也。其次第，论、辩、序、跋、书、说各类，皆未有所以先后之故。湘乡曾国藩氏易为著述、告语、记载三门十一类，稍肃括矣，然亦不无疑义。衍以为：无韵之文首《尚书》，《书》首“典”“谟”，则传、状、碑、志所自昉也。次则书事，书事专记人，宜传志类。《禹贡》则记事者也，故记又次之。奏议下告上之言，本于《无逸》《召诰》，而《洪范》尤居前。曾氏首《皋陶谟》，惟“谟”首称“曰若稽古”，与“典”同，明是记载之体。《汉书》徐乐、严安各传，姓名下止载上书一篇，不及他事，即仿谟体。寻常建议不于朝廷，亦于官府，皆下告上，又次之。赠序本回、路之相赠处，而实昉《君奭》，乃同辈共处一地而赠言者。郑子家、晋叔向之与书，则隔异地与书，当次赠序之后。序跋昉于《易·系辞》，《书序》《诗序辩说》昉于《乐记》《冠义》《昏义》之类，则又次之。祭文昉于《武成》《金縢》之祝词，鲁哀公诔孔子而后有哀诔，与祭文小异。然《周礼·大祝》作六辞，六曰诔，则周初已有，当在赠序下，以其为有韵之文移次于此。赋始于荀卿，非六义“赋、比、兴”之赋。骚亦赋体，当居末。大旨以创是体者之先后为先后。其他各类为拙文所未备者，可以类推，未论次及之也。二贤稽古有素，尤深留意于古文义法，以为何如？愿各有所见以益我。衍白。①

是年，为罗惇曧诗集作《瘿唵诗叙》。

严仪卿有言：“诗有别才，非关学也。”余甚疑之。以为六义既设，风、雅、颂之体代作，赋、比、兴之用兼陈，朝

---

① 《陈石遗集·石遗室文集》卷八，第498—500页。

章国故治乱贤不肖，以至山川风土草木鸟兽虫鱼，无弗知也，无弗能言也。素未尝学问，猥曰“吾有别才也”，能之乎？汉魏以降，有风而无雅，比兴多而赋少。所赋者眼前景物，夫人而能知、而能言者也，不过言之有工拙。所谓“有别才”者，吐属稳，兴味足耳。若三百篇，则朝章国故治乱贤不肖之类，足以备《尚书》《逸周书》《周官》《仪礼》《国语》《公》《穀》《左氏传》《戴记》所未有，有之必相吻合。其有不合，则四家之师说异同，齐、鲁、韩之书缺有间者也。未尝学问，猥曰“吾有别才也”，能为之乎？……故余曰：诗也者，有别才，而又关学者也。少陵、昌黎，其庶几乎？然今之为诗者，与之述仪卿之言则首肯，反是则有难色；人情乐于易，安于简，“别才”之名又隽绝乎丑夷也。掞东为诗未久，而以余所知，有沉酣有年，思力笔力未如其陷入而抉出者。顾与之游数年，其有所作，未有自以为可，不使尧生若余批报而剔刮之者。有以“别才不关学”之说进乎？吾知其不敢闻也。今年余自都归里，掞东裒辛亥以前诗二百余首，属余从容时日，痛下绳削。余不敢辞，携归数月，乃为删去九十余首，其存者又悉为献可替否而归之。复深辩仪卿之言，以为之叙。①

是年，致信弟子梁鸿志、黄濬，讨论为诗之道。

众异、秋岳两贤足下：同日得来书，所言有适相类者，索居感触，聊复及之。衍治诗四十年，其始第以纪游览、志聚散，兄弟倡和，友朋不过二三人，皆寂寞无闻者。二十余岁出游四方，稍识一时贤俊。然赠答至寡，今所存诗年岁具在，可得而按也。三十余岁颇究哲理，以为人之有生，积气

① 《陈石遗集·石遗室文集》卷九，第520—521页。

所在，气尽则声光随之，又何神之不灭？没世之名非己所与知也，而胡爱焉。若及身，则犹有取耳。向者林瞰谷欲刻其诗，恐人议其早计，以商余。余以此意语之，诗与文所以纪事、写景、说理、言情也，非为之之久，佐以读书、见事、积理之多，则恒不工，工亦不至。工且至矣，乃欲知此事、此景、此理、此情者之利，非纪之、写之、说之、言之者之利也。然而不惮于为之工且至者，则人所不至者。吾至之，当其至之之顷，意得甚也。其有与吾所至略相若，而知且好之者，意又得甚。孔子所谓时习而悦，有朋而乐；孟子所谓独乐孰若与人，与少孰若与众者是也。昔有馋者，人以饮食宴乐之，则谀之曰："至乐之事，无如以美馔享客。"客自始馈至既饱，誉其馔不容口。馔之美，诚不虚矣。为美诗文者，殆犹是耳。若夫虽久而不泯，愈远而弥彰，固为之工且至者所不靳，而其身既逝，则誉之而不闻，受誉者固无得也。夫己氏谓一倡群和者，未必传后而寿世。夫后之传不传，后者之事，非倡与和者之忧，而益非夫己氏之忧也。足下以为何如？①

是年，为何振岱诗集撰序。

陈衍《何心与诗叙》：寂者之事，一人而可为，为之而可常，喧者反是。故吾尝谓：诗者，荒寒之路，无当乎利禄。肯与周旋，必其人之贤者也。既而知其不尽然。犹是诗也，一人而不为，虽为而不常。其为之也，惟恐不悦于人；其悦之也，惟恐不竞于人，其需人也众矣。内摇心气，外集诟病，此何为者，一景一情也。人不及觉者，已独觉之；人如是观，彼不如是观也；人犹是言，彼不犹是言也，则喧寂

① 《陈石遗集·石遗室文集》卷八，第501—502页。

之故也。清而有味，寒而有神，瘦而有筋力，己所自得，求助于人者得之乎？余奔走四方三十余年，日与人接，而不能与己离。不能与己离，虽接于人，犹未接也，焉往而不困？若是者，无所遁于其诗也。持此以相当世之诗，若是者百不一二。其一二者，固无往而不困也。吾从林生狷生闻心与之诗，识其人，读其诗，与之言，吾所觉者，心与觉之。吾如是观，心与不如是观者，或寡也。则其于诗，人如是言，心与亦如是言者，殆寡矣。柳州、东野、长江、武功、宛陵、后山以至于四灵，其诗世所谓寂，其境世所谓困也。然吾以为有诗焉，固已不寂；有为诗之我焉，固已不困，愿与心与勿寂与困之畏也。①

是年，作诗《瓶花》《竹根生笋喜作》《招梅生看画》《畏庐自津门寄画酷肖匡庐直逼墨井赋谢二首》《韵芳夫人郊居耿王庄畔梅生及余将有江南之行过之夫人填春草碧一词送别报以长句》《答林可山次韵时将续编闽诗录》《棕舲持赠斑竹杖小诗三首为谢》《抵都伤暑大病十余日》《风疹久不愈腹疾愈而复作殆将死矣倒次畏庐韵戏示医隐畏庐》《次韵答畏庐》《畏庐画松易余杨惺吾楹帖时余将出都连朝风雨凄然若伤别者因书画后》《医隐于田鹅房积雨不得返作此讯之》《重过秀野草堂故居追和哲维旧岁之作》《题畏庐画》《再题》《次韵答畏庐送行之作》《叠韵答医隐送行之作》《再叠韵答弢庵》《读乙盦山居图自题诗三叠其韵》《国学杂志题词》《同剑潭往天宁寺登高遇拨东默园言寺驻兵不得入因忆旧游》《答章一山留别之作次韵》《寄戴圣仪》《北行绝句十二首》《夜过泰山下作》《除夜》等。

① 《陈石遗集·石遗室文集》卷九，第519—520页。

民国二年癸丑（1913）　58岁

1月6日，旧历十一月廿九日，北行，至沪上，驻金陵，后沿津浦铁路继续北行。

《侯官陈石遗先生年谱》卷六：二十九日复北行，至沪，坐沪宁铁路至下关，留一日。登北极阁，下循青溪，沿秦淮，至莫愁湖，南登雨花台。不到金陵盖十七年矣，山水城市如故，惟道旁柳树长大，旧所无耳。次日渡江，走津浦铁道。是夜四更过泰山下，上有积雪，有诗。[①]

1月16日，发表《让沈爱苍书》，刊《庸言》第一卷第四号。

爱苍足下：别来曾几日，足下遽反眼不相识，随若辈戈矛相向，良可怪与？孔子曰：久不相见闻，流言不信。仆固不德，足下又不足以语此。向者视足下在朋友之数，仆之过矣。仆素不识彭寿松，犹其不识海军若辈耳。此来就大学讲席，即为避地计。若辈何所见，见而群起谣诼，欲政府听荧得乎？若辈败降余生，充其鬼蜮情状，何所不至。独惜足下本佳人，纵无爱于仆，奈何独不自爱？数十年谬附好我，昌黎所谓“握手出肺肝相示者”，殆无以过。无论昔者，旬月以来，子培、同叔、伯严、节庵、樊山、梅庵、瘦唐、尧生诸君子，犹见足下作诩诩笑语，以相取下情状如昌黎云云也。若辈不足贵，足下何所见，而执兵陪之人于足下，谁无戒心矣？足下亦无仇于我，徒以素受惠海军中人，俯首听命，吾甚为足下哀之，然犹愿足下之终能悔过也。[②]**【按：此文在《陈石遗集》中未收。事起于去年都内流传陈衍行贿之谣言。】**

---

① 《陈石遗集·附录一》，第2021页。

② 《庸言》第一卷第四号（1913年）。

《侯官陈石遗先生年谱》卷六：八月至都，而海军闽人在沪者，公电告总统，谓有盗在闽杀人，重贿公，使挟数十万金行贿于总统。袁总统召海军部长闽人刘冠雄，告之曰："我虽知有陈某，然无素，何从贿我？汝速解释之。"一时都下喧传此事，屡见报纸。求其故，则由于故人沈涛园对众戏言，访事者谣传。迨海军发公电，以涛园与名。公三函告涛园丈：果不与闻，须自白。丈置不答。则不知其有意与无意矣。公最后函严重诘责，刊在《庸言》报，流传万本。[1]**【按：陈衍与沈瑜庆为姻亲，此事似未影响二人的关系，以后仍多有往来。】**

1月17日，与郑孝胥谈。

《郑孝胥日记》：遂至印书馆，陈叔伊来，谈久之。[2]

1月、3月、5月、7月，所撰《说文解字辨证》刊于北京《中国学报》第3、5、7、9期"小学"栏。

2月1日，发表《石遗室诗话》续，刊于《庸言》第一卷第五号。

2月16日，发表《吴保初传》，刊于《庸言》第一卷第六号。

陈衍《吴保初传》：吴保初，安徽庐江人也，字彦复，一字君遂，清故提督长庆谥武壮次子。……论曰：保初古之伤心人也。古今称四公子者三：战国之孟尝、平原、信陵、春申；明季则方以智、陈贞慧、侯方域、冒襄；清则故湖北巡抚谭继洵之子嗣同、湖南巡抚陈宝箴之子三立、福建巡抚丁日昌之子惠康，与保初皆以文采风概生丁末造，岂不异乎？惠康、保初尤抑郁以死，伤哉！[3]

① 《陈石遗集·附录一》，第2020页。

② 《郑孝胥日记》第三册，第1449页。

③ 《陈石遗集·石遗室文集》卷一，第434—436页。

2月，旧历正月，仍寓力钧处。力钧园中有广东英德石，状似福州陶江玉屏山，力钧以赠陈衍，因为之记。

《侯官陈石遗先生年谱》卷六：正月，仍寓医隐先生处。医隐存英德石一，颇具岩壑之势，公爱之，以赠公。作《小玉屏记》。①

陈衍《小玉屏记》：今年来京师，复寓医隐所，有石高不及二尺，上舒下杀，横皴数叠如云片，青色，具大小二窍，余爱之，举以畀余。颜之曰小玉屏，似陶江楞岩，尤似玉屏也。载归，置吾斋中，覆以盆梅，则玉屏、楞岩；覆以盆松，则李坨，故记之。②

3月，梁启超再请陈衍“酌定”旧作诗集一册。

《侯官陈石遗先生年谱》卷六：梁任公复举旧作一厚册使酌定，则疵病甚寡，无所需其修月之斧矣。③

3月1日，发表诗作《北行过太行山下时》，刊于《庸言》第一卷第七号。

3月16日，张元奇为所撰《知稼轩集》请序于郑孝胥，郑以疾辞，举陈衍代之。

《郑孝胥日记》：张珍午来电，云方排印其诗，名《知稼轩集》，求余作序，且促十日寄闽；复电云：“胥患疖正剧，作序宜属石遗。”④

3月19日，赴京汉同人会诗钟之约。

《许宝蘅日记》：三时半到京汉同人会，诗钟之约，至者二十人，有杨味春、杏城、瑟君、蔡伯浩、郑叔进、顾亚

① 《陈石遗集·附录一》，第2021页。

② 《陈石遗集·石遗室文集》卷五，第476页。

③ 《陈石遗集·附录一》，第2021页。

④ 《郑孝胥日记》第三册，第1457页。

蘧、易实甫、罗掞东、陈叔伊、曾伯厚、陈公辅、陈椿轩、沈研裔、黄秋岳、关颖人、吉符诸君，十时归。①

3月27日，旧历二月二十日，与沈瑜庆、梁鼎芬、易顺鼎、黄懋谦等雅集于陈宝琛处。

易鼎顺《诗钟说梦》：癸丑二月二十日铁路同人会诗钟之局，到者约二十余人，而余与节庵、石遗、涛园、嘿园则在弢老处小集。一在西城，一在东城，相距极远，乃以电话传题，飞骑送卷，互相阅定，从来诗钟会无此热闹者。……而石遗称诵闽人“月诗”七唱一卷云：“花片叠高平地月，竹尖镌满一庭诗。”致以为佳。同社皆谓此童子初学对偶所为，而石遗诵之，殊不可解。②

3月至4月，旧历二月，辞去北大讲席。

《侯官陈石遗先生年谱》卷六：二月，大学分科考毕业，事竣将归，大学校长何锡侯留任续班讲席，令姚叔节教务长来言，公谢之。③

4月1日，发表《石遗室诗话》卷四、《游西苑记》、《叔海于洛阳白文公墓前创建白亭书来索诗》，刊于《庸言》第一卷第九号。

4月5日，清明日，招朱联沅、梁鸿志、黄濬来寓所午饭、看花，往云山别墅，小坐同上江亭，三子各赋诗送行。

《侯官陈石遗先生年谱》卷六：清明日，约梁仲毅、朱芷青、黄秋岳来寓午饭，就医隐园中看杏花，遂往云山别墅，桃李梨开烂熳，高树花光，照耀数亩。小坐同上江亭，

---

① 《许宝蘅日记》第二册，第431页。

② 易顺鼎：《诗钟说梦》，《庸言》第一卷第十一号（1913年5月1日）。

③ 《陈石遗集·附录一》，第2021页。

三子各赋诗送公行，剧谈乐甚。晚归，公各次韵一首。①

陈衍《朱芷青哀辞》：前月吾将出都，朋好相属饮饯，芷青、仲毅、秋岳多在。清明日，吾约三子城西看花，遂上江亭。三子假僧寮退笔濡吮，各赋七言律送行。②

4月7日，离京赴沪。

《侯官陈石遗先生年谱》卷六：三月一日行。③

4月9日，旧历三月初三日，梁启超在北京万生园举办修禊活动，应邀参加的有瞿鸿禨、易顺鼎、严复、林纾、姜筠、梁鸿志、黄濬等40余人。此时陈衍已回闽，未参加，仅将诗稿寄予“属和”。

《侯官陈石遗先生年谱》卷六：得掞东书，言任公集数十人修禊于西郊万生园，分韵赋诗，印一本寄示，要公补作。因次任公韵赠任公，并为作一序。④

陈衍《京师万生园修禊诗序》：余出都航海之二日，停舟芝罘，始忆为三月三日。命酒夃酌，怅然久之。是日也，南则樊山诸君修禊于上海之樊园。……北则任公梁君，修禊于京师西郊之万生园。瘿公、实甫、书衡、叔进、印伯、昀谷、仲毅、芷青、秋岳、宰平、莹甫、伯夔、亚蘧、珏生、公甫诸君会者三十余人。……嗟夫！以风雅道丧之日，犹复得此，可不谓盛欤？⑤

陈衍《次任公万生园修禊诗韵寄任公》：神州遍疮痍，荡涤当安适。谁持活国手，凋瘵有起色。群公尽邓禹，未肯

---

① 《陈石遗集·附录一》，第2021—2022页。

② 《陈石遗集·石遗室文集》卷十二，第548页。

③ 《陈石遗集·附录一》，第2022页。

④ 《陈石遗集·附录一》，第2022页。

⑤ 周建国：《梁启超与陈衍的诗谊往事》，《文化生活报》，2013年4月12日。

甘寂寂。赫然铜面具，不畏发其羃。沧江桑海人，亲见苌弘碧。牖民负先觉，万本饮冰集。新理阐西哲，群籍抉东壁。蔡州正秋望，汐社已日夕。重摩乌集阙，马角返绝域。相逢一握手，烦冤并感激。永和有癸丑，千载与重觅。长安问水边，杜陵泪沾臆。破涕发高咏，文采各奕奕。嗟余东入海，负愧申徒狄。兰亭误后至，瀍涧空目极。有如辛亥秋，适避桓景厄。峨舸过之罘，吹帽风恻恻。南图缓扶摇，北望阻羁勒。平生遇清景，命笔急追索。合并得四美，刻烛听促迫。长安几上巳，岁岁花照席。欧九供描画，张为图主客。我游君未归，我去君当惜。往者六七公，梦想付昔昔。①

《石遗室诗话》卷十九：自癸丑上巳，任公集都下数十人，修禊于万生园，于是岁有是举，数见不鲜。师曾以为循例之集，难得好诗者也。今如"隔年"云云，则一年一修禊，真嫌少不嫌多矣。②

同日，长子声暨忆都门旧游有诗为寄。

《石遗室诗话》卷十六：大儿声暨，近治法律学，善为综核文字，时作小诗，多流连景光而已。去年寄一长句，不无郁郁久居之叹，为作恶者累日。题为《上巳日花下忆都门旧游寄呈家大人》，诗云："六年随宦居宣南，斜街老屋团诗龛。老泉冷官甘寂寞，文酒风味常醰醰。我时废读《范滂传》，堂北无复栽宜男。忘忧乏术意颓丧，长公才识深怀惭。学书学剑百不就，读书读律聊相参，江关烽火达北极，如枭东徙纷负担。求田问舍且种菜，湖海豪气消何堪。看花对酒怅不御，上心往事兼酸甘。都门车马厌尘土，惟有花事吾犹谙。法源丁香香雪海，崇效寺里春沉酣。天宁花之渐减色，

① 《陈石遗集·石遗室诗集》卷六，第207—208页。

② 《石遗室诗话》卷十九，第294页。

国香极乐犹二三。万荷苇湾与十刹，芦荻积水澄清潭。归来草堂秀而野，入门穿径香馣馣。旧游如梦去未远，而此屈蛰同僵蚕。亦知风光过眼耳，当春发思谁能戡？严君倦游复乘兴，文史讲席经还谈。著书多暇树绕屋，葡萄满架藤为龛。压墙百竿竹袅袅，拂簷千丝柳毵毵。花前念远更感逝，地僻门外稀停骖。会当负笈补晚学，四始六义趋庭探。”……儿二十余几时困于场屋，从余居上海，为杂报文字。后居武昌，学为公牍文字。庚子避乱还乡，在陶江经始田园，数年差足自活。丁未入都，方欲游学日本，随即丧母。余以次三二子皆习西文，将毕业而凶短折，心恶之，遂不令往，蹉跎颓废以至于今。故其诗有身世之感云。①

4月11日，旧历三月初五日，自京抵沪，与郑孝胥等饮于同兴楼，散后乘船归福州。

《侯官陈石遗先生年谱》卷六：五日至上海，访苏戡丈于海藏楼。②

《郑孝胥日记》：叔伊自北京来，谈有顷，旭庄、莲士、爱苍、贻书、昆三继至，余约饮于同兴楼，博泉亦来。……夜，饮同兴楼，樊云门亦来。席散，叔伊登船归福州。③

4月13日，抵家。

《侯官陈石遗先生年谱》卷六：初七日至家，海棠三株方开，得绝句一首寄苏戡。④

4月16日，发表《石遗室诗话》卷四续，刊于《庸言》第一卷第十号。

---

① 《石遗室诗话》卷十六，第262页。

② 《陈石遗集·附录一》，第2022页。

③ 《郑孝胥日记》第三册，第1460页。

④ 《陈石遗集·附录一》，第2022页。

4月20日，发表诗歌《澄意居士属题秋幢赞佛图》(《石遗室诗集》题作《题何澄意秋幢赞佛图》①)，刊于《宪法新闻》第二册，署“石遗”。

4月21日，是日为谷雨节，为张元奇作《知稼轩诗叙》。

吾乡人之常为诗者，余识叶损轩最先，次苏戡，次弢庵，又次乃君常。而君常所常与为诗者，弢庵与余外，则有叶肖韩、陈征宇之数子者，身世皆略如其诗。……余尝谓：达官而足山林气者，莫如荆公，大谢、柳州抑无论矣。弢庵意在学韩，实似荆公，于韩专学清隽一路。肖韩、征宇则雅学后山。独君常才笔驰骛自喜，中年以后，时时敛就幽夐，然终与坡公为近。②

4月26日，郑孝胥收陈衍信函及绝句一首。

《郑孝胥日记》：又石遗来书及绝句一首。③

5月16日，发表《石遗室诗话》卷五，刊于《庸言》第一卷第十二号。

5月，作《朱芷青哀辞》。

《侯官陈石遗先生年谱》卷六：掞东来书，告芷青病卒。芷青亦与修禊会者，才读其诗，与别仅十余日耳，遽以千古，此悲几不能堪。仲毅、秋岳书继至，语皆至痛悼。公为哀辞哀之，欲作诗，不能成声矣。④

6月，于前厅西卧室房前挖一小池，纵横仅八尺，养金鱼数十尾，并作《小池赋》近千言。其诗集中共赋诗十余首。池赋及诗传出后，友朋都认为陈家池台妙甲东南，从外省慕名来参观，

---

① 见《陈石遗集・石遗室诗集》卷六，第205页。

② 《陈石遗集・石遗室文集》卷九，第522页。

③ 《郑孝胥日记》第三册，第1461页。

④ 《陈石遗集・附录一》，第2022页。

并纷纷题咏。

《石遗室诗话》卷二十五：余有小池，纵横仅八尺。余既有赋千余言，有诗五十六字装点之矣；而知交题咏，益复不少，几可成《小池志》一书。龚惕庵云："鸣禽习林乐，游鯈爱水深。宴坐观化者，眇眇洞此性。方庭不可树，一勺聊寓兴。欲从古井澜，视彼潜鳞定。畚锸戒经营，廉隅好端正。卦数占纵横（池纵横八尺），古度准分寸（尺准周度）。形取玉水方，止兼仁山静。永谢跛鳖入，亮无青蛙圣。见小论增减，源长足浥润。一滴海可味，尺浑德愈莹。是知物无小，意得境斯胜。主人障川手，袖中藏溟涬。如何老归来，坳堂理清瀠。出绪自作赋，粲发交辉映。伟词余千言，修绠贯九仞。山桂缅刘安，园菜吟庾信。未读先已快，悬知走不胫。（先生赋小池余千言，要以诗成见示。）邻鱼何足求，馈生闻尚靳。有琴可无弦，有台何必镜。但得之濠上，尽看星涵泳。""馈鱼"句谓对门陈陀庵许送鱼未来。……重甥觐冕用东坡《独乐园》韵云："雨声来庭间，泉声来屋下。（池上有沟，雨时环舍簷溜，悉汇沟入池，望之若泻泉然。）池旁盛花竹，不数小秀野。（舅祖京寓小秀野草堂。）吴兴有弥甥，时来侍杯斝。听泉得幽趣，看竹忘长夏。主人老吟咏，宾客多风雅。诗事久荒寒，招邀偶结社。（里中诸诗人结社，请为主盟。）忆自十年前，几杖从长者。虽愧朱芷青、梁众异、黄秋岳，索句亦不寡。法源松栝苍，崇效牡丹冶。城南花事新，游宴喧车马。归来罕文酒，结习久割舍。偶然呈近诗，奖借面深赭。（觐冕呈近作，谓有进境。）还期藉风力，一振寒蝉哑。"次韵均见自然，首韵尤写得出。①

① 《石遗室诗话》卷二十五，第384—386页。

陈衍《石遗室前新凿小池诗以落之》：双圆水月一方池，三面栏干缭绕之。老去填词风皱后，独居深念夜观时。求田问舍归湖海，凿石疏泉见井眉。池中有井。十二竹竿凭照影，千言赋更七言诗。①

6月10日，陈衍雨中往小雄山观瀑，有游记及《大雨宿龙潭观瀑寄听水第二斋主人》② 等诗，宿于陈宝琛所建听水第二斋，作诗寄示陈宝琛。

《侯官陈石遗先生年谱》卷六：五月六日，施藜观招游龙潭。……一宿记之而去。③

陈衍《小雄山观瀑记》：余生平观瀑凡四度，皆遇大雨，各尽其瀑之量焉。……山在永福县治北六十里、侯官陶江南四十里。……癸丑端阳节后一日，陈衍记。④

6月11日，游永泰方广岩，有记。

《侯官陈石遗先生年谱》卷六：次日至方广岩，亦有记。⑤

陈衍《游方广岩记》：片石成厂，壁立数十仞，袤广数十筵，深十丈，浅者数丈，殆吾方广之所独也。……而水莫雄于龙潭，石莫奇于方广。博于游者自知之，非余私其乡之言。然僻在荒裔，游者恒未及知，则以余为私其乡之言也，亦奚不可。⑥

8月1日，发表《登泰山记》，刊于《庸言》第一卷第十

---

① 《陈石遗集·石遗室诗集》卷六，第209页。

② 见《陈石遗集·石遗室诗集》卷六，第208页。

③ 《陈石遗集·附录一》，第2022页。

④ 《陈石遗集·石遗室文集》卷五，第476—477页。

⑤ 《陈石遗集·附录一》，第2022页。

⑥ 《陈石遗集·石遗室文集》卷五，第477—478页。

七号。

8月9日，与何振岱、王允晳、林则铭、龚乾义、郑容、林宗泽等在福州结诗社，陈衍被推为社长。首集于沈祠，次集于陈衍寓所，三集于寒碧楼。

《侯官陈石遗先生年谱》卷六：七月，王又点先生允晳欲起诗社，乞公为之长。首集于李园里沈祠，会者何梅生、刘筱云、林大年、龚惕庵、郑国容、林雪舟、周郁如、叶伯璁诸人。次集在公宅，……三集集林雪舟宅寒碧楼。①

陈衍《立秋后一日碧栖招集城南沈祠》：里中社事久荒寒，即景分题忆坠欢。词客碧栖能跌宕，享堂绿荫暂盘桓。折枝故技捐铜钵，落叶新秋报井阑。纂纂行歌君莫厌，眼前风物写来难。②

陈衍《秋社吟集叙》：去年里居，又点商余欲起诗社，不作折枝。余言庚戌春在都下，与赵尧生、胡瘦唐、江叔海诸人创为诗社，遇人日、花朝、寒食、上巳之等世所号良辰者，择一名胜地，挈茶果饼饵集焉，晚则饮于寓斋若酒楼，分纸为即事诗，五七言古近体均听，次集则易一地，汇缴前集诗，互相评品为笑乐，其主人轮直之。辛亥亦然。此法宜可仿行。……又点乃于立秋后一日，招往城南沈祠为第一集。③

《石遗室诗话》卷二十七：癸丑里居有秋社之集。里中诸子，相从为五七言。旋又北游，社中人每有见怀之作。④

9月1日，发表《送马君通伯南归序》，刊于《庸言》第一卷

① 《陈石遗集·附录一》，第2022页。

② 《陈石遗集·石遗室诗集》卷六，第208页。

③ 《陈石遗集·石遗室文续集》，第585页。

④ 《石遗室诗话》卷二十七，第416页。

第二十号。

10月8日，重阳节，作《石遗室文集自叙》。

生平无韵之文无虑二三千首。教授京师、武昌各学校，说经之文数百首，论史之文数百首，论文之文百十首。佐幕台北、武昌，草奏书札数百首。卖文上海十年，寿言即数百首，杂报论说又数百首。其少时里居，课经义治事词章于书院者不数焉，今皆弃不取。尚有数百首属于记载告语各类，不于吾身尚存。择其稍雅驯者，都为一集。则前所云二三千首中，流落人间必复不少。异日有攈拓旁逑，谬附知言而代梓之者，则多非吾心所愿存，死者虽未有知，而隐隐不甘之情郁于天壤，亦何惜不预为之所也。故删存如左，其编次体例详于与姚君悫刘洙源书中云。癸丑重阳节石遗老人书。①

10月18日，郑孝胥复陈衍书。

《郑孝胥日记》：复叔伊书。②

11月10日，郑孝胥得陈衍书及诗。

《郑孝胥日记》：陈仁先转交叔伊书及诗。③

11月16日，郑孝胥复陈衍书，并附一绝句。

《郑孝胥日记》：复叔伊书，并附一绝句。④

郑孝胥《答叔伊》：荒池老树皆吾梦，梦境故人圣得知。二十九年烦省记，只能寻味不能诗。⑤

12月18日，旧历十一月廿一日，应邀出任京师大学堂文科讲席。是日，赴都过沪，与陈三立、郑孝胥等晤；是夜由津浦铁路

---

① 《陈石遗集·石遗室文集》自叙，第426页。
② 《郑孝胥日记》第三册，第1487页。
③ 《郑孝胥日记》第三册，第1490页。
④ 《郑孝胥日记》第三册，第1490页。
⑤ 郑孝胥：《海藏楼诗集》卷八，第251页。

入京。此番进京，陈衍与陈宝琛、沈瑜庆、王允皙、何振岱、林宗泽等人商议修复宛在堂。是次修复委托给陈宝琛女婿林炳章料理。

《侯官陈石遗先生年谱》卷六：十一月至都，下榻陈弢丈寓。过上海，晤苏戡、古微、樊山、少朴、伯严、梅庵、仁先诸人。①

陈衍《小西湖重建宛在堂记》：癸丑里居，十月与诸同人结社课诗，一日集林雪舟寒碧楼，谋修斯堂，即以命题，余成七言古一首，纪其事。②

陈衍《寒碧楼小集谋修西湖宛在堂》：诗亡雅废无人问，一木不支听倾厦。③

《石遗室诗话》卷二十一：是岁冬月，余复至都，爱苍亦在，因商诸弢庵，拨款兴工，由林惠亭料理。适惠亭主水利局，浚湖修堤，重建澄澜阁，此堂于次年落成。④

《郑孝胥日记》：陈叔伊来，遗文集二本、《说文重文管见》一本。程白葭来，遂偕陈、程同访朱古微，饭于小有天，遇庄思缄、高子益。饭罢，同过安全栈，又与叔伊同访仁先于周少朴寓中，逢李梅庵、林诒书、左笏卿、胡蕲生于座。周留夜饮，席散，与梅庵、仁先同过叔伊。叔伊是夜由津浦铁路入京。⑤

12月25日，**赠许宝蘅文集二册。**

《许宝蘅日记》：陈石遗赠文集二册，携车中阅。⑥

---

① 《陈石遗集·附录一》，第2023页。

② 《陈石遗集·石遗室文三集》，第617页。

③ 《陈石遗集·石遗室诗集》卷六，第210页。

④ 《石遗室诗话》卷二十一，第320页。

⑤ 《郑孝胥日记》第三册，第1494页。

⑥ 《许宝蘅日记》第二册，第467页。

12月29日，许宝蘅来访。

《许宝蘅日记》：访陈石遗谈。[①]

12月至1914年1月，旧历十二月，接女弟子戴礼书，知其母王氏卒，求为撰墓志铭。

陈衍《戴母王孺人墓志铭》：癸丑冬十二月，温州玉环女弟子戴氏礼邮书，告其母孺人之丧，及行述千百言，求为志墓，语至哀痛。……于去秋九月二十一日巳时弃兄扬等而长逝矣，寿六十有八。……葬于县治蒲田村凤凰山之麓。

铭曰：女有士行，仆厘尔敛之壶。内居家理，含以化光蔵经史。玉环弭楫，昔至止鸟澜龙见。照清驶礼，家有相景千祺。[②]

是年，顾印愚卒。陈衍有《悼顾印伯》[③] 诗。

《石遗室诗话》卷二十二：余识印伯且二十年，同客武昌者十年，而罕见其所为诗，《诗话》前编仅录其《修禊作》一首。[④]

是年，撰《萧闲堂记》，追记闺中之事。[⑤]

是年，为同乡前辈宋谦遗诗《剑怀堂诗草》撰序。

今之人喜分唐诗、宋诗，以为浙派为宋诗，闽派为唐诗，咎同光以来，闽人舍唐诗不为而为宋诗。夫学问之事，惟在至与不至耳，至则有变化之能事焉，不至则声音笑貌之为尔耳。[⑥]

---

① 《许宝蘅日记》第二册，第467页。

② 《陈石遗集·石遗室文集》卷三，第455—457页。

③ 见《陈石遗集·石遗室诗集》卷六，第209页。

④ 《石遗室诗话》卷二十二，第345页。

⑤ 见《陈石遗集·石遗室文集》卷五，第471—472页。

⑥ 《陈石遗集·石遗室文集》卷九，第523页。

是年，作《书沧趣楼诗后》，道及陈书、陈衍兄弟为陈宝琛删诗情形。

时世变易，昔之诗人为清有者，今各为其所自有矣，沧趣先生则断断为清有者也。先生往者退居三十年，诗益隋，有作必与木庵先兄商榷之。先兄没，余偶归里，必以质余。旧岁同在都门，先生尚为清帝师傅，裒生平所为诗，使余删存圈点。为删数十首，存六百首。往往先生在坐，余操不律，存一首，必再三问果可存乎；密圈一句，则若色然以喜。岂余之臧否果足据乎？何虚怀之至于此也。与寒兄弟文字性情狎习之久，痛痒所在，知之较他人亲切耳。余屡劝先生以诗付梓，久之谦让未决。余曰：吾闽诗学，至有清而衰，先生清诗人之最后劲也，不为己诗计，独不为清诗生色计乎？若诗之工力品格，余《诗话》论之详矣，不复著云。①

是年，作诗《题金实斋北雅楼著书图》《清明日招仲毅芷青秋岳午饭看花云山别墅遂登江亭三子赋诗送余行各和一首》《秋岳又赋绝句再次韵》《三月三日樊山集海上寓公修禊园诗次少陵丽人行韵余出都过之追和一首》《过海藏楼看樱花到家海棠三树方盛开作》《同次公登海天阁寄怀沧趣》《苦热和柳州诗》《于麓八十一阶化城寺前同人望月》《访椋舲过苏戡旧居是二十九年前夜谈处惘然作》《题李易安小照》《题郭舜卿所藏南田画幅》《桐叶一树落尽一树尽黄坐看至暮》《又一首》《看黄叶寄怀沧趣老人》《登乌石山邻霄台和苏戡磨崖旧作》《雨中登镜湖亭》《实甫寄诗险韵久不能和别报一首》《同人约往豹屏山看红叶将有北行不果》《雨后留别诸故人》《题篁溪归钓图》《自浦口至京师三千里大雪一色》《和仁先菊诗》《环翠楼诗》《题寒庐茗话图》《题岳

① 《陈石遗集·石遗室文集》卷九，第530页。

云闻笛图》《穆庵属题所持遗像》《又属题所持诗册》《前月北来过沪沈观留饮寓斋有诗由仁先寄示索和》《题程伯葭精忠柏记后》《君常民政以仆诗话谓吾乡诗人多在会城西南乡自陈亦西乡人赋长歌寄示奉答》等。

民国三年甲寅（1914）　59岁

1月23日，旧历腊月廿八日，与严复话陶江风物。

陈衍《除夕前二日与几道话陶江风物兼示雪农》：与子江乡忆岁阑，瓦楞刀鲚木奴丹。玉屏李坨皆诗料，秋树林岩久坠欢。且住为佳居易录，苦多去日远游冠。君房端是严光友，酷嗜腐儒风味酸。①

1月25日，旧历除夕，严复作诗答陈衍。

严复《除夕意绪甚恶答陈石遗》：乡思如潮不可缄，连床何限语詀喃。即今除夕非佳节，莫向桃符署旧衔。天下诗才衡左海，故园胜处负楞岩。买山未是巢由事，江水犹应鉴至諴。②

《石遗室诗话》卷十五：几道劬学，老而弥笃，每与余言诗，虚心翕受，粥粥若无能者。癸丑岁不尽二日，与话陶江风物，因赠一长句。几道答和，中二联云："即今除夕非佳节，莫向桃符写旧衔。天下诗才衡左海，故园胜处数楞岩。"……皆的是革命以后感想。③

1月至2月间，旧历正月，仍借居陈宝琛寓。元宵节后，移

① 《陈石遗集·石遗室诗集》卷六，第215页。

② 汪征鲁、方宝川、马勇主编：《严复全集》卷八，福州：福建教育出版社，2014年，第36页。

③ 《石遗室诗话》卷十五，第239页。

居东城顶银胡同。

《侯官陈石遗先生年谱》卷六：正月，仍寓弢庵丈所。元宵后，移居东城顶银胡同，屋二十余间。[①]

2月15日，发表《沈乙盦诗叙》，刊于《庸言》第二卷第一、二号合刊。

3月29日，旧历三月初三日，袁克文邀往西苑流水音修禊。

《侯官陈石遗先生年谱》卷六：三日，袁抱存公子名克文，总统第二子，能诗，善书。请修禊于西苑流水音，成五言古一首。[②]

陈衍《三月三日抱存公子招集流水音分韵得大字》。[③]

4月24日，旧历三月晦日，赴罗惇曧法源寺之招，有诗《三月晦日实甫掞东法源寺僧招同王壬秋太史及都下诸名士集寺中饯春绘图属题》[④]。

《侯官陈石遗先生年谱》卷六：晦日，实甫、掞东招同王壬秋太史，饯春于法源寺，成五言律一首，于王先生有微词焉。[⑤]

《石遗室诗话》卷十七：甲寅春暮，湘潭王湘绮老人入都就国史馆馆长之任，年八十有三矣，步履食饮谈谐，健如三十许人。须皓白，而半白黑发辫尚存。都下闻人，争张燕相逢迎，余时与配食之列。春尽日集法源寺看丁香，寺僧绘图，要客题诗。余诗云："丁香花满院，一老发如银。犹是春三月，居然集百人。寺僧希岛佛，坐客厕山民。共有今朝

① 《陈石遗集·附录一》，第2023页。
② 《陈石遗集·附录一》，第2024页。
③ 见《陈石遗集·石遗室诗集》卷六，第218页。
④ 见《陈石遗集·石遗室诗集》卷六，第219页。
⑤ 《陈石遗集·附录一》，第2024页。

句，风光本足珍。”用事不无稍迁就处，然无字以易之。①

4月至5月，旧历四月，致信王树枏。

晋卿足下：前奉到大集两大册，命肆绳纠，宁所敢任，尽一日力读竟，造语希韩，陈义师曾，力救脆薄之弊，有与为清隽，宁为繁衍者。夙无邸苑，乐葆大作而张之，未必召募而遽应若此无疑也。通伯时时以伤烦进规，自是所自得者贡诸同好，然而遂之，得无近于骨直以立者乎？二百年来，古文词之位号日以尊隆，非命为有道贤者，殆有勿得觊覦之势。顾其所为禘郊祖宗者，韩愈氏以下数人也。何尝韩愈氏，亦何尝曾巩氏、欧阳氏所得之韩，王氏所得之韩，转相效仿焉耳。荒经而达道，瞢史而洞古。侧闻作文宜略识字，而未识体所由合，与用所由分。襞绩盈纸，始别觅同训生僻者代焉。譬以布枲之衣装嵌碎锦，自以为绚烂焉耳矣。《易》曰："修辞立其诚"，不诚无以为辞，然亦非谓诚之既立，辞遂无所事修也。因诵大文，聊复及之。衍白。②

同月，为王树枏作《文莫室诗续集叙》。

人之言曰：明之人皆为唐诗，清之人多为宋诗。然诗之于唐宋，果异与否，殆未易以断言也。……余于诗文无所偏好，以为惟其"能"与"称"耳。浅尝薄植，勉为清隽一二语，自附于宋人之为"江湖末派"之诗耳。③

4月至5月，与郑孝柽同游大通河。

《侯官陈石遗先生年谱》卷六：郑稚星至，四月与同游大通河，风景如昔。④

---

① 《石遗室诗话》卷十七，第275页。

② 《陈石遗集·石遗室文续集》，第572页。

③ 《陈石遗集·石遗室文续集》，第578页。

④ 《陈石遗集·附录一》，第2024页。

4月至5月，为胡朝梁作《诗庐记》。

《侯官陈石遗先生年谱》卷六：为胡子方作《诗庐记》。①

陈衍《诗庐记》：铅山胡君子方，自号诗庐，请余为之记。②

4月至5月，次孙光量生于福州。

夏，致函清史馆长赵尔巽，辞名誉纂修之邀。

次山先生执事：一昨忽奉大函，以清史馆名誉纂修见属，要之承诺。执事多年疆吏，一旦位为文章巨公，于海内人物，若者可命笔削，若者仅足赞襄；若者老于文学，宜羁縻之；若者猎于时名，聊假借之；斟酌至当，粲以殊矣。然窃闻致书辞谢，不领盛意者有之矣。衍则以为，凡物有所予也，而后有所受。有所受也，而后有所辞。独名誉者其人之所自有，非执事之能予夺而大小之也，而何辞焉，故不敢也。前月晤陈弢庵师傅，即言执事采及贱名，弢庵则荐举春榆、晦若、凤孙、伯严、通伯诸人，问衍亦有意乎？衍曰："衍客东诸侯有年，晚官京曹，生平未尝烦人推毂，公不必有所左右其间。"述之者，见执事博采虚声，必人多而困于取舍，衍犹能避让之于夙也。衍白。③

《侯官陈石遗先生年谱》卷六：赵次山馆长尔巽聘充清史馆名誉纂修，有书答之。④

夏，致函何振岱。

心与足下：秋风忽起于怀袖，怀思万端，而佳章适来，慰我寤叹。名言玄理，殆亦舍仆无足倾写，故不惮蹑景于

① 《陈石遗集·附录一》，第2024页。

② 《陈石遗集·石遗室文续集》，第566页。

③ 《陈石遗集·石遗室文续集》，第571页。

④ 《陈石遗集·附录一》，第2024页。

阴，叩闻于寂，举而畀之数千里外隔岁不相见之人邪？久溉之味，俾复尝之；久灭之痕，俾复睹之。欲报大贶，未易称心而出矣。仆昨岁北来，颇有微尚，境由心幻，以为明明已见耑绪，引而申之沛然也，岂知事有甚谬不然者。大抵世缘深则真性情没；真性情没，则宇宙剖判以来，所有钟毓积累至美可观之物，皆将退废而无致人之力。况于绵邈幽敻之百往而百复，将隐而将见者乎？使游鱼而听娲匏之曲，百兽而舞箫韶之成，有其说，未敢知有其事也，况于大音之声希乎？仆凿坏于万人如海之中，竹篠藤萝欲迷出入而剥啄于门者，日仍数至。又不欲欺人避匿，则颠倒衣裳，顾视日暮，悼其逝而不反耳。入夏贞疾，遂罢出游，咎悔之念时作，似视往时反增，岂为道之力不进则退耶？将巨大魔力与之共长相尝试耶？抑血气衰即其间之可乘耶？摧陷廓清数十年安心立命之地，犹似实若虚，如何如何。惟足下有以教我。衍白。①

7月，林尔嘉、林景仁父子创设菽庄吟社，曾延请陈衍主持社课，并征诗海内外。②

7月，与闽籍旅京名流发起组成晋安耆年会，以陈宝琛为会长。该会目的不只在于以文字相切磋，主要是提倡品德，为后辈法式。林纾既作《晋安耆年会图》，又为之序；并拟十六人会员名单：陈宝琛，傅嘉年，叶芾堂，曾福谦，林纾，林孝恂，李寿田，严复，卓孝复，郭曾炘，陈衍，力钧，李宗言，张元奇，孙葆瑨，郑孝柽。晋安耆年会历时八年方散。

林纾《晋安耆年会序》：余客长安十四年，今六十有三

---

① 《陈石遗集·石遗室文续集》，第573页。

② 见李向娟、高洋洋：《陈衍故居的台湾情缘》，《福建日报》第六版（2012年8月22日）。

矣，而同里陈公宝琛、傅公嘉年、叶公芾棠、曾公福谦，年皆长余；而陈公年最高，则六十有七，其去张昌年、张景元尚少三岁，而强健如壮年。余为集林公孝恂以下十一人，合陈、傅、曾、叶四公与余为十六。其中有未满六十者，皆与焉，名曰“晋安耆年会”。会中诸公均长德君子，乱余又幸得长聚于京师，年虽未届富文，然以懿量德素卜之，均可同臻于大耋。方今俗尚污鷙，少年多蹇纵，其视敦尚古谊者，往往恣其讙丑。敬长之道既弛而弗行，吾辈尤宜聚讲道德，叙礼秩，为子孙表式。若纾者，行不加修而业日荒落，幸得追随诸贤之后，领受绪论，用自磨治，则余年之获以进德者，均诸公之所赐矣。既为之图，且识会之缘起，授吾子孙永永藏之。甲寅六月林纾序。①

10月至11月，致信胡思敬。

瘦唐足下：海上握手，忽复三年。今年闻足下有太夫人之丧，急欲奉唁，未稔致书何所，屡询昀谷，迟之又久，乃悉踪迹耳。都门旧人，渐复翔集，皆各有所事事。以仆懒散，极罕诣人，僻居东城隅，花竹藤萝，屋上欲接雉堞，客来谈艺，以书先约，则延之入坐，而迷路回车者，且数数也。弢庵、确士、昀谷、节庵数故人外，则后来之彦若、师曾、诗庐辈，然所极不忘而不得见者，惟足下与尧生耳。尝念足下与尧生，同而不同，不同而同。同为谏官，直言极谏，归于不听不行。而足下笃信旧理，尧生参以新识；足下拂衣径去，尧生犹思勉强，有为不同矣。然峨眉庐阜，天各一方，终已不出，则又同。此仆所极不忘于二君者也。别后于都门凡四至三去，初以数十箧旧书，辛勤所有，命家仆来

① 林纾：《畏庐续集》，第11—12页。

取，几殁旅邸。乃复自行，长大学者，徇诸生意，留继旧讲席，诺之而去。里中当路，强使任事，乃反遁入都。近来英俊，雅不喜多读书。所为词章，率矜妙悟，否亦撦挦涂抹，苛细凌杂，昧厥本源。其诵言安事诗书者，无责矣。当此之时，国家学校尚有专门文科，四方学子尚求入文科肄业，缪以为能长善救失，坚使承乏，忍峻拒之乎？讲席月不过八九至，至不过一二时，若读书种子，能由此多所发荣，固私心所愿幸矣。足下俯仰事畜，薄足支持，拥书数万卷，殆僻壤所仅有。尚愿进德修业，推以造就来学，使西江学者，由清以上追宋元明，当亦足下所不厌也。衍白。[①]

10月至11月，致函郑孝胥。

苏戡四兄足下：别来十三阅月矣，日思足下而未奉一字，辄自怪笑。然数百日之别，落落数言尽之乎？数十年之知，悠悠之言畀之乎？取怀以予不能命笔而遂既也，而尘事之相间，且有以刭之矣。近闻足下犹是危楼端居，绝罕所诣，又不远游，与尧生、瘦唐坐困荣县、新昌，岂相远耶？衍力足以守故乡，不足以居海上；足以游京师，不足以游四方。相知几何，聚且恨少；余生几何，聚且恨短，况于其散耶？叹息于造物之计较太精耳。造物之于人，一相市之道也，无以易之，一豪莫取，岂独事业功名得之者。大氐竭才智、冒生死，穷年累月，百折而不舍哉。斩木于山，伐石于岩，合土为瓴甋，以成宫室；艺谷于亩，树果于园，以给饥渴，若徒取于大地矣。然为旷莽之土壤，创造城郭、沟渠、闾阎、栋宇，移花接木，长养孳息，愈益繁衍，所以报酬之物具在也。风云月露、草木虫鸟之接于耳目，记载论说咏歌之构于

① 《陈石遗集·石遗室文续集》，第575—576页。

心而应于手，昔人所谓取无禁、用不竭也。然而弃纷华之嗜好，劳寂寞之经营，其失以偿，得者已不少矣。又况体物纪事、说理抒情，留不腐之图册以遗来者，所直固非贱哉！而隐隐中以名誉折除利禄，以孤高招致忧患，又所未计也。无以名之，姑名为造物；无所归怨，姑归之造物耳。足下素主人事，其何道以胜之耶？重刻大集闻已成，乞多惠数部。尧生《奉怀》作附上。敬颂道履。衍白。[1]

10月25日，旧历重阳前二日，陈宝琛邀林纾、陈衍等游玉泉山，同游者共九人。陈衍作《游玉泉山记》记之，见《石遗室文续集》。

《侯官陈石遗先生年谱》卷六：九月七日，同弢庵丈游玉泉山别馆。[2]

11月13日，马贞榆卒，享年七十三。陈衍有挽联，并作传。

《侯官陈石遗先生年谱》卷六：马季立先生卒，为作传。先生讳贞榆，充清华学校教习，卒于校中，年七十有三，有经学著作。公有句挽之云："老犹难佚何妨息，书有堪传未算贫。"[3]

11月25日，发表诗歌《二月二十三日集于江亭苏堪主之春雪放晴景色特异》，刊于《小说月报》第五卷第八号。

11月至12月，旧历十月，续刻《石遗室诗集》卷四至卷六，收诗迄1906年。

《侯官陈石遗先生年谱》卷六：十月，删丙午以后九年诗，存四百余首，亦分三卷刻之。杂文稿积三十余篇，亦料

---

① 《陈石遗集·石遗室文续集》，第577页。

② 《陈石遗集·附录一》，第2024页。

③ 《陈石遗集·附录一》，第2024页。

理付刻为续集。①

冬，致信赵熙。

尧生足下：别来三年，燕都凡四至三去。去冬闻足下陷身豺虎之地，几罹不测。驰书问讯，终岁不达，积思成痗矣。昨夕得函，乃知邮递十余日可至，反复把玩，喜不能寐。喜既得致书之所，此后慰我把玩者，已予之右契也。急欲作答，恨笔札蹇涩，不能如衷曲喉舌所欲宣耳。时世变易，我实自弃。世未必弃我，顾我亦有不可尽弃者。自来儒者好为过当之言，谓文必载道，非是不作可也。又曰一命为文人，便无足观，愚甚非之。韩退之在文人中自命知道，群推之无异词，而《原道》首言博爱谓仁，衡诸仁爱人、知知人之说，则无择于人，无为贵知矣。既曰由是而之焉之谓道，是舍仁义即非道也。又曰道与德为虚位，自歧而二之矣。道之不明载于何有？非必道其所道也。似是而非之言，尤易乱德，不如不以道自命，其文转无大过。夫道之大，原出于天，无形者也。文之大，原亦出于天，有形者也。《易》曰："观乎天文，以察时变。观乎人文，以化成天下。"若之何其以为无足观也。《传》称三不朽，言殿德、功。德、功非言莫传也。古之立言，莫先于《诗》《书》。《尚书》纪事之书，言无非道者。《三百篇》则纪事、体物、抒情兼而有之。孔子曰："可以兴，可以观，可以群，可以怨。"又曰："乐而不淫，哀而不伤。"安在必规规为见道之言邪？士先器识而后文艺，裴行俭对王、杨、卢、骆言之也。其曰："有才而浮躁炫露，岂享爵禄者哉？"其言则是，其所以言则陋矣。四子之文固非至，然子安早死，升之恶疾，颜渊、伯牛

---

① 《陈石遗集·附录一》，第2024—2025页。

所无如何也。……今日道丧文敝，殆不让于五季。吾辈不敢言有道，亦何敢不知道，更何敢不知文。来书自谓素不工文，工之境无尽。仆见足下文亦不多。……足下于文章工力既深，乡人从游者素众，若讲艺论学，启迪后进，来者之秀，经沾溉而勾萌毕达，蔚然一方。天下得如足下者六七公，斯文庶不坠涂炭乎？愿足下勿以患难之余，守程伊川尊闻行知不必及吾门之说也。仆于大学教授外，不欲别有所事事，此来之意，曾于与瘦唐书详之。复为足下致其区区，惟起居为道自卫。衍白。①

是年，为北洋政府财政次长项骧之母黄氏作墓志铭。

陈衍《项母黄太淑人墓志铭》：太淑人姓黄氏，平阳人，桂芬先生第五女。……卒于民国三年二月，寿九十有四。是年九月葬本邑集广镇连釜山。……骧名于时，介门人黄濬以行述请铭。②

是年，长乐李兆珍将赴安徽任，赠以《送李星冶巡按使赴任安徽序》③。

是年，作《榕阴谈屑叙》，认为“诗人、学人二者，非肆力兼致，不足以薄风骚、副雅材”④。

是年，修葺宛在堂成，增祀林古度、陈寿祺、谢震、林则徐、林寿图、叶大庄、谢章铤、林旭等。

《石遗室诗话》卷二十一：……此堂于次年落成。乃增祀林茂之、许瓯香、郑石幢、郑荔乡、萨檀河、谢甸男、陈恭甫、林少穆、林欧斋、谢枚如、龚霭仁、陈木庵、叶损

① 《陈石遗集·石遗室文续集》，第573—575页。
② 《陈石遗集·石遗室文续集》，第562—563页。
③ 见《陈石遗集·石遗室文续集》，第570—571页。
④ 《陈石遗集·石遗室文续集》，第580页。

轩、林暾谷十四人。进主时爱苍归里，复增张亨甫一人，凡三十二先生矣。张非首郡人，爱苍主张，盖破例也。①

是年，与陈衡恪交往日多，陈衡恪有诗必请酌定之。

《石遗室诗话》卷十五：君（师曾）深于情者，故为余画《萧闲堂著书图》，题诗有云："至情深刻骨，万事莫与偿。""万事"五字，真能写我心，可抵悠悠者千百言也。②

《石遗室诗话》卷十七：（师曾）年来有诗，必使余酌定之。③

是年，为薛绍徽（陈寿彭之妻）卒后第三年，子女为之编年谱，刊刻《黛韵楼遗集》四册，封面由姚华题签，扉页由严复题签。其中第一、二册诗集由陈宝琛题名，第三册文集由陈衍题名，第四册词集由林纾题名。

《石遗室诗话》卷十五：妇薛氏，好学淹雅，日拥百城，益以善病，足迹罕出户外。撰述甚富，诗、词、骈体文裒然。年四十余殂谢。一女亦能文，殉焉。逸儒方为合梓遗集也。④

是年，作诗《送刘洙源之岭南》《与默园论诗即送其行》《胡诗庐诗存题后》《题侯雪农吟诗图》《陈师曾寄示诗十数首逼肖乃翁喜而有赠并约过谈》《石孙将赴恰克图索赠诗》《朱舜水先生西湖祠堂落成伯葭以纸使题诗补壁》《题沈研农春去图》《喜君常至别后却寄》《三六桥都统属题朔漠访碑图》《为马通伯题碧梧翠竹图卷》《黄玫伯寄示后凋草堂诗属题其后》《题秋草图为姚芒僧作》《古微至屡醉为欢闻其将行诗以讯之》《答惕庵寄怀之作》

---

① 《石遗室诗话》卷二十一，第320页。

② 《石遗室诗话》卷十五，第243页。

③ 《石遗室诗话》卷十七，第273页。

④ 《石遗室诗话》卷十五，第240页。

《寄调又点》《答大年寄怀之作》《岁暮追和暨儿上巳日忆都门旧游寄呈诗即次其韵》《宰平夜至读尧生蜀中寄诗去而门外雪满矣》《岁暮怀旧绝句三十三首》等。

民国四年乙卯（1915）　60岁

1月9日，杨守敬卒，为作挽联及传。

《侯官陈石遗先生年谱》卷六：年七十有七矣，耳颇重听，足微蹇，数月遽卒。有句挽之云："直以著书为性命，才从谈艺判人天。"为作一传。①

陈衍《杨守敬传》：杨守敬，字惺吾，湖北宜都人。同治壬戌举于乡，选黄州府儒学教授，官舍与东坡雪堂邻，自号邻苏。……忽无疾卒，年七十有六。

陈衍曰：同、光以来，熟目录板本之学者，有桐城萧穆、江阴缪荃孙；精金石考证之学者，荃孙、葆恂，守敬兼之。至地理之学，其所独擅耳。守敬治旧地理，新化邹代钧治新地理，分教两湖书院，楚有材矣。代钧不及中寿卒，舆图学会中道而废，惜哉！②

1月19日，与黄濬、樊增祥、易顺鼎、夏敬观等饮于沈成式寓所。

陈衍《崑三世兄招同樊山诸君饮寓斋梅郎新归亦至有作》：畏寒累月不出户，招邀文酒常闭拒。樊山至都未往拜，来去诗筒当晤聚。沈郎面约不可辞，坐有樊山与石甫。罗（掞东）杨（瑟君）梁（众异）黄（秋岳）尽英俊，更有梅郎相媚妩。小车轧轧上灯时，衰茶心情勇忽鼓。毡包裘里学

① 《陈石遗集·附录一》，2024页。

② 《陈石遗集·石遗室文续集》，第557—558页。

邓艾，卷地朔风任如虎。龙阳才子最后至，却作金童伴玉女。还须桃叶自迎接，油壁摇招接软语。未知嘉禾共拜赐，可有短辕与长尘。羊车叔宝幸来迟，未累璧人立延伫。璧人新自江南归，海上群花色皆沮。……①

2月12日，旧历十二月廿九日，罗惇曧、黄节招陈衍、夏敬观、陈衡恪、诸宗元、黄濬、梁鸿志、胡朝梁、杨增荦、黄孝觉等集法源寺祭陈师道。陈衍作祭文一篇并《腊月二十九日同人集法源寺祭陈后山先生成五言三十韵》②。

《侯官陈石遗先生年谱》卷六：二十九日，黄晦闻、罗掞东约会祭陈后山先生于法源寺，会者十三人，请公主祭，作祭文一篇，归赋五言古三十韵。③

陈衍《祭陈后山先生文》：岁在甲寅，十二月二十有九日，后学侯官陈衍，钱唐汪洛年，新建杨增荦、夏敬观，山阴诸宗元，长乐梁鸿志，义宁陈衡恪，铅山胡朝梁，侯官黄濬，南海黄孝觉，顺德罗惇曧、惇㬊、黄节，谨设位于京师悯忠寺，以清酌蔬食，致祭于先生之灵。④

《石遗室诗话》卷十四：嗣腊月二十九日，掞东、晦闻招昀谷、剑丞、贞长、师曾、梓芳、敷庵、众异、秋岳及余，集法源寺，祭后山先生，盖后山以是日逝也。⑤

2月20日，旧历正月初七日，为金和《秋蟪吟馆诗钞》作跋。

近人之言诗者，亟称郑子尹。子尹盖颇经丧乱，其托意

① 《东方杂志》第十三卷第二号（1916年2月10日）。

② 见《陈石遗集·石遗室诗集》卷六，第225页。

③ 《陈石遗集·附录一》，第2025页。

④ 《陈石遗集·石遗室文续集》，第589页。

⑤ 《石遗室诗话》卷十四，第222页。

命词又合少陵、次山、昌黎镕铸而变化之，故不同乎寻常之为诗也。上元金君仍珠以其尊人亚匏先生遗诗刊本见惠，读之仿佛向者之读子尹之诗也。至癸丑、甲寅间作，则一种沉痛惨澹阴黑气象，非子尹之诗所有矣。夫举家陷身豺虎之穴，谋与官军应，不济万死一生，迟之又久，仅而次第得脱，岂独子尹所未经，抑少陵所未经矣。经此危苦而不死，岂乏其人？不死而又能诗，且能为沉痛惨澹阴黑，逼肖此危苦之诗，无其人也。先生与子尹同时，子尹名早著。然知子尹之诗，不知先生之诗，欲不谓之贵耳而贱目也，岂可得邪？乙卯人日，侯官陈衍书于京师。[①]

2月26日，郑孝胥得陈衍书。

《郑孝胥日记》：得叔伊、稚辛书。[②]

3月8日，郑孝胥复陈衍书。

《郑孝胥日记》：复石遗书。[③]

4月，福州西湖宛在堂重建，寄两联。

《侯官陈石遗先生年谱》卷六：是岁，福州浚小西湖，兼修湖上诸名胜。……并重建宛在堂。……里中人属撰宛在堂楹联，公寄两对，一云“稍增东越湖山色，颇似西江宗派图”；一集句云“杜诗韩笔愁来读，林月湖风相与清”。第二对，惠亭误挂在荷亭，则上句无谓矣。[④]

4月5日，寒食日，作《寒食日寄怀梅生兼讯西湖》[⑤] 二首

---

① 金和：《秋蟪吟馆诗钞》，上海：上海古籍出版社，2009年，第455—456页。

② 《郑孝胥日记》第三册，第1551页。

③ 《郑孝胥日记》第三册，第1552页。

④ 《陈石遗集·附录一》，第2025页。

⑤ 见《陈石遗集·石遗室诗集》卷七，第227页。

寄何振岱。

4 月 6 日，清明日，作《清明日怀尧生荣县》[①] 怀赵熙。

4 月 14 日，旧历三月初一日，结春社，首集于寓所。有诗《三月一日于东城敝寓为春社首集集者樊山沈观笏卿叔海确士实甫絅斋众异秋岳并余十人约各为即事诗一首次日沈观诗先成次韵示同社诸君》[②]。

> 《侯官陈石遗先生年谱》卷六：三月一日在都，于东城寓斋建春社，集者樊樊山、周沈观、左笏卿、江叔海、俞确士、易实甫、吴絅斋、梁众异、黄秋岳，约各为即事诗一首。次日，沈观先生先成，公次韵。[③]

4 月 17 日，访姚永概。

> 姚永概《慎宜轩日记》：陈石遗来。夕会，余为主人。[④]

5 月 21 日，旧历四月初八日，六十寿辰。

> 《侯官陈石遗先生年谱》卷六：是月八日，为公六十生辰，不许家人称觞介寿，惟门人中江刘复礼由蜀寄散文一篇，以杜甫氏、韩愈氏为比。林畏庐丈散文一篇。[⑤]

7 月 10 日，应李宣龚之请，发表《石遗室诗话续编》卷一于《东方杂志》第十二卷第七号，连载至 1918 年 2 月 15 日《东方杂志》第十五卷第二号。

> 《侯官陈石遗先生年谱》卷六：李拔可请续编诗话入杂志。[⑥]

---

① 见《陈石遗集·石遗室诗集》卷七，第 227 页。

② 见《陈石遗集·石遗室诗集》卷七，第 228 页。

③ 《陈石遗集·附录一》，第 2026 页。

④ 姚永概：《慎宜轩日记》，第 1295 页。

⑤ 《陈石遗集·附录一》，第 2026 页。

⑥ 《陈石遗集·附录一》，第 2026 页。

8月6日，姚永概来访。

姚永概《慎宜轩日记》：访石遗，久谈。①

8月8日，立秋，访周树谟不遇，有诗《立秋日访泊园不值》②。

8月9日，与樊增祥、左绍佐、沈曾桐、易顺鼎等集于北平宣南外先哲祠。

《侯官陈石遗先生年谱》卷六：七月，陈士可毅招同樊山、实甫诸君，宴集畿辅先哲祠，坐中论诗。③

《石遗室诗话》卷十八：立秋后一日，陈士可毅招同樊山、笏卿、子封、实甫、君立、鸿甫、治芗，燕集宣南畿辅先哲祠。实甫言伯严在武昌，重九日张文襄招同登高，伯严有诗，末二句云："作健逢辰领元老，夕阳城郭万鸦沉。"元老自指文襄。文襄批驳"领"字，谓何以反见领于伯严也。余言伯严早以此事告余，笑文襄说诗之固，"领元老"岂吾领之哉？……是日余得诗一首《次樊山纳凉韵》，云："未秋北地已先凉，入夏浑河欲混茫。端藉西风收宿雨，待将池月换山光。万鸦沉郭悲元老，一笑横江下建康。回首题襟诗事尽，散原分散海藏藏。"苏堪屏居不出，伯严又离居金陵也。④

8月14日，杨度、孙毓筠、严复、刘师培、李燮和、胡瑛等联名发起"筹安会"，陈衍列名"硕学通儒"之首。急电诘主事者施愚，命将其除名。

《侯官陈石遗先生年谱》卷六：未几，而筹安会事起。

---

① 姚永概：《慎宜轩日记》，第1294页。

② 见《陈石遗集·石遗室诗集》卷七，第233页。

③ 《陈石遗集·附录一》，第2026页。

④ 《石遗室诗话》卷十八，第282—283页。

筹安会者，顾鳌、施愚、杨度、夏午诒等，以为共和政体不能长治久安，非改复专制不可，创为此会，将拥戴袁氏为帝制，严几道与焉。……公皆未之知也。有侄在众议院充速记，皇皇然来报曰："叔父名列硕学通儒之首。"公急命驾，至仲毅处，以电话诘施愚等，何为首列吾名？答曰："上意也。"公曰："子之上不我识，必汝举之。请速为除名，我明日不到。"曰："恐干未便。"公曰："未便固也。汝举之而吾不至，汝之未便，殆尤甚焉。"曰："足下真不至乎？不要后悔，他人求之不得者尚多。"公曰："决不后悔。"曰："吾改选他人，公果不后悔乎？"于是乃除名。[①]

9月23日，中秋，和樊增祥《中秋雨后得月和樊山》[②]四首。

9月至10月，撰《费君鉴清墓表》，后收入《石遗室文续集》。

君讳启丰，姓费氏，字鉴清，江苏通州人。……年仅四十有六而卒。……师洪念父甚，数千里邮书以状请表墓，至四五不倦。余以君为无愧乡里善人也，乃从而著之。乙卯八月侯官陈衍表。[③]

10月13日，《申报》刊《石遗室诗话》广告一则。

侯官陈石遗先生（衍）为当代诗学大家，海内知名。此书所收皆近时名贤之作，且阐隐疏征，更足以供考证而资研究。若得此书而读之，则较读现代名人专集，更觉受益大而得趣深也。书凡十三卷，曾分载于《丛报》中，而海内诗人皆以未得单行本为憾。故本社特为缮写，付之石印，以广流传，世之欢迎先生著述者，盍取购之。全部四册，定价六角。[④]

---

① 《陈石遗集·附录一》，第2027页。

② 见《陈石遗集·石遗室诗集》卷七，第233页。

③ 《陈石遗集·石遗室文续集》，第561—562页。

④ 《申报》1915年10月13日。

10月17日，重阳日，黄式苏在遂安东溪送朱鹏之兰溪，时黄小亭作《东溪送别图》并题诗，后陈衍、陈三立等多人题诗其上。

陈衍《为黄胥庵题东溪送别图》：南浦销魂后，此溪东复东。官如灵运好，诗到永嘉工。潋滟黄花酒，萧疏落木风。能将离别意，都与古人同。[1]

11月8日，立冬，为程颂藩遗集作叙。

岁戊戌，余客武昌，始识宁乡程君子大，词翰流美，缤纷蓊葧，楚艳之侈也。梁君节庵乃语余："君未识其长兄伯翰乎？根柢深醇，体用兼茂。惜其亡久矣。"后十有八年，乃得读伯翰之诗、古文词，及子大所为行状。余反复观之，其始浸淫于东京六朝，其继汎滥乎经史，其归湛潜乎宋儒性理之言，迹其先后学问之涂轨，以至立身行己，入官之小用小效，与岭南朱九江先生，呜呼何其似也！自有清初载船山、亭林诸遗老研究实学，一洗明代性理词章空谈之陋，一时居高位者若吾闽安溪李氏出，其学术几掩崑山徐氏广大之门墙，而桐城方望溪氏，则以为不合韩欧程朱为一人，不足与于读书之数。姚姬传氏、曾涤生氏继而扬其微，于是河间仪征之学派专尚考据者，渐以就衰。然百十年来，学者欲求九江、伯翰之硁硁律己，汲汲及物，复几人哉！伯翰犹子穆庵，抱其家藏校本于京师，请为之叙，余适阅九江遗集，感其文章言行若出一辙，论著之以俟后之览观者。乙卯立冬节，侯官陈衍叙。[2]

12月7日，樊增祥七十寿辰，有联为赠。

---

① 《陈石遗集·石遗室诗集》卷七，第235页。

② 《清代诗文集汇编》编纂委员会：《清代诗文集汇编·775·程伯翰先生遗集》卷首，上海：上海古籍出版社，2010年。

《侯官陈石遗先生年谱》卷六：十一月一日，樊山七十初度。……公送以联句云："白傅放翁，海涵地负；太初元朔，岳降崧生。"首切其有诗万首，次切樊姓，三切十一月一日，四切布政司。①

12月22日，冬至日，为石密堂作《密堂诗钞序》②，可见此一时期其论诗主张。【按：石密堂，湖北黄梅人。此序文末署"乙卯冬日侯官陈衍叙"，《年谱》作1914年，有误。】

是年，主法政学校文字学讲席。

《侯官陈石遗先生年谱》卷六：是岁兼主法政学校文字学讲席。③

是年，所编《烹饪教科书》由商务印书馆出版，署名"萧闲叟"。全书分上、下两篇，共三万余字，经教育部审定将其列为全国中、高级师范学校和女子中学必修教科书。上篇主要是烹饪概要、物品选择、烹制方法，下篇收集菜谱八十例。1934年，商务印书馆将其改名《烹饪法》再版，到1948年共出七版，印行三万册左右。【按：陈步编《陈石遗集》只收录此书的"总论"部分，编辑大意、菜谱及烹饪方法未录。福建省图书馆藏《石遗室食谱》抄本封面上书："石遗室底本，《烹饪教科书》（原名《石遗室食谱》）。"该食谱最后一页记："《石遗室食谱》，后改名《烹饪教科书》，福州陈衍先生编，署名萧闲叟，一九一五年商务印书馆出版，此册系陈氏家藏底本，一九五九年出让我馆，本馆志。"署名"萧闲叟"，当是一为纪念夫人萧道管，二为感怀萧道管1884年因马江海战躲避战火于福州保福乡，始学烹饪。】

陈衍《烹饪教科书·总论·绪言》：民以食为天，而主

---

① 《陈石遗集·附录一》，第2027页。

② 见《陈石遗集·石遗室文续集》，第583—584页。

③ 《陈石遗集·附录一》，第2028页。

中馈乃妇女居家之职。《易·家人》卦曰："在中馈。"（言妇人之道，在于家中馈食而已。）《诗·斯干》曰："惟酒食是议。"大概寻常数口之家，日用饭菜，所费不过数百钱，不足以市贵物、治嘉肴也。故《礼记·内则》一篇，虽详子妇奉养舅姑之事，而食品甚繁，不适于取法。惟卫生莫重于饮食，烹饪得宜，则肥鲜固可适口，淡薄亦堪下咽。孟母（孟子之母，见刘向《列女传》。）有言："妇人之礼精五饭。"（《五饭》原书未详，大抵如《内则》所举，饭黍稷、稻粱、白黍、黄粱之类。）幂酒浆。（酒浆加幂，欲其洁。）汉陆续之母，切肉未尝不方，断葱以寸为度。晋李氏女络秀，能与一婢，作数十人饮食，事事精办。北宋汴京宋五嫂鱼羹最有名，南渡临安，犹传其法。可知烹饪之事，宜精而有法矣。精而有法，用钱省而可食；反是，用钱虽多无益也。①

叶长青《石遗室丛书提要》：《烹饪讲义》一卷，侯官陈衍著。先生极精烹饪，世人皆知之。兹编乃家常便饭八十味，非请客食单也。②

是年，发表《陈衍君释奠说》，刊于《宗圣汇志》第二卷第二期。

是年，作诗《戏呈樊山社长兼示一庵同社》《樊山出观唐砚后十余日作歌》《雨人侍郎淇泉翰林招同弢庵樊山春榆沈观珏生曼仙筱鹿燕赏牡丹樊山沈观有诗和作》《题桐城姚氏所藏石田长卷后卷吾闽张亨甫先生寄赠石甫先生者》《节庵寄二扇为寿报以小诗》《题汉江秋望图为徐又铮中将》《又题填词图》《题实甫所存张船山诗画册》《节庵以古灵先生焦山题名拓本寄赠二小诗为谢》《挽麦孺博》《叠昙字韵追和樊山》《士可招集畿辅先哲祠》

① 《陈石遗集·烹饪教科书》，第1870页。

② 《国学专刊》第一卷第四期（1927年10月）。

《读泊园种竹诗绝爱其无竹一大事句次韵奉和》《杨时百以其尊人画册属题》《为穆庵题听诗石斋横额后》《五言二十四韵送今颇上将军回沈阳》《题张红桥砚拓本》《题汤贞愍诗墨》《志局答献恭同年》《连日读杜诗有题》《哭李文石》《寄题三百三十三士亭示景屏》《答剑丞》等。

民国五年丙辰（1916）　61岁

1月3日至5日，发表诗歌《岁暮怀旧》，刊于天津《大公报》，署"陈衍"。

2月9日，郑孝胥得陈衍书信。

《郑孝胥日记》：得叔伊书及新刻诗一本。[1]

4月5日，旧历三月初三日，应福建巡按使许世英之邀出任《福建通志》副总纂。是日，离京南返。【按：时许世英因和督军李厚基政见不合而离职，由李兼任省长。李请沈瑜庆为正总纂。陈衍与沈家为姻亲，其六姊陈仲容为沈瑜庆长兄沈玮庆的继室。受聘之后，沈瑜庆仍留居上海，一切皆由副总纂陈衍负责。】

《侯官陈石遗先生年谱》卷六：是岁，……福建省长许俊人世英，聘总纂《福建通志》。……以福建省长聘函为据，先遣眷属行李至津，公自于三月三日行。……八日航海至沪。[2]

同日，春社第一集，罗惇曧兄弟招约修禊通惠河，不得与。

《侯官陈石遗先生年谱》卷六：是日掞东、敷庵兄弟与陈弢丈诸人修禊二闸，不得与矣。[3]

4月10日，访郑孝胥、陈曾寿。

---

① 《郑孝胥日记》第三册，第1597页。

② 《陈石遗集·附录一》，第2028—2029页。

③ 《陈石遗集·附录一》，第2028—2029页。

《郑孝胥日记》：叔伊来，同访仁先，至又一天，邀拔可、高颖生来谈。①

4月11日，携家人游杭州。次日作《三月九日携晚峰媳妇月采女儿都都外孙游杭州次日归作》② 二首。

《侯官陈石遗先生年谱》卷六：九日携晚峰五姊、月采姊、都甥游杭州。……有诗二首纪之。③

4月15日，偕家人观樱花。

《郑孝胥日记》：叔伊携其女及子妇、外孙来观樱花。④

4月16日，赴郑孝胥招宴。

《郑孝胥日记》：宴张菊生、夏剑丞、赵竹君、孟莼孙、陈叔伊、高子益、梦旦、拔可、萧子粟。⑤

4月19日，访郑孝胥，言在沪租房之事。

《郑孝胥日记》：叔伊来谈，言在沪租屋于成都路，暂不还闽。⑥

4月23日，夜，李宣龚招饮，陈三立、郑孝胥、陈曾寿、陈衍、夏敬观、沈瑜庆等同席。

《郑孝胥日记》：夜，赴拔可之约，伯严、仁先、叔伊、剑丞、爱苍皆在座。⑦

4月，所撰《渔洋感旧集小传拾遗》四卷出版，收入《晨风阁丛书》。该书为增补清人卢见曾《感旧集小传》而作。后又有《石遗室丛书》本。【陈衍编选《师友录》可能来自王士禛《感旧

---

① 《郑孝胥日记》第三册，第1604页。

② 见《陈石遗集·石遗室诗集》卷七，第238页。

③ 《陈石遗集·附录一》，第2029页。

④ 《郑孝胥日记》第三册，第1605页。

⑤ 《郑孝胥日记》第三册，第1605页。

⑥ 《郑孝胥日记》第三册，第1606页。

⑦ 《郑孝胥日记》第三册，第1606页。

集》的启发。《渔洋山人感旧集》收顺治、康熙两朝十人共三百三十三人，诗作两千五百七十二首，王渔洋生前并未刊行。乾隆十七年（1752），卢见曾在黄叔琳处见到抄本，方得以刊行。陈衍认为《感旧集》能各取所长，保存性情文字，为钱谦益、朱彝尊、卓尔堪各家选本所不及。】

5月1日，访郑孝胥。

《郑孝胥日记》：至虹桥路，遂至古渝轩一元会。叔伊、仁先及其弟□先来。①

5月3日，与郑孝胥同往新世界。

《郑孝胥日记》：过陈叔伊，同往新世界，逢高子益、梦旦，登台坐谈，久之乃去。②

5月5日，与沈瑜庆同归福州，有《归家杂诗》③ 八首。

《郑孝胥日记》（1916年5月6日）：会食，爱苍不至，昨夜与叔伊同归福州。④

5月，与沈瑜庆同返福州后，李厚基来拜，招饮。

《侯官陈石遗先生年谱》卷六：四月初旬，公与涛园丈同归里。李培之督军厚基来拜，招饮。因识一时当道诸君。李督军时兼省长，请先定修志凡例，公撰就若干条，印刷寄各省。⑤

6月24日，访郑孝胥。

《郑孝胥日记》：叔伊来。⑥

7月8日，访郑孝胥。夜，同至新世界听说鼓书。

《郑孝胥日记》：仁先、叔伊来。夜，与仁先、叔伊同至

---

① 《郑孝胥日记》第三册，第1607页。

② 《郑孝胥日记》第三册，第1608页。

③ 见《陈石遗集·石遗室诗集》卷七，第238—239页。

④ 《郑孝胥日记》第三册，第1608页。

⑤ 《陈石遗集·附录一》，第2029页。

⑥ 《郑孝胥日记》第三册，第1615页。

新世界听说鼓书。①

7月14日，访郑孝胥，未晤。

《郑孝胥日记》：叔伊来，云已上船。未晤。②

7月底，至沪，携眷归。

《侯官陈石遗先生年谱》卷六：六月杪，同涛园丈至沪，挈眷归。③

7月，上海中华编译社特设国立函授部，印行《古文讲义》，月出一期，共十二期。林纾为编辑主任。其中第四期收陈衍《经学讲义》《古文讲义》《古文新读本》。

9月20日，发表诗歌《杂感十七首》，刊于《大中华》杂志第二卷第十期。

9月21日，夜，郑孝胥得陈衍书。

《郑孝胥日记》：夜，得叔伊书。④

9月22日，为王寿昌之侄女求婚事于郑孝胥幼子郑禹。

《郑孝胥日记》：叔伊为王子仁之侄女求婚事，作书告以小儿志欲学成乃娶，且从缓议。⑤

10月5日，重九日，赴宛在堂秋祭，有诗《重九日宛在堂秋祭作》⑥；约为一公社，名湖心社。

《侯官陈石遗先生年谱》卷六：重九始致祭宛在堂诗龛，……议立一公社，公为名湖心社，每年以三月三日、九月九日举春秋二祭，令周郁如师绘《宛在堂秋祭图》。⑦

---

① 《郑孝胥日记》第三册，第1617页。

② 《郑孝胥日记》第三册，第1618页。

③ 《陈石遗集·附录一》，第2030页。

④ 《郑孝胥日记》第三册，第1627页。

⑤ 《郑孝胥日记》第三册，第1627页。

⑥ 见《陈石遗集·石遗室诗集》卷七，第240页。

⑦ 《陈石遗集·附录一》，第2030页。

10月22日，与郑孝胥至上海望平街看书。

《郑孝胥日记》：叔伊适自福州来，饭毕，与叔伊同步至望平街同文图书馆看《十三经注疏》，有阮刻一部百五十本，索价二十八元；汲古阁刻一部百二十本，索价四十二元。叔伊觅《光绪东华录》，数家皆无之。①

11月25日，发表《二十四史校勘记叙》及诗歌《次棕舲湖上雨饮韵并示涛园筱云》，刊于《小说月报》第七卷第十一号，署"石遗"。

11月，继续就任京师大学堂讲席。

《侯官陈石遗先生年谱》卷六：十月，京师大学校校长胡仁源屡电请续讲席，许之。月杪至，时开第三次分科，公任文学教授，寓顶银胡同故居。②

12月22日，访郑孝胥，不遇。

《郑孝胥日记》：姚赋秋来，陈叔伊来，皆不遇。③

12月23日，郑孝胥来访，同至会宾楼饭。

《郑孝胥日记》：往访叔伊于全安栈，遂同至会宾楼饭。④

12月，由陈衍组织的修志在乌石山沈葆桢祠正式开办。此间，陈衍先定修志凡例，和沈瑜庆共同具名，印发省内外；并组织修志人员。《福建通志·凡例》既有对史籍的评论，也体现其修志原则。

《侯官陈石遗先生年谱》卷六：开局于乌石山沈文肃公祠中，涛园丈为名誉总纂，不办事，不驻福州。陈陀庵大令元凯为提调，刘耕云太守瀛、何梅生师为协纂，沈冠生礼部觐冕、叶献恭大令大琛、林耕煤大令苍、陈小真大令钜前、

---

① 《郑孝胥日记》第三册，第1630页。

② 《陈石遗集·附录一》，第2030页。

③ 《郑孝胥日记》第三册，第1638页。

④ 《郑孝胥日记》第三册，第1639页。

林敏生大令翊、陈大弥大令敬、王镜湖大使庆湘、郑星帆孝廉祖庚、林可山诸生孝颖、吴樵笑炎南、陈耻楼诸生耻、陈益卿诸生谦、叶伯聪诸生心炯，及李苑之、龚惕庵、林雪舟共十余人为分纂外，采访、校对、誊录又二十余人，月糜银圆二千元，其费出全省各县钱粮串票项下，每张加征一文，钱三文。[1]

冬，晤外甥沈赞清于北京。有诗《晤雁南三甥题其诗卷》[2]。

《石遗室诗话》卷二十五：沈甥雁南赞清，以道员宦游桂、管，不见者二十一年，中间一官转徙，不出粤东西。今年冬月，忽相遇京师，悲喜交集，万千旧事，不知从何处说起。出示诗稿三卷，工力甚不浅。题一律于其诗卷上方云："不见吾甥二十年，万千旧事一灯前。哀蝉玉袂同凄咽，石马铜盘几变迁。犹有朝云将叔党，可无山谷得师川。东南约略游踪遍，阳朔罗浮独各天。"三句谓余与雁南皆丧妻；五句谓雁南姬人极得大妇欢，大妇逝时，言子女得付托，吾目瞑矣。雁南诗兼学坡、谷、荆公，不苦涩亦不滑易。[3]

是年，沈瑜庆、陈衍撰《福建全省修志局拟定各县通用凡例》铅印本印行。

是年，受陈宝琛之托，已选成《抑快轩文钞》，然因经费匮乏，直至1948年方刊入《福建丛书》。

是年，作诗《春寒和樊山次韵》《樊山以雪意词索和和之以诗》《赠赖生寿》《题李西涯诗横卷》《归家杂诗》《敏生招同人夜泛西湖耕煤有诗次韵》《耕煤复叠前韵再次之》《哀寒碧五言一首》《暑夜泛舟西湖达晓不睡》《再作》《题白莲居士画白莲》《题胥庵诗稿》《将至界首回望泰山》《汽车上望华不注》等。

---

① 《陈石遗集·附录一》，第2029页。

② 见《陈石遗集·石遗室诗集》卷七，第242页。

③ 《石遗室诗话》卷二十五，第382页。

民国六年丁巳（1917）　62岁

2月16日，发表《中国文学研究会缘起》《论诗》，刊于《中华编辑社社刊》第一期。

2月25日，发表诗歌《题李西崖画》，刊于《小说月报》第八卷第二号，署“石遗”。

3月1日，发表《唐砚歌》《论诗》，刊于《中华编译社社刊》第二期。

3月16日，发表《京师万生园修禊序》《论诗》，刊于《中华编译社社刊》第三期。

2月至3月，旧历二月，辞去教职，自北京返归福州，住文儒坊大光里。其后院名匹园，中有花光阁。“花光”二字取自其妻萧道管诗“挹彼花光，熏我暮色”。此阁落成时，陈衍自撰楹联，请陈宝琛书写；郑孝胥又为书“花光阁”匾额。林纾亦从北京寄诗来贺，诗题《匹园图并诗》（又题《寄题石遗皆山楼》），陈衍作《畏庐寄诗题匹园新楼次韵》和之，诗云：

> 敢云隐几日看山，只拟千忙博一闲。联扁分书已坡谷，画图传本待荆关。谁知五柳孤松客，却住三坊七巷间。循例吾家悬榻在，何妨上冢过家还。①
>
> 《侯官陈石遗先生年谱》卷六：二月，于所居后屋辟匹园，建皆山楼，有《匹园记》《皆山楼记》。嗣改皆山楼为花光阁，有记详其事。花光阁属苏戡文书扁，自撰楹帖云“移花种竹刚三径，听雨看山又一楼”，属弢庵丈书之。畏庐、掞东、秋岳诸人皆寄诗落之，公有和作。②

---

① 《陈石遗集·石遗室诗集》卷七，第243页。

② 《陈石遗集·附录一》，第2030—2031页。

《石遗室诗话》卷二十八：余今年息影归来，于敝庐后面辟一小园，字之曰“匹”。有记云：“屋于吾会城光禄、文儒、衣锦三坊间。将于所屋外，斥余地，多莳杂花木，小构亭馆，则四邻皆强有力者，而何斥之可言？此吾匹园之所以撳揭而乃辟也。吾以中岁奔走四方，无往不与先室人偕，劳苦三十年，日思弛其负担。室人尝言愿筑楼数楹，竹梧立后，花树仰前。既营一楼，具体而小，众花陵于高树，不能自存者，一桃三棠，独老梅倔强与抗，余皆日瘠。乃于正屋后院伐一巨桑、一谏果，夷东西二厢，坏三仞横墙七丈、后直墙丈余、东边墙三丈、又东横墙一丈，积土千余担成数小阜。夷横墙外厨屋、杂屋数间，割偏东地徙焉。锯正屋后檐，深五尺、广七丈，退其户牖以展南址。于是有地东西宽七丈，南北深、偏西三丈有六尺、偏东绌八尺。墙其东南，西北则旧，门其尽南西面。盖全形扁方，而东北缺其角，东南呀其口，逼肖‘匹’字焉。乃位一楼于西北隅，西南隅位以小榭，东北隅位以露台，其下室焉。偏东则廊，南行抵门，台与楼复道属焉。隙地则遍种花木。噫！斯楼成，先室人已亡十有一年，余为匹夫久矣。前六年营葬先室人于梅亭之文笔山，坟地横九丈有奇，直六丈有奇，山径从右入，亦具‘匹’形。匹夫卧楼上，匹妇长卧地下，所谓鳏寡而无告者也，不以‘匹’名吾园而何名邪？”……余楼成已过初夏，非栽种花木时尚好，前院花竹过稠，就近迁移，可以无恙。高寻丈者约数十本，亦足敷衍三径矣。“移花分竹”一联，乞弢庵太保书作楼前联，弢庵书似黄。“皆山”楼扁，乞苏堪书，似苏也。阑干用亚字卍字纹，皆古法，世久不行矣，余特为复古。……方拟作书乞畏庐绘园图，而畏庐诗来云：“卷帘是处是青山（用放翁句），目力应无片晌闲。何用四时将竹轿？居然万绿满柴关。我疑清福归前定，天许先生隐此间。一事最教人健羡，看山兼看鸟飞远。”第二句第八句好。第二句谓余在志局，日翻百十册，稍空又看山也。[①]

夏，访沈曾植，晤陈三立。

《石遗室诗话》卷二十六：久不与子培相见，今夏寓沪访之。登楼，伯严先在，坐未定，子培与伯严大哗，责余近来诗话，不甚誉其诗。余曰：“誉则喜，毁则怒，虽孔子不外人情；但区区之言，果足为典要乎？”伯严又谓余誉其子师曾诗过于乃父。余曰：“此正吾辈求之不得者，恐君词若有憾，实乃深喜之。向在都，尝与林宰平推究古今闻人，其子往往赶不上，此与家学濡染之说，岂不大相反？宰平曰：‘此殆谚所谓近庙欺神之故也。’”相与大笑而罢。[②]

秋，与何振岱、郑容游鼓山，有诗。

陈衍《同梅生国容坐听水斋头半日怀听水主人前度至此及至听水第二斋主人皆不在也》：不到国师岩九年，主人长作出山泉。听泉看竹真成例，一度空斋一惘然。[③]

9月1日，发表《匹园记》《论诗》，刊于《中华编译社社刊》第六期。

10月6日，发表诗歌《村居》二首，刊于《学生周刊》第十期。

10月24日，重九日，作《和嘿园重九寄怀之作次韵》[④] 和黄懋谦。

10月，应京师大学校校长胡仁源电邀，第三次任分科文学教

---

① 《石遗室诗话》卷二十八，第438—440页。

② 《石遗室诗话》卷二十六，第400页。

③ 《陈石遗集·石遗室诗集》卷七，第245页。

④ 见《陈石遗集·石遗室诗集》卷七，第245页。

授，并为梁启超《庸言杂志》撰写《石遗室诗话》稿。

是年，黄式苏赴泰宁县任知事，临行前与陈衍有诗唱和。

陈衍《送胥庵之官泰宁》：建安山水国，子去宰岩疆。人物题名记，邑有梁安贡科题名记，称人才辈出，有邹鲁风。郊原归化场。行春舆领轿，判牍坐溪堂。为政应多暇，孤吟比溧阳。①【按：溧阳指唐孟郊，曾任溧阳尉。】

是年，"台湾诗界二公"之一施士洁，受聘入福建通志局，跟随陈衍编修《福建通志》，二人多相互赋诗酬答，陈衍有赠施士洁诗二首。

陈衍《云舫屡示新诗志局方事之殷久无以和勉成二绝句》：莫说摊书拥百城，重围坐困断援兵。此中劫自非常急，不是寒蝉不肯鸣。

江郎才已垂垂尽，倒峡词偏滚滚来。惭愧阙然无以报，聊将行潦酌尊罍。②

陈衍《云舫次二绝句韵再答》：偏师不足捣长城，狭巷相从接短兵。才已输君三十里，譬如鸡作失时鸣。③

是年，陈衍为饶芝祥作墓志铭。

陈衍《清辽沈道监察御史贵州铜仁府知府饶君墓志铭》：君讳芝祥，字符九，一字占斋。……甫出都，武昌事起。未几清廷逊位。君笃守旧理，惟求一瞑不视。南归道病，卒于南昌旅次，年五十有几。……著述散佚，仅辑存古斋诗、文稿各一卷。④

是年，作诗《为罗君石题贝叶罗汉图》《题洪桥送别图图叶

---

① 《陈石遗集·石遗室诗集》卷七，第243页。

② 《陈石遗集·石遗室诗集》卷七，第243页。

③ 《陈石遗集·石遗室诗集》卷七，第243页。

④ 《陈石遗集·石遗室文三集》，第597—598页。

旬卿先生为张亨甫先生作者》《喜君壵洙源至即送其行》《寄题君壵仁弟秋园八景》《小辟匹园欲作数诗落之久未成咏岁暮乃足成十四首》《题明宫詹陈醴原先生像》《美夹竹桃》《半野主人送梅桃三树并约挑种菜得二担》《连月小病与晓浦遂疏往来念其岁莫独客未有以饷之翻承馈岁且先以诗次韵奉答》《释戡寄天女散花印本属题二首》等。

民国七年戊午（1918）　63岁

1月1日，《申报》第4张刊登了中华编译社函授部本科生、预科生减免学生名额及招生广告，其中附有“本函授部教员姓名”：

> 林纾琴南、陈衍石遗、易顺鼎实甫、天虚我生、苦海余生、李定夷健卿、许指严不才、王钝根钝根、蒋箸超子旌、吴承烜东园、严大鹤疥驼、胡寄尘寄尘①

1月至2月，旧历丁巳十二月，作《古檗山庄记》，全文如下：

> 自堪舆之说盛，为人子孙使其亲之体魄穷年累世不得复归于土者，盖十八九。有心者尽然伤之，谓皆《周官》族葬之法不行，弊用至此。呜呼，岂易言哉！夫葬之莫善于族，犹田之莫善于井也，然其不得行于今日则一矣！吾尝见营田于北方者，连阡接陌，皆数井数十井以为田，通以沟渠，虽不必井而欲井则竟井耳。其葬也亦然，虽不必族而欲族则竟族不难矣。地旷人稀，且古墓则犁为田也。南方丘陵川泽在在而是，由周而来二千有余岁，民数之增且什百千万，人民

① 《申报》，1918年1月1日。

迁徙靡定，益以蛮夷戎狄杂居，中土种族混淆莫得而究诘。宗法久废，聚族而居者千百无一二。山林原湿尺寸之土各有主，非谐价不得而有，虽欲族葬，乌从而族之？晋江秀烺黄君，以《古檗山庄图》介吾友施君沄舫、江君杏邨，邮寄属题。展观之则固用古族葬之法也。然黄君负魁垒之才，富于财力，不惜买山之赀，乃得此规制恢宏之葬地。吾福州凤池林氏、雁门萨氏诸大姓能行之，近亦夷陵衰濒矣。此强有力者之所为，不可以责诸人人者也矣。若夫迷惑风水，蕲以祖父之骨肉为徼福之具，是在贤有司申明厉禁，富者惩罚有差，贫者举而从葬之官地。于风化庶有豸乎！丁巳嘉平侯官陈衍敬题。①

2月10日，旧历除夕，读白居易六十二岁诗作，有诗《除夕读白诗恰逢六十二岁所作》② 为和。

2月11日，旧历元旦，见桃花，有诗。

陈衍《元旦见桃开效香山体》：菊后梅前花断时，桃前梅后亦如之。客冬梅与菊相见，今岁桃开梅满枝。自是春光偏早暖，也因日色有先施。窗前烂熳催诗就，不学香山更学谁？③

2月13日，旧历正月初三日，郑孝胥第三子郑胜病逝。陈衍有诗为吊，其中记录了欲将女弟子嫁给他却遭拒之事。

陈衍《苏戡丧其第三子胜以诗唁之》：……胜也信佳儿，自命非碌碌。吾有女弟子，择婿吾所欲。④

---

① 李灿煌、粘良图选编：《古檗山庄题墨选萃》，厦门：厦门大学出版社，2005年，第110—111页。

② 见《陈石遗集·石遗室诗集》卷七，第248页。

③ 《陈石遗集·石遗室诗集》卷八，249页。

④ 《陈石遗集·石遗室诗集》卷八，256页。

2月17日，发表《清奉政大夫候选知县雅泉王君墓志铭》，刊于天津《大公报》，署“石遗”。

3月16日，郑孝胥得陈衍书。

《郑孝胥日记》：得陈叔伊书，求题生圹墓碣，并示《旱诗》长古一首，且云，省中甚危，或将来沪。①

3月23日，发表诗歌《姚君悫秋图》，刊于天津《大公报》，署“石遗”。诗云：

近年办得小园资，亦有亭台亦有池。每借峰峦为映带，新移花本尽葳蕤。湖民归去留刊石曾刚甫，陈叟多情远寄诗石遗。尚忆清佳堂畔读，饭余携手纳凉时。②

3月26日，发表诗歌《登楼怀尧生二首》，刊于天津《大公报》，署“石遗”。

4月6日，发表诗歌《童孙》《最喜》《岂有》《招梅生看木笔海棠》，刊于天津《大公报》，署“石遗”。

4月8日，发表诗歌《准办》，刊于天津《大公报》，署“石遗”。

4月11日，发表诗歌《林雪舟代卖书》，刊于天津《大公报》，署“石遗”。

4月14日，郑孝胥得陈衍唁诗。

《郑孝胥日记》：得叔伊唁诗。③

4月15日，发表诗歌《心中多乐事二首》，刊于天津《大公报》，署“石遗”。

4月22日，发表《放翁诗选叙》，刊于天津《大公报》，署“石遗”。

---

① 《郑孝胥日记》第三册，第1718页。

② 天津《大公报》，1918年3月23日。

③ 《郑孝胥日记》第三册，第1723页。

5月3日，发表诗歌《朱九江先生入祀乡贤祠翙高诗人赋诗征和》，刊于天津《大公报》，署“石遗”。

5月9日，发表诗歌《喜雨诗》，刊于天津《大公报》，署“石遗”。

5月，闽粤发生战事。省府令福州街巷树立栅栏，准备巷战。各界人士谋请海军保护省垣安全，于是公推陈衍发电北洋政府，请派萨镇冰上将率海军入闽。后陈衍避兵沪上。旋至浙江富春江，登严子陵钓台。

《侯官陈石遗先生年谱》卷六：未几闽粤遂有战事，……诸当道数访公，商维持治安，公略为计画，旋携家赴上海。①

《石遗室诗话续编》卷一：冶龛先以二律至云：“层层影事触前尘，闽水吴山迭主宾。民国七年偕师由闽赴沪，宴吾师于歇浦酒楼，呈诗一律有‘闽水吴山迭主宾’句。……”②

6月10日，发表诗歌《忽忆》，刊于天津《大公报》，署“石遗”。

6月15日，发表诗歌《春尽日杂诗示枚生天遗小云无辩棕舲愈予七首》，刊于天津《大公报》，署“石遗”。

6月23日，发表诗歌《再喜雨诗叠韵和天遗并约小饮》，刊于天津《大公报》，署“石遗”。

7月15日，发表诗歌《祷雨诗》，刊于《东方杂志》第十五卷第七号“文苑”栏。

8月至9月，旧历七月，作《〈朱丝词〉跋》，并于同年刊行《朱丝词》。

9月7日，访郑孝胥。

《郑孝胥日记》：叔伊来，以粤军将至福州，李厚基之母

---

① 《陈石遗集·附录一》，第2032页。

② 《石遗室诗话续编》卷一，第571页。

及绅士眷属皆来沪，舟中人满，数十元始得一席地。叔伊云，此次各州县土匪皆起，其蔓延之遍，前所未闻也。与叔伊同至民厚里，租定二楼一屋。[①]

9月8日，郑孝胥来访，同至大东旅社吃饭，至第一台看戏。

《郑孝胥日记》：至大方栈访叔伊，适稚辛先在，遂同至大东旅社，饭讫，同至第一台看戏。[②]

9月19日，中秋，有《至沪杂诗》[③] 五首。

9月20日，中秋次日，访郑孝胥；携仆游杭州，夜遇康有为。

《郑孝胥日记》：叔伊来。[④]

《侯官陈石遗先生年谱》卷六：次日携一仆游杭，住陈仁先先生陈庄。其夜遇康长素先生，招同仁先至三潭印月。月明如画，谐谈彻晓，联句一首，今不存。[⑤]

9月22日，返沪。

《侯官陈石遗先生年谱》卷六：次日归沪。[⑥]

9月，刘哲庐编《文学常识》，由上海中华编译社出版。内收林纾、陈衍、刘哲庐等8人论诗、词、书、画、骈文、书牍、新闻、小说的论文9篇。末附文4篇，其中有陈衍《石遗杂话》。

10月3日，访郑孝胥。同往看视沈瑜庆。

《郑孝胥日记》：叔伊来谈，同视爱苍，病势有转机，北京二子犹未到。[⑦]

---

① 《郑孝胥日记》第三册，第1743页。

② 《郑孝胥日记》第三册，第1743页。

③ 见《陈石遗集·石遗室诗集》卷八，第259—260页。

④ 《郑孝胥日记》第三册，第1745页。

⑤ 《陈石遗集·附录一》，第2033页。

⑥ 《陈石遗集·附录一》，第2033页。

⑦ 《郑孝胥日记》第三册，第1746页。

10月6日，沈瑜庆卒于上海，享年六十岁。

10月7日，何维朴、郑孝胥来访。

《郑孝胥日记》：遂至全福里访叔伊，于座遇何诗孙。[1]

10月14日，寄绝句《重阳后一日作》[2] 与陈曾寿。

10月15日，朱祖谋、王乃征、胡嗣瑗、陈曾寿、陈曾矩等登高焦山，陈衍因病未行，后有诗纪之。

陈衍《仁先约同古微病山诸人焦山登高并视伯严疟作不兴》：年年不肯负重阳，今岁重阳忒可伤。避乱携家离故里，登高约伴聚他乡。明朝稳上焦山顶，后夜还过白下堂。却被罡风吹散了，疟寒疾作卧匡床。[3]

10月22日，郑孝胥来访。

《郑孝胥日记》：过叔伊谈，病初愈，犹未下楼。[4]

10月至11月，何振岱购得一件唐代古琴，向陈衍索诗。后有诗《梅生得唐琴书来乞诗以一律答之》[5]。

11月，旧历十月，与何振岱同游无锡，至惠山，过畅园。何夫人郑岚屏随从。陈衍有诗《送梅生归里次其留别韵》《同梅生游惠山寺》《过寄畅园》[6]。

11月，旧历十月，沈曾植新居与陈衍寓所密迩，两人唱和颇多。沈曾植先后有《陈石遗自闽来沪新居至近过谈近事》《和石遗口占韵》《和石遗》《石遗谓余效其体二首》《右足暴肿而跛石遗招饮不能赴》。陈衍先有《乙盦移寓威海卫路甚相密迩过谈有

① 《郑孝胥日记》第三册，第1747页。
② 见《陈石遗集·石遗室诗集》卷八，第262页。
③ 《陈石遗集·石遗室诗集》卷八，第261页。
④ 《郑孝胥日记》第三册，第1750页。
⑤ 见《陈石遗集·石遗室诗集》卷八，第262页。
⑥ 见《陈石遗集·石遗室诗集》卷八，第265—266页。

作》《忆梅》《约乙盦作诗》，沈曾植和答作《石遗见示忆梅诗余在麦根路屋前种腊梅两见寒花今先余归禾矣和韵纪感》《余纸尚多复和过谈韵并呈》。陈衍再作《乙盦两和边字韵诗再次一首》，沈曾植又作《再和边字韵》《重和街字韵》。[①]【按：陈、沈唱和，《侯官陈石遗先生年谱》误系于九月。】

11月10日，张元济招饮一枝香。

《张元济日记》：约陈席儒、伍昭扆、陈石遗、崔百越、高蕴琴、曹耕三在一枝香晚饭。[②]

11月11日，访郑孝胥。

《郑孝胥日记》：叔伊来。[③]

11月15日，寄诗郑孝胥，乞折菊插瓶。

《郑孝胥日记》：叔伊以诗来，乞折菊插瓶。[④]

11月16日，郑孝胥作答诗一首。

《郑孝胥日记》：作答叔伊诗一首，携往视之，因与偕访何梅生，约十五日在宅晚饭。[⑤]

11月18日，赴郑孝胥招晚饭。

《郑孝胥日记》：邀叔伊、何梅生、高颖生、拔可晚饭。[⑥]

11月22日，招午饭。

《郑孝胥日记》：叔伊约午饭，沈子培、俞恪士、怡书父子皆在座，子培与叔伊唱和数诗。[⑦]

12月1日，旧历十月廿八日，陈衍闻朱祖谋丧子，有诗《闻

① 衍诗见《陈石遗集·石遗室诗集》卷八，第263—264页。
② 《张元济全集·第6卷·日记》，第436页。
③ 《郑孝胥日记》第三册，第1753页。
④ 《郑孝胥日记》第三册，第1754页。
⑤ 《郑孝胥日记》第三册，第1754页。
⑥ 《郑孝胥日记》第三册，第1754页。
⑦ 《郑孝胥日记》第三册，第1755页。

古微同年丧子奉唁》[1] 相慰。

12月14日，访缪荃孙。

缪荃孙《艺风老人日记》：罗衍东、陈石遗、朱古微来。[2]

12月16日，赴缪荃孙之约于兴华川，座有朱祖谋、李详、罗惇曧等。

《郑孝胥日记》：过叔伊，遂同赴缪小山之约于兴华川，晤古微、审言、掞东等。[3]

12月23日，陈曾寿、郑孝胥来访。

《郑孝胥日记》：陈仁先来，同访叔伊。遂约何梅生、罗掞东同至会宾楼饭，复与叔伊、梅生至第一台，观王灵珠演《珍珠塔》。[4]

12月24日，俞明震病殁于杭州寓宅，陈衍以诗挽之。

《侯官陈石遗先生年谱》卷六：十一月，俞恪士卒于杭州。哭以五言古廿二韵。[5]

陈衍《挽确士二百二十言》：入秋丧涛园，入冬丧确士。龙蛇岁已过，此厄尚未已。前月登我楼，病体已健伟。肴蔬能饱啖，羊蔵称最美。尚约访散原，襆被青溪涘。再约宿君庄，看雪弄清泚。匆匆遂先往，湖舍久不理。瘿公忽南来，彊邨方失子。相将就君去，相见定惊喜。谁知数日聚，行窝变蒿里。瘿公早北还，彊邨尚在彼。老怀本甚恶，老泪更铅水。散原闻奔赴，耐寂适同轨。人生不相见，旬月隔生死。

---

① 见《陈石遗集·石遗室诗集》卷八，第265—266页。
② 《缪荃孙全集·日记》第四册，第105页。
③ 《郑孝胥日记》第三册，第1758页。
④ 《郑孝胥日记》第三册，第1759页。
⑤ 《陈石遗集·附录一》，第2033页。

人生便相见，顷刻诀人鬼。君诗非东野，孤椋寄旅邸。君诗味杜陵，垂死傍洲沚。念君亲我意，有作必见视。殷殷索评点，处处待臧否。钞录百十首，藏我箧衍里。此才弱一个，防御百夫抵。他时过南湖，腹痛何能止。①

12月29日，访郑孝胥。

《郑孝胥日记》：叔伊来谈，至午乃去。②

是年，《朱丝词》二卷刊刻，是为陈衍唯一词集。内收词50阕：卷上28阕，卷下22阕，取调三十八种，大体按时间先后顺序编排，最早者作于同治十年（1871），最晚者当在光绪十四年（1888）前。末有沈曾植和陈衍跋各一篇。

叶长青《石遗室丛书提要》：《朱丝词》二卷，侯官陈衍著。先生词宗北宋，此三十年前所作，前有沈乙庵先生跋。③

沈曾植《朱丝词跋》：慧情冶思，欲界天人，正使绝笔于斯，不妨与晚明诸公分席。若为之不已，将恐华鬘渐凋，身香浸減。耆卿、美成晚作皆尔，达者当有味斯言。戊戌东湖庵主沈曾植记。

陈衍《朱丝词跋》：余本不工词，又雅不喜为无题诗。少壮日偶有缠绵悱恻之隐，则量移于长短句。非必绝无好语，而举止生硬，不能烟视媚行，良用自憎。乙盦跋时，已绝笔十余年。迄于今，盖绝笔三十余年矣。此卷久欲焚弃，以先室人写本，未之忍也。既而翻阅一及，则旧事历历上心，虽酸辛尤足咀味，遂竟存之。著雍敦牂七月石遗老人记。④

---

① 《陈石遗集·石遗室诗集》卷八，第267—268页。

② 《郑孝胥日记》第三册，第1760页。

③ 《国学专刊》第一卷第四期（1927年10月）。

④ 《陈石遗集·石遗室诗集·朱丝词》，第411—412页。

莼农（王蕴章）《陈石遗先生朱丝词序》：石遗先生慧业天张，逸情霞绮，续百二十国之宝书，撰六十四民之秘笈，世推柱下，若博大真人，客谈元龙，饶湖海豪气。丛书两版，瓠榥先程，雅词二卷，镌劂初竟，授简不佞，负弩先驱。夫词至今日，茂矣盛矣。自皋闻振其绪，止庵畅其风，周秦北祖，流响于花间；姜张南霸，联吟于井上。山山云抹，水水风吹。声偷竹屋，语总能痴；楼彻玉笙，簧真欲沸。付钞荑手，珍珠密字之笺；点拍檀牙，凤尾龙香之谱。然而繁音既会，闰位斯乘，俎豆四明者以错镂为工，衣钵历下者于叫呶为近。掌擘巨灵，眉安混沌，趣非不沃也，而性情之正舛焉；色秀餐可，绿净唾难，语非不缛也，而侧艳之帜张焉。盖正始之遗，匪可浅窥；承学所趋，奚云小道。八能合律，寻竹素而翳如；三影传腔，付铜琵而凿若。岂非妍手者易为功，方心者难为美欤？先生卓荦群言，辉皇万有。焕谟觞之锦，梭欲飞龙；正大晟之音，管皆象凤。况乎早谢征车，坐庾亮南楼之月；移情别业，刺成连海上之船。拔钗泥饮，花戴平安；然烛修书，骚命奴仆。既佳光景，任老子以婆娑；自写灵芬，得风人之旨趣。故其为词也，天琴有声，比竹答籁，生气远出，采朝芙一江；凉飔忽来，款深柳十笏。味淡弥隽，韵流欲仙。彼汾如玉，飞来水调双声；掷地作金，语共韩陵片石。阳春谁为嗣响，后山要有大名。昔美成之集，自标清真；白石之词，无一凡近。元造夙成，古欢遥结，莫分甲乙之编，允有神明之合矣。蕴章粗探柔厚，蠡测高深。窦巩附兰亭之集，生幸同时；邓鲂慕莲社之贤，望如天上。方将铸黄金而事岛佛，画团扇以拜放翁，乃以闻声之相思，辱呼下走为小友，不辞荒翰，辄尔操觚。嗣会昌一品之集，副在名山；餐防风七日之香，超思元箸。虽肈言粃导，许借名于江东；而单慧只襟，终负惭于研北。它日者，登元礼之门，捉山公之尘，阐宗风于天水，识芬途之导师。刻羽引商，此乐何极。拥素云于天外，君本词仙；吟落叶于风前，我同秋士。文章有神，窃愿以此言为息壤矣。①

《石遗室诗话》卷二十：余不工词，断绝下笔者且三十年，而友朋乞作叙者，乃时时有之，甚至古微为今世词家一大宗，亦再三使叙其词，余辞谢坚不敢承矣。②

是年，作诗《上北郊坟》《读苏诗》《答珍午》《海棠将开喜得微雨》《答拾穗》《霜》《雨后》《题徐琴娟夫人临滕昌祐百蝶图》《铲旧欢》《大水连旬农人告早晚稻俱尽矣》《卧闻》《瓶莲夜落早起有作》《三潭印月与更生仁先联句再成一绝》《三上韬光》《富春》《登钓台》《仁先招游相法寺至虎跑泉归途遇雨》《寓楼早起》《向海藏乞菊花数枝插瓶》《客窗新晴》《轻阴即事》《答尧衢》《畏庐书来力劝省食报之以诗》《耕煤寄七言古见怀报以律句》《节庵卧病京师诗以讯之》《悼匹园石榴》《题艳秋小影》《听雨》《独眠》《食烧饼》《斗室二首》等。

民国八年己未（1919）　64 岁

1 月 3 日，郑孝胥来访，同步至大世界，听山东班梨花大鼓。夜，同饭于会宾楼。

《郑孝胥日记》：过刘锡之、陈叔伊。与叔伊、刘洙源同步至大世界，听山东班梨花大鼓，颇妙。夜，与叔伊、洙源同饭于会宾楼。③

---

① 《小说月报》第十卷第六号（1919 年 6 月）。

② 《石遗室诗话》卷二十，第 308 页。

③ 《郑孝胥日记》第三册，第 1760 页。

1月5日，徐森玉与钱玄同谈及陈衍、林纾等人为大学革新事求徐世昌干涉。

《钱玄同日记》：六时顷，士远与我同到中兴茶楼吃晚饭，同席者尚有尹默及徐森玉。森玉说现有陈衍、林纾等人为大学革新事求徐世昌来干涉。因此徐世昌便和傅增湘商量，要驱逐独秀，并有改换学长，整顿文科之说。[①]

1月8日，送诗文集与缪荃孙。

1月12日，郑孝胥来谈，同看戏、用餐。

《郑孝胥日记》：过叔伊谈，遂同出至第一台看戏，……又同至新世界共饭。[②]

1月26日，赴郑孝胥招饭大东旅舍。

《郑孝胥日记》：饯施伯安于大东旅社，在座者叔伊、拔可、陈彦和、慎侯、稚辛、五丁，共八人。[③]

1月28日，与郑孝胥同过高凤谦五十生日，有诗《寿梦旦五十》[④]。

《郑孝胥日记》：陈叔伊来，同过高梦旦五十生日。[⑤]

2月，旧历正月，游苏州。有诗《舍舟而舆至天平山》[⑥]。

《侯官陈石遗先生年谱》卷六：正月游苏州，至天平山，访范文正公墓。[⑦]

2月，发表《说诗精华》，刊于《文学杂志》创刊号。

---

① 杨天石主编：《钱玄同日记》，北京：北京大学出版社，2014年，第338—339页。

② 《郑孝胥日记》第三册，第1762页。

③ 《郑孝胥日记》第三册，第1764页。

④ 见《陈石遗集·石遗室诗集》卷八，第268页。

⑤ 《郑孝胥日记》第三册，第1764页。

⑥ 见《陈石遗集·石遗室诗集》卷九，第269页。

⑦ 《陈石遗集·附录一》，第2034页。

2月9日，访缪荃孙借书。

缪荃孙《艺风老人日记》：发孙莘如、陈石遗各一柬。……石遗来借书。①

2月10日，郑孝胥来访。

《郑孝胥日记》：过姚赋秋、叔伊、子培。②

2月11日，访郑孝胥；晚，张元济与李宣龚于“别有天”宴刘承幹、吴昌硕、何维朴、陈衍、郑孝柽、章梫等。

《郑孝胥日记》：陈叔伊来。③

缪荃孙《艺风老人日记》：七钟赴张、李之约，何诗孙、吴楝卿、吴仓石、章一山、朱古微、夏鉴丞、蒋孟蘋、周湘舲、刘翰怡、陈石遗同席。④

2月12日，访缪荃孙，借《后山集》。

2月14日，邀朱祖谋、何维朴、罗惇曧、李宣龚、王秉恩饮。

缪荃孙《艺风老人日记》：赴陈石遗之招，诗孙、息尘、古微、拔可、衍东同席。菜极佳。⑤

2月18日，郑孝胥来访。

《郑孝胥日记》：过叔伊，携许遇画松二幅返，乃叔伊为余代借于福州刘氏、董氏者。⑥

2月19日，赴沈曾植之招。

《郑孝胥日记》：王聘三、刘洙源来，遂同赴子培之约……

① 《缪荃孙全集·日记》第四册，第119—120页。
② 《郑孝胥日记》第四册，第1769页。
③ 《郑孝胥日记》第四册，第1769页。
④ 《缪荃孙全集·日记》第四册，第120页。
⑤ 《缪荃孙全集·日记》第四册，第121页。
⑥ 《郑孝胥日记》第四册，第1770页。

在坐者王雪澂、缪小山、王聘三、朱古微、陈叔伊、杨子勤、刘洙源、王静盦、余及子培，凡十人。①

2月，与林宗泽往邓尉看梅，有诗《邓尉口号十二绝句》②。

《侯官陈石遗先生年谱》卷六：月杪，同林雪舟往邓尉看梅。③

3月13日，以闽省通志局钞书事至南京，寓陈三立宅。十日内，陈三立偕陈衍游仓园、鸡鸣寺、豁蒙楼、侯府张宅。有诗《白下访散原途中成》《同散原游仓园小憩初台》《鸡鸣寺豁蒙楼茗坐同散原》《小住散原别墅数日杏花开矣》④。

《侯官陈石遗先生年谱》卷六：二月，函请福建省长派通志局分纂林雪舟一人、校对誊录数人，带往金陵、杭州图书馆钞志中应用材料，先搭长江轮船往金陵。公自津浦铁路成，不坐江船十年矣。有"何人不逐飚轮往，而我偏随估客眠"句。舟中忆起花朝，取酒独酌。至金陵，寓散原宅。初，李文石曾寄公与可铜印、山谷铁印各拓本，未知其乞题诗也，兹于散原书堆，见坊印本文石遗墨，有与仁先书，谆谆言之，感叹不已，补作一绝句。访俞园，独坐小亭，追怀觚庵。同散原游仓园，小憩初台看花园。为仇君徕之所结构。徕之，公与散原同年也。同散原至鸡鸣寺豁蒙楼茗坐，不到石城七年矣。楼为南皮相国所建。连日在散原别墅痛饮。杏花渐开，闻侯府张宅杏花最盛，同散原往观。公尝言：平生所见各园林，未有如蒉斋所居结构之称意者。蒉斋为合肥相国快婿，此屋为赠嫁之物，修葺后蒉斋迁入，遂寝

① 《郑孝胥日记》第四册，第1770页。

② 见《陈石遗集·石遗室诗集》卷九，第269页。

③ 《陈石遗集·附录一》，第2034页。

④ 见《陈石遗集·石遗室诗集》卷九，第271—273页。

疾，未几殁。初未尝日涉成趣也，亦可悲已。又观古物保存所方正学血碑，皆有诗。带来志局数人，皆在图书馆钞书，馆在黑龙潭旁。公每晨起至馆，指出应钞书，乃出游，因访扫叶楼随园故址。十日而归。①

3月23日前后，去南京，还沪上。

3月26日，郑孝胥来访。

《郑孝胥日记》：过叔伊。②

3月29日，访郑孝胥，赠五律一首。

《郑孝胥日记》：叔伊来，赠五律一首，示子培《病起自寿》诗七律五首。③

3月30日，沈曾植七十寿，陈衍作《寿乙盦先生七十七言一百句》④ 赠之。

《侯官陈石遗先生年谱》卷六：在沪遇乙盦先生七十生日，以七言一百句寿之。⑤

4月1日，借缪荃孙《红雨楼书目》。

缪荃孙《艺风老人日记》：石遗来，借《红雨楼书目》去。⑥

4月3日，重三，客中无法出游，取酒独酌，有诗《三日不出游坐窗下看瓶中桃花命酒独酌》⑦。

4月6日，与郑孝胥、张元济、夏敬观、沈曾植、高凤谦、李宣龚、金邦平（伯平）、郑孝柽等同游半淞园。

---

① 《陈石遗集·附录一》，第2035页。

② 《郑孝胥日记》第四册，第1776页。

③ 《郑孝胥日记》第四册，第1776页。

④ 见《陈石遗集·石遗室诗集》卷九，第274—275页。

⑤ 《陈石遗集·附录一》，第2035页。

⑥ 《缪荃孙全集·日记》第四册，第128页。

⑦ 见《陈石遗集·石遗室诗集》卷九，第276页。

《郑孝胥日记》：与稚辛同至沈宅送殡，至大马路。菊生、叔伊、子培、梦旦、剑丞、拔可、伯平、稚辛同游花下，菊生先去。①

4月10日，为贺郑孝胥六十寿辰，与李宣龚、高凤谦等携酒至郑孝胥处就饮。有诗《寿苏戡》②。

《郑孝胥日记》：拔可、梦旦、叔伊、剑丞携酒席来就饮，雪澄、古微、菊生、积馀、余及稚辛为客。③

《侯官陈石遗先生年谱》卷六：在沪……又遇苏戡丈六十生日，以五言四十字寿之。公向不作寿诗，客中无可为寿，故以塞责。④

4月13日，郑孝胥来访，后至都益处。

《郑孝胥日记》：过叔伊、子培。至都益处，王雪澂、朱古微、王聘三、张菊生、徐积馀、夏剑丞、俞寿丞、李拔可、高梦旦、陈叔伊、吴宽仲皆在坐，余与稚辛为客。⑤

4月23日，遇郑孝胥于沈曾植处，后同至大世界听大鼓。

《郑孝胥日记》：遂过叔伊、子培，遇叔伊于子培处，坐有沈幼彦、谢石钦。与叔伊同步至大世界听大鼓。⑥

4月29日，旧历三月晦日，率志局同仁入杭州。住杏花村旅舍，有诗《三月晦日杏花邨旅邸小楼》二首⑦。

《侯官陈石遗先生年谱》卷六：三月，率志局诸人入杭

---

① 《郑孝胥日记》第四册，第1777页。
② 见《陈石遗集·石遗室诗集》卷九，第275页。
③ 《郑孝胥日记》第四册，第1778页。
④ 《陈石遗集·附录一》，第2035—2036页。
⑤ 《郑孝胥日记》第四册，第1779页。
⑥ 《郑孝胥日记》第四册，第1780页。
⑦ 见《陈石遗集·石遗室诗集》卷九，第277页。

州，诸人借住湖上一古庙，公住杏花村旅舍，有诗。[①]

4月，梅兰芳首次东游日本演出，林纾等名流齐聚为其饯行。樊增祥、陈衍、蔡元培、易顺鼎、陈师曾、齐白石、陈方恪等皆投有诗文。

4月，《文艺丛报》创刊，陈衍任编辑主任，刘锦江任编辑。此刊主要刊载陈衍夫妇及师友作品，如陈衍《石遗室诗续集》、萧道管《然脂新话》，及李慈铭、冯煦、林纾等人的作品。有《重订石遗室师友诗录》卷一，即张之洞部分。《文艺丛报》现仅见第一期，藏于上海图书馆。

5月11日，郑孝胥来访。

《郑孝胥日记》：过叔伊，同赴紫东、梦华之约，在坐者吴宽仲、余尧衢、朱古微、王聘三、吕幼舲、陈叔伊及何书农，皆壬午同年，何则同年兄弟也，唯唐元素未到。[②]

5月14日，发表诗歌《次乙庵韵》《次韵答尧衢同年》，刊于天津《大公报》，署"石遗"。

5月18日，与郑孝胥同访罗振玉，贺其嫁女。

《郑孝胥日记》：竹君亦邀饭，晤徐佛苏、陈叔伊。与叔伊同过罗叔蕴，贺其嫁女，其婿乃王国维之子也。[③]

5月27日，赴余肇康招晚宴于寓中。

《郑孝胥日记》：余尧衢约至其寓晚饭，客为沈子培、冯梦华、邹紫东、唐元素、陈叔伊、吴宽仲、杨锡侯、吕幼舲。自沈外，皆为壬午同年。[④]

5月，发表《题莼农十年说梦图》，刊于《小说月报》第十卷

---

① 《陈石遗集·附录一》，第2036页。

② 《郑孝胥日记》第四册，第1782页。

③ 《郑孝胥日记》第四册，第1783页。

④ 《郑孝胥日记》第四册，第1784页。

第五号，署“陈衍”。

5 月至 6 月，旧历四月，赵尊岳来访，陈衍赠以《朱丝词》红印本。

窦瑞敏《戴花人尚平安否》：民国八年（1919）四月，赵尊岳雨中过石遗，陈衍以所刻《朱丝词》红印本为赠。赵感慨“主人雅谊，惠此一卷，犹述及夫人手写，戚焉感之”。并为赋《浣溪沙》两首，今藏上海图书馆。①

夏，林肖项招游虞山。有诗《肖项招游虞山过破山中峰二寺饭于清凉寺遂至剑门憩拂水岩既雨复晴归途又大雨》《下剑门石磴回望作》《雨中拜言夫子墓》②。

《侯官陈石遗先生年谱》卷六：夏，林肖项招游虞山，过破山、中峰二寺，饭于清凉寺，遂至剑门，……归途拜虞仲雍、言子游墓，又大雨，纪以五律五绝。③

6 月 17 日，赴古渝轩壬午同年一元会。

《郑孝胥日记》：至古渝轩，为壬午同年一元会，集者为古微、聘三、梦华、幼舲、叔伊、宽仲、尧衢、紫东及何书农，何乃年兄弟也。④

6 月 18 日，郑孝胥来访。

《郑孝胥日记》：过叔伊。⑤

7 月 5 日，饭后缪荃孙来访。

缪荃孙《艺风老人日记》：饭后又诣陈石遗、沈子培谈。⑥

---

① 《古典文学知识》，2017 年 05 期。

② 见《陈石遗集·石遗室诗集》卷九，第 279—280 页。

③ 《陈石遗集·附录一》，第 2036 页。

④ 《郑孝胥日记》第四册，第 1786 页。

⑤ 《郑孝胥日记》第四册，第 1787 页。

⑥ 《缪荃孙全集·日记》第四册，第 144 页。

7月10日，与缪荃孙、孙莘如、刘聚卿长谈。

缪荃孙《艺风老人日记》：来人，陈石遗、孙莘如、刘聚卿上楼长谈。①

同日，发表诗歌《江船早起》，刊于天津《大公报》，署“石遗”。

7月11日，发表诗歌《同肖项涤楼过沧浪亭》《独坐俞园小亭怀觚庵示散原》，刊于天津《大公报》，署“石遗”。

7月12日，访郑孝胥，同乘汽车至虹桥路。

《郑孝胥日记》：拔可、叔伊来，同乘汽车至虹桥路，赵四锁门而出，从篱外望小乙墓表。遂同至拔可宅，共谈、晚饭，乘月而返。②

7月16日，郑孝胥来访，与之同访沈曾植。

《郑孝胥日记》：过石遗，同过子培，遇李审言。③

7月21日，发表诗歌《寒山寺示肖项》，刊天津《大公报》，署“石遗”。

7月25日，访郑孝胥，同至虹桥路，谈至十点。

《郑孝胥日记》：叔伊来，同至虹桥路，坐谈至十点，出至永安公司午饭。④

6月至7月，所撰《说文举例》七卷刊行。书前有《序》，略云：

治经之有释例，由来旧矣。旧闻王贯山先生治《说文》，先成《句读》，后撰《释例》。衍则先究许君著书之例，乃执以读许书。王氏所释有病其过繁近晦者，衍则务求明简。首

① 《缪荃孙全集·日记》第四册，第145页。

② 《郑孝胥日记》第四册，第1789页。

③ 《郑孝胥日记》第四册，第1789页。

④ 《郑孝胥日记》第四册，第1790页。

六书，次合古籀，次引经，次读若，次通人说，次方言，次同意，次部居，次古今字，次列字次第，次阙字，次阙训，次说解各例，此其大凡也。执其同以绳其异，又审其不能尽同者，而其书乃可治矣。屠维协洽六月陈衍叙于上海寓庐。①

6 月至 7 月，所著《说文解字辨证》十四卷出版。是书订正前人未曾订正之许慎所误者及前人辨之未当者、证之不足者，尤以订正段玉裁之说者最多。订正之字凡一百四十三个。

叶长青《石遗室丛书提要》：《说文解字辨证》十四卷，侯官陈衍著。字经隶变，多不合六书之旨，虽识其字，犹不识也。有清二百余年，汉学昌明，人以不识字为耻。治《说文》者，家数林立。若段玉裁、若桂馥、若朱骏、若王筠、若苗夔，其尤著者。然疑义所在，往往症结尚存。是书于字形、字声、字义，无可疑者，置弗论；其可疑而未经前人辨证，与已辨证而犹在可疑者，均加辨证云。②

陈衍《说文解字辨证叙》：有清二百余年，汉学昌明，人以不识字为耻，治《说文》者家数林立，若段、若桂、若朱、若王、若苗，其尤著者。宜乎明辨以析，如指诸掌矣。然往往症结尚存，或聚讼莫衷一是。读书之道，熟乎此书之体例，乃足以研究此书；知其致误之原因，乃有以纠正所误。衍治《说文》数十年，先成《举例》七卷，而于全书九千三百余字、说解十三万三千四百余言中形声义之可疑，而未经前人辨析，与已辨析而犹在可疑者，加辨证焉。辨者辨其所以非，证者证其所以是也，准原书厘为十四卷云。屠维协洽六月陈衍自序。③

---

① 《陈石遗集·说文举例》序，第 1031 页。

② 《国学专刊》第一卷第四期（1927 年 10 月）。

③ 《陈石遗集·说文解字辨证》叙，第 1101 页。

6月至7月，所撰《尚书举要》在上海印行。

叶长青《石遗室丛书提要》：《尚书举要》五卷，侯官陈衍著。前有《总说》一篇，辨伪古文作伪之迹，简明易晓。五卷者，分《虞夏书》为一卷，《商书》为一卷，《周书》为三卷，兼用今古文，不专主一家之□，不全释经文，惟辨证其有疑义者。引据精确，多发前人所未发。①

陈衍《尚书举要·总说》：治《尚书》当先辨今古文。今文皆真，古文有真有伪，伪古文非经也。伪古文之辨，始于宋朱子、元吴澄诸人，畅于清顾炎武、阎若璩、惠栋、王鸣盛诸人。然尚小有抵牾，聚讼未安之处，如或信《小序》，或不信之类。无碍于大要也。

《今文尚书》为伏生所传，以授晁错，以教济南张生、欧阳生，张生以传大小夏侯者也。西汉以立学官。东汉末，蔡邕以勒石经者也，凡二十九篇：尧典一，皋陶谟二，禹贡三，甘誓四，汤誓五，盘庚上中下六，高宗肜日七，西伯戡黎八，微子九，牧誓十，洪范十一，金縢十二，大诰十三，康诰十四，酒诰十五，梓材十六，召诰十七，洛诰十八，多士十九，无逸二十，君奭二十一，多方二十二，立政二十三，顾命、康王之诰二十四，费誓二十五，吕刑二十六，文侯之命二十七，秦誓二十八，序二十九。《史记·儒林传》所谓秦时焚书，伏生壁藏之。其后兵起流亡，汉定，伏生求其书，亡数十篇，独得二十九篇，即以教于齐鲁之间者也。《汉书·艺文志》所谓"经二十九卷"者也。马融云："《太誓》后得。"郑玄《书论》亦云："民间得《太誓》。"刘向《别录》云："武帝末，民有得《太誓》于壁内者献之。"王

---

① 《国学专刊》第一卷第四期（1927年10月）。

充、房宏等云："宣帝本始元年，河内女子有坏老屋得古文《太誓》三篇。"《论衡》又云"掘地所得者"。《太誓》本不在二十九篇中，然伏生《书传》，有"八百诸侯俱至孟津、白鱼入舟"之语。娄敬说高祖，有"不期而会孟津之上八百诸侯，皆曰纣可伐矣"语。董仲舒于建元元年对策，即引《太誓》"白鱼入于王舟，有火复于王屋，流为乌"，周公曰"复哉复哉"。司马相如死，武帝求得其《封禅书》，亦引白鱼入舟事。厥后《太誓》乃归入《今文尚书》，不然，二十八篇经文皆完全无缺，《太誓》何独残缺如彼？《书大传》言六誓可以观义，五诰可以观仁，《太誓》似当先在廿九篇中。然五诰外，尚有《康王之诰》，"五""六"二字疑可互易。《汉书·艺文志》有伏《传》四十篇，欧阳《说义》二篇，大小夏侯《解故》二十九卷，后皆散佚，惟间见于群书所引而已。①

8月2日，与郑孝胥谈沈曾植诗。

《郑孝胥日记》：叔伊示子培诗杂言数首，自言此真长吉锦囊未解前语也。②

8月3日，发表诗歌《寿棕舲五十》，刊于天津《大公报》，署"石遗"。

8月6日，郑孝胥来访。

《郑孝胥日记》：又过叔伊，谈久之乃返。③

8月25日，发表诗歌《刘翰怡乞题其尊人小照》，刊于天津《大公报》，署"石遗"。

9月至10月，纳妾李柳。

《侯官陈石遗先生年谱》卷六：八月，纳妾李氏，名柳，

---

① 《陈石遗集·尚书举要·总说》，第712页。

② 《郑孝胥日记》第四册，第1792页。

③ 《郑孝胥日记》第四册，第1792页。

字小杨，保定人。①

《侯官陈石遗先生年谱》卷八：李原籍保定，幼习于梨园，能歌唱，尤擅京调梆子腔，兼长须生青衣花旦诸脚色。公尝言：厉樊榭谓其妾月上讽咏诗歌，未尝不如吹竹弹丝之悦耳，而端英每遇余怀沉郁，辄引吭高歌，颇足回肠荡气，何逊月上。②

9月19日，发表诗歌《己未六月在海日楼见叔衡亡友未完画稿不觉泫然题一长句归哲嗣宝藏之》，刊于天津《大公报》，署“石遗”。

9月23日，访郑孝胥，谈至夕。

《郑孝胥日记》：叔伊来，谈至夕。③

9月24日，与郑孝胥同至大世界。

《郑孝胥日记》：遂访叔伊，同至大世界，稚辛亦来，见叶焕彬、袁伯夔于坐。④

9月26日，与郑孝胥同访赵凤昌，共享午饭。

《郑孝胥日记》：叔伊来。……与叔伊同过竹君午饭，坐有蒋抑之、孟蘋、拔可。⑤

同日，发表诗歌《同苏勘夜步至徐家汇》《乙盦移居》《仲可闻余有扬州之游送石佛茶酒依韵报谢》，刊于天津《大公报》，署“石遗”。

10月3日，发表诗歌《尧衢集壬午同年九人寓斋有诗次韵》，刊于天津《大公报》，署“石遗”。

---

① 《陈石遗集·附录一》，第2036页。
② 《陈石遗集·附录一》，第2077页。
③ 《郑孝胥日记》第四册，第1798页。
④ 《郑孝胥日记》第四册，第1798页。
⑤ 《郑孝胥日记》第四册，第1798—1799页。

11月25日，步沈曾植《赠汪鸥客》之韵，作诗《前题》，刊于《小说月报》第十卷第十一期。

12月25日，发表诗歌《兰史征君属题河阳探春图》，刊于《小说月报》第十卷第十二号，署“陈石遗”。

是年，汪辟疆撰成《光宣诗坛点将录》，卷一“一同参赞诗坛军务头领一员”一节有“地魁星神机军师朱武　陈衍”，略云：

取威定霸，桐江之亚。《近代诗钞》，《石遗诗话》。

一灯说法悬孤月，五夜招魂向四围。记取年时香宋句，老无他路欲何归？

石遗老人初治经，旁及许汶长，多可听。中年以诗名，顾非甚工。至说诗，则居然广大教主矣。朱武在山寨中，虽无十分本事，却精通阵法，广有谋略。①

该段文字后附章士钊《论近代诗家绝句》及方湖注，云：

众生宜有说法主，名士亦须拉缆人。石遗老子吾不识，自喜不与厨师邻。

石遗编《近代诗钞》，大半与已唱和之作，以厨师张宗杨之诗殿焉。

石遗诗非极工，而论诗却有可听，自负甚至。余早年过［遇］于回子营郑叔进座上，谈及编《元诗纪事》甚悉。及甲戌来金陵，一日余与石遗登豁蒙楼煮茗，因从容询曰：“君于有清一代学人位置可方谁氏？”石遗曰：“其金风亭长乎？”时黄曾樾亦在座，因问余：“君撰《光宣点将录》，以陈先生配何头领？”石遗不待余置答，遽曰：“当为天罡耳！”余笑。石遗岂不知列彼为地煞星首座耶！殆恐余一口道破耳。时座中仅三人，想荫亭尚能忆及之。此一事与《点将录》有关，因记之以谂来者。方湖注。②

---

① 汪辟疆撰、王培军笺证：《光宣诗坛点将录笺证》卷一，北京：中华书局，2008年，第50—51页。

② 《光宣诗坛点将录笺证》卷一，第51页。

是年，作诗《题映庵诗稿后》《观植物园梅花》《舟中忆起今日是花朝取酒独酌》《文石亡友曾寄我与可铜印山谷铁印各拓本未知其乞题诗也今于散原书堆见坊印遗墨有与仁先书谆谆言之感念不已补作一绝句》《侯府张宅杏花最盛叠前韵》《观古物保存所方正学血石》《为古微同年题强村校词图三首》《闻尧生仍居荣县喜极却寄》《鸥客赠画报之以诗》《题仲可〈衔杯春笑图〉》《为吴季尘题其太夫人〈秋灯课读图〉》《题樊绍述先生集后集为孙晴川注本》《拔可园中夜坐与苏戡言诗》《早睡早起二首示海日海藏》《梦华同年以〈坐雨〉追悼木庵先兄及涛园一律索和倒次元韵》《梦华持赠所刻〈徐州二遗民诗〉久欲赋谢而未成〈坐雨〉诗来遂复次韵》《三次韵和梦叟》《艺风同年七十六岁双寿诗六十韵》《次韵答审言》《怒诗六首示乙盦一笑》《乙盦见示五言短古五首自谓效长吉体奉答》《与肖项涤楼诸人游荷花荡遇雨旋晴》《松寥阁下坐月至曙示肖项及暨儿》《后扬州杂诗六首》《次韵答泊园见赠之作》《题洪幼宽梅谱》《寄苏戡》《答耕煤宛在堂九日秋祭之作次韵》《伯修和余〈答耕煤诗〉再次韵奉答》《次韵答谦宣》《次韵答秀渊》《和西园九日宛在堂秋祭不与之作次韵》《招梅峰饮以长句来谢并馈饴糖豉油米粉各物报以小诗》《答肖洁不次韵》《次韵答叔雍》《岁暮哭节庵》《挽筱珊先生》等。

民国九年庚申（1920）　65 岁

2 月 20 日，旧历正月初一日，作诗《元日答耕煤次韵》[①] 答林苍。

3 月至 4 月，旧历二月，说诗社成立，每月集二次，初时会

---

① 见《陈石遗集·石遗室诗集》卷十，第 291 页。

员13人，后增至40人，皆从陈衍学诗。“说诗”谓陈衍向诸人说诗授诗法。该社1920—1936年间，作诗不下数千首，后编为《说诗社诗录》三十八卷，陈衍作序，1937年6月由福州中西印务局出版。收入38位社员之诗，包括林翰、陈樵、陈炘侯、黄通光、梁禹缵、林步瀛、陈鸣则、林宗泽、卢榕林、陈寿璚、施景琛等。陈衍有《说诗社诗录序》叙其事。

《侯官陈石遗先生年谱》：二月，林西园翰、苏幹宝南、江伯修古怀、林谦宣葆炘、董仲纯子良、陈友渔樵、林雪舟宗泽、陈泽观鸣则、张秀渊葆达、陈梅峰元璋、陈肖絜炘侯、沈冠生觐冕、吴铁庵铎十余人，结社从公学诗。第一集，诸人请社名，名之曰“说诗”，西园为省议院院长，故贡院地后有剑池、冶亭，公不游四十三年矣。与西园谈及，西园因于清明日觞公池上，社人皆集。西园先有诗，公次韵。①

《石遗室诗话》卷二十九：说诗社人多有园。离孙沈冠生有涛园，女夫吴铁庵铎有吴园，自是林谦宣葆忻营息园，江伯修古怀营双荔园，马感沤光桢营及园，各有胜处。而苏幹宝南上校，独有宅一区，在丁戊山下军门前，无所谓园也；一日忽成《河园诗》一首，遍示同社索和，诘之，则曰：“屋后临河，有板桥达对岸，有地数弓，有榕，有杂树，有短垣蔽之，官所有也，即假以为吾园可乎？”余首成五言古二十二韵张之云……②

《石遗室诗话》卷三十：说诗社中诗才敏捷者，有伯修、谦宣林葆炘、感沤。伯修、谦宣皆有诗数百首；感沤诗未多见，然颇有长篇……

说诗社中以诗为性命者，无如林西园翰。……西园初学

① 《陈石遗集·附录一》，第2037页。

② 《石遗室诗话》卷二十九，第464—465页。

昌谷，间以玉溪生，入社后尽捐故技，一意为雅健沉挚之词。①

4月至5月，旧历三月，购邻舍破屋修园，与匹园连，名直园，作《直园记》志之。

《侯官陈石遗先生年谱》卷六：是岁，购文儒坊宅，深十七丈有奇，名曰直园，有记。②

陈衍《直园记》：余既营匹园之四年，群植爨茂，地狭不足以容之，又不忍屏弃翦伐，如古人之放杨枝刃红儿，乃别购园西破屋为园徙焉。……余赋性拙直，屡困而不改，少治经，首《考工记》，轮人之职有曰辐也者，以为直指也。又曰望其幅，掣尔而纤也。近而眡之，欲其肉称也，无所取之，取诸直也。又曰县之以眡其直也，三十辐共一毂，以极于宙合之内，直之为用大矣。今此园其直如辐，故直名曰直，亦以表自反而缩之意云。③

5月16日，发表诗歌《得拔可书知海藏于十七日招乙盦古微诸君看菊余亦于是日向吴园乞菊十数枝插瓶招梅生国容小云小铿数人饮酒二十日小铿又约游吴园得诗寄海藏兼示拔可》，刊于天津《大公报》，署“石遗”。

5月18日，旧历四月初一日，作《四月一日泽观寄示饯春之作次韵和之并示同社诸子》④ 和陈鸣则。

6月17日，旧历五月初二日，三孙光威生，字公望。

《侯官陈石遗先生年谱》卷六：五月初二日，公三孙光

---

① 《石遗室诗话》卷三十，第474、477页。

② 《陈石遗集·附录一》，第2037页。

③ 《陈石遗集·石遗室文三集》，第623—624页。

④ 见《陈石遗集·石遗室诗集》卷十，第294—295页。

威生，字公望。①

8月30日，易顺鼎在京病逝，年六十二。

陈衍《哭哭庵同年因寄樊山诗老八绝句》：霜林摇落满江潭，年来涛园、恪士、节庵、筱珊、梅庵、元素并逝。又向燕云哭哭庵。一世春人今顿尽，不知剩得几何戡？②

12月1日，旧历十月廿二日，四孙光衡生，字叔平。

《侯官陈石遗先生年谱》卷六：十月二十二日，公四孙光衡生，字曰叔平。③

是年，编《近代诗钞》二十四卷成。该书后于1923年出版。

叶长青《石遗室丛书提要》：《近代诗钞》二十四卷，侯官陈衍编。先生尝编《石遗室师友诗录》三十卷，道咸以来诗选若干卷，于戊申己酉间，由某杂志排印未完。是钞即以此为蓝本，而大有增益。断代自咸丰初年，迄于近顷。凡先生有及见者，皆入焉。先生自叙云："身丁变风变雅，以迨于将废将亡，上下数十年间，亦近代文献得失之林。"已寓论诗宗旨。先生虽位卑身隐，实以主持诗教自任矣。④

唐文治《石遗室丛书总序》：《近代诗钞》二十四卷。初，先生尝编《石遗室师友诗录》三十卷，道咸以来诗选若干卷，后逐渐增益，遂改今名。⑤

汪辟疆《读常见书斋小记》：陈衍《近代诗钞》，甄录道咸后诗家凡三百七十一人。以籍贯计之，八旗八人，直隶六人，山东一人，江西三人，奉天一人，河南四人，安徽二十

① 《陈石遗集·附录一》，第2038页。
② 《陈石遗集·石遗室诗集》卷十，第297页。
③ 《陈石遗集·附录一》，第2038页。
④ 《国学专刊》第一卷第四期（1927年10月）。
⑤ 《陈石遗集·附录一》，第2164页。

七人，四川十六人，湖南三十七人，湖北十七人，江西二十人，江苏五十四人，浙江四十三人，福建九十四人，广东二十七人，广西四人，贵州四人，云南、陕西、甘肃、吉林、黑龙江，则无一人入选，而闽籍诗人，至九十四人之多，收入诗篇几占全书三分之一以上，此真乡曲之私也。其尤可异者，凡例中有云："此钞不录拟古诗、咏物诗、寿诗，而长庆体、柏梁体、长短句体，亦在少钞之例。"不知诗至明清以后，不出唐宋窠臼。题不拟古，诗固未尝戾古。学汉魏固拟古，学六朝三唐亦拟古。即学宋，亦何尝非拟古？陈氏自言学宋，必欲举汉魏六朝三唐而空之，使天下诗人尽祖两宋，抑何所见之不广耶？即以宋论，派别亦多。陈氏步趋不过宛陵、山谷、后山、简斋、诚斋诸家，又未能得其真实本领，但以粗率生硬为老境耳。它如永叔之《庐山高》、朱子之《感兴》、文山之《指南录》、皋羽之《晞发集》，陈氏皆不足以知之。咏物之诗，实得比兴之旨，且多自抒胸臆之言。许泼长释词字，言外意内，惟咏物诗与宋人长短句足以当之。并此割弃，亦不可解。至于寿诗本无足取，然亦视其人而定。陈氏于林长民卷，仍附录林氏寿梁卓如诗一首，虽未入正选，然未能抛弃之意可知。此又自乱其例也。陈氏早年草《石遗室诗话》，不无可取。晚年自为之诗，自谓兼香山、诚斋之长，实则才退笔孱，非往时刻意苦吟之作可媲。取偭木庵，瞠乎后矣。①

钱仲联《梦苕庵诗话》：阅陈石遗《近代诗钞》一过，未能满意。石遗交游遍海内，晚清人物，是集已得大半。然名家如丘逢甲等皆未入选。而选录诸家，如魏源、姚燮、朱

---

① 汪辟疆：《评陈石遗〈近代诗钞〉》，张亚权编：《汪辟疆诗学论集》，南京：南京大学出版社，2011年，第448—449页。

琦、鲁一同、王锡振、邓辅纶、高心夔、黄遵宪、袁昶、沈汝瑾、范当世、刘光第、康有为、金天羽，皆未尽所长。即郑珍、陈三立、沈瑜庆、陈曾寿诸家，名篇尚多，皆从刊弃。至于樊增祥之《彩云曲》、王国维之《颐和园词》，皆誉满艺林，无愧诗史者，岂得以“长庆体”之故，遂屏不录？况王闿运之《圆明园词》，明明入选乎？此种不当人意处且不议，乃致有编辑之误，人人共见者。如张之洞诗，十九页载《中兴一首答樊山》，二十六页此诗又见，而省其题曰《中兴》；陈三立诗《正月二十二日通州南郊外会送肯堂葬》，既见于二十页，又见于二十五页。此虽小疵，无害大体，甚可委过于手民，然并可知选辑之未尽具苦心矣。①

是年，李宗祎、李慎溶所撰《双辛夷楼词》铅印出版，该集卷末附《双辛夷楼填词图》，有陈衍之题辞②。

是年，作诗《新春杂诗》《幹宝投诗旋觅不得率和不次韵》《调董卿》《招董卿饮并约尧城叔梅拱北》《谦宣招饮赏牡丹有诗次韵》《伯修鉴保招饮为说诗之集》《同人请社名口占二十字》《西园以余话剑池旧游约清明日觞咏于池上先以诗来次韵奉答》《赴西园冶亭之集亭仍旧址池上杂树凋零过半矣》《颖生招集环翠楼前看雪丁香》《肖洁秀渊招集开化寺感旧示同人》《移竹都活》《移花亦都活》《挽无辩》《题虚堂壁》《题澹庵遗照》《王进之明府属题令祖香浦先生所绘松菊图》《寿阳相国哭弟诗卷拱北属题》《题赵鹤琴画稿》《贡院旧址尚存三桂一松示西园友渔》《题高季美停琴伫凉月图》《谦宣息园落成请张以诗》《为几士题节庵遗墨》《哭墨藻六甥》《题雪浪石摄影寄石主人并示戟髯》等。

---

① 钱仲联：《梦苕庵诗话》，济南：齐鲁书社，1986年，第22—23页。

② 见《陈石遗集·石遗室诗集》卷十，第299页。

民国十年辛酉（1921）　　66岁

春，参加北京法源寺诗社雅集，参与者有潘之博、梁鸿志、林思进、赵熙、胡思敬、陈宝琛、郑孝胥、罗惇曧、冒广生、曾习经、温肃，并一同摄影。[①]

9月16日，去信郑孝胥，为人求书墓志，遭拒。二人交恶迹象更明显。

《郑孝胥日记》：叔伊来书，为人求书墓志，即复书辞之。[②]

刘衍文《陈石遗与郑海藏》：对于海藏，《石遗室诗话》卷十二曾引“瓯北言元遗山才不甚大，书卷亦不甚多”等语，言己“尝谓苏戡诗七言古今体酷似之”；“几道告余，或以此言告苏戡，苏戡甚愠”。后虽息怒，而断定“敢信其久要不忘者也”。按石遗于四十三岁见张之洞时，见张于郑诗甚为称许，即以赵评元诗之语告之，明言“学不甚博，才不甚大，惟以精思锐笔，戛戛独造，苏戡似之”。则于郑诗素持此论，二人交恶未必不种因于此。[③]

10月27日，严复在福州郎官巷寓所逝世，享年六十七。

同日，林纾七十寿辰。陈衍亦送寿联。

陈衍《寿林纾七十》：讲席推名辈；画家定大年。[④]

12月24日，旧历十一月廿六日，五孙光权生。

---

① 见《冒广生友朋书札》卷首。

② 《郑孝胥日记》第四册，第1879—1880页。

③ 刘衍文：《寄庐茶座》，上海：汉语大词典出版社，2004年，第82页。

④ 朱羲胄述编：《贞文先生学行记》卷二，《民国丛书》第四编，上海：上海书店，1992年。

《侯官陈石遗先生年谱》卷六：十一月廿六日，五孙光权生，字季重。①

年底，《福建通志》全稿完成，凡六百一十卷，统五十一门，即：通纪、天文、地理、疆域、山经、河渠、城池、公署、坛庙、津梁、邮驿、水利、名胜、户口、田赋、赋税、仓储、钱法、盐法、渔业、风俗、方言、物产、学校、艺文、金石、板本、兵、海军、船政、外交、职官、选举、列传、名宦、循吏、酷吏、儒林、文苑、儒行、忠节、孝义、高士、艺术、列女、高僧、道士、列仙、滑稽、伶官、宦者等。沈瑜庆、陈衍合订之凡例，颇改前志门类。新列门类为前志所无者如《通纪》《方言志》《板本志》《山经》等，且主张宁繁毋简，"此史料也，以备后人删节可也"。其中《盐政志》由其侄陈敬完成，《水利志》《艺文志》《职官志》由分撰主持。《地理志》初稿完成后，由陈衍修改十之七八；《山川志》编订后，陈衍分之为《山经》《河渠志》，近乎全部改写。该志至1938年才全部刊行，迄今仍是福建旧志中最完备的一部。

《侯官陈石遗先生年谱》卷六：岁暮，新《通志》全稿告成，凡六百余卷，约一千万言。②

是年，刻印《石遗室文集》三集、《石遗室诗集》卷七至卷十。

是年，陈宝琛为陈衍《元诗纪事》题写书名。

是年，作诗《次韵答耕煤》《和耕煤看匹园海棠诗次韵》《海棠盛开再得一绝句》《董卿将去见示二诗和一首次韵兼示鹤亭》《董卿招游百洞山归先以诗来次韵奉和》《倒叠前韵和董卿》《董卿三叠原韵尚约石鼓之游三次韵报之》《四次韵调董卿》《董卿诗

① 《陈石遗集·附录一》，第2039页。

② 《陈石遗集·附录一》，第2039页。

又来虽不叠韵仍未免战也五次韵答之》《陀庵馈鲥鱼并滕以诗次韵报之》《仍和东韵诗化五韵为四韵七律诗首句原不算韵也》《春不尽一日韵芳女士枉和游百洞山叠韵诗六叠韵奉答》《董卿未解任将先移出署诗以止之》《再叠韵和董卿》《三叠韵和董卿》《哭同叔五十韵》《寄题南通州曹公亭》《题李巽甫母夫人墓志后》《挽王梦湘观察》《题双荔园》《赠胡伯寅明府》《幼读孟公竹露滴清响句疑非秋何以有露至于能滴而响怀之数十年去夏坐竹间闻响验之方知诸花木皆无有独竹吸地气为露点点缀于叶尖稍重则滴淅沥然也久之成一绝句》《梅生画秋山旅行箑见贻以诗为报》《心与以惠泉沦龙井茶一杯分饮三年前曾同到惠山也》《答众异》《次韵答掞东诗来已两月矣》《著书》《河园诗二十二韵》《送叶尧城道尹之官甘凉》《哀俶田》《为拱北题盥薇池馆图》《送王仲芗道尹归安庆》《虎节门内有染坊折阅逃闭余为书局典之将以作印刷处然中有破烂染具未徙去也乃反闭其门而封识之少见多怪者疑焉有作》《题恭甫先生手集金石拓本后为几士作》等。

民国十一年壬戌（1922）　67 岁

2 月 3 日，周今觉招集。有诗《立春前一日为东坡生日梅泉招集巢园有诗奉和》①。

3 月，与陈宝琛等游石鼓，有诗；又请陈宝琛书一联。

《侯官陈石遗先生年谱》卷六：二月，费叔迁度支使名毓楷，苏州人，屺怀编修念慈子。招同弢庵丈并惠亭、墨园诸君游石鼓。……弢庵丈示公游石鼓诗，次韵和之。……乞弢庵丈书一联云："地小花栽俭，窗虚月到勤。"一时传为勤俭联对。②

---

① 见《陈石遗集·石遗室诗续集》卷一，第 344 页。

② 《陈石遗集·附录一》，第 2039—2040 页。

陈衍《弢庵太傅出示游石鼓至听水斋诗次韵奉和》：不倚危栏又几年，沧浪谁喻大乘禅。江山无恙将沉陆，南北相望总各天。余出公处，公出余处，四十年若避面，然惟中间在都聚两三年耳。吃饭和诗都朗健，经丘寻壑尚轻便。二疏勇退香山老，可似专墩赌墅贤。①

陈衍《耕煤诗来问讯园中海棠次韵奉答》注云：陪弢庵游鼓山。②

9月至10月，旧历八月，作《大潜山房诗钞叙》。

余年十有几，即闻中兴诸将迈迹行伍者，惟合肥刘公省三能诗文词。读湘乡曾文正公集有刘公诗稿叙，寥寥百十字，所以褒而勉之者良厚。越十余年，公巡抚吾福建台湾，余入幕府。一日，使代题某烈妇诗，因言："吾，武人也；诗宜古体，乃足骋其动宕雄骏之气。律诗拘于声病对偶，勿尔为也！且我辈结发从戎，死绥无陨；妇人之'从一'亦犹是已。愿子本此意为之！"言笑如昨，而公捐馆舍已三十年许矣。厥后余官京师，识公孙荃庄；流寓申浦，又识荃庄弟蘅庄，皆尔雅温文。蘅庄喜为诗，题其师唐元素遗集一首，尤见雅健。余既选公及蘅庄诗入《近代诗钞》，而蘅庄书来，言方重刻公集，故交凋谢，微先生无宜为叙者；曾文正公外，不更丐他人作也。爰述生平文字因缘如右。若公诗所诣，余作公"别传"与"诗话"，盖已略言之矣。③

10月，福建又起战事，陈衍又一次避乱上海；与李宣龚游宜兴、无锡等地。

---

① 《陈石遗集·石遗室诗续集》卷一，第331页。

② 《陈石遗集·石遗室诗续集》卷一，第331页。

③ 吴幅员等编：《台湾诗钞》，《台湾文献史料丛刊》第八辑，台北：大通书局，1987年，第447页。

《侯官陈石遗先生年谱》卷六：公于是复避兵至沪，有三绝句纪其事。……与李拔可游宜兴，游无锡，登善卷山，观前后三洞……①

陈衍《避兵至上海三首》其一：十载乘桴三避兵，旁人悯我太劳生。渔童莞尔樵青哂，只算浮家泛宅行。②

《石遗室诗话》卷二十九：前数年余避兵至上海，有绝句述朱古微同年戏言渴望余至云……③

10月29日，至郑孝胥处，同至大世界看戏。

《郑孝胥日记》：叔伊来，留饭，同至大世界看戏；逢周梅泉、宋小坡。④

10月30日，郑孝胥招晚饭。

《郑孝胥日记》：邀叔伊、梅泉、梅笙、信芳、植斋、伯平晚饭。⑤

11月1日，访郑孝胥，作一元会。

《郑孝胥日记》：叔伊来。梦华、雪澄、澄之、尧衢、宽仲、古微、叔伊、聘三、一山、子勤来作一元会，惟容民未至。⑥

11月2日，郑孝胥来访。

《郑孝胥日记》：遂访叔伊，谈良久。⑦

11月5日，访郑孝胥。

《郑孝胥日记》：叔伊来。⑧

---

① 《陈石遗集·附录一》，第2040页。
② 《陈石遗集·石遗室诗续集》卷一，第332页。
③ 《石遗室诗话》卷二十九，第446页。
④ 《郑孝胥日记》第四册，第1927页。
⑤ 《郑孝胥日记》第四册，第1927页。
⑥ 《郑孝胥日记》第四册，第1927页。
⑦ 《郑孝胥日记》第四册，第1927页。
⑧ 《郑孝胥日记》第四册，第1928页。

11月14日，借郑孝胥厅宴客，同席者十二人。

《郑孝胥日记》：叔伊借厅事宴客，来者梅泉、文公达、刘蘅庄、萧质钧、赵叔雍、周信芳、王梅笙、程艳秋、刘玉琴、拔可、叔伊及余为十二人。①

11月16日，赴郑孝胥招晚饭。

《郑孝胥日记》：约何梅生、高颖生、文公达、陈叔伊、黄蔼农、赵叔雍、程艳秋、周梅泉晚饭。②

11月18日，郑孝胥来访。

《郑孝胥日记》：过陈容民、刘锡之、费子怡、陈叔伊。③

11月19日，与郑孝胥等至第一台看戏。

《郑孝胥日记》：遂至第一台听戏，叔伊、伯平亦来。④

11月21日，旧历十月初三日，沈曾植病卒，享年七十二。

《侯官陈石遗先生年谱》卷六：沈乙盦卒，哭以二诗。乙盦作诗多自弃斥，戊戌同客武昌，公始为存稿，旋刊行之。近复刊《近代诗钞》，钞乙盦诗甚多。⑤

陈衍《哭乙盦》：……岂知遂弃捐，净土号长征。七十复何求，恨阙永诀情。……平生破万卷，蕴崇腹中蠹。当时曾火逼，酬唱连朝暮。……⑥

12月11日，陈三立七十寿辰，陈衍从沪宁铁路入都，途经南京，陈三立偕陈澹然、奚侗、黄凤岐等宴其于旅馆，“谈宴极欢，几于达曙”。有诗为贺。

① 《郑孝胥日记》第四册，第1928—1929页。

② 《郑孝胥日记》第四册，第1929页。

③ 《郑孝胥日记》第四册，第1929页。

④ 《郑孝胥日记》第四册，第1929页。

⑤ 《陈石遗集·附录一》，第2040页。

⑥ 《陈石遗集·石遗室诗续集》卷一，第334—335页。

《侯官陈石遗先生年谱》卷六：十月，附沪宁铁道入都，江浦县知事奚度青大令，度青名侗，当涂人，能诗，有子部著述。先约于金陵小住。行至下关，度青与黄方舟先生伫于车栈，伯严、剑潭迟于旅馆，谈宴极欢，几于达曙。翌晨度青又送渡江，感赋长句，此诗至都后，和者甚众。①

陈衍《寿散原同年七十》：十年不以诗寿人，于家太傅阙颂言。艺风海藏洎寐叟，业已破例况散原。散原相知卌余载，相见稍晚逾廿年。世间万事不足道，尔我同调堪具陈。诗二千首文数百，有官六品庐一廛。钟山石鼓两在望，乱栽花竹养风烟。中年各自丧其偶，吾张偏弦君胶弦。有儿读律为贫仕，携妇京国溷兵尘。浮沉城市非充隐，江湖流落真散民。有钱无事但饮酒，一一彼此皆等伦。前年精舍住十日，顿顿赤面肆盛筵。侍郎中郎满天下，狂言所否君亦然。寿君何词即自寿，百尊墙下常未眠。长吾三岁君百岁，吾年当共姬昌延。②

是年，所编《福建方言志》刊成，民国十一年（1922）《新福建通志》本。是书兼采何治运《何氏学》、黄宗彝《闽方言古音考》、刘家谋《操风琐录》、谢章铤《说文闽音通》等书，将所收词汇按义归为13类。

叶长青《石遗室丛书提要》：《福建方言志》十二卷，侯官陈衍著。福建口音与四方迥不相同，且多有声无字者。然细考之，有字者既复不少，而与古音合者甚多。百十年来，如何岐海、刘芑川、黄肖严、谢枚如诸先生，于方音一道，各有著述。是书采摭诸家说，附益推广，言天，言地，言人，言宫室，言服器，言名词，言情状，言动作，言动物，

---

① 《陈石遗集·附录一》，第2040页。

② 《陈石遗集·石遗室诗续集》卷一，第334页。

言植物，十门。辨析分明，可使四方之人阅之了然焉。①

陈衍《福建方言志序》：言以方殊，吾福建尤特异。言夥于四方，音繁于四方，必识字多于四方之人，而后能举吾福建之言字之也。然举吾福建之言之字，原其所自出，以告四方，虽非其所习见，而既见之，断可识矣。识之仍不尽能言者，则其音为四方所无。吾能音四方之音，四方不能音吾之音也。顾况之“郎罢囝”“囝郎囝”二字，准诸吾方音，似是而非。东坡谓“张口言六”，六音即四方所无。虽以吾乡何治运、黄宗彝、刘家谋、谢章铤诸先辈，各有著述，何说见《何氏学》，黄著《闽方言古音考》，刘著《操风琐录》，谢著《说文闽音通》。专讲方言方音，其中仍时时不得已而为迁就之计。今合诸书而慎取之，于吾方音绝不为近似之迁就，苟并切音之字亦不可得，宁明其为小差而阙之。所采各书，如何著则称“何云”，刘著则称“刘云”。②

是年，作诗《答耕煤次韵》《小西湖桃花盛开》《恒斋度支使招同弢庵太傅并惠亭嘿园健安雅扶谦宣诸君游石鼓惠亭有诗次其韵两首》《为叔通题江弢叔墨迹卷》《题花影吹笙室填词图》《与古微》《登善卷山观前后三洞》《薄暮至万顷堂》《龙池山前看枫树》《舟过西氿》《附沪宁铁道北行至下关方舟度青伫于车站伯严剑潭迟于旅馆谈宴极欢翌晨度青又送渡江感纪长句》《题杨选王批钤山堂诗耑为秋岳作》《叠樊山韵为沅叔题元刻胡注资治通鉴》《樊山见余题沅叔元刻通鉴诗责其一诗两用并诘其增出爰韵已而泊园秋岳和诗相继至遂再叠韵因节去爰韵少作十四字计良得也》《为曹纕蘅题春曹话旧图》《题礼塔园图为邓忍堪作》《题香南雅集图》《题缀玉轩话别图》《题陈邵亭遗照》《为释戡题壬戌七月

---

① 《国学专刊》第一卷第四期（1927年10月）。

② 《陈石遗集·福建方言志》，第1828页。

既望二闸泛舟图卷》《题杜茶邨先生小象》《题杜茶邨诗卷为潜园作》《题泊园图》《题罗雁峰秋林脱剑图》《题萧北丞武湖渔隐图》《别芝南》《为杨抟九题黄石斋画松卷》《宗孟留饭索诗纪之并约作妪解语》《三叠韵总和都下诸诗人叠块韵诗》《董卿以六韵长句送余行姜白石所谓词尽意不尽也今余和章只得四韵且是五言则真短矣》《赠玉霜》《雪后弢庵太傅招集钓鱼台》《倒次韵答梅泉》等。

民国十二年癸亥（1923） 68岁

1月24日，访郑孝胥。晚，赴郑孝胥招饮。

《郑孝胥日记》：叔伊来。夜，约仁先、梅泉、叔伊、颖生、蔼农食素菜。①

1月27日，与郑孝胥、王式通、章梫公宴陈三立、罗振玉，主客十二人同席。

《郑孝胥日记》：与叔用、一山、叔伊公宴伯严、叔言，坐中十二人。②

2月1日，赴王梅笙招宴。

《郑孝胥日记》：过梅笙，遂同至都益处，梅笙宴叔伊、伯平、梅泉、植斋、蔼农等，坐客十一人。③

2月4日，郑孝胥来访，同至润安里贺知渊堂庆。

《郑孝胥日记》：过石遗，遂同至润安里贺知渊堂庆。石遗与林浚南谈命久之。饭毕，复同石遗过梅笙，不遇。④

2月11日，赴金邦平招宴。

① 《郑孝胥日记》第四册，第1936页。
② 《郑孝胥日记》第四册，第1936页。
③ 《郑孝胥日记》第四册，第1936页。
④ 《郑孝胥日记》第四册，第1937页。

《郑孝胥日记》：伯平宴周、王、石遗、伯揆、蔼农、梅泉等。①

2月15日，旧历除夕，有诗《岁除诗二首一次梅泉韵一倒次梅泉韵》② 题周今觉。

2月21日，郑孝胥来小坐。

《郑孝胥日记》：过叔伊小坐。③

2月25日，与李宣龚借郑孝胥斋招宴，座有王梅笙、周信芳、吴昌硕、朱希祖。

《郑孝胥日记》：叔伊、拔可借斋中宴客，梅笙、信芳皆来，又有吴仓硕、朱古微。④

3月5日，郑孝胥接陈衍函，言及《近代诗钞》之事。

《郑孝胥日记》：拔可来谈《诗钞》事，颇以为难；叔伊来函云："请置之不闻不见之列。"⑤

3月12日，访郑孝胥。

《郑孝胥日记》：石遗来。⑥

3月26日，发表《重游桑溪记》，刊于天津《大公报》，署"陈衍"。

3月31日，花朝，于上海寓中为林旭遗札作《〈晚翠轩遗札〉题词》⑦。

3月至4月，与李宣龚、高凤谦同游杭州；后又与高凤谦一

---

① 《郑孝胥日记》第四册，第1938页。

② 见《陈石遗集·石遗室诗续集》卷一，第344—345页。

③ 《郑孝胥日记》第四册，第1939页。

④ 《郑孝胥日记》第四册，第1940页。

⑤ 《郑孝胥日记》第四册，第1941页。

⑥ 《郑孝胥日记》第四册，第1941页。

⑦ 林旭：《晚翠轩集·附录》，见沈瑜庆等：《涛园集（外二种）》，福州：福建人民出版社，2010年，第296页。

起乘乌篷船游绍兴，先后游玩禹陵、吼山、柯亭。后有《东湖岩洞记》等。

《侯官陈石遗先生年谱》卷七：二月，与梦旦丈、拔可丈游杭州。……月底……与梦旦丈同游绍兴。①

4月6日，清明，雨后游兰亭，又登快阁，有诗《清明日雨后至兰亭》《登快阁》②。

4月7日，与其子携一孙至郑孝胥处观花。

《郑孝胥日记》：石遗及其子携一孙来看花。③

4月13日，访郑孝胥。

《郑孝胥日记》：叔伊来。……雪澄、聘三、容民、叔伊、尧衢、诜侪、一山、叔用皆来，改作余自宴客。④

4月30日，与王寿昌及其二子同访郑孝胥。

《郑孝胥日记》：叔伊、王子仁及其二子来。⑤

5月2日，发表《力孝子传》，刊于天津《大公报》，署“陈衍”。

5月6日，发表《萧穆传》，刊于天津《大公报》，署“陈衍”。

5月9日，发表诗歌《题松月居士集印后三十韵》，刊于天津《大公报》，署“石遗”。

5月12日，与郑孝胥同赴曾熙之约。

《郑孝胥日记》：叔伊来，遂同赴曾士元之约于孟莘斋中。⑥

5月14日，访郑孝胥。

---

① 《陈石遗集·附录一》，第2042页。

② 见《陈石遗集·石遗室诗续集》卷一，第348页。

③ 《郑孝胥日记》第四册，第1944页。

④ 《郑孝胥日记》第四册，第1944页。

⑤ 《郑孝胥日记》第四册，第1946页。

⑥ 《郑孝胥日记》第四册，第1948页。

《郑孝胥日记》：石遗来。[①]

5月16日，杨渭泉访郑孝胥，示姚伯鸿所作《书味龕图》。陈衍后有诗《题书味龕图次苏戡韵》[②]。

《郑孝胥日记》：杨渭泉来，示姚伯鸿所作《书味龕图》。[③]

5月22日，郑孝胥得陈衍所寄《苏戡去海藏楼前百余步重建盟鸥榭招饮池上拉杂述旧奉题》[④] 诗。

《郑孝胥日记》：石遗寄来《盟鸥榭》诗。[⑤]

《侯官陈石遗先生年谱》卷七：苏戡丈去海藏楼前百余步，重建盟鸥榭，招饮池上，索诗述旧奉题。苏戡和诗来，再答。[⑥]

5月23日，郑孝胥酬陈衍七古八韵。

《郑孝胥日记》：酬石遗七古八韵。[⑦]

6月2日，发表诗歌《顾园看桃花》，刊于天津《大公报》，署“石遗”。

6月4日，访郑孝胥，云将移居苏州。

《郑孝胥日记》：叔伊来，云将移居苏州；其侄大弥卒，又将回闽一行。[⑧]

6月10日，发表诗歌《吼山》，刊于天津《大公报》。

6月29日，夜，与李宣龚同访郑孝胥。

《郑孝胥日记》：夜，叔伊、拔可来，月正照廊，谈久之。[⑨]

---

① 《郑孝胥日记》第四册，第1948页。
② 见《陈石遗集·石遗室诗续集》卷一，第346页。
③ 《郑孝胥日记》第四册，第1948页。
④ 见《陈石遗集·石遗室诗续集》卷一，第354页。
⑤ 《郑孝胥日记》第四册，第1949页。
⑥ 《陈石遗集·附录一》，第2043页。
⑦ 《郑孝胥日记》第四册，第1949页。
⑧ 《郑孝胥日记》第四册，第1951页。
⑨ 《郑孝胥日记》第四册，第1954页。

7月6日，访郑孝胥，郑问及《近代诗钞》印行之事。

《郑孝胥日记》：叔伊来，余询《近人〔代〕诗钞》已付印否，吴光禄遗诗能否附入？①

8月10日，求郑孝胥书《近代诗钞》封面，未果。

《郑孝胥日记》：石遗求书《近代诗钞》封面，辞不书。②

9月3日，夜，赴郑孝胥招宴。

《郑孝胥日记》：夜，宴肖雅、叔伊、梦旦、颖生、梅生、拔可、蔼农、伯平，唯洞省未来。③

9月9日，发表诗歌《虢季子白盘歌次昌黎石鼓歌韵为刘生蘅庄作》，刊于天津《大公报》，署“石遗”。

9月17日，陈师曾病卒，终年四十七岁。陈衍有诗《哀师曾兼慰散原》④ 悼之。【按：陈三立后有《挽陈石遗翁长男公荆》“残年未灭思二泪，今语而翁共此悲”之句。】

9月，应林文庆校长之聘，允出任厦门大学国文教授、国文系主任，讲授经学和国学。

《侯官陈石遗先生年谱》卷七：厦门大学校长林文庆，是闽清黄绂丞乃裳女夫也。由绂臣知公，聘主大学文科教授。书中以公办学数十年，不能不为乡邦服务，且厦地亦世外桃源，既避兵在沪，不如来厦要之。乃遣眷归里，自于九月初应聘至厦。荐门人龚惕庵先生乾义为国文讲师。⑤

10月4日，与林开謩同访郑孝胥。

《郑孝胥日记》：贻书、叔伊来。⑥

---

① 《郑孝胥日记》第四册，第1955页。

② 《郑孝胥日记》第四册，第1959页。

③ 《郑孝胥日记》第四册，第1962页。

④ 见《陈石遗集·石遗室诗续集》卷一，第357—358页。

⑤ 《陈石遗集·附录一》，第2043页。

⑥ 《郑孝胥日记》第四册，第1965页。

10月7日，郑孝胥招宴。

《郑孝胥日记》：夜，宴叔伊、梅生、颖生、拔可、蔼农等。①

10月11日，访郑孝胥，明日赴厦门。

《郑孝胥日记》：陈叔伊来，言明日赴厦门。②

10月13日，发表诗歌《〈近代诗钞〉刊成杂题六首》，刊于天津《大公报》，署“石遗”。

10月18日，重阳日，与叶俊生（长青）、龚达深两生到南普陀寺后的五老峰登高，有诗。是为来厦门后留下的第一首诗。就后常与厦门大学师生、当地诗人登临游览，赋诗唱和，留下许多佳话和佳作。陈衍旅厦诗，均收入《石遗室诗续集》卷二；旅厦期间的其他诗词活动，主要见于《石遗室诗话》卷二十九和《侯官陈石遗先生年谱》卷七。【按：陈衍晚年先后三次旅厦，1923年9月至1926年5月是为首次。据统计，《石遗室诗话》及其续编论及并选录诗作的厦门诗人31人，诗136首，还有40多个单句；列名未录者4人。《石遗室诗话续编》论及并选录诗作的厦门诗人计17人（包括前面重复的8人），诗69首。③】

陈衍《九日叶俊生龚达深两生邀余南普陀登高归集斋头小饮叶生有诗龚生继作次韵和之》：横舍高楼壮海滨，重阳风日足清新。数峰排闼如相识，卌载登台尚此身。案有和诗殊不寂，瓶余浊酒未为贫。两生青眼高歌望，昕夕过从倍觉亲。席间话四十年来登高之作。④

---

① 《郑孝胥日记》第四册，第1965页。

② 《郑孝胥日记》第四册，第1967页。

③ 洪峻峰：《陈衍与近代厦门诗词的发展》，《闽台文化交流》第2期，2008年6月。

④ 《陈石遗集·石遗室诗续集》卷一，第358页。

10月22日，发表诗歌《学隐先生双寿》，刊于天津《大公报》，署“石遗”。

10月29日，郑孝胥得陈衍书。

《郑孝胥日记》：得石遗书。①

10月30日，郑孝胥复陈衍书。

《郑孝胥日记》：复石遗书。②

11月，所编辑《近代诗钞》，由上海商务印书馆排印出版，凡24册。所录起于清代咸丰初年，讫于辛亥革命以后。选收梅曾亮、左宗棠、曾国藩、李鸿章、姚燮、林纾、王国维等370家诗作，乃当时篇幅最大的近代诗歌选本。人各一卷，附小传。亦偶抄录所著《石遗室诗话》的有关评语。书前有《近代诗钞叙》及凡例。

《侯官陈石遗先生年谱》卷七：李拔可促成《近代诗钞》甚急，日编数卷。客岁在里时，拔可以公旧有《师友诗录》百十家，因此议编《近代诗钞》行世，乃搜集咸同以来已刻未刻诗稿寄闽，编纂略就绪，而兵乱起，至是促就沪编之，期以上半年告竣。于是求选者麇至，披沙而难以拣金，用颇招怨。③

袁嘉穀《卧雪诗话》：近人陈石遗选《近代诗钞》，亦录三百余家，而于滇独不之及。于闽则著录特多，毋亦爱乡敬止，不嫌于有所私欤，抑仍门户之习见未除而至是也？④

冬，寄赠冒广生《近代诗钞》和《石遗室诗话》。

---

① 《郑孝胥日记》第四册，第1969页。

② 《郑孝胥日记》第四册，第1969页。

③ 《陈石遗集·附录一》，第2042页。

④ 张寅彭主编：《民国诗话丛编》第二册，上海：上海书店出版社，2002年，第294页。

《冒鹤亭年谱》：陈石遗以其所编《近代诗钞》和所撰《石遗室诗话》寄赠先生。其中《诗钞》收入先生所作诗近四十首，皆为一九二〇年前所作。《诗话》则称先生“佳句甚多，率笔者亦时有”。[①]

是年，为奚侗《奚无识诗》作叙。

诗之为道，易能而难精。工力未至，往往侪伍时辈，莫能相尚也。然所贵乎为诗者，非必蕲于相尚也，而不可无以自尚。自尚者，一人有一人之境地、一人之性情，所以发挥其境地、性情，称其量，无所于歉，则自尚其志，不随人为步趋者已。[②]

是年，周信芳与王梅笙设宴招待陈衍，并要求陈衍题诗留念。陈衍作《赠王梅笙》《赠周信芳》[③] 各一首。

是年，为门生谢倬之父谢安臣诗集《小草堂诗集》作叙。

诗至晚清同光以来，承道咸诸老蕲向杜、韩，为变风变雅之后，益复变本加厉。言情感事，往往以突兀凌厉之笔，抒哀痛逼切之辞，甚且嘻笑怒骂，无所于恤。矫之者则为钩章棘句，僻涩聱牙，以至于志微噍杀，使读者悄然而不怡。然皆豪杰贤知之子乃能之，而非愚不肖者所及也。道咸以前，则慑于文字之祸，吟咏所寄，大半模山范水，流连景光。即有感触，决不敢显然露其愤懑，间借咏物咏史，以附于比兴之体，盖先辈之矩矱类然也。自今日视之，则以为古处之衣冠而已。[④]

是年，作《李审言诗叙》。

---

① 冒怀苏编著：《冒鹤亭先生年谱》，第233页。

② 《陈石遗集·石遗室文四集》，第680页。

③ 见《陈石遗集·石遗室诗续集》卷一，第350—351页。

④ 《陈石遗集·石遗室文四集》，第684—685页。

余屡言诗之为道，易能而难工。工也者，必有以异乎众人之为，则读书不读书之辨已。诗莫盛于唐，唐之诗莫盛于杜子美。子美曰："读书破万卷，下笔如有神。"子美之言信，则严沧浪"有别才非关学"之言误矣。然非沧浪之误也。钟记室之言曰："清晨登陇首，羌无故实；明月照积雪，讵出经典。思君若流水，既是即目；高台多悲风，亦惟所见。"持斯术也，一人传作不越一二篇，一篇传诵不越一二句。……故沧浪又曰："非多读书多穷理，则不能极其至。"故别才不关学者，言其始事；多读书云云，言其终事，沧浪固未误也。……然孔子教人学诗，终以多识。大小雅皆称雅材，其非空疏无物也，可断言矣。①

是年，聘叶长青为厦门大学国文系助教。叶长青曾协助陈衍主讲文字学。叶氏后编撰《石遗室丛书》36种提要，补订《侯官陈石遗年谱》等。

《石遗室诗话》卷二十九：余初至厦门大学，可与言诗者惟叶生俊生长青、龚生达清。……俊生字俊生，后改名长青，字长卿。在厦学余举充文字学教员，劬于著作，诗亦绝去俗尘，惟过求生涩。……又俊生读诗抑扬抗坠，能仿余声调，余家儿童皆以为逼肖。②

是年，门人叶长青编成《闽方言考》，陈衍为之叙。

陈衍《闽方言考叙》：吾福建之方言，向无流传之书。道光初年，吾宗左海先生总纂《通志》，属岐海何先生创方言一门志，粗成，左海归道山。有讼其书之不善者，众怒，各抽取纂稿以去。今道光《通志》乃别纂之本，多非左海旧稿，故方言遂未有志。越八十余年，余承乏重修《通志》，

---

① 《陈石遗集·石遗室文四集》，第681页。

② 《石遗室诗话》卷二十九，第461—462页。

乃搜集诸先辈著作关于方言者，采摘而附益之，草草成《方言》一志。刊方成，而同邑叶生俊生乃寄所撰《闽方言考》乞叙。读之，其根据往籍，博采见闻，可以补余所未载者尚多。①

是年至次年间，常在厦门，结识诗人周殿薰、黄瀚、朱铎民、柯征庸等，互有唱和。

《石遗室诗话》卷二十九：癸亥甲子间，数至厦门，所识诗人以周墨史殿薰、黄雁汀瀚称最。尝招游万石岩，水石树木，远胜虎溪、鹿洞。余纪以五古十六韵，雁汀和作云……

鹭门能诗者，尚有柯伯行征庸、陈丹初桂琛、余雨农焕章、李绣伊禧、蔡维中、翁纯玉兆全诸君。……

在厦识朱铎民镜宙，谂为太炎女夫，年少喜藏书。②

《石遗室诗话续编》卷二：癸亥甲子间，余数至厦门，两游鼓浪屿林菽庄尔嘉园林。③

是年，作诗《和尧翁同年除夕诗次韵》《和尧翁元旦诗次韵》《沧趣老人有亡姬之戚诗以唁之》《题高梧轩图为叔雍》《周颂膴悼亡唁之》《行春桥看桃花至桃花岭下》《曹氏园桃花示剑丞梦旦拔可》《下皋亭山与剑丞沅叔梦旦拔可穿松径行数里》《禹陵口号》《三日不出游》《哭大弥侄》《哭肖絜》《哭筱云》《读杜集戏题二首》《西湖纪游示小杨》《读宛陵集戏题》《大可以诗题余近代诗钞奉答》《得尧生诗札用算博士体答之凡用数目字一十有四》《挽竹坪》《海藏和诗来再答》《审言见示论诗之作次韵奉答》《逸塘贤兄自海外寄诗有扶风下拜载酒问字等语刊在某报端余初未之

① 《陈石遗集·石遗室文四集》，第684页。

② 《石遗室诗话》卷二十九，第445页、第448—449页。

③ 《石遗室诗话续编》卷二，第617页。

知也昨或以告且示之报急答四首次元韵》《过梦华同年小饮归作》《松柏长青馆诗为俊生作》《楼居室前广台风景极似杭州西湖湖滨旅馆》《静极昼寝》《率俊生达深培元松坡诸子山行由鹿洞至虎溪》《为苏乐天题扶犁图》《次惕庵韵》《霁林太守索题其先德吴淞放艇图》《赵崛兴先生挽诗三十韵》《仲采招饮病不能赴诗以谢之》《幼安甚病自谓将死诗以辟之》等。

民国十三年甲子（1924）　69 岁

1 月 16 日、17 日，发表《林文直公神道碑铭》，刊于天津《大公报》，署“石遗”。

1 月 24 日，发表《戴扬家传》，刊于天津《大公报》，署“石遗”。

2 月底，至厦门。

《侯官陈石遗先生年谱》卷七：正月杪复之厦。[①]

3 月 6 日，花朝，应王振先招，与龚乾义等到厦门大学附近村店饮，有诗。

陈衍《花朝孝泉招饮村店有作》：无花无柳过花朝，乡思聊凭浊酒浇。寒菜空厨迟检点，约德国人饮，以事改次日。只鸡村店暂招邀。故山薇蕨犹堪采，满院桃梨况未飘。妒汝北归横雁字，数行作势向人骄。[②]

《侯官陈石遗先生年谱》卷七：德国人艾克在大学充哲学教员，喜读《庄子》，最钦慕公，赠以五律。艾曾偷摄公影寄回国，公自嫌老丑，不喜摄影也。[③]【按：此德国人应是艾锷风（Gustav Ecke，1896—1971），德国爱来根大学哲学

---

① 《陈石遗集·附录一》，第 2044 页。

② 《陈石遗集·石遗室诗续集》卷二，第 363 页。

③ 《陈石遗集·附录一》，第 2045 页。

博士。1923年到厦门大学，被聘为哲学兼德文副教授，1927—1928年被聘为教授。当时艾克与陈衍颇有交往。1924年陈衍有诗《赠艾克》。[1]】

3月13日至16日，发表《夜谈录叙》，刊于天津《大公报》，署“石遗”。

3月，溥仪任命郑孝胥为“总理内务府大臣”。此后，陈衍与郑孝胥之间不见有诗歌及书信往来。

4月29日，发表《游三节涧记》，刊于天津《大公报》，署“石遗”。

5月2日，发表《书高老愚先生家传后》，刊于天津《大公报》，署“石遗”。

5月5日，客鹭岛，有诗《春尽日寄怀说诗社诸子》[2]。

《石遗室诗话》卷三十：又余每于春尽日宴客。甲子春尽日客鹭门，有《寄怀说诗社诸子》云：“说诗社中廿许人，一岁饮我数十巡。杯盘肴核柬修意，酒脯言报劳精神。惟逢人日春尽日，匹园主人不作宾。园中花发本造次，一春妆点差纷纶。山殽野簌集诸子，诗篇明日投鲜新。年来避兵因旅食，楼居望远江海滣。柳条弄色偶一见，不知几处花飘茵。今年春尽尤无赖，愁红数朵度芳晨。不羞老去效年少，早共儿女悲沾巾。诸君今日在何许，息园春抑吴园春？有诗定继贾主簿，谁和寂寞真山民？”此诗社中和者只数首，林西园一首似亦未工。[3]

同日，发表《湖南陈庄记》，刊于天津《大公报》，署“石遗”。

---

① 见《陈石遗集·石遗室诗续集》卷二，第367—368页。

② 见《陈石遗集·石遗室诗续集》卷二，第365页。

③ 《石遗室诗话》卷三十，第473页。

6月19日，林尔嘉与龚夫人五十双寿庆，作《菽庄林先生暨德配云环龚夫人五十寿诗》一首，诗云：

杜陵诗报卫处士，成行儿女昔未婚。妻梅我识林处士，垂髫看到环诸孙。卌年世事如转毂，双鹤衔筹添海屋。诗名恰到达夫年，玉山文酒倾千斛。①

9月1日，发表《重修青芝寺记》，刊于天津《大公报》，署“石遗”。

9月3日，发表《归牧集叙》，刊于天津《大公报》，署“石遗”。

9月13日，发表《健松斋诗存序》，刊于天津《大公报》，署“石遗”。

9月23日，罗惇曧病卒于北京，享年五十二。陈衍有悼诗《哭掞东二首》《又二绝句》②。

《侯官陈石遗先生年谱》卷七：罗掞东先生卒于都门。……公哭以二律与二绝句。……未几其妇迦音亦卒，葬于西山。③

9月29日，发表《感旧集小传拾遗叙》，刊于天津《大公报》，署“石遗”。略云：

余少读渔洋诗，有喜有不喜，而是集则喜其能各取所长，无同体异量之歧视，尤喜于胜国遗老之销声匿迹者，能存其性情文字于数十言，以至数千百言之间，时时为钱蒙叟、朱竹垞、卓子任诸选本所未及，而惜雅雨山人之传缺有间也。此数十人者，遂烂熟往来于余之胸中，自二十之年至

---

① 菽庄吟社辑：《菽庄林先生暨德配云环龚夫人五十寿言》，北京：九州出版社，厦门：厦门大学出版社，2004年，第497页。

② 见《陈石遗集·石遗室诗续集》卷二，第371—372页。

③ 《陈石遗集·附录一》，第2045页。

于今，盖四十余寒暑，翻览群籍，瞥见其姓字名号，如遇旧相识。①

10月9日，林纾逝世于北京，享年七十三。陈衍有诗悼之。

《侯官陈石遗先生年谱》卷七：畏庐卒于都，哭以五言四十韵。②

陈衍《五言四十韵哭畏庐》：人事如转烛，交君五十年。长我才四龄，奄忽竟我先。君去长已矣，我心郁烦冤。论文常訾我，自昔苛龂龂。反以报君施，寸意徒拳拳。君始学骈俪，记丑纷斑斓。既而骋论议，慷慨经世编。既而五七言，击钵铿骚坛。后皆舍之去，专攻散体文。久之乃自命，桦湖柏枧间。秘钥矜昌黎，闲抑不使宣。我进以朴学，君谓道已分。我更以哲学，君谓非道原。桐城有师法，吞吐出半山。七王三欧阳，倏然一丘樊。清气在乾坤，本来得之难。往往偶得之，根柢薄且单。晚清众喙鸣，古籍穷钻研。文人工相轻，诋諆遂极端。君言王元美，晚祭归震川。巨子虽妄庸，终推继欧韩。一篇思子亭，悲来呕心肝。诸余荏以弱，弇州未知言。猥亵至寒花，义法岂所闻。嗟君勇自信，毕生敝精神。益以稗官流，竟诧域外观。愧室诸弟昆，好君夙世缘。脱稿印千本，不胫走市廛。六法橅四王，砢罗版具陈。三绝真广文，通灵几桓玄。不官而不稼，岁入数千缗。如何仅室庐，区区酬辛勤。此外持左券，羌无十万缠。头衔宋既庭，自嘲一儒酸。犹复效顾怪，梁鬍鬍共攀。男儿女子子，小者六七人。尚费钱与布，未毕嫁与婚。中好纸笔者，枚皋闻象贤。感此罢叹息，大招告精魂。它时老梅崖，喜得高澍然。③

① 《陈石遗集·石遗室文三集》，第641—642页。

② 《陈石遗集·附录一》，第2045页。

③ 《陈石遗集·石遗室诗续集》卷二，第372页。

11月23日，发表诗歌《哀天遗》，刊于天津《大公报》，署“石遗”。

是年，潮州刘仲英作《读石遗集》七言长古。陈衍亦作和诗《仲英寄七言古诗数十韵推挹逾量勉报一律》[①]。

《石遗室诗话》卷二十九：仲英有《读石遗集》七言长古云：“侯叟（乙符丈）示我《石遗集》，谓光宣来此一人。我知公名始丙辰，越八载今始识真。……”篇中两处暗转，极见结构。余报以一律云：“刘生雄骜孟郊材，凌纸论文怪发来。并世欲推压元白，古人直遣媲欧梅。宋唐区画非吾意（来诗‘矫矫唐、宋’原作‘有宋’），汉魏临摹是死灰。万卷有书真读破，吐醨弃粕快衔杯。”[②]

是年，与龚达清等三至三节涧，有诗《雨后三至三节涧同夷庚俊生达清》[③]。

是年，陈衍继续执教厦大国文系。集美中学毕业生邱立入厦大为其弟子。时在集美中学任教的龙沐勋因邱立之引介得以拜入门下，从此常自集美渡海到厦大向陈衍请教诗学。[④]

《石遗室诗话》卷三十：门人龙榆生沐勋诗，叔宝神清，而仲宣体弱，年少专攻《选》体，为所束缚也。近多看陈简斋集，近体渐有变态。[⑤]

是年或次年，结识陈柱。

《待焚诗稿·赠言录》：四五年前【按：推知为1924—1925年】，识陈斠玄、叶长青于金陵，因二君之介，得请业

① 见《陈石遗集·石遗室诗续集》卷二，第373页。
② 《石遗室诗话》卷二十九，第452页。
③ 见《陈石遗集·石遗室诗续集》卷二，第363页。
④ 见张晖：《龙榆生先生年谱》，上海：学林出版社，2001年，第17页。
⑤ 《石遗室诗话》卷三十，第487页。

于侯官陈石遗先生。先生见其文而深嘉之。

陈衍向陈三立推许说：“陈柱尊，桂省人，今之学者，著书不止等身，以考据家亦肆力诗古文词，尤难其人。”①

陈衍《赠柱尊并示斠玄》：远闻佳士辄心许，老见异书犹眼明。趁句赠人今可再，春申浦与石头城。②

是年，作诗《题友渔栖隐村图》《和幹侯四十三自序诗》《为俊生题周愈予画松筠并茂图》《道人》《三日至虎溪》《都过了》《厦岛五君咏》《花匠所植皆洋花觅得红玫瑰一盆宠以二十字》《卖春》《同华鬘及诸生野步得一荷塘失水恐不花小立遇雨》《暨儿寄赏海棠诗二首时余斋中止供一盆红玫瑰也》《春尽日书感》《和惕庵杪春书感次韵》《寄题林西园新筑故园山与楼读所撰园楼二记知结构颇与余园相似也》《览揆日诸生以银杯为寿意不可却作此示之》《讷庵来诗数首皆用余旧作韵因叠其所次焦山登高疟疾不与韵寄答并示乙符》《读虚心斋诗卷欲奉题一诗久之始就》《题林蔚文虎口余生图记后》《哀耕煤》《赴厦渡海作》《黄雁汀诗人招集万石岩遂至中岩及太平岩》《九日次琴菊丞毓陶觞余南普陀寺短章示三子》《题痛心录后五绝句》《题侯乙符诗后》《题瑞龙先生行述后为黄雁汀》《题愁霖返舍图》《讷庵次余旧作早睡早起二绝句见寄叠韵答之》《暨儿寄视九月十四江亭补作登高诗次韵和之》《讷庵用襄阳赠湛禅师韵预寿我七十次韵报之》《过曾逊臣斋头酌茗品甆因题其壁》《挺生枉过不见殆廿余年矣诗来喜而和之》《虫蛀木假山》《题颐园石上》《赠周墨史》《岁暮将归福州墨史约同余雨农蔡维中翁纯玉黄雁汀叶谦丞曾逊臣柯伯行李寿禧饯余及惕庵孝泉于其家衖楼上长句留别》《雁汀以泥金笺索书忽记渠明年六十矣赋二小诗为寿》等。

---

① 陈柱：《待焚诗稿》，民国十八年（1929）无锡排印本。

② 《陈石遗集·石遗室诗续集》卷二，第386—387页。

民国十四年乙丑（1925） 70岁

除夕前（1月底），回福州。抵家后有诗赠龙沐勋。

陈衍《寄慰榆生集美学校并示达安》：念子辞亲爱，出游江海长。苦吟年尚少，劬学体非强。狂简差吾党，校中学子与君多亲善。烽烟澹故乡。莫嗟余又去，邛岠暂相将。[①] **【按：达安，指何达安。】**

春，力辞厦门大学讲席，但校长林文庆坚决挽留，遂将讲义寄去请龚乾义代讲。

《侯官陈石遗先生年谱》卷七：是年，公力辞厦大讲席，林梦琴校长坚不允，公不得已，寄讲义属华鬘先生代讲。[②]

陈衍《赴厦渡海作》：又被驱来岂为饥，微生守信直几微。行年七十犹为客，涉月三冬始得归。骇浪掀腾安若素，中阴黑暗是邪非。只赢来岁花前醉，醉到风花一片飞。[③]

2月12日，清华国学研究院成立，聘王国维、梁启超、陈寅恪、赵元任为教授。在此前后致书王国维，推荐叶长青、游謇两名学生。书云：

静庵先生左右：

久阔不相闻，辄用笃念。比稔清华学校将开大学，并设研究院，先立国学一科，已聘执事与任公诸君为讲师。当此人不说学，即说学亦指导无人、进修无路之际，如绝壁之得天梯，汪洋之遇巨筏矣。衍十数年来一切谢绝，独矗没各大

---

① 《陈石遗集·石遗室诗续集》卷二，第376页。

② 《陈石遗集·附录一》，第2046页。

③ 《陈石遗集·石遗室诗续集》卷二，第368—369页。

学教授者数年，自顾生无益于人，惟稍扶书种于绝续交，犹劣能之。然千俊万杰，稀若晨星，有志者一知半解，末由深造，心私悼焉。厦门大学国文系学生百十人，可蕲成就者，仅得二人，曰叶俊生，曰游骞。游生籍贵州，郑子尹同邑人，究心周秦诸子学，治诗古文词，有《释墨》一文，寿鄙人四诗，曾刊报上。叶生福建侯官人，诗文祈向皇甫持正、孙可之，亦能为文从字顺者，有自序文二，寿鄙人文一，已有刷印。潜心考据之学，所著有《闽方言考》，已出版；《续考》《文字学名词诠释》，有油印本，尚当修补；《文字学》《音均学口义》《版本学考》，印未毕。以本大学三年级高材生，拔充国文系助教，儋任国文法学、文字学、形义、音均各门功课。衍老矣，喜其勤奋，然其孤寒犇走，不能常共几席，极欲其肄业研究院，受诸大师陶成。惟须乞清华校长特别待遇，准予免试入院，而特别免试，非由九鼎之言则不可得。所以求免试者，一则考试者一日之短长，李程、杜牧非关节且不得第，罗江东金榜无名，东坡尚失李方叔；二则叶生寒士，方充助教，脱考不入选，何颜返校再作都讲。往者北京国立大学将设分科，衍充教授，奏记张文襄，请经科、文科学生由各直省大吏保送举贡诸生之尤者，从之，厥后得学位者，经学、小学若陈汉章、刘复礼、黄式渔、徐道政；古文词若复礼、姚梓芳；史地若丁作霖等，特出者尤多，至今皆蔚为大师，主各地讲席，亦足征学生之不尽由考试矣。先生宏奖有素，伏望齿牙余惠，将叶生、游生荐诸校长，乞特别待遇，准其免试入院研究，幸甚。如两名嫌多，则叶俊生一名尤要，游生未充助教，且已转学上海，尚可就近赴考。倘得俯如所请，盼复福州南三官堂敝寓。其详细履历，

当由厦校公函保送。专布，即颂

著祉

弟陈衍顿首①

3月至4月，长子声暨寄来家书，提出携家眷返乡为父庆祝七十大寿。劝阻不果，遂回福州。

《侯官陈石遗先生年谱》卷七：二月，公荆兄自都寄家书，以公七十生辰，将挈眷回里称祝，公力止之。……三月下旬，乃捆载寿屏百十幅归。②

4月30日，旧历四月初八日，七十寿辰。

陈宝琛《石遗三兄七十寿序》**【按：《沧趣楼诗文集》中作《陈君石遗七十寿序》】**：石遗少予八岁，今年亦七十矣。予交君逾三十年，离合聚散，动关身世，重以文字之契，安能无言耶？

予中岁家居，始常为诗，获交君兄木庵先生，倡酬商榷无虚月。时君方客游，恒数岁一归，归辄录予诗以去。予久蛰荒滨，不以诗鸣，而诗流闻于世，由君也。及予再入都，则君已被荐官学部、教授大学，与予同事礼学馆者三年，极游览觞咏之乐。国变作，君挂衣冠归，而予縻此以迄于今。偶君至，气为一振，出诗相质，或挟为山游。近岁君来寖稀，予亦日衰苶，恒经年累月无一诗矣。

君兄弟皆有殊禀，木庵标奇萧逸，诗学倾一世。君则无学不窥，又早游四方，得山水友朋之助，故诗闳肆如其文。予初学诗于郑仲濂丈，谢丈枚如导之学高、岑，吴丈圭庵引之学杜，而君兄弟则称其类荆公，木庵且欲进之以山谷。曩

① 国家图书馆古籍馆编：《国家图书馆藏王国维往还书信集》，北京：中华书局，2017年，第562—568页。

② 《陈石遗集·附录一》，第2046—2047页。

岁有作，非经木庵及吾弟叔毅商可，终不自释。搔痒针痼，惟习处者喻之，今独君在耳。

予于壬戌春假归，君饮之皆山楼，所纂《通志》稿本堆床塞屋，案头诗卷满焉，皆君说诗社弟子也。既与游宿石鼓、小雄二山斋，以镜缩影泉声石翠间，此景长在目前。

闻君腰脚如昨，近主讲厦门大学，时挈生徒登高望海。闽佳山水孰如武夷者，诚使兵革衰息，则泝溪西上，延缘九曲，和紫阳《棹歌》，老朽犹当贾君余勇，缚縢鼓枻而前，勿谓河清难俟也。①

夏，林翰在福州病逝，终年四十七。有《山与楼诗集》，由陈衍作叙。

陈衍《山与楼诗叙》：余生丁末造，论诗主变风变雅，以为诗者，人心哀乐所由写宣。有真性情者，哀乐必过人，时而赍咨涕洟，若创巨痛深之在体也；时而忘忧忘食，履决踵、襟见肘，而歌声出金石、动天地也。其在文字无以名之，名之曰挚、曰横，知此可与言今日之为诗。②

8月25日，长子声暨病殁于北京。

《侯官陈石遗先生年谱》卷七：于七月七日至都，未至而戍永诀矣。……八月三日受吊。……十一月，公荆之丧至，公为附葬于文笔山。③

陈衍《伤暨儿》：八月由来最有凶，更从七月起罡风。西来秋色全凄黯，北地妻孥几告终。余父暨长兄长嫂余妻皆卒于

---

① 陈宝琛著，刘永翔、许全胜校点：《沧趣楼诗文集》，上海：上海古籍出版社，2006年，第347—348页。

② 《陈石遗集·石遗室文四集》，第690页。

③ 《陈石遗集·附录一》，第2048—2049页。

八月，余妻及两子皆终于北地。①

陈衍《亡儿声洎事略》：今年四月，以余七十生辰，乞假携家归。余阻之不获。朋旧燕饮频繁，积饫成病。复游石鼓，饮山泉，遂酿湿温之症，而病象隐不发见。又余年来以洎健气体实，面色老苍，竟不留意，听其假满入都。庸医不辨，冷暖杂投，烧不退，汗不止，饮食不进，伏枕作书告余，遂成绝笔。电信往复，携医奔救，而闽沪船阻，久久乃行，至已弥留，申相见而戌永诀矣。盖七月七夕也。②

陈衍《石遗室诗话》卷三十：余生平见人失子，每为异常作恶，以为此人生至逆之境也。前岁此厄既轮到我，作一联语挽之云："我何人斯，乃继孔仲尼、卜子夏、郑康成、朱元晦而哭汝；寿非福也，请看傅青主、顾黄公、竹垞翁、查初白之暮年。"海内朋辈及门人，以诗哀挽者且百篇，拟汇为哀录刊之，以冠《激楚堂遗集》。③

8月24日，入京料理长子声暨丧事。车中逢郑孝胥。

《郑孝胥日记》：车中逢伯安赴宁、叔伊入京、王正廷、吴吉卿等。与叔伊剧谈。④

秋，龙沐勋偕妻女至集美。期间曾去福州看望陈衍。陈衍为龙父《蜕庵诗存》作序。

张晖《龙榆生先生年谱》：是年秋，父龙庚言刊行《蜕庵诗存》一册，前有陈衍《叙》，谢凤孙《序》，末附金蓉镜《跋》。⑤

---

① 《陈石遗集·石遗室诗续集》卷二，第381—382页。

② 《国学专刊》第一卷第一期（1926年3月）。

③ 《石遗室诗话》卷三十，第498页。

④ 《郑孝胥日记》第四册，第2061页。

⑤ 张晖：《龙榆生先生年谱》，第19页。

9月29日，自京来津，赴陈宝琛寓晚饭。

《郑孝胥日记》：弢庵约至其寓晚饭，坐有叔伊、筱陆、午原、李星冶先生。①

9月30日，赴郭则沄之约。

《郑孝胥日记》：夜，赴郭啸麓之约，号“栩楼吟集”，弢庵、叔伊、琴初、立之在坐，新晤刘樵山、杨味云、任仲文。②

9月，所撰《元诗纪事》四十五卷，由上海商务印书馆收入《万有文库》出版。

10月初，中秋后，携声暨遗眷航海归里。

《侯官陈石遗先生年谱》卷七：中秋后，挈公荆眷航海归里，至津与李星冶巡使兆珍、弢庵丈、郭筱麓先生诸人盘桓两日。夜四鼓，弢庵丈同车送登舟，相对怆然，颇难为别。③

是年，为纪念教育家、侯官人林启建立的林社成立25周年，撰拜祝辞，略云：

谋国之忠，取人长以裨己短，而又必审国力之所及，以为权衡。此管夷吾之所以霸列国也。吾友林迪臣太守，以翰林御史，一麾典之江首郡，善政不胜举。吾独于其遣派学生游学，谓与其西洋不如东洋，西洋一人可占东洋十人之费数语重有感也。太守之计划，幸而行于清光绪时代耳，若于今日发此议论，则群以为日人私党，被以恶名而恤矣，天下事有昔以为罪，今以为功，昔以为功，今以为罪者，此类是也。余佐张广雅督部幕十年，移译日人理财学书数百万言，

① 《郑孝胥日记》第四册，第2065页。

② 《郑孝胥日记》第四册，第2065页。

③ 《陈石遗集·附录一》，第2049页。

采厥政策施诸兵食两专者甚夥。遣派游学亦专主东洋，价廉工省，事半功倍。谋国者惟其利便所在也。诟病者听之而已。因噎废食，与忍辱负重，殆有间乎。太守初莅杭，求士于余，余举章君太炎，后试院课，闻以太炎冠其曹，余创办《求是》杂志，太守力为赞助，亦可自附于笙磬同音矣。其他循良遗爱，世之君子，类能言之，故不复云。①

是年，福安郑宗霖乞书，题以《守堪以纸乞书书绝句赠之》②。二人有诗唱和。

是年，叶长青撰《版本学》，由厦门大学油印出版。其书共八章，署名叶俊生。有陈衍、龚乾义二序。

是年，作诗《哭子仁五言三十韵》《题戴文节画册》《次韵答华鬘见怀之作》《黄母黎老宜人挽诗》《送孙贡甫》《哭友渔》《次樊山韵时余方丧长子》《哭周泊园抚部》《题黑龙潭》《哀宗孟》《续除夕怀旧诗计有二十余人才成五首而罢》等。

民国十五年丙寅（1926）　　71岁

2月至3月，旧历正月，厦门大学校长电催开学。

《侯官陈石遗先生年谱》卷七：正月，厦门大学校长林文庆电催开学，公亦拟一往结束校事，行装已发，意不乐而止。③

3月至4月，旧历二月，书《书前诗寄散原》赠陈三立。

《侯官陈石遗先生年谱》卷七：二月成《伤暨儿》诗八

---

① 黄书孟主编：《名山留一席——林社文史汇编》，杭州：西泠印社，2013年，第107页。

② 见《陈石遗集·石遗室诗续集》卷二，第377页。

③ 《陈石遗集·附录一》，第2049页。

首，积数月所作也。又检暨儿书箧成五绝句。又书前诗寄散原，成一绝句。①

3月，《国学专刊》创刊，陈衍任主编。创刊号上刊登陈宝琛的《石遗三兄七十寿序》，陈衍的《周礼辨证》《史汉研究法》《亡儿声泊事略》，以及《陈石遗与陈斠玄书》《叶长青上陈石遗先生书》等。

4月21日，回厦大销假，心中不乐，有诗数首。得劬学者邱立、吴大玠二人。一月后乃回。

《陈石遗先生来校销假》：本校国文教授陈石遗先生，前因丧子，请假一学期一节，已志本刊。兹闻陈先生业已于上星期三（廿一日）由省来校销假授课矣。②

《侯官陈石遗先生年谱》卷七：三月，厦门大学校长数电促往，不得已往为结束，一阅月乃回。在厦作《林天遗诗序》，赋《只有二绝句》《厦岛书所见》《厦楼独坐》……诸诗。③【按：《只有二绝句》即《只有二首》。】

《石遗室诗话》卷二十九：丙寅三月，重至厦门，学子劬学者又得两人：晋江邱立、吴大玠。立字豫凡，肆力文字学，时有心得；而罕为诗。大玠未有字，使余字之，字曰“圭峰”。诗笔轻倩，最近十砚老人。④

陈衍《只有二首》其一：只有伤心月，羌无称意花。家居犹不乐，何况是离家。⑤

陈衍《厦岛书所见》：万骨不能鬼，羌无地可埋。若非

① 《陈石遗集·附录一》，第2050页。

② 《厦大周刊》第148期“校闻”栏（1926年5月1日）。

③ 《陈石遗集·附录一》，第2050页。

④ 《石遗室诗话》卷二十九，第463页。

⑤ 《陈石遗集·石遗室诗续集》卷二，第384页。

葬鱼腹，也筑骷髅台。[①]

陈衍《厦楼独坐》：满山尽是相思子，老乏风情只忆家。独坐楼前谁是伴，刺桐树与木棉花。[②]

6月，戴密微（Paul Demiéville，1894—1879）将离厦门大学游学日本，索诗，遂作五古一首。

陈衍《送戴密微归国并游学日本》：瑞士山水窟，有如吾蚕丛。戴君挺其间，学识坚且雄。假馆来震旦，哲理探各宗。将游日出国，寄鞮沟厥通。皤然望白云，西归乃复东。与君初倾盖，礼意挚以恭。根心自生色，盎背睟其容。青眼望吾子，高歌振南风。[③]**【按：戴密微，原籍瑞士，后入法国国籍，为法国著名汉学家、佛学家。1924年底至1926年6月任厦门大学语言学教授，与陈衍同为厦门大学国学研究院筹备总委员会委员。】**

《侯官陈石遗先生年谱》卷七：戴密微与艾克友善，要公赠诗，以瑞士山水册为报。[④]

6月，赠陈钟凡《长句一首赠斠玄》《赠柱尊并示斠玄》。其中有“趁句赠人今可再”句，指曾经就文王受命称王之说与陈钟凡书信往来多次。

《侯官陈石遗先生年谱》卷七：陈斠玄钟凡、陈柱尊柱二君新及公门。斠玄教授东南大学，移作金陵大学文科主任，文学东汉，江苏盐城人。柱尊，广西北流人，充上海大夏大学文科主任，皆精考据。柱尊兼攻诗。至是各有所著寄呈，合赠一绝句。先是，公有与斠玄书，辨论文王受命称王之

---

① 《陈石遗集·石遗室诗续集》卷二，第384页。

② 《陈石遗集·石遗室诗续集》卷二，第385页。

③ 《陈石遗集·石遗室诗续集》卷二，第386页。

④ 《陈石遗集·附录一》，第2050页。

说。继而斠玄尚有所商榷，公复有书。①

6月至7月，旧历五月，归里。

《侯官陈石遗先生年谱》卷七：五月回家。②

8月18日，致函陈柱。

柱尊学人足下：前从长青处即稔足下治子学至精，今读所惠各种新著，果然矣。《墨子》出版未？直使仲容失步，曲园却走。使仲容早遇足下，其喜得畏友、益友当何如？然仲容颇有自许太过之病。《周礼正义》罅漏甚夥，曾欲寄示鄙人，而迟延不至。鄙人《周礼辨证》更正不鲜。学问天下之公器，非欲攻故人之短也。《尚书论略》极明简（拙著《尚书举要》似未见全书），吴、简、姚三家经学似未深，其著实在如何？果能精博乎？时贤文章多患才弱，则往往托足于三刘以为雅，前清则汪容甫。鄙人常恨考据词章，自古罕能兼者。足下根柢盘深，而才调足以发舒之，大可为吾道开一大生面。少陵赠王司直诗末二句，吾为足下诵之矣。即颂箸祉。衍顿。八月十八日。③

8月24日，张謇卒，享年七十三。

陈衍《挽张謇》：许身比稷契；徂命没黄衣。④

10月至11月，应厦门贤达周殿薰、黄瀚等邀携眷到厦避兵。

《侯官陈石遗先生年谱》卷七：九月兵事起，厦门周墨史、黄雁汀二君招公往避兵，挈家至。⑤

《石遗室诗话》卷二十九：云顶岩为厦门众山最高者，

---

① 《陈石遗集·附录一》，第2050页。

② 《陈石遗集·附录一》，第2050页。

③ 《国学专刊》第一卷第四期（1927年10月2日）。

④ 龚联寿编著：《中华对联大典》，第683页。

⑤ 《陈石遗集·附录一》，第2051页。

雁汀招同墨史、文典陈沙往游。始以小车走十里至禾山，一路弥望稻田，间以陂塘，颇有江南风景。过陈场老钓矶，憩商业学校。肩舆入山，数里先造云顶寺，俯视众山，皆扑地如土堆。雁汀载饼饵鼎肉，饱饭于寺僧。复行数里，登绝顶观日台。归各有诗。……余有《云顶岩回谢雁汀诗》，雁汀和韵，佳在前四句，云："为上禾山第一山，高轩特地过柴关。分斋何敢方前哲，擅壑犹堪老此间。"①

12月13日，**访顾颉刚。**

《顾颉刚日记》：陈石遗先生来，谈话。②

12月19日，**至厦大，居厦门大学校园内镇南关一善堂，国学院众人纷纷来拜访。**

鲁迅《致信沈兼士》：陈石遗忽来，居于镇南关，国学院中人纷纷往拜之。③【按：镇南关在厦门大学校内，郑成功抗清时所建。】

12月28日，**顾颉刚到育婴堂访陈衍。**

《顾颉刚日记》：与丁山昺衡到育婴堂访石遗先生，又到厦门图书馆参观，予独先归。④

12月30日，**离厦回福州。**

《顾颉刚日记》（12月29日）：石遗先生明日还福州，昨天我们去，予以《柳州诗话图》嘱题，今日送来，书三绝句，甚温婉。⑤

是年，《章太炎丛书》出版，章氏寄赠陈衍并附信叙旧，陈

---

① 《石遗室诗话》卷二十九，第447—448页。

② 《顾颉刚日记（1924—1926）》第一卷，第825页。

③ 《鲁迅全集》第十一卷，北京：人民文学出版社，2005年，第659页。

④ 《顾颉刚日记（1924—1926）》第一卷，第830页。

⑤ 《顾颉刚日记（1924—1926）》第一卷，第831页。

衍有《复章太炎书》，云：

太炎老友足下：廿年阔别，辱承先施，念我之深，感叹何极。仆于奔走国事者，不敢辄问候起居，惧嫌攀援也。窃叹区区旧学，考据、词章数千年无能兼者。歧而二之，即已误矣。卜商、荀况已属偏至，何论许、郑、杜、韩。君乡竹垞，颇识厓略；亭林浅尝，只可供梁鼎芬、林纾之仰止。足下学与年进，真善读书，见解高超，海内罕其匹。戴东原云："当世学者，吾不能不以竹汀为第二人。"仆不愿与汉以后学人较短长，今得足下论读书，吾不敢以竹汀待足下。此外考证有得者，尚有孙仲容。惜其《周礼正义》约寄商敝处而未果，罅缪弘多。仆旧刻十数册，皆少作，聊寄正之。《周官》《小戴记》等未刊者尚夥。年来纂《福建新通志》数百卷，约千余万言，皆出自一手。中《艺文志》百余卷，补正《经义考》《四库全书提要》者不尠。已刻二百余卷，以官中欠钱，工程疲缓。仆入民国后，惟间为大学教授，自以于世无补，能稍有裨于学子，藉赎素食罪过。季刚后来之秀，近在何许，念念。衍顿首。①

《侯官陈石遗先生年谱》卷七：久不得章太炎先生书，忽寄书并其《全集》至，有书复之。②

是年，就任上海暨南大学教员。

《石遗室诗话续编》卷一：前岁在暨南大学讲学，夜间则集榆生寓中说。时有刘生钟经者，以小册页乞书，媵以长句云："石遗先生闽江客，声誉昭著闻荒遐。家藏典籍十万卷，学问浩博深无涯。顾我频年羁海澨，欲往从之愁无槎。

① 《陈石遗集·石遗室文四集》，第673—674页。

② 《陈石遗集·附录一》，第2051页。

大文读罢不得见，搔首伫立空咨嗟。书蒙痴想夜入梦，仿佛遇见相豪夸。先生忽许临太学，众士喜闹如蜂衙。须臾消息播远近，争欲问字走传车。先生高年逾七十，逸气缥渺干云霞。深垂绛帐坐兀傲，论诗说赋声叱咤。龙腾凤舞霹雳震，四坐惊竦谁敢哗。伊我小生苦饥渴，听此岂异霖雨加。耳闻笔录不敢辍，只恐白日将西斜。攀跻龙门叹观止，不觉肉味沾齿牙。嗟我贪求复不足，拣择贡纸无纤瑕，傥许题诗灿篇幅，何异玉树生琼花。手持秘册诵万遍，子孙永宝传于家。”余喜其音节甚合，可以学韩学苏，因口占赠之云：“昌黎长句多雄奇，不独荦确山石诗。更如独游与行役，一路铺叙非嵚崎。颇疑遗山独推此，北宋诸老皆能为。可知音节不平弱，益以间出鲜新词。元和元祐非难几，嗟哉吾子其勉之。”刘生早已毕业，充黄州学校教员，当与黄晓浦日夕相倡和矣。①

是年，作诗《哭崑士》《检暨儿书箧五首》《重有感》《题陈菉庄联轩》《双海棠盛开匝月未已为赋长句》《读放翁遣舟迎子遹诗口号》《松之及余门数年矣客中始相见书二十字》《题南普陀佛学院示会泉》《赠常惺》《书夷平六十自述诗后》《题龙眠山图为龙蜕庵作》《苦热袭荆公语意成二绝句》《斠玄筑室于青溪上流寄诗落之》《墨史雁汀招余避兵厦岛至则舍馆器用饮食具备墨史又先以诗来此少陵所未得于孙宰者也次韵为报》《叠韵答雁汀》《倒次前韵呈硕士居停兼示逊臣雁汀墨史》《再倒叠韵答硕士》《雁汀招同墨史文典登云顶岩》《游云顶岩还寄雁汀》《墨史赠藤杖长句为报》《雁汀招游禾山杂诗五首》《送游翰明》《题王阮亭明湖秋禊图》等。

---

① 《石遗室诗话续编》卷一，第551—552页。

民国十六年丁卯（1927）　72 岁

1 月 21 日，顾颉刚来访。

《顾颉刚日记》：遇龚明礼，同到石遗先生家，观花光阁藏书，承赠著述四种。①

4 月 3 日，顾颉刚寄来清宫报告。

《顾颉刚日记》：寄石遗、仲琴两先生清宫报告。②

4 月，叶长青著《文字学名词诠释》，由群众图书公司出版。陈衍作序。

4 月，四子声讫卒。

《侯官陈石遗先生年谱》卷七：青子七兄素喜言病，好服补剂，数年致胁旁生痈如小布袋。西医林翔亭砭之，脓下一脸盆，治数月就痊矣，以元气大亏，不数日遽卒。有《葬七儿讫郊行口号》一律六绝句。公生八男儿，成人者四，至是尽矣。③

6 月，发表《散文体正名》，刊郑振铎编辑《小说月报》第 17 卷号外“中国文学研究”。主张以“散文”“散文体”取代“古文”“古文辞”之称。

9 月 26 日，致函门人陈钟凡，推荐龙沐勋。

斠玄足下：

得书至慰渴念，以手边甚忙，欲作书又复中止。《通志》非完帙事已令会计处详复，当早到矣。年底当尚有《艺文志》八十卷出版。鄙人于八月又丧季子，丧长子至痛已经

① 《顾颉刚日记（1927—1929）》第二卷，第 8 页。

② 《顾颉刚日记（1927—1929）》第二卷，第 33 页。

③ 《陈石遗集·附录一》，第 2052 页。

过，此子远不如，不听吾言，嗜服补剂，以自陷于不救，只得听之。闻足下与胡某不合，将辞金大他适，而厦大可以移就，确否？门人龙榆生沐勋，江右万载人，年少劬学，诗文皆有可观。向在集美充中学教员（甚为学生所欢迎，已在彼数年矣），薪约百元。惟其地甚僻陋，而其体羸弱，校课甚繁，颇厌苦之。福州学校有排外之习，且常常欠薪，不足改就，江南如有可承乏者，望为推毂。渠有《文学史》初稿一册，未经修改。姑寄阅，可以知其所学之何如。（与伯弢一纸，烦转致。）鄙人颇思出游，而一时不能奋飞，须看明年春夏之交。足下如能就厦席，则极望先到福州小住再行。衰年以朋友为性命，思之思之，我老如何。福州大旱，殊可忧虞，严冬不冷，大非宜也。匆复，即颂箸祉。

审言时有通信，穷老无俚，亦可伤矣。

伯弢代为道念。①

张晖《龙榆生先生年谱》：九月廿六日，陈衍致函陈钟凡推荐先生。②

10 月 4 日，重九日，说诗社集于酒楼。作《九日集酒楼时余以病痒戒酒》③。

《侯官陈石遗先生年谱》卷七：九日，说诗社集于酒楼。时公以病养戒黄酒，乃代以啤酒，有“佳节总须求酩酊，强携啤酒注深杯”句。盖至是已饮啤酒百余瓶矣。公常论新名词有不能不用者，不必禁避，如此诗之“啤酒”，前某诗之

① 吴新雷等编纂：《清晖山馆友声集》，南京：凤凰出版社，2001 年，第 19 页。

② 张晖：《龙榆生先生年谱》，第 19 页。

③ 见《陈石遗集·石遗室诗续集》卷二，第 393 页。

“电灯”是也。①

是年，再致函陈钟凡，附寄所撰《陈章甫墓志铭》一文，云：

斠玄仁弟左右：

兵火连天，彼此同之。福州目前幸粗安，南京到底何如？报纸不足尽信。清晖馆有战爨否？有损伤否？至念至念。鄙人雅俗交逼，绝无暇晷，致久稽问候。墓志撰就寄上。尊翁事实不繁，而形状文体，系东京以降，多浑括之词，罕条集之件。若用班、马、韩、柳作法，恐篇幅必过促。因此未下笔之先，盘旋起画于胸中甚久，所谓《三王世家》体例，实史志之通例也。于原文时复删易，只求其毛色之纯而已。足下以为如何？

衍顿首

二十四日

尚有与足下论《泰誓》书一首，未暇写出。又及。②

12月，陈声暨编、叶长青补订《侯官陈石遗先生年谱》，刊《国学专刊》第一卷第四期。

是年，日本总领事西泽义征招饮，欲介陈衍游日本。作《招西泽总领事饮索诗为记念领事将介余游日本并述台湾总督招余往游也》③。

《侯官陈石遗先生年谱》卷七：日本总领事西泽义征招饮，索诗为纪念，将介公游日本，并传台湾总督意，以公旧参台抚幕，欲招公往游。公宴西泽领事欢甚。④

① 《陈石遗集·附录一》，第2052—2053页。

② 《清晖山馆友声集》，第15页。

③ 见《陈石遗集·石遗室诗续集》卷二，第395页。

④ 《陈石遗集·附录一》，第2053页。

是年，撰文《故奉政大夫献廷陈君墓志铭》《万母危宜人墓志铭》等。

是年，《石遗室诗续集》卷一至二、《石遗室文四集》家刻本印行。至此，陈衍诗文集已基本刻成。其中《续集》收录1922—1926年之间作品。

是年，任中山大学文科研究所中国语言文学部名誉导师。

陆阳《唐文治年谱》：中山大学成立文科研究所，傅斯年任主任，1929年顾颉刚继任。下设中国语言文学部和历史学部，章太炎、叶恭绰、张孟劬、马叙伦、陈衍、唐文治、赵元任、罗常培、高本汉、夏敬观、吴梅、易大庵、温丹铭、谢英伯担任中国语言文学部名誉导师。①

是年，为黄濬诗集作《聆风簃诗叙》。

秋岳少治诗，与仲毅、芷青、敷庵诸子知名当世。既而从余治小学、史学，为骈体文，仿佛治《公羊》、治《大戴》之仪郑堂，治《尚书》、治《墨子》之问字堂，五七言亦遂与前数子者小异。余生平论诗，以为必具学人之根柢，诗人之性情，而后才力与怀抱相发越，《三百篇》之大小雅材是已。今人为诗，徒取给于汉魏六朝唐宋诸名家，虽号称巨子，立派别，收召才俊，免于风而不雅之诮者盖寡。然余言者，审言、映庵、无识数人而已。今秋岳短章长谣，骎骎雅材，而不遗风人旨趣，近贤中直欲方驾广雅、涧于，亦以难矣。秋岳为朝官，困王城中，不废啸歌。间岁出游，求江山助凄惋之作，都千百篇。付刊将成，叙以勉之，不足为不知者道也。②

是年，从巴黎归国的黄曾樾，经林庚白介绍，入陈衍门下为

① 陆阳：《唐文治年谱》，上海：上海三联书店，2013年，第301页。
② 《陈石遗集·石遗室文四集》，第688—689页。

诗弟子。后有11首诗作被收录于《石遗室诗话》正编；17首收入《续编》。

是年，作诗《答龘叟》《畏日》《赠翔卿医师时为青子治痈就痊也》《秀渊谦宣送瓜喜作》《苦热答华鬘次韵》《叠韵寄华鬘》《寄弢庵太傅天津》《芙蓉盛开》《寄献侯》《读宋人小说》《携度衡二孙游宿猿洞》《书干宝柚诗后》《丹初至福州余适戒酒未招饮也仅以拙集奉赠有诗来谢次韵答之》《哀陈礼庭》《梅生自都摹宋人雪景图见寄报以长句》《书榜园吟稿后》等。

民国十七年戊辰（1928）　73岁

1月至2月，旧历正月，湖西看梅。有诗。

《侯官陈石遗先生年谱》卷七：正月，湖西看梅，忆去岁与荫亭游，赋一诗寄之。①

9月，龙沐勋因陈衍介绍获上海暨南大学聘书。

《侯官陈石遗先生年谱》卷七：荐江西门人龙榆生茂才沐勋于陈斠玄。斠玄使充上海暨南大学国文讲师，时斠玄为文科主任也。②

9月3日，旧历七月廿日，儿桐吉生，侧室李氏出。

《侯官陈石遗先生年谱》卷七：七月廿日，公姬李氏诞一男。公此事已断四十有一年，有诗纪之。③

《石遗室诗话续编》卷一：余七十三岁、七十六岁，姬人举两男。④

① 《陈石遗集·附录一》，第2053页。

② 《陈石遗集·附录一》，第2054页。

③ 《陈石遗集·附录一》，第2054页。

④ 《石遗室诗话续编》卷一，第542页。

9月25日，旧历八月十二日，何振岱接陈衍寄来书二本。

《何振岱日记》：石遗叟寄来书二本。①

冬，刘蘅招游螺洲。

《侯官陈石遗先生年谱》卷七：冬半，刘秀明招公及余游螺洲。……一宿而返，并游陈太傅沧趣楼。②

11月24日，郭曾炘卒，享年七十四。

《侯官陈石遗先生年谱》卷七：郭春榆卒，哭以七律。公以近年哭友诗多，用古体未能包扫，特以五十六字括之。③

是年，厦门南普陀寺第一殿天王殿重建，大门有一对楹联“分派洛伽开法宇，隔江太武拱山门”，系陈衍撰句，晋江人曾遒书写。④

是年，陈柱始以诗受知于陈衍。

陈柱《四十年吾国文学之略谈》：然所与唱和者，唯容县苏寓庸先生而已，归国后则唯邑子冯振心而已，其他则甚少酬答。概柱既极不自信，而又轻视时流也。至民国十七年，始以诗受知于侯官陈石遗先生。⑤**【按：陈柱《七不堪室诗话》中载“吾师陈石遗先生于民国十六年见吾诗”⑥。】**

是年，黄宾虹应广西教育厅邀请，与陈柱经香港赴桂林讲学、游览，为陈柱作《八桂豪游图》长卷。后陈衍亦有诗。

陈衍《为陈柱尊题黄宾虹〈八桂豪游图〉长卷》：年来

---

① 刘建萍：《诗人何振岱评传》，福州：海潮摄影艺术出版社，2004年，第31页。

② 《陈石遗集·附录一》，第2055页。

③ 《陈石遗集·附录一》，第2055页。

④ 见龚联寿编著：《中华对联大典》，第683页。

⑤ 陈柱：《四十年来吾国文学之略谈》，《交通大学四十周年纪念刊》，1936年。

⑥ 《中日文化》第2卷第3期（1942年）。

思作桂林游，柱尊振心去北流。振心招我游罗浮，桂擢趁此焉可休。柱尊闻之急过我，手持一卷狭而修。黄君宾虹之手笔，玉篸两岸纷相缪。太湖玄墓真假山，化身千万散蜂尖。武夷之玉女，湖口之小姑，亭亭独立殊无俦。巫山十二衡七二，缩而小之置墼丘。元章砚山一品石，放而大之差与侔。兹为桂林阳朔真相，甲于天下异遐陬。今我案图往求索，未识悉如此图不。先题此诗作自壤，归来刻意重雕锼。①【按：目前所能看到的《石遗室诗集》及《续集》、《石遗室文集》均刊于1928年，此后的诗文未曾刊行，"遗稿尽被公门人叶长青取去，长青既逝，遗稿散失"。现只能透过陈衍门人王真所撰《年谱》窥见这些未刊诗文的部分题目。其中1928—1937年的诗歌题目有210多首，散文题目有10多篇。除了在《石遗室诗话续编》及《年谱》中还可看到部分小诗及诗文的摘句和摘段外，其大部分已成为佚篇。】

是年，撰文《借一山房文稿跋》等。

是年，作诗《湖西看梅忆去冬与荫亭同游却寄》《哭绂云》《寄柱尊》《逸塘纕衡两诗人远道寄诗次韵述近状报之》《寒食日说诗社同人醵就匹园觞余有作因寄逸塘纕衡》《释戡君庸自都寄〈菊部丛谈〉〈自青社图卷〉报以续刊拙集四叠晨韵》《墨园寄修禊北海镜清斋见忆诗奉答》《鹤亭寄诗补哀亡儿报之》《题王司直遗墨后》《题王司直画莲》《枕上开雨猛忆二首》《荫亭自江南寄示游摄山诗却寄兼示伯修》《答释戡七夕书怀见寄次韵》《生儿》《挽士可》《挽仓石》《报李雁晴赠史记》《李云仙自写抱琴独立图属题》《虢盘后歌为蔼农作》《释戡屡寄长句酬人》《文字债》《答松之》《为守堪题箧灰鞭影图》《连朝晏起》《哭春榆》等。

① 黄宾虹：《宾虹题画诗集》，北京：中国美术学院出版社，2009年，第230—231页。

民国十八年己巳（1929） 74岁

2月10日，旧历正月初一日，有诗。

《侯官陈石遗先生年谱》卷七：元旦晴，有诗。[①]

2月12日，旧历正月初三，说诗社集于福州西湖开化寺。

《侯官陈石遗先生年谱》卷七：三日，说诗社集湖上，改用素食，席设开化寺，余亦在座。公示社中诸子云："不道孟尝齑菜好，免因佳句号鱼虾。"用吴孟举戏祁文友事也。[②]

3月12日，花朝，招饮闻雨楼下。

《侯官陈石遗先生年谱》卷七：花朝招同王德愔、刘秀明小饮闻雨楼下，以"尚有残红已可悲"为起句。花光阁海棠盛开，公以此题已屡赋诗，想翻新索句，数日乃成四首。[③]

5月，将《庸言》和《东方杂志》所刊诗话"删改合并，益以近来所得"，结成《石遗室诗话》，由上海商务印书馆排印。为三十二卷本，共四册。其中卷一至十三基本维持原貌，《东方杂志》所刊的十八卷中删去了卷十一、十三、十四全部，卷十也被删掉两大段落，最后四卷为新作。该本刊行后，风行海内，于是又有续辑。陈衍于自序中略述成书过程。

陈衍《石遗室诗话·自序》：数十年来多说诗，意有所得，辄拉杂笔之，未成书也。壬子秋客居都门，梁任公编《庸言杂志》，属助臂指，则请任诗话。襞绩旧说，博依见闻，月成一卷，卷可万言。癸丑旋里，寄稿偶有间断；迨甲

① 《陈石遗集·附录一》，第2055页。

② 《陈石遗集·附录一》，第2055—2056页。

③ 《陈石遗集·附录一》，第2057页。

寅夏日，印行仅十三卷，诗之可话者尚多，而《庸言》则既停矣。乙卯六月，李拔可谋为《东方杂志》，增文苑材料，复以诗话见委；亦月成一卷，卷万言，至十有八卷而复止，则鄙人有《福建通志》之役，事方殷也。久之十三卷之本，坊间私行翻印，既非完书，复多错误。十八卷之本，从未单行，阿好者欲购末由，时来问讯。乃取旧稿，删改合并，益以近来所得，都三十二卷，属涵芬楼主人印之，以饷海内之言诗者，商邃密焉。岁在强圉单阏首夏，石遗老人书。①

6月18日，致信陈柱，略云：

子诗才力恣肆，在清代甚似宋芷湾、谭叔裕二家。②

9月20日，发表《题林实馨〈寒镫课子图〉》，刊于《北洋画报》第8卷第370期。

10月2日，旧历重阳前十日，龙沐勋主持张园雅集，与会者有陈三立、朱祖谋、夏敬观、陈曾寿、袁思亮、王乃征、程颂万、谢凤孙、黄孝纾以及龙父龙赓言等。是日摄影留念。龙沐勋将照片寄赠陈衍、赵熙，二人皆有诗回赠。陈、赵二人诗并见《石遗室诗续集》、《赵熙集》，但诗句有参差。【按：1933年7月16日《青鹤》第1卷第17期刊有“道园雅集留影”一帧，即是本日雅集所摄照片。】

陈衍《榆生寄张园雅集照片感成并示图中诸旧好》：频年饥渴许多人，忽现图中径寸身。别后须眉都宛尔，老来江海作比邻。虬翁近状知何似，图中独缺苍虬。蜕叟苍颜尚未亲。惆怅散原还远去，盍教投辖与埋轮。③

① 《石遗室诗话·自序》，第3页。

② 刘小云编著：《陈柱往来书信辑注》，桂林：广西师范大学出版社，2015年，第73页。

③ 龙沐勋：《风雨龙吟室漫稿》，上海：商务印书馆，1931年，第2—3页。

10月7日，旧历九月五日，登邻霄台。

《侯官陈石遗先生年谱》卷七：九月五日，公与同登邻霄台，有诗，并送其行。盖已廿年不登此台矣。①

10月11日，重阳，在文儒坊宅院内所筑诸楼全部竣工。

《侯官陈石遗先生年谱》卷七：公居宅凡四楼，一闻雨楼，前有二梧二梅，其右为正屋。其后为匹园，上有花光阁，为第二楼。又其右为直园，为第三楼，第一楼之左为第四楼，中隔他人屋，地仅丈许。公议以重价买之，不成，乃以第四楼赁人，而第三楼前后花竹久已成林，爰廓充楼屋使高敞。自夏徂秋，工程始竣，以重九日置酒落之。余与德愔在座，公先成六绝句，末首念隔屋松，即指第四楼也。②

10月12日，由朱祖谋、徐乃昌、金蓉镜等十六人议决设立《清词钞》编纂处，推朱祖谋为总编纂，陈衍为编纂之一。

12月23日，复信陈柱指点其诗作。

陈衍《与陈柱书》：得书及《待焚诗稿》二部，读之至快。鄙人论作诗，最不喜专学某家，无意似之则可；专学某家，愈似愈伪体，此明代诗人皆优孟衣冠也。评寻常论诗者之诗，不免言其似某人，所谓苟能是是亦可也，非所望于豪杰之士。足下豪杰之士也，根柢盘深，题至沛然，畅所欲言，气与识足以举而达之也。③

是年，弟子施景琛创设福州古迹古物保存会，请陈衍任会长。该会依据《三山志》记载唐刺史裴次元所定的名胜，对现已湮没的望京山、观海亭、双松岭、天泉池、玩琴台、筋竹岩、荻芦冈、芳茗源、含清洞、越壑桥等处，派人寻找勘查后，请陈衍

① 《陈石遗集·附录一》，第2058页。

② 《陈石遗集·附录一》，第2058页。

③ 刘小云编著：《陈柱往来书信辑注》，第76—77页。

补书，磨崖勒之。

《侯官陈石遗先生年谱》卷七（1930年）：自去岁施涵宇孝廉，创设福州古迹古物保存会，请公发起为会长，以福州古迹莫古于泉山，先从下手，争回邻近人侵占各地，重建东山楼，将《三山志》所载唐刺史裴次元二十名胜湮没不彰者，若望京山、观海亭、双松岭、天泉池、玩琴台、筋竹岩、荻芦冈、芳茗源、含清洞、越壑桥等处，请公补书磨崖勒之。①

是年，福建教育厅长程时煃欲毁福州南台龚用卿状元之墓，以为学校操场，引起闽人不满。陈衍首先列名，电告中央闽籍要人，请设法阻止，龚墓得以不毁。

《侯官陈石遗先生年谱》卷七：教育厅长程时奎，议毁程埔头、状元墓、吉祥山等处墓万余穴，以充学堂体操场，城台人起而力争，传电求南都同乡人之居要津者阻其事，请公领衔。公自入民国，十八年未与当道通电，以兹事被害者众，允之，为酌定电文数百言，致杨主席树庄、林院长森、海军陈总司令季良，得其覆电，极力阻止，此案遂撤销。②

是年，撰文《改建城隍庙为东越王庙碑记》《林文忠公销毁鸦片烟纪念碑铭》《尚干林义姑事略书后》《王锦铨先生家传》《陈君璞玉墓表》《祭林理斋文》《林君理斋墓志铭》《廖君葆珊墓表》《澄海廖君墓碑》《于振声传》《跋亚杰金石书》《侯乙符遗诗叙》《王春榜哀辞》《与陈柱尊论公羊书》《李云仙人物画册跋》等。

是年，作诗《元旦》《检书作》《率书三首》《春尽日示耐轩》《海棠盛开》《送秀明入旧京》《挽陈善余》《次纕蘅移居原韵》

---

① 《陈石遗集·附录一》，第2063页。

② 《陈石遗集·附录一》，第2057页。

《己巳七夕》《示耐轩》《挽梁恭人》《翻香山年谱作时余造第五楼将成年已七十四矣》《念隔屋松》《九月五日同宰平登邻霄台即送其行》《十二夜与宰平箐花光阁下再送其行》《哭侯乙符》《待月》《题晴梅馆图为孙伯亮》《残秋》《赠一百柱尊子》《上仲儿坟坟在西湖外将军山坟临莲池》《坐月》《赠病骥》等。

民国十九年庚午（1930）　75岁

1月30日，和林思进诗一首。

《侯官陈石遗先生年谱》卷七：元旦，得林山腴去岁人日寄怀长歌，和以一律。①

2月，游门人叶松坡的“松坡草堂”，其草堂楹联为陈衍旧撰。

《侯官陈石遗先生年谱》卷七：门人叶松坡，东南乡小坂人，招饮。其家有松坡草堂，苏戡丈书匾，上有一楼，旧请公撰书楹联云：“但见风帆沙鸟烟云竹树，使居良田广池背山临流。”②

2月4日，立春日，赴说诗社饮，有诗。

《侯官陈石遗先生年谱》卷七：立春日，谦宣以诗招说诗社同人饮，公次其韵。③

2月5日，人日，招说诗社门人饮。

《侯官陈石遗先生年谱》卷七：人日招说诗社门人饮庭中，梅花未开，无诗。④

① 《陈石遗集·附录一》，第2059页。
② 《陈石遗集·附录一》，第2059页。
③ 《陈石遗集·附录一》，第2059页。
④ 《陈石遗集·附录一》，第2059页。

2月13日，赴黄懋和招饮，有诗。

《侯官陈石遗先生年谱》卷七：灯节挺生招饮黄楼，有诗，亦次其韵。①

3月，洪毅将往台湾卖画，赠以三绝句。

《侯官陈石遗先生年谱》卷七：二月，洪宽孙毅将往台阳鬻画，请公题其画册，及以书介绍于所识日人、台人，公为题三绝句，并为介于台北海关监督西泽义征。②

4月5日，清明，有诗。

《侯官陈石遗先生年谱》卷七：清明有诗，体格甚别。③

12月至1931年1月，日本文学博士久保得二偕饭沼龙远、石井喜之助来访。作《和天随博士赠诗次韵并示饭沼石井二先生》④。**【按：该诗标《诗集》卷五，实见于《续集》卷四。】**

《侯官陈石遗先生年谱》卷七：十一月，日本文学博士久保得二偕饭沼龙远、石井喜之助来访，笔谈甚久。久保号天随，台北帝国大学教授，饭沼同校教授，亦博士。石井长福州东瀛学校，校在仓前山，旧曾同台湾总督府翻译官井出季和太来访过。⑤

是年，张公权、韦增复、王叔言、孙宇晴、沈志开、张松亭、胡端行、张廷金、裘维裕、陈柱、陆景周、崔龙、朱诵韩等十余人发起刊刻《茹经堂文集》三编八卷，陈衍、冯振作序，朱诵韩作跋。

---

① 《陈石遗集·附录一》，第2059页。

② 《陈石遗集·附录一》，第2059页。

③ 《陈石遗集·附录一》，第2060页。

④ 见钱仲联编：《陈衍诗论合集》，福州：福建人民出版社，1999年，第1108页。

⑤ 《陈石遗集·附录一》，第2062页。

陈衍《茹经堂文集序》：（唐文治）晚讲学乡邦，于举世不悦学之日，独以通经致用为根本要图，瘏口哓音憗置学子之耳。其作为文章，于平日读书见事所得，力遇题而左右逢源，发撝尽致，宁繁毋杀，宁透露毋涵蓄。盖平日力宗紫阳，根柢盘深，益以数十年宦海世途之阅历，故与养晦堂之作相伯仲。而经术湛深，又刘所不逮耳。世之读书不富、积理不足、更事不多者，既短于气，藉口昌黎之遏抑蔽匿，曰吾阴柔之美，与阳刚者异也，岂其然哉，岂其然哉！①

是年，撰文《台江罗母曹太夫人哀诔》等。

是年，作诗《慰仁先悼亡四言》《山腴寄去岁人日长歌索和岁朝至报以一律》《题胡铁华尊人诗集》《挺生招饮黄楼有诗次其韵》《谦宣以诗招饮亦其韵》《西园招饮园中梅花盛开》《从湖西至半野轩饮于方氏园皆看梅也》《松坡招饮》《读铭吾近诗却寄》《读展览会册耑册中有余书》《再题》《耄耋偕老图》《和释戡》《题看云楼觅句图》《挽施藜观》《唁赖恺元丧母》《闻西公园桃花落尽》《为黄梨雍题十花觅句图》《谢黄松客寄我毯》《徐贤母诗》《舆中见卖笋者》《挽联黄松峰》《挽马通伯》《送说洲之鹭江》《孟纯就县西宜园招同说诗社诸子补修禊有作》《梁稚云送酒》《画寝》《宽孙抱硃砣家学不作官将往台阳鬻书日本人专爱昌硕牡丹者未知能为梅花知己否》《释戡寄元夜诗索和依韵述往事答之》《儿时定于元宵后一日上学前乙丑元宵大雪数寸家人皆嗜年搞虽贫而此物颇馊新正联吟折枝多门纱灯木庵先兄能画福州灯猜得彩至陋每放一爆竹了事诸兄弟轮流为谜主题纕蘅春游褉诗后次韵》《梨花》《饮酒六绝句》《赠曾履川》《答昀谷见寄次韵》《庚午春尽日花光阁送春》《和华鬘次韵》《戏书斋壁》《赠秉周》《喜得秉

① 唐文治：《茹经堂文集（三—六）》序，《民国丛书》第五编，上海：上海书店，1996年。

周军次书却寄》《病起寄拔可》《为俞祖望题寒灯课子图》《倚楼望乌山作》《倚楼再作》《挽王又点》《小荔湾主人送荔支极佳小诗为谢》《哭默史二十六韵》《寄题诗楼》《赠修其》《哭丁韵初》《题三界水阁图》《和疑庵赠诗次韵》《答疑庵招游黄山长句不次韵》《题叶则柔黄山云海图》《题一镫楼扇面集》《闻君立卒》《程伯庐属题逆境生活后》《阅凌霄一士随笔书后》《华鬘丧其少子哀悼特甚示小诗以解之》《赠商董郑季明》等。

民国二十年辛未（1931）　76 岁

1 月，由暨南大学文学院编辑的《暨南大学文学院集刊》创刊于上海，主要撰稿人有华林、龙沐勋、陈钟凡、杨筠如、陈衍等。

2 月 17 日，旧历正月初一，出席龙珠画苑迎春盛会，为题《岁朝图》。

梁桂元《榕台翰墨源远流长》：画苑翌年迎春盛会，聚集会员及邀请会外名流、诗人、书画家合作一帧巨幅花卉图轴，由国学大师石遗老人（陈衍）题《岁朝图》。图上尚题有联吟诗，盖同人画后余兴之作。①

3 月，门人黄曾樾将向陈衍请益诗学的笔记加以整理，汇成《陈石遗先生谈艺录》，由中华书局铅印出版。

黄曾樾《陈石遗先生谈艺录序》：吾闽文教之开，较中土为晚，隋唐间始有诗人，迨唐末五代，秦系、韩偓、崔道融之伦，流寓入闽，诗教乃盛。自宋而益昌，杨徽之、杨亿、刘子翚、朱熹、萧德藻、徐玑、刘克庄、严羽、谢翱诸

① 闽都文化研究会编：《闽都文化与台湾》，福州：海峡文艺出版社，2015 年，第 242—243 页。

人，后先蔚起，各成派别。朱明一代，闽中十子、郑善夫、高、傅、二谢、二徐、曹学佺，虽迭以诗鸣，然皆不出明人貌以汉魏、盛唐之习。沿至胜清道咸之间，和侍郎、祁相国以杜、韩、白、苏倡于京师，为世宗仰，而八闽诗人尚株守其乡先辈，摹仿成法。同光而还，郑海藏、陈听水、陈木庵三先生出，以宛陵、半山、东坡、放翁、诚斋诸大家为宗，同时江右陈散原先生力祖山谷。于是数百年来之为诗者，始一变其窠臼。大抵以清新真挚为主，海内推为“同光派”。而吾师陈石遗先生，则不唐不宋，不汉魏，不六朝；亦唐亦宋，亦汉魏，亦六朝。《三百篇》为体，经史诸子百家为用，其著《诗话》，编《诗钞》，鼓吹之力，盖自有说诗、选诗以来，得未曾有焉。先生以名世之才，蕴经世之学，壮岁橐笔，为刘壮肃、张文襄诸公上客。所为擘画措施，胥关民生国计。顾世独以朴学辞章重先生，岂知此殆先生流落人间者泰山一毫芒耳。其以宛陵、半山、东坡、诚斋况先生之诗者，自皮相矣。然自先生出，而朋从气类相感召，讲坛著述所提倡，实有左右中原文献之功，不特移易闽中宿习，开闽派之新声，而胜清一代主持诗教如王文简之仅标神韵、沈文悫之专主温柔敦厚者，先生殆有过之。尝闻先生论吾闽僻处海滥，而《禹贡》三江，南江发源长汀；汉代五岳，霍山实在宁德；大海则东控日本；三十六洞天，第一、第十六皆在福建。然则山川灵淑清明之气，蕴千百年而后钟于先生者，岂独幔亭、岁崱已邪！信哉诗人之杰，为今日诗教剥复时之山斗矣。曾樾幸生同乡国，自有知识，则知景仰先生，窃揆梼昧，不敢自致于门墙。丁卯孟冬初弦，由董仲纯丈介谒先生于文儒坊三官堂之匹园，呈诗文为贽。师年七十有二，精神矍铄，长身颁白，貌清癯，望之如六十岁人。谈论精采焕发，娓娓无倦容，乐育之意，睟面盎背。嗣后每遇休沐，常随杖履。其说诗旨趣，大抵散见于所著书中，有所请益，必为畅言。退而录之，以备遗忘。随闻随记，无有汇次，名曰《谈艺录》，纪实也。昔桐城姚惜抱先生为文章，私淑其乡方侍郎，而以未得及身亲炙为憾。曾樾何幸，得及大贤之门，而荷其拂拭，把笔记录名言谠论，盖不胜玷辱师门之惧云。丁卯季冬黄曾樾。①

黄曾樾《〈陈石遗先生谈艺录〉编者识》：是册为丁卯冬从先生学诗时，将所闻于函丈者，随时记录之。其已见于先生著作者，均不记。自戊辰后，所记尚多，容后续印。十九年七月曾樾识。②

《石遗室诗话续编》卷一：永安黄荫亭曾越，法国哲学博士，嗜诗古文词，尝记所请益于余者，为《石遗室谈艺录》。余已采其诗入《诗话》，大略七言绝句为上，七言律、五言古次之。③

5月1日，樊增祥在京病卒，享年八十五。陈衍挽以七律一首。

《侯官陈石遗先生年谱》卷八：樊樊山卒，公挽以七律。④

《石遗室诗话续编》卷五：樊樊山轶事甚多，其逝也，余止挽以五十六字，颇能包括。前四句云："二品官阶屋一廛，诗为茶饭万余篇。红裙不醉词偏艳，白发无私耄尚玄。"

---

① 陈衍著、黄曾樾辑：《陈石遗先生谈艺录》，第1—2页。

② 陈衍著、黄曾樾辑：《陈石遗先生谈艺录》，第9页。

③ 《石遗室诗话续编》卷一，第550页。

④ 《陈石遗集·附录一》，第2066页。

皆言君特别处也。下半首言吾两人交情，绰有余地矣。[1]

5月至6月，北平晨报《艺圃》刊登陈衍撰《〈诗品〉评议》文章一组。【按：这组文章后收入钱仲联编《陈衍诗论合集》。】

6月以前，陈声暨编、王真续编、叶长青补订《侯官陈石遗年谱》家刻本印行。【按：陈声暨编至陈衍五十三岁止，计八卷。】

胡嗣瑗《直庐日记》（6月25日）：昨由陈宝琛交到《陈衍年谱》一部。[2]

6月至7月，旧历五月，李详卒，有诗悼之。

《侯官陈石遗先生年谱》卷八：李审言卒，公哭以五言二十二韵。[3]

7月至8月，避兵携眷赴厦门，住黄瀚家，是为陈衍晚年第三次旅厦。期间，虞愚前往拜谒，二人有诗唱和。

《侯官陈石遗先生年谱》卷八：六月，公避兵挈眷赴厦门，寓黄雁汀名瀚家。有《厦岛寓楼》及《苦热》次雁汀韵绝句及七律。求书者踵至。[4]

7月至8月，致函王真，云：

道真足下：

见汝与晚峰书，怪我无只字复汝，诚属可怪。然不知我乃落难之人，在监狱受罪尚不至此，其无只字不足怪也。八十老翁本不堪避兵之苦，最苦者适值六月大暑、三伏之中。鄙人于天下事最怕者热。而厦门乃是最热之地。所居三层洋

---

① 《石遗室诗话续编》卷五，第709页。

② 胡嗣瑗：《直庐日记》，北京：国家图书馆出版社，1994年，第242页。

③ 《陈石遗集·附录一》，第2066页。

④ 《陈石遗集·附录一》，第2066页。

楼，全洋灰所造，本可不热，而此间人屋必朝西，绝无朝南北者。不知是何命意，真咄咄怪事。我屋天亮，太阳即晒吾妾之床，午后即晒吾床。更加开窗则对面数百丈石山终日打石，如一红墙倒映过来，真火焰山与火坑矣。不得已写信向大学校长借屋，立借到洋楼两大间，特意往观，则亦朝西者也。五姊所寓唐家屋则朝东，亦即一半朝西也。有数友以大屋请我往游者，亦无不朝西，岂要命矣。乃承诸友借屋借器具作东道种种之情，于是求字者纷纷至沓来，在烈日中十余日写到三百余幅，扇破例写到数十把。非落难何至于此乎？不过比林梅生差一等耳。平生不大信命，至此乃不免要信。此运本应死，此为减死一等。只有俯首甘受而无怨，然其如实当不住何？福州直是天堂，直是月宫，其如我无分居之何？尚要和人歪诗，替人改文字，竟无一字佳者。朋友待我皆至情，其如合群策群力不能超度出苦海何？姑言一二不能尽也。石泐

（一日十二时，无一刻好过者，今日有雨，乃能作此数纸。）[①] **【按：五姊，指王晚峰，陈衍三子媳。林梅生，民国时福州流氓集团头目，于1931年为代理福建省政府主席方声涛所捕杀。】**

8月，携陈柱、龙沐勋访夏敬观。夏敬观有诗为赠。

陈谊《夏敬观年谱》：8月，陈衍偕陈柱尊、龙榆生来访，与陈衍不见已七年（《忍古楼诗》卷十三）。陈衍诗笺云："黯别松江忽几年，蠹鱼食字不成仙。羡君蜡屐杭还甬，贻我蜜脾中透边。乐府能题留绝学，经师（谓鹿门同年）没世有真传。渊明老去方刚制，共侧白莲社里贤。与映盦诗老

---

① 林公武：《师堂丛录》，上海：上海科学技术文献出版社，2015年，第143—144页。

别七年，相见辱赠言次韵，时君方结词画二社。七十六叟衍稿。”（《夏剑丞友朋书札》）①

9月6日，致函王真，云：

道真足下：

第二书胡不复我？生此乱世又兼耄年，出处动定无一是处。我留此并不为钱，徒以较株守福州活动些了。所有知交关切者，见我孤身住客，大为愕然，佥谓必须有眷，其实匪我思存。偶宿梦旦处两夜，劝我尤切。我亦以出门不便，姑从其议，拟先寓渠处，后入无锡，虽无甚费事，亦寐寥寡欢。若足下能出来卖书画兼以用功，尚稍有趣味。奈足下不能不恋此鸡肋，羁身财厅，日伍俗流，当亦不多美感。每念足下，我无力送你到琼楼高处，辄用恨恨。如翻然归去，亦坐困一室，楚囚相对，亦何取哉。诸小孩皆入学，要人照顾，除小妾外，无可出来者。足下不能久来，都不能暂出？梦旦与我处皆可住，姑试粥画如何？望之，望之。即颂

侍祉　石泐　六日

（昨方记起，又点是长乐籍，不能入《闽侯县志》。此节须问德愔再复我。剑知出来未？郑宪伦事如何？）②

9月18日，“九一八事变”发生。此后，陈衍讲课时常以古喻今，激发学生爱国思想。

宁友《陈石遗先生与无锡国专》：1931年“九一八”以后，外侮日亟，石遗先生讲课时，以古喻今，激发学生爱国思想。他在讲授南宋及金、元诗，明末清初、近代诗时都注意及此。他讲过不少陆放翁的爱国诗篇和宋遗民诗，其数量远过《宋诗精华录》上所著录的。他讲《资治通鉴》不但能

---

① 陈谊：《夏敬观年谱》，合肥：黄山书社，2007年，第139—140页。

② 林公武：《师堂丛录》，第145—146页。

背诵原著，连胡三省的注也能成段背诵。无锡国专的老师，能背诵《四书》《五经》不足为奇，像他那样能背诵胡三省注的精警之处，不得不为学生们叹服。胡三省是南宋宝祐年间进士，宋亡，隐居不出。他在注《资治通鉴》时，抒发爱国思想，对石敬瑭之流，大事鞭挞，而对忠臣义士，或显或微予以表扬。石遗先生常对学生说："胡三省是古之有心人，他用《春秋》笔法为《通鉴》作注，诸君要注意及此。"①

陈其昌《回忆陈石遗师》："九·一八"事变以后，外侮日亟，石遗师讲诗往往联系时事，以古喻今，激发学生的爱国思想。他对陆游评价很高，认为是南宋最杰出的爱国诗人。记得有一次，讲到陆游的《示儿》诗时，他对末二句"王师北定中原日，家祭无忘告乃翁"，摇头晃脑反复朗诵了好几遍，有不胜感慨之意。忽然，谈及郑孝胥，他说郑孝胥这个人是同光诗人，也是我中年时期的好友，现已投敌叛国，丧失民族节气，可耻之极，我已与他断绝往来，我的《近代诗钞》已不选录他的诗了。石遗师是崇尚气节的，对帝国主义的入侵，更是非常痛恨。②

9月23日，中秋前三日，于苏州惠荫园修禊，期间陈衍把盏高歌，张大千挥毫作画。谢玉岑有《一萼红》词及序记录此次雅集。

谢玉岑《一萼红》：江南词客谢家秀，画仙张爰绘风流。纵歌挥毫骚墨事，一萼红词记雅秋。③

---

① 周建屏、王国平主编：《苏州大学校史研究文选》，苏州：苏州大学出版社，2008年，第136页。

② 无锡市碧山吟社编：《碧山吟草》第十四辑，2000年排印本，第153页。

③ 汪毅：《走近张大千》，成都：四川大学出版社，2002年，第129页。

9月26日，中秋节，逢月蚀，写七律一首，诗云：

一轮才满海天东，见说清光处处同。宫殿广寒原似水，楼后蜃气忽漫空。桂花自斫吴刚斧，若木谁弯后羿弓？惭愧屠龙无好手，中庭涕下等卢同。①

9月至10月，赴上海。

《侯官陈石遗先生年谱》卷八：八月，遣如夫人李氏回福州，独赴上海，寓陈丹初家。②

10月至11月，因门人叶长青之介绍，应聘无锡国学专修学校（又称无锡国学馆）特约讲师。自此陈衍在国专任教七年，与校长唐文治相得甚欢。他每周授课六课时，在无锡住二至三晚。他在无锡国专为学生先后讲授过《资治通鉴》、宋诗、要籍题解等课程。期间曾为学校茹经厅题联："栽培林木如名节，枕藉诗书此息游。"其《通鉴纪事本末书后》作为《无锡国学专修学校丛书》第一种出版，《史汉文学研究法》《石遗室论文》亦列入丛书；《宋诗精华录》作为国专讲稿交商务印书馆出版。这些出版均与叶长青有间接关系。

《侯官陈石遗先生年谱》卷八：九月，应无锡国学专修学校唐蔚芝先生名文治，太仓人，后徙贯无锡，有《茹经堂全集》。聘为讲师。先生为公壬午乡试同年，光绪中叶曾相见于沈子培先生许，至是皓首订交，欣合无间。③

唐文治《茹经先生自订年谱·辛未六十七岁》：函聘福建陈石遗名衍为本校讲师。陈君为余壬午乡试同年，出宝竹坡先生门下，佐张文襄公幕府十余年，学术闳通，著作诗文

---

① 钱仲联：《梦苕庵诗话》，第143—144页。

② 《陈石遗集·附录一》，第2067页。

③ 《陈石遗集·附录一》，第2067页。

极夥。门人叶长青介绍来校，深为可喜。①

唐文治《陈石遗先生墓志铭》：陈先生石遗，侯官诗文学大名家，与余乡试同年，长余九岁，尊之曰先生。光绪中叶，相识于嘉兴沈子培先生师座中，其气刚以直，其言辨以晰，其品高峻不可方物，余心折之，然踪迹犹疏。迨辛未岁，门人叶长青介先生来无锡，佐余主国学专修学校讲席，欢然道故，聚首七年。②

《石遗室诗话续编》卷一：前岁余至江南，太仓唐蔚芝尚书文治壬午同年也，长无锡国学院，请余讲学，招饮并侑以崑曲，即席赋呈。蔚老不为诗，哲嗣谋伯庆诒和韵云："绝似当年庾子山，江关词赋霸骚坛。欣达旧雨皆知己，竟逐流霞各尽欢。檀板红牙催玉漏，松云白首挂华冠。秋来风雨虽如晦，尚有豪情赴笔端。"雅切工整，的非易才。余与君尚各有叠韵云。③

《国专发展消息》：国学专修学校为教育部立案专修国学之特殊学校，素以文行交修，昭示海内。校长唐蔚芝既主任钱子泉等，努力从事发展。近闻下半年福建耆学陈石遗来锡，该校订为特别讲师。陈君于理、史、子学素称博洽，诗学尤为擅长，洵属特色。又闻该校以原有校舍狭隘，拟于暑期中，起盖楼屋八幢，大加扩充云。④

10月19日，重阳日，至惠山登高；同日，接王真书，却寄

---

① 唐文治著、唐庆诒补：《茹经先生自订年谱正续编》，台北：文海出版社，1986年，第105页。

② 王桐荪、胡邦彦、冯俊森等选注：《唐文治文选》，上海：上海交通大学出版社，2005年，第417页。

③ 《石遗室诗话续编》卷一，第550页。

④ 《新无锡》第三版（1931年7月14日）。

两绝句。

《侯官陈石遗先生年谱》卷八：重阳日，陈保之名邦怀，丹徒人，与公同任教无锡国学专修学校。以花糕为饷，公畏冷，方服茱萸汤，不敢食也。既而相携至惠山登高，有诗。是日公得真书，却寄两绝句，并示刘秀明。①

11月中旬，致函王真，云：

道真足下：

九日得汝书即成二绝，自至今将一月尚未写寄，其忙可想，其精力之不如前可想。刻暂住苏州思古桥第二家郭宅。郭为小麓族叔，其子系我小门生，极好旧学，已有成。惜已定聘合肥刘家。其父欲以屋租作束脩，使受业于我。器具全红木，借我用者便直一二千金。惟尚有一潘家花园，其结构之精，罕有其匹，小桥流水，高树嫣花。但言此时一丹枫如霞似火，照耀高斋，已足使人心醉。屋东素昧生平，说要借我，我总以租为妥。如租成，明春拟叫五姐来一住，足下必须来游。我刻有机会可成，则出旅费请汝。苏州可游之处甚多也。石遗

（住苏州之次日，即同姨太往天平山，枫树高数丈者将百株，皆如锦如霞，眩人心目。）

（为告而行，《米友堂诗》尚须寄我数本。）

九日得道真却寄：

往岁登高共上楼，酒肴薄薄唱还酬。今年独作他乡客，眷属将来又罢休。

恰值今朝得汝书，东篱旧约已成虚。闭关颂酒何为者，定乏新诗足起予。

---

① 《陈石遗集·附录一》，第2067页。

（闻秀明溷俗，无志求学，良可叹矣。）[①]

12月初，旧历十月杪，携眷游天平山。

《侯官陈石遗先生年谱》卷八：十月杪，如夫人李氏自福州来苏州，暂寓同乡郭子野名曾基。家。次日公同如夫人游天平山。[②]

12月21日，致函王真，云：

道真足下：

我老不到无锡（一月止到一二次），住苏州思古桥，明日移居胭脂桥毛家弄第一号自买之宅。此宅五间排三进，外花园一约匹园四倍大，颇有花柳，当更种之。汝信寄无锡，故十余日始得见也。诗不佳，无工夫为改（此诗可不必改），故未复汝。汝差事被裁，我闻一怒一喜。怒者不听吾言，恋此鸡肋，被辱于此狗才（我并不识此狗才，叫我臭骂他容易。我之主张科员、股员之类，无要公办者。皆不可为赵孟之所进，赵孟能退之。惕庵我拉他做教员，月二百元，伊不干，要做秘书，屡次被裁。张葆达亦然，亚杰亦然。当时我无力拔汝出，不敢深阻汝）。喜者，望此后永不就此种事，进吾学问，卖吾字画。"卖吾字画"，生意须慢慢修炼，那有一做就好，况此刻正乱之世乎。然肯做必有生意（上海靠此吃饭者不少）。我看先出来，暂住梦旦处（君山曾问及汝），卖字画有点头绪，即可住我苏州。一到梦旦一二日，即来住苏州亦可。就论亏本，亦不过来往盘川三四十元而已。汝学问（除字画外）实不足用，非大用功一番不能自立也。石泐[③]**【按：亚杰即林钧，著有《石庐金石书志》；君山即高君**

---

① 林公武：《师堂丛录》，第147—148页。

② 《陈石遗集·附录一》，第2068页。

③ 林公武：《师堂丛录》，第150—151页。

珊（1893—1964），高梦旦长女。】

12月22日，迁入胭脂桥茅家弄，斋名“聿来堂”。遇人日、花朝、重三、重九常招集。

《侯官陈石遗先生年谱》卷八：寻购屋葑门胭脂桥下茅家弄，宅颇轩爽，有园，中杂植桃十株、杏二株、木笔三株，丁香、樱桃各一株。公添植红绿梅、绛桃、雪球、芙蓉以及垂柳、梧桐、枫树若干株，于十二月廿二日迁入，颜其堂曰聿来。聿来者，取与姬人同来胥宇之意。胥宇又适与胥门同也。①

《石遗室诗话续编》卷一：聿来者余苏寓堂名，取与姬人同来胥宇之意，胥宇又适与胥门合也。②

《石遗室诗话续编》卷五：余卜居苏州，与罗佶子罗园相去不过百余步。佶子善种花，园广二三十亩，中多佳种。余常与曹纕蘅步屧诣之。③

《石遗室诗话续编》卷一：前岁余买宅吴市之葑门胭脂桥，云南王惕山庭长灿落以诗云：“辗转尘劳鬓已皤，重来吴会觅行窝。红羊浩劫稀安土，白鹤新居住老坡。南沈北王曾主社，梁噫孙啸并成歌。葑溪流过胭脂水，韵事门前自足多。”第二联最工切。孙登舒啸之苏门山在河南，借用亦可。余和诗次韵第二联云：“为求水竹三分屋，却走胭脂两字坡。”④

《石遗室诗话续编》卷二：余寓居吴下，谬承海内文人过苏往往枉顾，非外出未有不延接者。陈啸湖宣威，赠余诗

---

① 《陈石遗集·附录一》，第2068页。

② 《石遗室诗话续编》卷一，第545页。

③ 《石遗室诗话续编》卷五，第723页。

④ 《石遗室诗话续编》卷一，第543页。

云：“《骚》《雅》齐盟有霸功，不因小极拒阿蒙。”其确证矣。良以衰朽穷忙，困于文字之役，客来多不能答拜，函积多不作报书，（未有平生之雅，以图卷丐题、诗文寄正者，案头如积薪，黾勉从事，实日不暇给。）藉此稍减吾罪也。①

冬，为叶长青《文心雕龙杂记》作序。

是年，林葆恒辑《闽词征》刊行。是书收录自宋徐昌图、杨亿至民国何维深等260名闽籍词人词作1443首。书分六卷，卷六后附闺媛之作。其中收陈衍词10首。前有陈衍、杨寿枏序，林葆恒自序。

陈衍《闽词征序》：子有提学归里展墓，告余将有《闽词征》之刻。询其宗旨所在，则曰：“世有诋‘闽人填词，音韵不叶’者。吾将执斯集以辟之，乞以一言弁简端。”余曰：吾福建虽僻处海隅，而五岳则有南岳霍山；四渎则三江之南江发源焉。故其人文之盛，四部中多发明前人所未发。甲部则伪《古文尚书》吴棫首疑之，朱子信之，吴澄继之，而后阎百诗、王礼堂诸儒始裒有成书。古音之说亦始于棫之《韵补》，明陈第光大之。于是有《毛诗古音考》《屈宋古音义》，而后顾亭林、江慎修、段懋堂诸儒皆有成书。乙部则《通鉴纪事本末》于纪传、编年外独创一体，风行全球焉。丙部则丛书创于曾慥之《类说》，而后笔记之类荟萃成一巨帙。至于丁部之词曲，历唐、五代，宋初仅有小令、中调。柳耆卿出，乃创为长调。少游、美成辈继起，而后词学大成。其耆卿所为词，有淫冶不轨于正，而古今论词者不敢过为诋諆；则以其开南、北曲之先声，元代传奇家所当奉为鼻祖也。以音韵之学则如彼，以词曲之学则如此。不学之徒尚

① 《石遗室诗话续编》卷二，第609—610页。

有所饶舌，亦多见其不知量已。七十五叟陈衍书。①

是年，始见柳诒徵，并采其诗入《诗话》续编。

《柳诒徵自述》：民国初年在北京，胡子靖尝欲介予晤石遗，予懒未往。至廿年前后，始由曹纕蘅介予见石遗，并属予写旧作质之石遗，始采予诗入《续诗话》。②

是年，如夫人又生一子。

《石遗室诗话续编》卷一：余七十三岁、七十六岁，姬人举两男。③

是年，作诗《大寒以风同道真西湖看梅》《鲤九买得李忠定名叠有题咏和以短歌》《欲折》《六桥亡其爱姬远寄事略使题》《哭鼎燮》《寇氛甚迫势须出走小小楼台余之金床玉几也有作》《斠玄将有欧美之游感寄》《哭审言廿二韵》《送丹初之上海泉漳中学校》《厦门荔支》《赠虞德元》《三至虎溪》《昭昧国学专修校成立志喜》《全厦点灯具灭余上汽车头触盖流血数碗得象粪敷之得》《丹初以三层楼让余高卧而自睡短榻口占示之》《次韵答剑丞》《题众异诗卷》《为众异题王又间诗稿》《蔚芝尚书招饮侑以崑曲呈尚书并示同席诸君出游苏州集欧阳永叔苏子美句写题沧浪亭至则亭上已有以此题者成二十八字》《师子林亭榭极以旧京黑龙潭假山则未佳也》《顾园寄石无虑二十余根喜作》《颐园假山》《游苏归寄小苏》《书柱尊小灾诗后》《由月送蚀岑得晓浦消息由晓浦得仲起消息前后晤集至可喜也》《保之自毘陵归以重阳花糕为饷余畏冷方服茱萸汤不敢食也既而相携惠山登高口占》《松岑

① 林葆恒辑、陈叔侗点校：《闽词征》序二，福州：福建人民出版社，2014年，第429—430页。

② 文明国编著：《柳诒徵自述》，合肥：安徽文艺出版社，2013年，第18页。

③ 《石遗室诗话续编》卷一，第542页。

约太平红叶有诗回丐为贫屋次韵》《题黄溯初敬乡楼图》《放园年五十而有少艾之色》《同小苏往太平山看红叶》《王愓三晓浦有诗贺余胭脂新居次韵和答》《屡由铁道往来梁溪申浦间》《子泉赠所著书甚夥谢以长句》《题沈乙庵海日楼图》《题乙庵弥留前数时所书楹帖》《为积余题吴越王金涂塔图》《赠刘生钟经》《题孔一尘失恋怨歌》《卖文》《答课伯次韵》《为榆生题上彊邨授砚图图剑丞所作》《吴稼云属题吴季子之子逞剑榻木》《子嘉以先德文敬公送寿阳祁文端公致政归里》《七言律及奉怀文端五言律得手书装成横幅属题》《谨次韵时海上兵事方殷也》《哭古征同年》《失题》《种梅》《种花》等。

民国二十一年壬申（1932）　　77岁

1月3日，致函王真，云：

道真足下：

汝事我早托梦旦，王云五总经理，是伊替人，伊不肯言，乃命拔可为托史家麟，我所不最赞成者。肯出来，我处可住。梦旦，我其初尚喜他，近见其以钱为命，一女不嫁，三子皆不娶（我不愿汝住他处），消极如此，要钱做甚么（我从此极不喜他矣）？特务税局女人能做何事。要徇家人之意，勉做不可知之职员，何不徇家人之意去嫁人乎？一己自有主张，真能徇家人之意？家人皆白吃饭，我们也要吃。汝父亲传已觅得，即寄回刻。我不应养而养之人甚多，何在多汝一人（食住我可常任，虽我死亦靠得住）？惟我归天则无如何耳。求馆到处皆难，一处有一处之人也，一人有一人之亲友也。

我移居已十三日。本有之花：三桂树、一桃花、一小海棠。一杏花、一白木笔、一桔、二腊梅、数竿竹。现添栽一红梅、一绿梅、一碧桃、一绛桃、一紫辛夷、一雪球、一垂柳、一梧桐、一枫、一芙蓉。地尚未满，竹甚贵，一竿要半元。

卖字画必有生意，此时大乱，则不多。故我出单半个月，只卖百零元。生此世界只能过一月算一月，谁能永宝。为告庆丰，在莪有差事给他（叫五姊告他），只管去，管甚么（渠闹乱，随他去）。林耀枢我不另告他。告张升，匾用平安室联对，可照旧。《年谱》系寄商务馆，不可再寄苏州。叶俊生回去谋长乐、福清县，未必来。如仍来，会通知家中，可将两皮褥叫他带出。陈海瀛小金寿屏亦连箱带出。石洲　十三。

（太平行赎去钱须放，前所说诸家尚有三千要□去）①

1月28日，日军进攻上海，十九路军英勇抵抗，所谓“一二八”事变爆发。

2月5日，除夕，忧愤填膺，有诗。

陈衍《除夕感事诗》：怆闻万巷成焦土，又说千户积肉山。休怪老夫怀抱恶，屠苏饮过未开颜。②

3月，“淞沪会战”期间，陈衍曾携家小避兵无锡，借居于唐文治家中，两人“昕夕谭经史不辍”。不久后又回到福州。

《侯官陈石遗先生年谱》卷八：二月挈妇幼避兵无锡，住唐蔚芝先生寓楼，昕夕谭经史不辍。③

唐文治《陈石遗先生墓志铭》：回忆壬申之春，时局不靖，先生避居余寓，一角危楼，患难与共，谭论经史，往往

① 林公武：《师堂丛录》，第152—153页。

② 林东源：《坚守荒寒之路——陈衍评传》，福州：福建教育出版社，2006年，第209页。

③ 《陈石遗集·附录一》，第2069页。

莫逆于心，相视而笑……①

《石遗室诗话续编》卷三：陈说洲海瀛有《飞机连日轰毁福州城市寄呈石师苏州》云："跕跕飞鸢在上头，福州今日亦苏州。去年淞沪之战，日机日有多架至苏州。石师初未避，尝云苏城十万户，若独被炸，是数万富签中头彩矣，未必然也。吾师早有探筹喻，数万筹中中一筹。"能将余戏言写得出。②

春，为钱锺书诗集作序，云：

三十年来，海内文人治诗者众矣，求其卓然独立自成一家者盖寡。何者？治诗第于诗求之，宜其不过尔尔也。默存精外国语言文字，强记深思，博览载籍，文章淹雅，不屑屑枵然张架子。喜治诗，有性情，有兴会，有作多以示余。余以为性情兴会固与生俱来，根柢阅历必与年俱进。然性情兴趣亦往往先入为主而不自觉。而及其弥永而弥广，有不能自为限量者。未臻其境，遽发为牢愁，遁为旷达，流为绮靡，入于僻涩，皆非深造逢源之道也。默存勉之。以子之强志博览，不亟亟于尽发其覆，性情兴会有不弥广弥永独立自成一家者，吾不信也。石遗老人书。③

4月，《私立福建学院乌山图书馆图书目录》由乌山图书馆印行。为之题辞。

《陈石遗先生题辞》：图书馆为学界最要之务，于福州又为甚难之事，困于经济，阻于交通，捐赠者尠，赖热心诸君，闻有大批舍送，然虽略具规模，而求诸各类细目，尚未能具体，斯则深望继至者之源源来耳。里人陈衍书。④

---

① 《唐文治文选》，第418页。

② 《石遗室诗话续编》卷三，第646页。

③ 钱锺书：《石语》，第485—486页。

④ 见萨士武编：《私立福建学院乌山图书馆图书目录》（上册），福州：私立福建学院乌山图书馆，1932年，第3页。

5月9日，与知名人士及弟子董执谊、石屏藩、马开翮、施景琛、吴孝馀、黄承潮、沈觐冕、王怀晋、王聘、林道子、欧阳英、郑元鼎十二人，拜谒福州于山明代抗倭英雄戚继光祠，并勒石记其事。【按：次年11月，十九路军爱国将领丘国珍在旁又刻“国魂”二字。】后又领衔《敦促国民政府北上抗日书》发往南京。

5月13日，旧历四月初八，七十七岁寿辰。后以庆寿筵席费慰劳十九路军，并赈某地水灾。

《侯官陈石遗先生年谱》卷八：公是岁生日，移戚友所馈筵席费，以慰劳十九路军，并赈某地水灾。郭舜卿赠公诗云：“佛诞具悲怀，穷黎得嘉贶。仁人能胜兵，老作邦国障。”即指此。①

夏，陈钟凡来函，商荐请陈衍担任广东新通志总纂事。信函均存《清晖山馆友声集》。

姚柯夫《陈中凡年谱》：夏，与陈衍往复通书数函，商量荐请陈衍担任粤省新通志总纂事。②

6月1日，发表诗歌《乱中携眷梅园观梅》，刊于东京《东华》第47期。

7月1日，发表诗歌《梨花》，刊于东京《东华》第48期。

7月16日，发表诗歌《题雪中失驹图》，刊于《珊瑚》第1卷第2期。

7月，上海暨南学校学生“孤帆”的旧体遗诗《奈何集》，由上海研白社印行。有陈衍题诗，云：

夙怪周姬昌，早谙思服苦。变体焦仲卿，自作古乐府。③

---

① 《陈石遗集·附录一》，第2069页。

② 姚柯夫：《陈中凡年谱》，北京：书目文献出版社，1989年，第31页。

③ 孤帆著、孔一尘编：《奈何集》，上海：中华书局，1932年。

秋，致函王真，云：

道真足下：

我在此颇舒服，然万种愁肠总不能解脱，悲悯他人，并不关自己也。自审精力甚减，始暂当养静而已。年底必归去，若不归去，拟劝汝出来。福州的没出息地方。秋来汝定复不乐。剑知行未？为我询之。有黄公渚者，其为人何如，其画何如？若有可取否？闻与剑知好也。石沥　初十。[①]

8月，夏敬观自华山归后绘游华山《关山千里图》。后又作《十六日雨止北峰抵暮放晴登眺有作示承诗》，陈衍寄函作评。

陈衍《致夏剑丞》：剑丞诗兄足下，阅贻书，说我若至沪，有好菜请我。但我屡扰，而足下不一扰我，我不敢再扰矣。此来不一晤，至怅然，受伤之后，继之以病，到沪眠食颇不便适，年内恐不来也。西游诗，当已见到，足下西游之作，犹不一示。手《华山图》更不得见到，须俟明年矣。鄙人所作《游华山记》一篇，以笔墨无间而耽搁。华山为《山海经》所误，名过其实，非有以抑扬真闻不可，拙作华山二律，可与前作登岱四首五律并观，皆发前人所未发。前贤遇此二岳，皆不敢作诗，徒于诗讨生活，□其搁笔也。此仅可与足下言之耳（王真至沪，欲多看画，望倾箧示之）。衍顿首。[②]

陈衍《致夏剑丞》：剑丞诗翁左右，《华山诗》擅北宋诸大家之长，不图体物之工至于斯也。散原当望而却步矣。即颂撰祉。衍顿首。[③]

9月1日至15日，旧历八月初一日至十五日，偕王真、张宗

---

① 林公武：《师堂丛录》，第156页。

② 陈谊：《夏敬观年谱》，第144页。

③ 陈谊：《夏敬观年谱》，第146页。

杨自苏州启程游华山。

《侯官陈石遗先生年谱》卷八：八月一日下午，公偕真及张宗杨乘京沪车启程，六时半由南京渡江，换乘津浦车北上。二日经徐州、开封、郑州、陕州。三日晨换乘快车，九时四十分到灵宝，即古桃林。……四日晨，自潼关车行五十里，至华阴县，约十余里抵玉泉院，即华山麓也。……五日凌晨下山，作长安游。……六日晨过灞桥，……抵长安城下，……入城憩长安街西北旅舍。七日晨，乘骡车游城中诸胜。……八日晨由长安乘汽车归，至斜口翻车，宗杨额破血流，真无恙，公右胁受伤。……十三日雇人力车代步，在距潼关三十里许，遇高梦旦丈与其女夫洪光琨，亦作华山游者。午后二时改乘火车归途。……十五日晚四时抵苏州。此行历十有五日。①

9月下旬，由吴宗慈陪侍，别庐山赴南京，暂寓桃源村俞大维宅。

陈衍《缳蘅至自庐山枉访即赠并视散原》：长公契阔江湖久，可念白门烟柳疏。时闻散原有行乐秣陵之讯。②

10月8日，重九日，寓斋招饮，坐有陈钟凡、陈柱、龙沐勋、王真等；又往天平山观红叶。

《侯官陈石遗先生年谱》卷八：重九日，招斠玄、柱尊、振心、曾履川、榆生、楞岩集寓斋饮，真与焉，履川因病未到。嗣往天平山看红叶，叶尚未红，入夜中庭坐月，谈艺甚欢。③

11月，旧历十月，张宗杨归里，陈衍有诗为赠；后又有诗赠

---

① 《陈石遗集·附录一》，第2069—2072页。

② 《国闻周报·采风录》第10卷第42期，1933年10月23日。

③ 《陈石遗集·附录一》，第2072页。

王真。

《侯官陈石遗先生年谱》卷八：十月宗杨归里，公赠五言六韵；真旋以病疟归，公赠五言二十韵。①

11月15日，《青鹤》杂志创刊于上海，陈灨一主编。1937年7月30日，因抗战爆发而终刊，“月出二期”，计出114期，为同人刊物。创刊号刊布“本志特约撰述”共105人，有陈衍、丁福保、王蕴章、刘承干、梁鸿志、周瘦鹃、黄濬、傅增湘、孟森、章士钊、蒋维乔、夏仁虎、吴湖帆、冒广生、于右任、钱基博、吴稚晖、高凤谦、陈巨来等。是刊特重文献保存，近代名人之日记、笔记、序跋、书札、年谱、诗文集，分期连载。第一期“近人诗录”即有陈衍《登华山至青柯坪》。其《石遗室诗话续编》亦连载在此刊上。

陈衍《登华山至青柯坪》其一：帝教神禹命山川，西岳称华贡始传。阴作黄河南至界，阳临黑水北来边。坠驴大笑今何世，扪虱雄谈我欲眠。岂独峨冠真司寇，司空船坞二千年。

其二：白帝金天此坐衙，臣灵擘后涧中洼。无岩不对州分陕，有石皆平面削爪。怪不西巡修御磴，欲登南顶待浮槎。五千仞更四方削，夸大山经本道家。②

11月16日，《珊瑚》第1卷第10期刊登“陈石遗诗”之书法作品一幅。

12月16日，发表诗歌《访乐游原至雁塔》《潼关》《车过洛阳》，刊于《青鹤》第一卷第三期。

是年，致书陈柱，称赞其诗歌创作。

陈衍《与陈柱书》：新诗愈唱愈高，语言妙天下，若作

---

① 《陈石遗集·附录一》，第2072页。

② 《青鹤》第一卷第一期（1932年11月15日）。

诗话，美不胜收。香山讽喻体，全主纡徐，不免拖沓平衍。足下到处能斩钉截铁出之，何尝无宽可走马处？而紧处则密不容针，下语有如生铁铸成者，可喜之至。《国殇》《陨星》《何以不为官》诸首，尤奇想名言。

新诗一读一击节，尝谓足下诗“如开矿，愈开辟愈深；如电学，愈发明愈精”。彼守旧者应愧死。[①]

陈柱《陈石遗先生评柱诗》：海内诗豪老石遗，吟诗许我得新奇。何妨敦厚温柔教，出以斩钉截铁词。不信试看大小雅，何尝尽是女郎诗。大千世界殊今昔，万学安能守旧规。[②]

是年，于九仙山戚公祠堂前与同游董执谊等题名。有诗《于麓八十一阶化寺前同人望月诗》[③]。

是年，《珊瑚》第1卷第10期刊登陈衍的书法一幅。

是年，作诗《人日思家怀人用高达夫寄杜工部韵》《和迂琐次韵》《偶感》《题〈奈何集〉》《题戈百洪官衙训子图》《幼妇来居蔚老新楼赋呈》《避兵至锡山携眷同振心游梅园作》《由屴崱峰游白云洞示曾汀藩是日密云不雨》《苦热次华鬘韵》《西游杂诗》《质言一首赠约之贤弟》《苏锡车中作》《重九日招斠玄柱尊振心履川榆生楞严道真集寓斋一醉履川以病不至诸子往天平山看红叶叶尚未红入夜中庭坐月久之》《灵石》《仲深老兄春间自旧都寄诗见怀次韵奉答而推敲久未稳经秋徂冬始能写正可笑人也》《题永历玉玺拓本后》《为印泉题重修宝峰山佛殿碑记后碑有印泉先德指挥公佥名》《车上看红叶》《题章绂云忆蓉室倡和图》《剑知过

---

① 《陈柱往来书信辑注》，第98页。

② 陈柱：《柱尊诗选》，苏州大学广西校友会编印，1991年，第115页。

③ 见谢其铨、郭斌编纂：《于山志》，北京：大众文艺出版社，2009年，第115—154页。

苏同道真游无锡归为余写横卷》《五言六韵送楞严归里》《五言二十韵送道真归里》《题沙隐宝案室倡和图即次其自题元韵》《祝君丹卿介冶庵速往澄江赏菊将之以诗至则雨宴别馆遍接陶社诸名流先后各有投赠先次丹卿二律韵》《不见冶庵廿年矣孙宜为传雨书及诗并命汽车招往赏菊得接远模绘香雨曹君松龛滕粟两章君夔石钱君景侯陈君先后皆有投赠次冶庵韵二首》《哭程子大》《与韦斋小集属题东园酬唱图次来诗韵》《次韵和少�霜杰》《答高梦旦》《为吴敬臣题节庵所赠画扇印本》《东坡生日感赋》《题释戡握兰簃裁曲图》《为任先题其先德载书归里图》《晓浦于东坡生日移官黄冈矣风雪益厉尊酒饯之意有未尽再得一首》《晓浦在金陵以和余行韵诗来悯悯语叠韵慰之》《麟仪女士余门人黄晓浦庭长侍姬也四德略具与晓浦离居相见数日忽病热溘然长逝晓浦乞词哀之》等。

民国二十二年癸酉（1933）　78 岁

1 月 25 日，旧历除夕，招钱锺书度岁。

钱锺书《石语》：犹忆二十一年阴历除夕，丈招予度岁，谈燕甚欢。退记所言，多足与黄曾樾《谈艺录》相发。①

1 月 26 日，张大千邀章太炎、叶恭绰、陈衍、李根源等聚于苏州网师园。

李永翘《张大千年谱》：1 月下旬，农历春节期间，先生与兄善子邀请章太炎、叶恭绰、陈石遗、李印泉等前辈在苏州网师园内欢聚，庆祝新春，并邀吴县日报副刊编辑薛慧山作陪。……与众人一起在园内卧龙松畔，合摄照片留念。②

---

① 钱锺书：《石语》，第 473 页。

② 李永翘：《张大千年谱》，成都：四川社会科学院出版社，1987 年，第 65—66 页。

1月，以“扶微业、辅绝学”为主要宗旨的国学会在苏州成立，主持其事的是金松岑，主要成员有章太炎、陈衍、李根源、张一麐等，并创办会刊于《国学商兑》（从第二期起改名为《国学论衡》）。

2月9日，元宵节，自苏州有绝句寄王真。

《侯官陈石遗先生年谱》卷八：元宵真三十初度，公自苏州寄两绝句云：“逊抗机云以后天，所钟英气异前贤。元灯本属黄崇嘏，正是男儿授室年。容易丁香复海棠，满珍九十好春光。及时且种琅玕竹，消受清风夏日长。”其时公为真执柯不成，诗中盖寓此意也。①

3月16日，《青鹤》第一卷第九期封面刊登陈衍照片一张。

3月，应唐文治之邀，章太炎由苏州赴无锡讲学，随同章氏前来的有冯振、陈衍、李根源、陈柱、蒙文通等。13日下午，章太炎在无锡国专大礼堂作第一次演讲。

陆阳《无锡国专》：1933年3月，应唐文治之邀，章太炎赴锡讲学。唐文治派教务主任冯振专程到苏州迎接。13日，章太炎与陈衍、李根源（1879～1963）、陈柱、蒙文通（1894～1968）等人，以及章门弟子郑梨村（生卒年不详）、诸祖耿（1899～1989）、徐沄秋（生卒年不详）、戴镜澂（生卒年不详）等人，在冯振的陪同下，自苏州乘火车前往无锡。在上述同行人员中，陈衍是无锡国专“特约讲师”……②

伯亮《章太炎先生讲学琐记》：国专宴请当代国学大师章太炎先生，于昨日下午在校讲学，记者亦趋往旁听，兹撮记其琐事如下：上午十一时许，章先生自苏州乘车来锡，同来者，有国专教务主任冯振心，当代大儒陈石遗（衍），前

---

① 《陈石遗集·附录一》，第2073页。

② 陆阳：《无锡国专》，上海：凤凰出版社，2011年，第263—264页。

国务总理李印泉（根源），国学家陈柱尊，前中大教员蒙文通等诸先生，……陈石遗先生，年已七十六，精神殊健，身材瘦长，面色微黑，上唇蓄有短须，其色皓白，望之如一印度学者。谈话乃福建语杂以北音，亦颇不易懂。[1]

春，致函王真，云：

道真足下：

得书未复，无可言也。春日稍暖，独酌花间，或与闺人共之。想足下不得钱，何必归去，既归又不来，怨亦无益矣。鄙人胃大坏，诸物都不想食。寄我笋豆已多余，又寄丁香鲟，何为。枫丹已寄不少，去取皆车夫行，并不花钱。以后切不可再寄。吾即归矣。雅仙归里，亦叶落归根乎，可怜，可怜。胁久不痛酸，亦无害，不理他便忘了。松岑将归。有人为汝谋教员未必成，成亦下季也。即颂　吟祉　衍顿首。

（居此惟用钱太大，客来至多。）[2]【按："松岑将归"似指1933年春金天羽应云南通志局邀，往修《通志》，暮春返至上海一事。"枫丹"指林密，字绮赓，又字枫丹，闽侯人，为福州说诗社社员，陈衍弟子。】

4月16日，发表诗作《赠贻书七十生日》《凤传仁兄属纪先德太守公校射蒙赏花翎故事》，刊于《青鹤》第一卷第十一期。

5月，《无锡国专季刊》由无锡国学专修学校学生自治会出版委员会出版，无锡协成印刷公司印刷。该刊"专栏"部分刊载章太炎、陈衍、陈柱、钱基博四人的演讲激论稿共七篇，另有《陈石遗先生讲〈近代诗学论略〉》（丁舜年记）、《陈石遗先生讲〈国学中应读应看应研究之书目〉》（丁舜年记），陈衍演讲未注明时间，当是1935年5月前在无锡国专为学生所做。

---

① 《新无锡》第三版（1933年3月14日）。

② 林公武：《师堂丛录》，第157—158页。

《陈石遗先生讲〈近代诗学论略〉》：宋元后诗人之可取者，明代可不论；所可论者，有清一朝而已！

清诗之盛衰，各有其因。

当夫康熙乾隆之间，虽提倡文学之声极高，而文字之狱滋起，故诗之学无可言；所可言者，亦惟端庄之辞而已！

康乾间文字之狱既盛，浸假而各种考据之学，勃然兴起矣！然则各种考据之学，非自上之提倡使然；人类之思想，必有所用，不用于此，则用于彼；其势使然也。

……道光之际，盛谈经济之学；未几，世乱蜂起，朝廷文禁日弛，诗学乃渐盛；故《近代诗钞》断自咸丰之初年，是时之诗，渐有敢言之精神耳！

近人之诗，其弊有可言者。其派别之偏者，略有二：即陈三立、郑孝胥是也。陈之诗甚僻涩，有似其性情。夫一人之诗，必有名篇名句，传诵于人；陈之诗，则可传诵者不多矣！郑之诗，尝带风趣，学之者容易动人；然吾人年少，所遇事境多不与相同，遽学其轻世肆志之言，非所宜也。且写景之处，当随景生文，切忌千篇一律，故必身历其境，胸中蓄积者多，乃易为也。倘有学郑氏者乎？此则宜慎者。

《陈石遗先生讲〈国学中应读应看应研究之书目〉》：国学应读之书，其种类有三：曰："有须熟读之者"，"有须熟看之者"，"有可读可看之者"。"读"与"看"之别："读"之功在舌，"看"之功在脑。"读"可不用脑，惟唇吻理会，舌之功也；"看"可不用舌，惟深刻记忆，脑之效也。……

余既略述如右，然有看书之法，亦不得不言者，盖凡看书，至少必须经两遍，第一遍须迅速，第二遍才研究，首如走马看山，其奇峰峻岭，容易入目；然后再详加稽考，甚为研究，方得其底蕴！①

5月28日，端午节，其后于苏州聿来堂为沈曾植《海日楼诗集》作序，云：

寐叟既殁之十有二年，其孤慈护既刊其所著《蒙古源流笺证》，乃出所裒《海日楼全诗》九百余首，请序于余。因念数十年来所有朋好，相与为文字骨肉者，凋谢略尽，黯然不可为怀。涛园之诗，寐叟犹及为序；节庵则散原序之；今惟散原与余存耳。《记》曰“朋友之墓有宿草而不哭”，然既痛逝者，行自念也，则仍述吾两人往来聚散倡酬书札之素，以写余悲。往者涛园尝言，予兄弟于朋辈之为诗，能鼓舞而督促之，使裒然成帙，乃戏以催耕之布谷、促织之络纬相况，可云善谑。盖涛园素罕作诗，自要先伯兄木庵先生客皖南大通、淮北正阳关，不两年，成《正阳集》一巨册。陈弢庵太傅少作多不存稿，自里居与先伯兄相倡和，始存其稿，至今殆千首。余之怂恿寐叟为诗，则已详同客武昌时所作序中。嗣是寐叟出守南昌，则资余游匡庐；提学皖省，则招余游安庆；寐叟将赴欧美考察政治，则寓余武昌寓庐；辟地上海，则海日楼、谷隐诸所居，余尤数数至。其踪迹，彼此诗中，约略可寻。寐叟论诗，与散原皆薄平易，尚奥衍，寐叟尤爱烂熳。余偶作前后《月蚀》诗，寐叟喜示散原，散原袖之以去。寐叟诗多用释典，余不能悉；余《题寐叟山居图》五言古四首，寐叟亦瞠莫解，相与怪笑。寐叟短札诗稿存余所者，无虑百余通；其散见于余《诗话》者，不能尽也。今翻阅兹编，武昌以前所作，盖仅有存；其他为余未见者，亦罕矣。其选入《石遗室诗友诗录》《近代诗钞》者，至二百

---

① 《无锡国专季刊》，无锡：无锡国学专修学校学生自治会，1933年5月。

首，皆其尤精者。故余于寐叟之诗之甘苦酸咸，敢谓知之之深，一如己诗之甘苦酸咸；其足为外人道者，固已具《诗录》《诗钞》中所首载之鄙论已。癸酉端阳节后，七十八叟陈衍书于苏州之聿来堂。①

夏，致信陈钟凡，略云：

斠玄足下：在沪匆匆，未尽欲言。榆生闻已经挽留，足下自己能勿作粤游否？至念。……海滨托松岑劝驾，彼处能有若干薪？足下知否？能优或可姑就。过沪时尚图一晤。即颂撰祉。衍顿首，廿五。②

夏，自苏州返里。归里后，病中有绝句赠曹经沅。

《侯官陈石遗先生年谱》卷八：夏归里过沪，寓李拔可丈处，有长句留别。……归里后，公罹乳白尿病颇剧。……有《病中小绝句寄曹纕蘅兼示散原》。③

夏，欧阳英修、陈衍纂《闽侯县志》刊行，计105卷、分49门。该志所增天文、实业、新学校、巡警、审判等新门类，为旧志所少有。

《侯官陈石遗先生年谱》卷八：公修《闽侯县志》成，共百有六卷，刊刻二年有八阅月告竣，仅费银钱二千余元。④

陈衍《闽侯县志叙》：此吾福建首郡首邑第一部邑志也。自汉中叶置县，曰冶，东汉末即称侯官，乃迄今且二千年。邑志阙如，何哉？永嘉南渡，中州人士始戾晋安，隋唐人文渐兴，迨赵宋而始盛，福州则至明而始盛。观于《三山志》成于梁克家，《八闽通志》成于黄仲昭，《闽书》成于何乔

---

① 《沈曾植集校注》，第16—17页。

② 姚柯夫：《陈中凡年谱》，第33页。

③ 《陈石遗集·附录一》，第2073—2074页。

④ 《陈石遗集·附录一》，第2074页。

远，皆外郡人，其故一也。邑志者，邑令所有事。省会之地，长官层累，政治之所辐辏，号令放纷，供亿繁苛，方奔走奉承之不暇，文献之征不切于日用饮食，其故二也。独怪乡之缙绅先生，若唐之林谞撰《闽中记》十卷，宋庆历间，林世程增修之，前明则刘世扬氏、林炫氏、林燫氏、林庭棉氏、袁表氏、林材氏，正德以逮万历，历纂三十六卷、二十四卷、七十六卷之《福州府志》，王应山氏亦成五十五卷之《闽大记》、三十三卷之《闽都记》。而闽县、侯官两邑志，则始终无闻。殆闽人好大骛广，区区邑乘，举若不屑措意欤？民国六年，许俊人巡按、李培之省长请余总福建通志局，因有兼创首邑志书之议。然通志期限不及五年，益以兵事飚起，余避地沪上者二年，而卒成六百卷之新通志，约计二千万言，无一字不经手定，其数易稿者且十七八焉，业已敝精疲神。于邑志特稍储材料而已，编纂殊所未遑矣。十有八年，门人欧阳偁民英、施涵宇景琛合谋纂邑志，请余敦纂事。时偁民方知闽侯县事，涵宇方从余立古物古迹保存会，修葺县西西园，可为局所也。顾费无所出，余曰："往者修新通志，筹款不足则于两首邑粮米串票每张加收三铜钱，月可得银钱三百余元。通志已蒇事，此款为度支处挪作他用，今收回以修邑志，名正言顺也。"计划既实行，偁民充局长，涵宇主会计，王道真女士真、其兄子任揆充分纂、校对，亦皆余门人也。为期一年，成书百有六卷，只糜银钱二千余元。刊刻二年有八阅月告竣，糜银钱伍千伍百元。盖领款需时日，而刻工亦缺，收支适相配，不能速成也。书成为叙其颠末如右，遂以成千百年应有而未有之志云。

癸酉长夏，七十八叟陈衍书。①

---

① 欧阳英修、陈衍纂：《闽侯县志》叙，民国二十二年（1933）刻本。

7月16日，发表《归里过沪寓贻书拔可处累日留别有作兼示夏徐诸君子》，刊于《青鹤》第一卷第十七期。

7月，叶长青著《文心雕龙杂记》在福州刊行。有陈衍序。

《陈石遗先生序》：长青富著述，近又出视《文心雕龙杂记》，其所献替，虽使彦和复生，亦当俯首，纪河间以下毋论矣。读刘著者，可断言其必需乎此也。若例以彦和之藉重休文，则吾与长青有相长之谊，岂休文素昧生平比哉。辛未初冬七十六叟衍。①

秋，自里返苏州。

初秋，陈三立及曹经沅等避暑庐山，并邀集李烈钧、程臻、吴宗慈、程天放、杨增荦、程学恂、熊式辉、王揖唐、谢远涵、彭醇士、龙沐勋、陈隆恪等七十三人在万松林别馆雅集，以晋慧远和尚《游庐山》诗为韵，分别赋诗倡和，编成《癸酉庐山雅集诗草》一书。卷端有陈三立、陈衍以及冒广生所作三序。

10月1日，金天羽折柬邀请在苏州的诗友于惠荫园雅集，与会者以“国学会”会友为主。陈衍酒后高歌辛弃疾《永遇乐·京口北固亭怀古》。

谢玉岑《序》：中秋前三日（1933年10月1日），吴门惠荫园秋禊。会者石遗（陈衍）、松岑（金天羽）两丈、纕蘅（曹经沅）、大千（张爰）、石渠（蒋庭曜）、瑗仲（王蘧常）、梦苕（钱仲联），凡二十八人。② **【按：其词下有注：“石遗酒后高歌。”】**

10月11日，龙沐勋邀陈衍来暨南大学讲《要籍解题》，在曾克耑家设宴欢迎。

---

① 叶长青：《文心雕龙杂记》，1933年排印本，第1页。

② 邹绵绵：《〈惠荫园秋禊图（合影）〉考述》，《苏州日报》，2012年4月20日。

《国立暨南大学校刊》第七十八期：〇国文教授讨论会欢迎陈石遗先生〇陈石遗先生为当代文学老师，年近八十精神犹矍铄异常，今年仍本其诲人不倦之旨，特来本校任中国语文学系《要籍解题》一课讲座，前星期三（本月十一日）陈老先生莅校讲授，适值国文教授讨论会举行第二次常会，并在曾克耑先生宅聚餐，特请陈老先生出席指导，并表示该会竭诚之欢迎。本月十二日郑校长复在南京路新雅设宴款待，由陈院长张主任及各教授作陪云。①

《石遗室诗话续编》卷一：前岁在暨南大学讲学。②

10月12日，出席暨南大学郑洪年校长之招宴。

10月18日，邵元冲寓宅招饮，陈衍、陈三立、黄濬、曹经沅、唐有壬、马宗霍、张昭汉等同席。席间陈衍高歌岳飞《满江红》，甚悲壮。饭罢放舟玄武湖，四时许始散。

《侯官陈石遗先生年谱》卷八：九月初，……曹纕蘅函告，散原先生来南京，邀公往晤。公欣然就道，到南京，住门人黄荫亭寓，遂同散原、邵翼如名元冲，绍兴人。等泛舟后湖。③

《石遗室诗话续编》卷二：张默君女士名满当世，余去秋至金陵，翼如即招燕于其玄圃。默君以典试中州，未得见也，因谈余稔其尊人时，未知默君已揽揆与否。岁月茫茫与散原相对，不无摩挲铜狄之感。④

《邵元冲日记》：晴……午招宴陈散原、陈石遗、黄秋岳、曹纕蘅、唐有壬、马宗霍及泰水，并赏新菊。午后，同

① 《国立暨南大学校刊》第七十八期，1933年10月25日。
② 《石遗室诗话续编》卷一，第551页。
③ 《陈石遗集·附录一》，第2074页。
④ 《石遗室诗话续编》卷二，第588页。

放舟玄武湖，四时后，尽兴而别。①

金天羽《石遗先生自锡来苏陪游两日重九却寄》：又是茱萸高会节，冲冠惆怅发辞簪（曩日饮梁溪唐蔚老寓斋，酒酣，先生高歌岳忠武《满江红》甚悲壮）。②

10月26日，泛舟登高。

《侯官陈石遗先生年谱》卷八：重阳前一日，仲琛招孝先、子立诸人泛舟，往虎丘登高，归途过龙寿山，观元僧继善血书《法华经》。③

10月27日，重阳节，时为民国政府行政院简任秘书的曹经沅在南京城西清凉山扫叶楼招邀登高雅集，为陈三立至宁接风洗尘。陈衍、冒广生、李宣龚、邵元冲、柳诒徵、黄濬、汪国垣、夏敬观、吴梅、卢冀野等八十七人参加。所作诗辑成《癸酉九月扫叶楼登高诗集》。

《石遗室诗话续编》卷四：余序纕蘅《癸酉登高雅集诗》，言遇重三重九必有集，集必有诗矣，难在意不重复，语皆得体。④

11月1日，发表诗作《报纕蘅兼寄散原》，刊于《青鹤》第一卷第二十四期。

11月16日至1934年10月16日，连载《石遗室诗话续编（未刊稿）》于《青鹤》第二卷第一期至第二十三期。至1934年成《诗话》六卷。1935年由无锡国学专修学校出版。

---

① 邵元冲著，王仰清、许映湖整理：《邵元冲日记》，上海：上海人民出版社，1990年，第1042页。

② 金天羽著、周录祥校点：《天放楼诗文集》卷十三，上海：上海古籍出版社，2007年，第335页。

③ 《陈石遗集·附录一》，第2074页。

④ 《石遗室诗话续编》卷四，第662页。

陈衍《〈石遗室诗话续编〉识语》：右《诗话》六卷，草草告竣。海内诗家寄来大稿，已阅过者，殆满一间屋矣。而架上案头，有已选佳句，不及收入者，尚不可数计。一限于篇幅，二限于时间，只得连呼负负。俟补续《近代诗钞》时，当次第收入也。石遗老人识。①

是年，应邀入陶社。

《石遗室诗话续编》卷一：江阴怡园主人祝丹卿吏部廷华，集陶社十四同人为八百遐龄大会，适余来游，亦邀入会。人各有诗，余诗末韵云："潞公第二惭相似，尤似王君附骥彰。"盖洛社耆英会十二人潞公以七十七岁居第二人，今余以七十八岁亦居第二人，王拱辰贻书请预洛社为十三人，余亦后来加入也。②

12月16日，发表诗作《石遗老人答梦旦来书》，刊于《青鹤》第二卷第三期，署"石遗"。

是年，致函金天羽，云：

松兄足下：消寒会如何了（不举已一月矣，天将夏矣）？鄙人并非想吃苏州菜，此名誉所关，传出去甚为笑话，足下即其首也。（足下非吝者，何以亦然？）国学会成立，必须种种改良，外间啧有烦言（潭秋辈），亮吉即以告我者：一，季刊要如何期出。二，《卫星》（乃小报性质）非国学性质，如不停办，须登报声明，与国学会无干。三，杂志不送阅便了，不可硬讨会费，勿谓得准许，便可收也。四，不好文字，不要多登。衍忠告。③

---

① 《石遗室诗话续编》卷六，第790页。

② 《石遗室诗话续编》卷一，第569页。

③ 陈烈主编：《小莽苍苍斋藏清代学者书札》，北京：人民文学出版社，2013年，第1057页。

是年，钱仲联和张鸿、杨无恙三人的同题诗作合集刊刻，题名《游仙诗》，陈衍为书端。

《石遗室诗话续编》卷二：钱仲联近刻《游仙诗》三卷。余为书耑，前附张璚隐鸿五十首，后附杨冠南无恙十六首，中为己作，皆寄托遥深，遣词丽则，无可选择于其间者，惟有代为鼓吹而已。[①]

是年，杨增荦卒，享年七十四。

《侯官陈石遗先生年谱》卷八：杨昀谷卒，公制九一篇哭之。公屡论列其诗，谓一官都下，块然独处，如戒行僧。终岁善吟，遗诗八卷，都七百六十二首。[②]

是年，为门生谢鼎镕（号冶盦）所辑《江上诗钞补》作序，云：

近世诗征之刻，几遍各省；下至一郡一邑，亦恒有之，此“十五国风”之支流也。在古人，陈之以观民风；在后世，则立言殿“三不朽”，诗特其小焉者耳，然德、功非言莫传。诗理性情，宜若异于书道政事。而上焉者，周文公、召康公、穆公、卫武公、苏公、尹吉甫、芮伯、仍叔、家父、凡伯以下逮寺人孟子，类以诗道政事，后世则有若元结、杜甫、韩愈、白居易之伦；下焉者，穷不得位，乃徒抱其登高能赋之才，与夫吟风弄月，孔门与点之旨，以自理其性情，后世则有若陶潜、孟浩然、孟郊之伦。夫士不得志，至仅以文字自襮，蕲有一二留人齿颊，倘亦所谓疾没世而名不称者，非耶？此吾门人江阴谢冶盦氏所以有《江上诗钞》补、续之刻也。尝论岷江贯注数省，江南为大江南，州县六十有奇，而江阴独尸江南之名，何则？水北称阳，水南称阴，江阴即江南也。县析置自晋，命名自梁，得毋以岷江入

---

① 《石遗室诗话续编》卷二，第601页。

② 《陈石遗集·附录一》，第2075页。

海，南通其口，江阴其咽喉，县境倚江为险，自昔擅控守重地？史称元嘉二十七年，魏主焘南犯，至瓜步，沿江戒严，自采石至暨阳，陈舰列营亘六七百里。江阴，旧暨阳也，形势所在，地灵自萃人杰。胜清则督学使者驻节于兹，末造创建南菁书院，培植朴学人才，益以续编《清经解》，继阮太傅学海堂刊本，故人文辈起，数十年流风未沫。而顾氏《江上诗钞》原本，仅讫咸丰时代，凡殁于咸丰后者皆所未录，即咸丰前者亦缺有间。冶龕既殚数年心力重刊顾氏原本，各附益小传，而坐听此外千百年作者没世而名不称，不其恫欤？昔顾侠君先生选元诗三百家告成，相传岁暮秀野堂前有隐隐见古衣冠人相率下拜者，去来甚众。今冶龕所补辑凡十有一卷，都一百六七十人，《续编》倍之，吾知冶龕堂前必有踵秀野而相率下拜者矣。友生侯官陈衍叙。[①] 【按：此序《石遗室文集》未载。谢学裘《陶社始末》云："一九三三年，海内大诗人闽侯石遗老人陈衍，寄寓姑苏，应无锡国学专修学校校长唐蔚老之聘，每逢星期一上午至锡讲课，星期二下午返苏。石老为丹卿先生之年伯。又为先君之业师，先君乃赴苏聘石老为陶社名誉社长，石老欣然应允，并约定每岁临社赋诗，顺便品尝河豚。石老初次临社时，到会者共十四人，先君有诗云："风流未敢希莲社，人数居然倍竹林。"石老拍案叫绝，即将诗稿取去，辑入《石遗室诗话》。接连二载，石老来社两次，诗酒高会，盛极一时。其时先君所辑《江上诗钞补》正在排印，石老酒后，执笔为之序。[②]】

是年，作诗《同振心游梅园》《寄秋岳》《题怡园壁》《赴丹

---

① 顾季慈辑、谢鼎镕补辑：《江上诗钞》第2册，上海：上海古籍出版社，2003年，第1476—1477页。

② 谢学裘：《陶社始末》，《江阴文史资料》第六辑，第88页。

卿招食河豚》《德人艾克著有中国宝塔一书索题》《不必》《怡园主人集同社十四人为八百遐龄之畲邀余》《与马索呈一律》《紫辛夷发蕊数十枚为妖鸟白头翁食尽诛之以诗》《贻书来游留宿三夜》《花下同李姬饮俳题一首》《题松禅临本徐俟斋送顾亭林南归卷》《归里过沪寓贻书拔可处累日长句留别兼示剑丞积如伯夔董卿放园子有公渚秋岳定之灊一诸君》《无子》《病中小绝句寄霜杰拔可读之》《报缫蘅兼示散原》《挽王病山》《逸唐诗人寄廿万钱助刻书费长句谢之》《同散原翼如缫蘅泛舟后湖》《同荫亭至莫愁湖》《登燕子矶示荫亭》《和放园用原韵》《观元曾善继血书法华经》《出游谢以四十字》《荫亭以考察邮政出使外国题其再乘槎图壮其行色》《送朱铎民长甘肃财政》《挽宗子岱》《题孙叔盉大令青槐避日图》《挽章滕粟》《题曹秋岳竹垞图》《铎民度支寄五十饼金为沽酒费谢以廿八字》《题涤园图》《题明人辛克羽遗像》《誉虎见过枉赠招饮感旧之作次韵奉答》《题壮心千里图为张莼鸥》《慰晓浦》《九一篇哭杨昀谷》《沄秋送缘雨盆梅》《喜次贡至纵谈竟日即送其归北平》等。

民国二十三年甲戌（1934）　79岁

1月1日，发表诗作《为吴敬臣题种树庐赠扇图》，刊于《青鹤》第二卷第四期。

1月21日，大寒，于苏州聿来堂寓所为臧增庆《一柳堂诗稿》作序，云：

> 五言莫先于《十九首》。枚叔有作，实居苏、李之前。叔，淮阴人也。而宿迁为右下相地，是生项籍“拔山”“盖世”之歌，与丰沛之“大风”“猛士”遥遥相答，歌诗发源，由来久矣。故自晋代永嘉南渡，历宋、齐、梁、陈，中国文

物，常萃江左，千余年未艾。江淮间地方千数百里，南北交兵用武之国，雄于歌诗者亦时时间作。远者不具详，明季遗民若徐俟斋、万年少之伦，“江左十五子”“太仓十子”未能或之先也。近人以余所知，则淮阴段蔗林、海门周彦升、泰兴朱曼君、兴化李审言，与谭仲修所选“合肥三家”徐世叔、王伯垣、戴子瑞，类不染六朝金粉之气；而最后乃知宿迁之臧君易秋。

易秋以拔萃科举孝廉，廷试高第，得部曹，分邮传部。未几鼎革，遂弃去。有诗八百首，颜曰《一柳草堂诗稿》。既归道山，其孤荫篪肄业无锡国学馆，及余门，精楷钞全稿，走百里，抱诣余，顿首乞一言为叙。翻阅卒业，则以靖节、少陵之怀抱为怀抱，而抒写以香山之风调也。君笃信旧理，编诗但书甲子。《读史》五言十首，不啻泉明之《饮酒》。而出参诸将帅幕府，崎岖戎马间，感愤时事之篇，又夔府之咏怀、秦中之讽谕，不在面目之似与不似也。若必《枯树》《病马》《孤雁》诸律乃为学杜，浅之乎论君之诗矣。集中有次答余七律四首，推挹太过，惜前未之见，此余尤不可不叙君之诗，以论次于江淮间作者之林云。

岁在癸酉，大寒节，七十八叟陈衍书于苏州之聿来堂。①

1月，所著《通鉴纪事本末书后》，由无锡国学专修学校收入“无锡国学专修学校丛书”发行。

《无锡国学专修学校概况·大事记》：二十三年，本校丛书第一种《通鉴纪事本末书后》出版。②

---

① 朱则杰：《陈衍佚文〈一柳草堂诗稿序〉及其他》，《清诗考证》，北京：人民文学出版社，2012年，第1318—1319页。

② 刘桂秋编：《无锡国专编年事辑》，北京：中国大百科全书出版社，2011年，第168页。

陈步《通鉴纪事本末书后·解题》：《通鉴纪事本末书后》作于一九〇九年，作者时任京师分科大学史学教习。一九三四年，此书由无锡国学专修学校出版。

袁枢据司马光《资治通鉴》而成《通鉴纪事本末》，每事首尾明晰，极省翻检。清代学部列为大学必修。陈衍认为读史"贵能博观，贯以特识。不博观囿于一家之言，无特识常有受蔽之患"，故教授时选辑历代学者史评，更以自己评论贯于各题，是为《书后》，以指导学生。袁枢共书二百三十九题，《书后》计一百六十七题。

司马光修《通鉴》，重在治乱之迹，对制度因革则语焉不详。袁枢之书更甚，所辑兵事、篡窃十居八九。陈衍认为"从来治乱兴衰之故，成于兵事者固多，而用人理财各要政，尤为治乱兴衰之源"，故另择《通鉴》中有关要政而首尾略具者，成"表彰六经""循良治积"二题。据此可见作者的历史观。[①]

2月13日，癸酉除夕，钱锺书拜会陈衍，得其赠诗。钱锺书在与罗家伦书中提到自己与陈衍之间的往来："偶有少年哀乐之作，为陈石遗丈录入《续诗话》者，又皆絮絮昵昵儿女之私。"即陈衍所谓"黄仲则尤不可为"。

钱锺书《石语》：丈先后赠余诗三首，其二藏家中，遭乱，恐不可问，仅记一联云："仍温同被榻，共对一炉灰。"盖二十三年阴历除夕招余与中行同到苏州度岁也。[②]**【按：关于陈衍对钱锺书的影响，诚如王德威所言：在很微妙的意义上，钱锺书似乎承袭了陈衍的诗话形式写了《谈艺录》和日后的《管锥篇》。唯一不同的是，这只是"一种形式上的复**

① 《陈石遗集·通鉴纪事本末书后》题解，第1219页。

② 钱锺书：《石语》，第484页。

古，内容上他所操作的像《谈艺录》这样的大规模的论述，不折不扣的是西方诠释学的中国式的炫耀”①。】

《石遗室诗话续编》卷一：无锡钱子泉基博，学贯四部，著述等身。肆力古文词，于昌黎、习之尤哜其胾而得其髓，其致吴稚晖一书不亚乐毅与燕惠王书，惟未见其为诗。哲嗣默存锺书年方弱冠，精英文，诗文尤斐然可观，家学自有渊源也。性强记，喜读余诗，尝寄以近作，遂得其报章云：“新诗高妙绝跻攀，欲和徒嗟笔力孱。自分不才当被弃，漫因多病颇相关。半年行脚三冬负，万卷撑肠一字艰。那得从公参句法，孤悬灯月订愚顽。”第六句谓余见其多病，劝其多看书少作诗也**【按：钱与罗家伦书作“少读书、多作诗”，当为笔误】**。《中秋夕作》云：“不堪无月又无人，兀坐伶仃形影神。忍更追欢圆断梦，好将修道忏前尘。杯盘草草酬佳节，鹅鸭喧喧聒比邻。诗与排愁终失计，车轮肠断步千巡。”又《秋杪杂诗》十四绝句，多缘情凄惋之作。警句如“春阳歌曲秋声赋，光景无多又一年。”“巫山岂似神仙远，青鸟殷勤枉探看。”“如此星辰如此月，与谁指点与谁看?”“判将壮悔题全集，尽许文章老更成。”“春带愁来秋带病，等闲白了少年头。”汤卿谋不可为，黄仲则尤不可为，故愿其多读少作也。②

2月20日，人日，作书法一幅赠冯振。

2月28日，《文艺捃华》创刊，为季刊，苏州文艺捃华社主办，主编金天羽，16开本，1936年12月终刊。文艺捃华社社长陈衍，社员有王佩诤、范烟桥、汪青立、钱太初、王金荃、金同

① 王德威：《现当代文学新论：义理·伦理·地理》，北京：生活·读书·新知三联书店，2014年，第28页。

② 《石遗室诗话续编》卷一，第549页。

翰等，该刊多刊载社员的文、诗、笔记等，文言为主，偶有白话。社址设在苏州公园内吴县图书馆。创刊号刊登陈衍《誉虎见过枉赠招饮感旧志之作次韵奉答》《铎民自陇寄五十饼金为取酒之费小诗谢之》《沄秋送红绿两盆梅盆古花高得未曾有谢以二小诗》。

陈衍《誉虎见过枉赠招饮感旧志之作次韵奉答》：苍苍发与视茫茫，回首前游近卌霜。清景亡逋追已尽，旧事皆被君说尽矣。生存零落久难忘。还山李泌耽残芋，君出处颇似邺侯，近且如素。冒雪桓温懒急装。今日适大雪，余自去年西安翻车后，颇惮出游。乐趣好凭陶写出，不关儿辈觉能妨。誉虎尚无子，余子事誉虎有年，已卒。近复生子，尚幼故云。

3月16日，花朝，招饮沪、宁两地故人。

《侯官陈石遗先生年谱》卷八：展花朝日，梅杏落尽，诸桃渐开，公招饮吴淞、白门故人，讱盦、放园自沪至，纕蘅、释戡自南京来会，文酒之盛，不减当年下斜街也。[①]

春，与冒广生等赴顾树森处，观看高槐川携带之字画。

冒怀苏《冒鹤亭先生年谱》：赴顾荫亭（名树森）处，观看高槐川携带之字画，共观者有仇述卿（名采）、溥西园、吴瞿安、杨千里。陈石遗、曹纕蘅闻之踵至。先生以廖凤舒《忏庵词》（稿本）送陈石遗评定，后以稿本还廖凤舒。[②]

4月8日，旧历二月廿五日，在苏州寓斋招饮南京故人。林葆恒作《清波》，陈衍答以二词。

陈衍《浣溪纱》其一：未饮花前酒一卮（君以小疾戒酒），赚来绝妙草窗词，裁红晕碧足酣嬉。寒食清明都过了，落花蝴蝶作团飞，新词应补忆仙姿。

---

① 《陈石遗集·附录一》，第2075—2076页。

② 冒怀苏编著：《冒鹤亭先生年谱》，第353—354页。

其二：高阁花光《点绛唇》，聿来堂下草如茵，如何能不惜余春。种树似培佳子弟，种松皆作老龙鳞，他乡故里两伤神。[①]

4月16日，上巳，赴后湖禊集。

《侯官陈石遗先生年谱》卷八：上巳日约公后湖禊集。[②]

《石遗室诗话续编》卷二：滕若渠固，南宋忠节公讳茂实字秀颖后人。忠节工诗，若渠远承家学。甲戌上巳，禊集后湖因获读其分韵“性”字五言古云……[③]

4月30日，所撰《史汉文学研究法》，由无锡国学专修学校印行。全一册，系“无锡国学专修学校丛书”第四种。

6月16日，旧历端午节，作书法。行书七言绝句云：“报书未敢阙凫盟，景物劳君写帝京。倾国名花都不见，故应才调愧清平。”题识：“禹功仁兄雅正，甲戌端阳节，石遗老人衍。”钤印：“石遗。”

7月17日，旧历六月初六日，同乡周愈六十岁生日，在可然亭欢饮。陈衍酒酣，击节唱苏轼《念奴娇·赤壁怀古》。

《侯官陈石遗先生年谱》卷八：夏历六月六日，周雨渔师六十览揆之辰，公寿以联句云：“水月清华心净土，风烟供养券长年。”师觞公可然亭。公酒酣，击节唱东坡“大江东去”词，豪放如少年。公生平喜诵苏词及丘迟《与陈伯之书》，每诵至“暮春三月，江南草长，杂花生树，群莺乱飞”句，辄慷慨若不自胜。[④]

---

① 国风社选：《国闻周报·采风录》第11卷第20期，1934年5月21日。

② 《陈石遗集·附录一》，第2076页。

③ 《石遗室诗话续编》卷二，第614页。

④ 《陈石遗集·附录一》，第2076页。

9月3日，旧历七月廿五日，聚为诗钟。

吴梅《瞿安日记》：陈声旋去，即聚折枝诗钟。到者九人：陈石遗（衍）、费仲深、邓孝先、陈公孟、管君谟、彭子嘉（谷孙）、费玉如（廷璜）、屈伯刚、蔡云笙（晋镛）也。首题汝、巢二字，六唱。石遗云："鼓角送人移汝郡，佩环诸娣下巢湖。"……①

9月15日，致函王真，云：

道真足下：

黄晓浦为李姬作一寿序，甚好，寄回数张可分期作《华报》料。可代送熟人，如星樵（要他夫人画一牡丹）、西园、李泉诸君，以资谈助，决不受礼（汝们决不要送礼物，牡丹不画亦可，为告秀明），亦不受文字也。为告五姊，我有大鱼肚须收好，怕被人偷去。须托持彦打听屋减价到二千六七万时，须买受之（款必需时，可叫西园打一支票，不用支的，已与有成约）。黄作文命意极得体，可以一张与衡官。石遗十五。② **【按：黄晓浦，名履思，江西南城人，陈衍弟子；卢榕林，字星樵，号逸叟，顺昌人；"西园"指陈文翰；"秀明"即刘蘅。】**

9月23日，中秋，为妾李端英三十祝寿并撰联。

《侯官陈石遗先生年谱》卷八：中秋日，公如夫人李端英三十初度，黄晓浦为作寿序，书小屏，公自撰一联以寿之，句云："北地胭脂恰住胭脂胜地，月华三五重逢三五年华。"③

① 吴梅：《吴梅全集·日记卷》，石家庄：河北教育出版社，2002年，第460页。

② 林公武：《师堂丛录》，第158—159页。

③ 《陈石遗集·附录一》，第2077页。

同日，寄信王真。

道真足下：

汝画倩何人所作（秀明衣料已由邮驳回），同德惜所画已裱挂。卢夫人与高姓者画甚好，奈款不合，竟与我合称三十双寿，将我减少五十岁，岂非奇谈。于是又有章太炎将我姨太升为七十九岁矣。（与三同五姊吵闹，五姊大气大哭，岂不下愚。伊是乞丐，打他而已）

《通志》事本有通同乡严催他，因我一时不能回去，听其暂搁。姚参议好意代催，因好，但不可说我们急于要办。（已刻三百三十卷，尚有三分之一。一百七十卷未刻，居三分之一也。）所有详细章程，在民政厅第三科科长李国典处（应他专管之事，我不能白开此详细章程）。他许乱事定，便呈明开办。可托姚君问他要，我无暇再开。简言之，每月五百元，四十个月成书。三千五百页，每月刻工三百廿元，校对□□□元。

再，李科长所以向你商量者，将毋虑续刻不成乎？我能刻三百余卷之书，乃不能刻百余卷之书乎？我能用十九万元成此《通志》，乃不能用二万元完此《通志》乎？怪哉，怪哉！此字可请李科长阅之。石

（再，志书无图，为不成书，我亦不承办。）

（再，如打算用铅板楷书。信数纸不必与看。）

再，刻又细读来书，似政府于续刻《通志》非用木刻，乃用铅板。果尔，岂不笑话？全部印出时，数卷木板，数卷又铅板。如此之书，鬼都不要，送人都不要，通天下没有人答应者，通同乡没有人答应者。吾岂能为之？此节须先问他。石又①

① 林公武：《师堂丛录》，第160—161页。

【按：《通志》即民国修《福建通志》。该志1921年底全稿撰成。1922年开始刊刻，但因时局多变及经费不足，至1934年尚未刻竣。此札所言即已刻卷数、未刻卷数和续刻经费、期限情况。】

10月，所著《石遗室诗话续编》六卷由无锡国专刊行。书前有重阳节陈衍所作叙，云：

仆前后两编《诗话》，嗣复合成一编，无虑三十万言。咸同以来诗家，殆亦十得八九矣。近十年息影故乡，以逮卜居吴下，往昔知交，零落略尽，尊酒谈艺，几于绝响。然海内诗人辈起，不鄙衰朽，谬许为老马识途，往往先施下问；益以吴地位江海之交，四方之所辐辏，不必有平生之雅，而劳枉顾，辱尺书，投篇什者，麇至而鳞萃，线装洋装之本，积案头如小阜，旬月已高可隐人。仆伏处菰芦，非有记室校书为之掌录而裁答也，则阙然不报，徒呼负负而已。于是多劝以续编《诗话》，取桂林一枝，昆山片玉之意，表夙昔乐道人善之本心，从之。黾勉经岁，成此数卷。若夫咸同以前之名集，美不胜收，则尚论全清诗者之责矣。

甲戌重阳七十九叟衍书于聿来堂。①

钱仲联《梦苕庵诗话》：石丈续编《石遗室诗话》，已于浴佛节前刊竣，凡六卷。凡《诗话》前编所未收者，多见于此编。如金松岑、杨云史、冯振心、夏瞿禅、黄公渚、王晓湘、柳翼谋、杨无恙、靳仲云、钱名山、顾佛影、许疑庵及王瑗仲与余，皆见采录。政界人物如胡展堂、邵翼如、陈树人等，所收亦夥。欲知近十余年来诗风者，于此求之足矣。丈自言海内诗人寄到之集，已阅过者，殆满一间屋，而架上

---

① 《石遗室诗话续编》叙，第533页。

案头，有已选佳句不及收入者，尚不可胜计。限于时间与篇幅，徒呼负负。俟补《续近代诗钞》时，当次第收入云。[①]

10月16日，重阳，赴曹经沅招豁蒙楼登高赋诗会，以杜甫《九日》五首分韵赋诗，与会人均分得一韵。

冒怀苏《冒广生先生年谱》：同人招集鸡鸣寺豁蒙楼登高，有陈石遗、陈树人、黄季刚、吴瞿安、汪辟疆等七十余人。[②]【按：曹经沅将上巳日八十七人玄武湖修禊所作与一百余人豁蒙楼登高赋诗编辑为《甲戌玄武湖修禊豁蒙楼登高诗集》，于次年由商务印书馆印成一册，分送各与会者。】

10月19日，旧历九月十二日，为廖恩焘《忏庵词续稿》写《题识》，曰：

根柢梦窗，而无丝毫蹇涩之致，其肆力于此道者深矣。读忏庵词毕，不禁为之一快。衍，甲戌重九后三日。[③]

11月22日，为唐文治七十寿诞，撰《太仓唐茹经先生全书总序》以为贺寿之礼。该序言后与唐文治所作《石遗先生所著书总序》合刊，题作《侯官陈石遗先生太仓唐茹经先生全书总序合刊》。

《侯官陈石遗先生年谱》卷八：蔚芝先生夏历十月十六日七十初度，公明年浴佛日八十初度，相约不为世俗之文，互撰所著书《总序》为寿。公先成《茹经堂全书叙》万余言，蔚芝先生继成《石遗先生所著书总序》。今有两先生全书总序合刊本。[④]

11月30日，金天羽招饮席中，陈衍谈郑孝胥入伪满事，并

① 钱钟联：《梦苕庵诗话》，济南：齐鲁书社，1986年，第155—156页。

② 《冒鹤亭先生年谱》，第365页。

③ 廖恩焘：《忏庵词续稿》四卷，民国二十三年（1934）刻本。

④ 《陈石遗集·附录一》，第2078页。

言及汪国垣《诗坛点将录》，以为陈三立不足以当宋江之位。

夏承焘《天风阁学词日记》：十时访松岑于濂溪坊一〇四号。……谈《国学会刊》，谓会员已逾三百人。会刊印资则全恃特捐。……石遗润笔，一文仅数十金，两百金为最高价。其嗣君长大者，死丧殆尽，而近年继续举幼子，家况甚窘。以七十八、九老人，犹仆仆赴无锡国学专修学校讲课，所获亦甚菲，与太炎菀枯大异也。

午松岑招饮于青年会之食堂，并函邀石遗。十二时石遗来，长身鹤立，瘦颧短须，貌悴而神犹健。松岑为予通名，欢然相揖，谓已收予诗入其诗话。席间谈苏翁事甚详。谓苏龛入满，由一妾而来，其事甚奇。初苏翁娶吴长庆女，奇丑而妒。苏翁十年前尚能日行百里，早起跃越一桌。既娶一妾，而被妻监视，不得近。乃习于半夜即起就妾。宣统请其教学，诸子请携妾入津。自此始与清帝昵。实皆苏翁自为计携妾耳。近闻在满极不得意，尝有函寄石遗弟子秋岳，授意请汪精卫邀其返国，精卫笑置之。要其人由精力胜人，故好事功，尝谒吴佩孚，使中国能用之，必不入满。其入满，非由忠于清也云云。谈汪辟疆诗，谈《点将录》以散原为宋江，谓散原何足为宋江，几人学散原诗云云。言下有不满意。席散，石遗约后日午饭，松岑谓不可却，乃诺之。[①]

12月，发表诗歌《灵岩口号》，刊东京《东华》第77期。

12月，《福州三先生墨迹》由上海鸿宝斋影印出版，内收陈衍《费君鉴清墓表》、林纾《费鉴清先生墓志铭》、严复《费鉴清家传》三种。

是年下半年，就续刻《通志》之事致函王真，云：

---

① 夏承焘：《天风阁学词日记》第一册，杭州：浙江古籍出版社，1984年，第340—341页。

道真足下：

（此信至要，即交七小姐，封好。）

冯君蛰斋（是此号否）是此闲曹。纕蘅至好，已有信嘱之。缩短日头，亦无不可。惟我须辞去此间讲席，多住福州。至少非月有二百元不可（从前三百元）。然仍照原议月领五百元者，改领一千元，则不要加薪亦可（何者？我天马价，本八十元者，今变为百六十元），我亦不计较此区区。总之总需二万元（不能再短），分二年领，我续刻《通志》三千五百页而已。石泐①

道真足下：

先得五日书，后得四日书。五日书已复，能如约即请照办。自有拔可以来，鄙人未荐过一人、成过一事。有说必碰钉，不知碰过几多钉。七少奶之妹夫其明证也。无他人太熟，不怕得罪故也（去年至今年，又荐梁少筠终不成）。且馆多王云五作主，拔可亦不能作主。我再写信不过欺人而已，何必哉。已孙（渠最合用）也不知荐过几多回，终不成。大概入商务局难于登天、难于作皇帝。七少奶妹夫不信吾言，伊妹亲来苏州求我，花了许多盘川，终是不成。汝自己都不成（几士面子比我好得多），何尚不悟。

汝何以又送衣料我？审姨太方知，我叫张升带回，姨太怕得罪汝，偷偷收了，不叫张升带回，故作为又送也。此何必哉。汝们女人喜送人东西，真妇女见识。贫者不以货财为礼，经书所以不可不读也。

为告位北，县长敢得罪我，已严向他讨钱。我骂他（我说外间说我闲话，外间说他闲话，他听见否），叫他急而无

① 林公武：《师堂丛录》，第161—162页。

汗。我问他："汝欠我钱千余元不还，敢向我要版、要报销？天下买物要钱，作工要钱。钱来版去。版未去，汝尚赖钱，版去汝更置之不理矣。须知《志书》是敝县公产，非县长私产。县长是全县公仆，做的不好，便站不住也。无图书馆、无楼，不能收藏《县志》也。"再告五姊，县长有送钱来印《县志》，须叫和尚清数不可。一部定要五元，五元有余钱，照还他。再讼屋，仍叫碧舫出庭（只拖定不再理三个字）为我问：福州人一案不再理，天下无一人不知。何以福州自官至律师，持彦、位北，无一人知之？试问一案可再理，何日是了？前三级审本包物权在内，就说是债权，至廿二年二月专争物权，又败诉，如何能再理乎？叫位北此数行须请碧舫看，本连上诉都不必也。石泐

（再，王伯秋，汝似识其人，伊曾来访我过。汝若晤他，须告他，县长不能如此无礼。叫他写数诗来，入诗话。）

（王伯秋似曾写诗来过，汝知否？）[1]**【按："几士"即陈懋复，陈宝琛次子；"县志"指《闽侯县志》，1929年由陈衍主持编修；"和尚"为一刻书匠之绰号，专司刻、印、装订之事。】**

年底，致函王真，云：

道真足下：

得手书论续刻《通志》事，所见甚是。汝可为我特告李国典，此事非我所急，乃民政厅所应急。一概照我前所定办法。我腊月（新正月）回去接洽（足下总可得小津贴），自会万妥。不过，福建同乡官京都者颇责望此事成功，不成功又要向主席**【按："主席"指时任福建省政府主席陈仪。】**催

① 林公武：《师堂丛录》，第163—164页。

促耳。又有一事（通志局事）至要者，舍汝无人可托（与持彦信亦交五姊），今详如下：

通志局被赵家欠款（是公款非私款，有屋抵押）已诉讼八年，三级审全胜，地方厅已执行标封拍卖矣。忽有赵杰藩者出，控此屋系伊共有，请停止拍卖。此事杰藩去年已经控过，已经败诉矣。照律一事不再理，不能今年再控。乃地方推事罗从权竟敢得杰藩贿赂，枉断当停止拍卖。我已呈令撤销此判，并一面上诉。汝为我特往五姊三事：一、请撤销呈（已寄回），必须即递；二、持彦全不知法律，大不通之人，万不可用伊呈词；三、（上诉日期）必须请展限（不展限上诉必来不及），不可听持彦话，关系至重至要。衍顿首

（卢星樵信烦代妥交，亦交五姊。）

（至外间报上（请查何报）所登版权云云，大非事实，须令更正。我又无暇，最好令人与说并无此事，令其更正。）①

《侯官陈石遗先生年谱》卷七：即如志局公款被赵姓久欠不还，有房屋为抵押物。而起诉地方法院已数年，推事魏琳璋仅断款应归还，不为处理抵押物，致所判无效。至上诉高等法院，并由省政府主席行文催其速结，而逾年终不判决。如此司法而言独立难矣哉。②

年底或次年年初，致函王真，云：

道真足下：

航空信回，未知下文如何？鄙人两礼拜左右必到家矣。送我袜，真天下至宝，谢谢不尽，有钱无处买，又所必需者真至宝也。又送衣料，太无谓矣。愈予事已复，实实无益。

---

① 林公武：《师堂丛录》，第165—166页。

② 《陈石遗集·附录一》，第2063页。

鄙人之信何足惜乎，以搪塞欺朋不可也。闽侯县欠我钱不还，要取我版，已令取去，看他还我钱否？《通志》作梗者，无非藉版为词。天下江山此辈都保不住，何论一书版。汝可即告民政当事者，容伊取去，亦不必乌石山。我回去即交。随他火烧虫蛀湿坏，终天下骂名而已。可使郑贞文知之。但志稿却不能不续刻。天下人方疑吾志未修毕（各报皆如此说，致求事者纷至），现方商续修。此名我不受，当诉诸蒋委员长也。告省吾此处渠诗太少，已选少许入第四卷《诗话》矣。伊（汝弟）亦真可怜，已取伊两词登卷四《诗话》末，稍慰地下。此纸可视众人也。石泐十六[①] **【按："愈予"即福州画家周愈；郑贞文曾主持重修《福建通志》，时任福建省教育厅厅长；1934年，陈衍再撰《石遗室诗话续编》六卷，刊于《青鹤》杂志，札中言"第四卷"即《续编》卷四；"汝弟"即王真弟王迈，1934年卒，有《乔倩遗稿》附于其父《晓斋遗稿》一书后。】**

是年，致陈钟凡信四通，略云：

其一：斠玄老弟如晤：寿文撰就寄上，烦转交姚太夫人（为门人姚君君悫之姊）。……

其二：……寄诗到，尽可入选。……

其三：……今日来诗二首寄还。余皆贴上"续诗钞"，无甚更改处。……

其四：得书久不报，手忙心绪恶，无可说也。到南京两度，皆一二日即去。……锡校辞不脱，改四星期为两星期，八钟为四钟，亦拟终辞之。新刻八年以来诗文集，遗漏不少，记忆不清，颠倒错乱，无如之何。将次出版，当奉寄。

① 林公武：《师堂丛录》，第167页。

先寄上《要籍解题经部》《音韵发蒙》二薄本，明岁将有《辽诗纪事》《金诗纪事》《续近代诗钞》，皆由商务印书馆出版。……衍顿首，廿二。[1]【按：《陈中凡年谱》中作五通，但只列出四通；《要籍解题》原书四卷，收四部群书四百余种，今仅存经部一卷，有民国八年（1919）上海刻本；《音韵发蒙》一卷，有家刻本。】

是年，所著《周礼疑义辨证》四卷刊行，收入《石遗室丛书》。该书引《周礼》六十职、经文一百条及郑众至孙诒让各家注疏一百四十六条。疑义者，非疑《周礼》，乃驳正各家注疏。

是年，所著《烹饪法》（原名《家事科烹饪讲义》）由商务印书馆再版。

是年，林葆恒辑《讱庵填词图题咏》一卷印行。收录有陈衍词《浣溪沙》一首。

陈衍《浣溪沙》：一自伽陵创此图，吹箫题帕满江湖。问君旁有侍儿无。 传砚绘成新建夏，校书松补待秋吴。知君待觅禹鸿胪。【按：该词有异文，《讱庵填词图》民国二十六年（1937）版中“绘”作“屋”，“待觅”作“别有”。王真于1960年6月续编的《侯官陈石遗先生年谱》卷八中所载是最初版本。】

是年，“台北帝国大学”教授久保天随博士向陈衍乞序，以书辞之。

《石遗室诗话续编》卷五：前岁中日交兵，久保天随远道托人求作诗序，余以两国方失和，非投缟赠纻之时，因援《春秋》晋栾针遣使于楚子重免使者而复鼓之例，以书辞之。后天随即以此书弁卷耑作序。至青木晋诸子受业于北京大

---

① 姚柯夫：《陈中凡年谱》，第33—34页。

学，余曾采其诗入前《诗话》，今闻在本国某大学为哲学教授。惜余老迈颓唐，不与逸塘同游扶桑也。录君《游记》，类志于此。①

是年，作诗《人日与端英同醉梅花下》《沄秋送丁香碧桃枫树纪之以诗》《车中看路旁花》《甲戌九日豁蒙楼登高分韵得对字》《题冷红簃填词图为戴亮吉作》等。

民国二十四年乙亥（1935） 80岁

1月25日，在福州，说诗社同人宴于匹园，预祝寿辰。

《侯官陈石遗先生年谱》卷八：一月廿五日，说诗社同人预祝公八十寿辰，宴于匹园。真与施秉庄、刘蘅、王德愔、方声沈共觞公于可然亭。②

2月25日，发表诗作《湘川诗人以长句送行次韵奉答》，刊于上海大夏大学大夏诗社会刊于《诗经》创刊号，署“陈石遗”。

3月5日，陈宝琛逝世于北京，享年八十八。

《侯官陈石遗先生年谱》卷八：陈弢庵丈卒，年八十有八，公哭以七律两首，只述平生交谊与游踪。③

陈衍《陈宝琛传》：陈宝琛，字伯潜，号弢庵，闽县人。曾祖若霖，祖景亮，父承裘，皆已有传。世居螺洲乡。宝琛以道光戊申生于里第……。乙亥正月，已而复病，入德国医院，卒不效。长子懋复护归，濒危，语之曰：“此局将何以继？”遂薨，二月朔日卯时也。春秋八十有八。丧闻，“清帝”特谥文忠，晋赠太师。……配王氏，同邑工部尚书王庆

---

① 《石遗室诗话续编》卷五，第708页。

② 《陈石遗集·附录一》，第2078页。

③ 《陈石遗集·附录一》，第2078页。

云女孙，辛亥后留里中庀家事，辛酉病没。宝琛乞假归视丧，先葬于闽县之君竹山，宝琛与合葬焉。①

陈衍《弢庵先生千古》：此痛浑如丧伯兄，卅年前事顿峥嵘。三十年前先伯兄卒于里居，余在武汉闻耗。来迟只为伤陈迹，余长男卒官京师，余十年不忍至都门，今奉方欲勉来一游。缘尽居然即启行。先生挽先伯兄，有“缘尽即行”语。三老合图天竟靳，四更戒梦续他生。余拟今春至都，与先生及散原合照一“三陈图”。四十年前余自津门归里，先生与同车送上轮船，四更残月，凄然而别。吴门徜许相招隐，稍慰望衡对宇情。余前岁以书招先生来寓苏州有十便，先生未应。

草草交期五十霜，先生罢官始相见。不多会合在江乡。余中岁旅食四方，偶旋里避地淘江，先生居螺江，常拏舟过从。乘潮忽报拏舟至，出浴同追绕树凉。有作必商兼去取，先生有文字必就余兄弟推敲，诗稿千首，屡要余圈点删存。曾为定六百余首，原本具在。无游不共遽沧桑。余官京曹五年，先生亦还朝，遍游京畿山水，靡役不从。鼎革后，余尚教授大学者五年。可堪回忆聆宵柝，听雨归人属对床。余久客还乡，多寓伯兄许，先生常至夜话，街柝数退，犹未忍散。②

《石遗室诗话续编》卷六：余近在里中，作一白话诗云：“人生七十古来稀，此是诗人短命词。试看前清诸老辈，所难九十到期颐。”吾乡陈弢庵，年八十有八矣，向来朗健，林贻书相其面，谓可活过九十，今忽归道山，则余诗不幸言中矣。余哭以两七律，不管闲事，只言交情。拔可一律，项联云：“生憎虎豹当阑恶，转觉麒麟卧地安。”殊为稳切，盖

① 《学术世界》第1卷第12期“文苑”栏，1936年。

② 陈几士辑：《陈弢庵哀挽录》，福建省图书馆藏手抄本。

满洲为保护国，弢老绝不与其事也。[①]

3月6日，将《蝶恋花·残月叠前韵》寄夏承焘。[②]【按：该词文字与1918年朱印本有异，原词为：“楼角斜阳才咫尺。一换寒温，又是无多白。问汝停杯天样隔，邀之不住阳关笛。遥想鸡声茅店客。晓发匆匆，蜀道难行得。历井扪参疑瑟瑟，屋梁颜色枫林黑。”《天风阁学词日记》中“咫”作“几”，“蜀道难行得”作“蜀道行难得”。】

3月7日，与如夫人李端英饮于花下，有诗。

《侯官陈石遗先生年谱》卷八：花朝后一日，与如夫人饮花下，得诗云：“好花白白与红红，共尽花前酒几钟。十日东风虽似虎，八旬老子尚犹龙。加餐不畏鲥多骨，冒雨常欣瀑万重。便有贡谀谈宿世，鳞虫三百长为侬。”公食鱼不畏骨，游山常遇大雨，遂有誉公前生为龙者。[③]

4月5日，上巳，禊集南京清凉山，与会者百余人，陈衍自苏州至。以李白《春日陪杨江宁宴北湖》为韵。

《侯官陈石遗先生年谱》卷八：上巳日，禊集南京乌龙潭上清凉山之扫叶楼，与会者有百余人。[④]

《石遗室诗话续编》卷六：今年上巳禊集在乌龙潭。纕蘅诗前半首云：“佳辰选地如选题，避熟何敢循恒蹊。龙潭独与市尘远，一篙新涨方平隄。寒食上巳每难并，况数座客逾会稽。诸贤远道能好我，解装先日寻禅栖。”石遗翁自苏州至，董卿、拔可、众异、公渚、榆生，自上海至，遂同访灵谷寺。因金陵宜于禊集之地莫如后湖莫愁湖，均已游过。其次则乌龙

① 《石遗室诗话续编》卷六，第754页。
② 见夏承焘：《天风阁学词日记》第一册，第370页。
③ 《陈石遗集·附录一》，第2078页。
④ 《陈石遗集·附录一》，第2078—2079页。

潭，故一起云然。余近来厌作古诗，此会拈得“荣”字，成一七言律云：“白下风光好卖饧，如云胜友此寻盟。吴头越角轻千里，宋椠元刊启百城。莫怅无弦娱逸少，居然有酒饮公荣。钵山不作蒿庵逝，怕见龙潭旧日清。”子鹏、梦华，皆惜阴书院高才生，余故人也。是日会者百人，图书馆长柳翼谋，为主人之一。既展览书画，复同醇士具午宴。会散，余为叶古红医师邀听其新绿夫人高唱京调《过昭关》，故有第三联云云。

余向不欲收女学生，前后不过两三人，率系亲串。今年禊集白下乌龙潭，坐客叶古红知余喜听京调，以汽车邀往其家，听其夫人魏新绿唱《昭关》，悲歌慷慨，名下无虚。古红并出示其诗一二首。次日同来余寓所纕蘅寓斋，新绿坚请为学生，余方辞而新绿已下拜。为录一诗。

岭南梁均默寒操，纕蘅诗友也。今年上巳，同醉于乌龙潭，未几过苏见访，出示其《送纕蘅之作》。[1]

4月25日，发表诗作《顾园奇石无虑二十余根喜作月食》，刊于《诗经》第1卷第2期，署“陈石遗”。

5月4日，夏承焘接到陈衍所书屏幅。

夏承焘《天风阁学词日记》：接石遗所书屏幅。[2]

5月10日，旧历四月初八日，八秩初度。唐文治为拟续刻《石遗室丛书》作《陈石遗先生全书总序》，约万言。后刊于《国学专刊》第1卷第1、2期；又见《陈石遗集》附录一。

《侯官陈石遗先生年谱》卷八：夏历四月八日，公八十初度，海内知交及门下士，欲撰文字具礼物为寿者，公皆先期坚辞。公门人等议捐资续刻《石遗室丛书》为公寿，征启

① 《石遗室诗话续编》卷六，第766—767页、第779页、第787页。

② 夏承焘：《天风阁学词日记》第一册，第382页。

中有云："先生谈经夺席，岳岳多折角之徒；脱稿杀青，沉沉有夥颐之羡。"盖纪实也。[1]

唐文治《茹经先生自订年谱》：上年，先生为余作全书总序，余思有以报之，亦为作全书总序。爰征集其所著关于经、史、子、集者，共三、四十种。搜讨极为繁重，竭二旬之力，始克告成，约近万言。[2]

是日，在苏州寓庐大摆筵席，庆祝其八十大寿，来贺者有汪精卫、于右任、邵元冲夫妇、钱锺书、钱仲联等。据《苏州明报》记载，祝寿者有三四百人之多。

《侯官陈石遗先生年谱》卷八：公以客地识者无多，故不避寿。来宾有章太炎、吴待秋、江翊云、李拔可、冒鹤亭、李根源、沈昆山、徐沄秋等百余人，寿屏寿诗外，以书画居多。有吴待秋寿梅图、夏剑丞寿石图、黄公渚仿文徵明大椿图、徐沄秋南山松翠图。章太炎寿联云："仲弓道广扶衰汉，伯玉诗清启盛唐。"[3]

陈衍《致王真》：道真足下：此次五帧画皆绝佳，为我送谢。惜迟到数日，不获许多坐客赞美。我本拟避寿，以本地所识无多，故未避。谁知交通之便，来客竟至百余人，并有送戏者，送者花数百元，我亦花数十元，无如之何也。此次不许送诗文，而送者仍不少，佳者颇多。惟全家忙到马翻人仰，至今作谢启犹手不停挥。万一至九十非避不可也矣。戏唱极好，三十年来所听不到者：《过韶关》《探母》《碰碑》《捉放曹》《女起解》。汝告吾姊好乎不好，惜伊不在此。我家信统此。衍顿首

---

① 《陈石遗集·附录一》，第2079页。

② 《茹经先生自订年谱》，第117页。

③ 《陈石遗集·附录一》，第2079页。

（幸各捐款可到三千元，须花去数百元。惟此花开后恐更无花矣。）①

钱锺书《石语》：民国二十四年五月十日，石遗丈八十生辰，置酒苏州胭脂桥寓庐，予登堂拜寿。席散告别，丈怃然曰："子将西渡，予欲南归，残年远道，恐此生无复见期。"余以金石之坚，松柏之寿，善颂善祷。丈亦意解。②

钱仲联《梦苕庵诗话》：乙亥浴佛日为陈丈石遗八十寿诞。是翁老当益壮，强饭健谈，意态如五、六十人。是日四方冠盖往吴门祝寿者，不下数十人。有堂会，其女弟子魏新绿演《文昭关》之伍员及《坐宫》之杨延辉，老伶工贾福堂演《捉放曹》之曹操，赵栖云演《女起解》之苏三，电影明星徐琴芳演陈宫唱《落店》，极一时之盛。③

钱基博《陈石遗先生八十寿序》：诗最有名，盖有会于宋贤梅宛陵之仓秀，陈后山之奥峭，杨诚斋之拗折，陆放翁之宏肆，而以上窥韩昌黎之雄奇肆诡，镕裁而出之一手。精思健笔，时有拙语，而气能运之，成章以达，每谓人曰：谭经说史，皆为人作计，无与己事，作诗尚是自家意思，自家言说。透辟生峭，与陈散原、郑海藏一时争雄，同出宋贤西江，而蹊径各别。散原奥峭而出之以磊砢，海藏苦涩而抒之以清适，丈则奥衍而发之以爽朗，凿幽出显，力破余地，此其所独也。④

《石遗室诗话续编》卷四：今岁四月，晓浦有预祝余八十生日五言古一百韵，余向不作寿人诗，尤不欲人以诗寿

---

① 林公武：《师堂丛录》，第169—170页。

② 钱锺书：《石语》，第473页。

③ 钱仲联：《梦苕庵诗话》，第284—285页。

④ 《学术世界》第1卷第4期，1935年。

余，因屏置初未寓目。秋来晓浦屡函催为一阅，则一篇谈艺之作，多本余平日讲学宗旨，出以韵语，妥帖排奡，与前《诗话》所载石铭吾、刘仲英两长古，可以鼎足而三。①

5月，旧历四月，纳妾。

血花《陈石遗八十纳妾》：四月，陈八十寿辰，又纳苏州某乡女为妾，颜色姣好。于是苏州名流，咸往称贺，章倡言于众曰："今日不可无诗，如诗不成，惩依金谷酒数。"金曰："联句亦可。"众中即有一人起句："四月南风大麦黄"，又一人续曰："太公八十遇文王"，又一人续曰："即以太炎先生赠联为项联，但下要嵌叔季二字，亦如项联切姓，适成伯仲叔季"；又一人乃续曰："叔宝风流夸六代，季常约法有三章"；又有一人续曰："天增岁月人增寿"，又一人续曰："一树梨花压海棠。"居然成七律一首。滑稽突梯，美尽东南。陈大喜，笑不可仰，众客亦哄堂，深夜尽欢而散。②

5月20日，《大夏周报》第11卷第26期"校闻"栏刊《〈诗经〉第二期出版，陈石遗柳亚子等均有撰稿》，内称：

大夏诗社主编之《诗经》，自第一期出版后，异常畅销，甫半月即售罄。远如绥远、陕西等省书局，亦来函索订。该社为应读者热烈要求，第二期已于最近出版，内容较前期更加精彩。国内新旧诗坛闻人如陈石遗、柳亚子、龙榆生、江亢虎等皆有撰稿。校门外中山即夏新书店均有代售，爱好诗歌者，切勿失之交臂也。③

5月底，应番禺陈融之邀，游览罗浮。5月31日到香港，6月2日晨抵广州。后与冒广生等同赴香港，登扯旗山。又同游荔

---

① 《石遗室诗话续编》卷四，第679页。

② 《华北月刊》第3号，1941年7月。

③ 《大夏周报》第11卷第26期，1935年5月。

枝湾。后又游桂林、阳朔。在门生陆更存等人的陪同下谒柳州祠，游独秀峰、七星岩、风洞山、从化、兜峡山瀑布诸胜，并书1903年所作《扬州杂诗七首（之一）》赠陆更存。

《侯官陈石遗先生年谱》卷八：番禺陈协之名融。有园曰颙，介冒鹤亭请公书榜，因约游罗浮，愿为东道主。公遂于五月末乘轮赴粤，卅一日到香港，六月二日晨抵广州，下榻颙园，文酒之会无虚日，并电召容县门人陆更存字玄同。来粤作游桂向导。黄旭初主席闻讯，派秘书黄昆山名崑，宁县人。协同招待。①

《石遗室诗话续编》卷五：番禺陈协之融，有园曰颙，介鹤亭使余书榜。因约有意游罗浮，当为东道主，并派人于上海照料行李，且有一二诗人偕来。鹤亭为传语，因寄示其近诗数首。②

冒怀苏《冒鹤亭先生年谱》：李拔可、林诒书、黄公渚、吴董卿至陈石遗住所话别。先生同陈石遗乘赖浦拉轮赴香港，张夫人、辛孙同行。……同陈石遗登扯旗山，复自浅水湾步行至香港仔。陈石遗八十高龄，兴来不减。晚赴广州，陈协之设宴招待陈石遗，先生作陪。……陈石遗及先生同罗翼群夫妇雨中泛舟荔枝湾。先生作《十二叠至字送展丈南游》。是间，广西省主席黄旭初电邀陈石遗及先生，“夙慕丰仪，未亲教泽，先生文章泰斗，领袖士林，仰跂高山，良弥倾向。顷闻蒲轮远航可达，尚希不弃边鄙，惠然来游，则八桂堂前，鸳鸯江畔，水光山色，弥觉生辉，专电欢迎，伫候明教”。后陈石遗应邀赴广西，先生因张夫人病未赴，作《十二叠至字韵送石遗》。③

---

① 《陈石遗集·附录一》，第2080页。

② 《石遗室诗话续编》卷五，第724页。

③ 冒怀苏编著：《冒鹤亭先生年谱》，第381—383页。

6月5日，出席广州中山大学宴请。

冯双《邹鲁年谱》：6月5日，约校内外文士，集会石牌新校，设宴欢迎宿儒陈衍，并约陈次日莅校演讲。先生专门作诗一首，送给陈衍作为纪念。同日，先生签署大学布告，公布6月6日举行陈衍演讲事宜。①

6月6日，在中山大学发表演讲。

冯双《邹鲁年谱》：下午2时，出席陈衍演讲会。先生引导陈衍至旧校大礼堂，并亲自介绍陈的道德学问及治学精神，随后请陈进行演讲。演讲于3时结束。②

6月8日，为胡汉民出国送行。

冯双《邹鲁年谱》：在胡汉民出国前一天，作诗《步韵送不匮室主人出洋并柬陈石遗冒鹤亭二先生》赠胡……。当天，仓促赶来送行的还有陈衍、冒广生，先生在该诗中相柬二人。③

6月10日前后，邹鲁有诗为赠。

冯双《邹鲁年谱》：约6月10日，作诗赠与前来广东罗浮山游览的陈衍。

先生和陈衍等人在送别胡汉民后，与陈相约到罗浮山游览，但由于雨水相阻，大家只好绕道而行，以抵达罗浮山一点头，“于愿亦足，故游期只定二日，以视余怀愿二十年而仍未一游者，其兴致何如哉！诗以赠之”。④

6月12日，在广东明德学社学术研究班发表演讲，题为《孔

① 冯双编著：《邹鲁年谱》，广州：中山大学出版社，2010年，第755页。

② 冯双编著：《邹鲁年谱》，第756页。

③ 冯双编著：《邹鲁年谱》，第757页。

④ 冯双编著：《邹鲁年谱》，第757页。

子之伦理学说》，演讲后由缪子才“撮要追述”，刊于《新民月报》第1卷第4、5期。

6月，发表诗作《花开小宴客得一诗》，刊于东京《东华》第83期。

7月，自广州乘轮船北上，有诗赠冒广生。

冒怀苏《冒鹤亭先生年谱》：陈石遗从桂林返回广州，逗留数日，后乘四川轮北上，陈协之等人为其饯行。陈石遗作《别鹤亭》，诗云：“驱鱼驱雀为渊丛，陆贾归装已过丰。倘有伤廉伤惠处，老夫只是信天翁。”先生答诗有“伤廉伤惠君休问，八十从无过岭南”之句。“兹行得二千一百卅一元，又缴其仆之械，得九元。”说是得到丰富收入。末句中“信天翁”即指海鸟，谓鱼来才吃，不寻鱼吃，陈以此自诩。陈石遗素善戏谑，行前，人请其作书，书后送钱，又乞书一小斗方，求免钱。人去后，陈大骂说：“买一口大棺材，还要带一口小棺材。”不一一足，姑作文化轶事。①

7月16日，返闽，转道赴苏州。

《侯官陈石遗先生年谱》卷八：七月十六日返闽，转道赴苏州。②

7月22日，发表诗作《赠天水汪剑平新令》，刊于《国闻周报》第12卷第28期“采风录”栏。

7月，钱锺书与杨季康结婚。陈衍赠贺联一幅：“一双同梦生花笔，九万培风齐斗楂。”

7月，陈融六十寿辰。是时姚礼修、李研山合绘《颙园主客图》，冒广生为之撰文，略云：

乙亥七月二十四日为协之六十降辰，亲戚故旧先期谋所

① 冒怀苏编著：《冒鹤亭先生年谱》，第387页。

② 《陈石遗集·附录一》，第2080页。

以为协之寿者，协之固辞。而是时余与闽陈石遗方同客园中，……今又得吾石遗高掌远跖。石遗年八十，豪于饮啖，其言动皆足以惊座客。与客言，鞠其躬，袴中若挟婴儿。其论文声振屋瓦，口沫溅人面，又使酒善骂。自湘乡、桐城，上至昌黎所为文，皆所不屑。论骈体文，谓有清一代，不如其徒某某，能为三千言之寿文，汪容甫不敢也。又言史学如学章实斋，当寸磔于市。同时称诗，某某所传，至多不三十年。有问业者，则举其庖人张宗扬之诗，以为可供揣摩。凡石遗所言，其好奇大抵类此，使人如见伏生支离之状焉。余无似，其粗解文章，即拘拘于义法，又不敢放言高论，此正如何景明云"苏轼之文当置六等者，姑为韦乘之先以报协之"，意吾石遗将有倚马之万言，推倒一世，以增兹园之重，无使能为三千言寿文之徒，有青胜于蓝之叹也。言未既，座客仰天大笑，群起为协之引满，协之亦轩渠，而主客皆颓然醉矣。作《颙园主客图记》。①

8月8日，立秋，为王寿昌遗著《晓斋遗稿》作序。【按：该《遗稿》于1936年底印行。】

8月16日，发表诗作《赠拔可》，刊于《青鹤》第3卷第19期。

9月1日，发表诗作《谒柳子厚祠》《阻雨不得行再题一绝》，刊于《青鹤》第3卷第20期。

9月20日，发表诗作《丹铭学人枉赠今古体二诗和一首不次韵》，刊于《国立中山大学日报》第2008期。

直是当时温八义，长谣短咏骋才华。名斋河内才传诵，曲和湖阴又拜嘉。桂岭虏衡方考核，粤南人物旧纷拏。我来

① 冒怀苏编著：《冒鹤亭先生年谱》，第385—386页。

未继何郊海，左海书成世浪夸。①

同日，李履堪发表诗作《谒陈丈石遗》，刊于《动向》月刊第1卷第4至6期。该诗后附陈衍《履庵枉诗次答》。

李履堪《谒陈丈石遗》：八十精神海鹤姿，同光诸老见襟期。三陈海内成双绝，七字人间抵五噫。响往艺谈生并世，较量诗品寓微辞。争知孔雀南飞自，正及颙园花发时。

陈衍《履庵枉诗次答》：流水高山有令姿，相思命驾即钟期。柳城积雨淹三日，蜀道难行共一噫。华首未登君倘往，奇肱不取我何辞。坡公遗迹多孤负，啖荔还家尚及时。②

10月5日，旧历九月初八日，与黄濬、李宣倜、彭粹中等游南京牛首山。此日山中皆雾，似李清照《醉花阴》"薄雾浓云愁永昼"所营之境。

《侯官陈石遗先生年谱》卷八：重九前一日，莼鸥招同醇士及释戡伉俪，游南京牛首山。③

陈衍《乙亥重九前一日莼鸥招同醇士秋岳释堪伉俪游牛首饭于祖堂归途得四绝句》之一：易安词句天然在，尽日浓云薄雾中是日四山皆雾。④

冬，续刻《石遗室诗续集》卷三至卷八，收入1928—1935年间陈衍诗作三百五十九题，四百七十四首。卷首有序，云：

余老来静久思动，游走四方。《续集》诗未暇付梓者，忽已八年。今年承海内友生寄助刻费，遂并他著作陆续刻之。惟诗多散佚，零星搜集，其年月前后，陈迹微茫，记忆不真，而颠倒者甚多，亦有已刻而始觉其误者，惮于迻改，

---

① 《国立中山大学日报》第2008期，1935年9月20日。

② 《动向》第1卷第4—6期，1935年9月20日。

③ 《陈石遗集·附录一》，第2080页。

④ 陈衍：《石遗室诗续集》卷八，民国二十四年（1935）刻本。

遂复仍之，衰懒善忘，足一哂已。乙亥冬日八十叟衍。①

12月，时在英国牛津大学求学的钱锺书得陈衍所寄诗。

钱锺书《石语》：是年冬，余在牛津，丈寄诗来，有“青眼高歌久，于君慰已奢”等语，余复书谢。以后音讯遂疏。

石遗老人《寄默存贤伉俪》（二十四年十二月）：青眼高歌久，于君慰已奢。旁行书满腹，同梦笔生花。对影前身月，双烟一气霞。乘槎过万里，不是浪浮家。②

是年，王鸿猷出版的《南楼随笔》有“陈石遗”条，略云：

石遗诗，晚年多任性之作，不拘常轨，间以游戏笔墨，写老去情怀。如《杂感》云：“天下万恶不可舍，惟有阎罗与蛀虫。阎罗杀人无已时，蛀虫杀尽无终穷。阎罗未必有其事，蛀虫不敢食洋字。”末句殊引入发噱。《除夕杂感》云：“向来开眼望天明，老去还教醒四更。几许零星文字债，上心一一乱纵横。”又《答友》云：“春风步屧偏留痕，写尽郊原花柳村。往日胜游云已散，廿年梦断水难温。久无典瞻风华句，只有颓唐放姿言。怪汝投戈不投笔，却从文阵属櫜鞬。”近来心绪之冷寂，意境之颓唐，观于以上二诗可见。又《梅峰以诗招饮次韵一律》云：“春来何事足矜夸，日纠诗家赴酒家。且喜兵厨饶竹叶，更欣院落有梅花。依人作计真头虫，附和随声总目虾。自合变风还变雅，顺康不数况乾嘉。”读之可想见其诗格之高。又《孑楼诗词话》载其绝句三首甚美，其一云：“残秋满耳是诗情，桐叶青黄未尽更。丛菊四团樽一个，此时何事逊渊明？”其二云：“残秋满耳是

---

① 陈衍：《石遗室诗续集》序，民国二十四年（1935）刻本。

② 钱锺书：《石语》，第473、484页。

诗情，不在虫声与雁声。高竹百竿梧几本，是风是雨不分别。”其三云：“残秋满耳是诗情，木叶萧萧已可听。满地叶干风自扫，更教疏雨滴冷冷。”林庚白谓其“刻划入微，诗中有画”，可称恰当。①

是年，作诗《山腴老友避地吴门屡在佳篇万喜得数晨又仍以蜀乱渐平遽欲言归惜别之情何能已已诗意苦涩勉成一律不尽欲言》《自叠韵送山腴行》《花朝后一日大风兴李姬饮花下作》《花乱开作》《三日禊集乌龙潭分韵得荣字》《小诗谢精卫院长》《送纕蘅民权使之官黔中》《长句赠叶古红伉俪》《赠竹君》《黄宾虹桂林阳朔山水画卷为柱尊题》《晤展堂用至味韵》《赠胡木兰》《用至味韵赠协之》《题陈伯任沙亭访墓图》《由专美迁江至柳州数百里尽是岢峰恐桂林阳朔未能专美也》《长句一首寄呈黄旭初主席并示同游崑山贤兄玄同老弟》《由柳州至阳朔》《独秀峰》《七星岩》《风洞山》《赠吕镜秋》《赠蔡公望》《舟中见月》《送黄崑山秘书归南宁兼呈旭初主席》《协之邀同金言仲澄演公玄同游罗浮中途遇雨》《戏作》《与协之游罗浮冈即事》《答天倪》《次韵和海滨》《次韵和吴敬轩》《赠陈伯南总司令》《赠邱金言》《题江亭录别图图为杨蓉裳张船山吴山尊谢芗泉法时帆陈云伯诸人送陈舅生之官岭南作》《题薛剑公赠陈独昆书卷》《和李次万次韵》《答温丹铭》《次韵仙根》《哀陆景韫女士》《长句一首留别协之》《为纪文题古婉仪女士墓志后志其父应芬作婉仪为刘纪文未婿妻》《匡文赠端砚至佳谢以小诗》《协之海滨仙根逸群伉俪诸君远送至渡仛立皆有惜别意是夜展轮对月怀诸君却寄》《题读书图》《狂风雨》《七夕怀暨儿》《不食瓜》《花首不同游者补》《刘毅夫招浴从化温泉并观兜峡山中瀑布得未曾有也演甥诗先成倒次其韵书为王

---

① 王鸿猷编：《南楼随笔》，上海：新文化书社，1935年，第31—32页。

壶汉馆补壁兼示诸同游山土名头不易以兜峡并记补》《与丹卿诗翁相遇于无锡车站丹卿用余八旬老子尚犹龙旧句成辘轳体五首余不能和仅节犹龙句冠首成五绝句》《缥蘅自贵阳飞寄九日登高诗索和因与约上峡之行》《和古公愚不次韵》等。

民国二十五年丙子（1936）　　81岁

2月16日，发表诗作《挽叔海五言二十五韵》，刊于《青鹤》第4卷第7期。

2月，叶长青选编诗集《国魂集》，由无锡国学专修学校图书馆印行。由陈衍、唐文治、刘伯瀛、沈切作序。

> 陈衍《国魂集序》（作于除夕）：门人叶长青选《国魂集》一册，请叙于余。余曰："国有性而已，无所谓魂也。何谓性？有豪杰，有凡民，有奴隶。豪杰所谓性善，奴隶所谓性恶，凡民所谓性犹湍水、性犹杞柳乎。曰：唯唯，否否。豪杰者，此集中人也。奴隶者，石勒之张宾，苻坚之王猛，元魏之崔浩，五代之桑维翰、冯道，西夏之张元、吴昊，清之范文程、洪承畴，其荦荦大者。或者曰：张宾王猛之数子者，以行道救世为主义，故冯道之事，五朝十数主，世有况诸佛国如来者。晏平仲有言："惟强而能庇民者是从。"中国民族，本为黎民。黄族自西方循河而下，奄有中原。虽曰同洲，不可谓非喧宾夺主。自是而五胡云扰，而辽，而金，而元，而爱新觉罗，皆以外族入主中原。则中国犹一家之中堂，东房西室北堂东西序，以逮井溷庖廄之人，皆得而升，甚且皆得而坐而卧，中堂乃无适主者。自汉武征匈奴，魏武灭乌桓而后，以司马衷、贾南风八王之乱，石晋之本沙陀，北宋之释宿将兵权，赵佶之淫昏无道，朱明之世

济其恶，十桀纣而五秦政，百姓皆有瞻乌谁止之势。外族入主，中国人习以为常矣。虽蛮夷猾夏，终归同化。而方其帖耳屈服，中国人可不谓奴性乎？张宾、王猛辈，虽借口于降志辱身，污声名以救世救民，而因以图富贵利达，则百喙莫解者也。然则国焉得有性？有性者仅亿兆千万之一二，不尽能保存其国之性命也。其他奴隶之性，皆大辱国者也。而凡民之可此可彼，抑无论矣！故此集虽有某某等若干人，不能遽称之曰国性，第称之曰国魂。其为国魂奈何？性从心，从生，人之生者也。魂从云。云，古文云也。见危授命而后，无以状之，状之以云而已。故此集中人，即屈子所谓国殇，独其魂之可招而已。呜呼！国仅有魂，亦大可哀已！况至于并魂而无之，则直无所谓国，其可哀更何如？其无魂奈何？颛孙子张氏之言曰：'君子曰终，小人曰死。'终从冬，一岁之终，尚有来岁之春，所谓英灵不昧也，死者澌也，则如水之澌灭，焉得有魂？读是集者，由知国之有魂，庶几渐复其性，而成有性之国欤？"八十一叟衍书。①

陈衍《致叶长青》：除夕畅饮数杯，向火听雪，竟忽忽至晓，就枕睡，一觉即醒，忽想起《国魂集》序未作，遂披衣而起，顷刻间成一篇，可谓佳文奇文，为鄙人得意之作。若示柱尊，必狂喜，他人不敢知也。②

2月，所纂《金诗纪事》十六卷，由上海商务印书馆印行。收录金代180余人的"有事之诗"，以及无名氏作品，杂歌、谣谚、谶语等。【按：由于陈衍编纂《金诗纪事》晚于《元诗纪

① 叶长青：《国魂集》，无锡：民生印书馆，1936年，第1—2页。

② 张京华：《〈文史通义〉的两种注本》，陈勇主编：《民国史家与史学（1912—1949）——民国史家与史学国际学术研讨会论文集》，上海：上海大学出版社，2014年，第455页。

事》，所以金人下接元代而已入《元诗纪事》者便不再重出。但重要诗人如元好问，虽已辑入《元诗纪事》“遗老”门，仍见于《金诗纪事》。】

春，与郁达夫合撰对联。

郑丽生《陈石遗、郁达夫合作撰书联对》：1936年春，郁达夫在福建省政府公报室主任任中，由上海乘招商局三北公司万象号回福州。适老诗人陈石遗（衍）应闽主席陈仪之邀，商纂修《福建通志》事，同时亦乘是轮返里，不期而遇。郁不待人介绍，自报姓名，以后进之礼晋谒，高谈阔论，船长知两人皆当代名流，即于大餐间便宴招待，席间请各题词留念。陈对郁说：“你做一副对联，由我来写好了。”郁随即起草云：“长风破万里浪；海日照三神山。”陈一看便道：“很好，很好。挂在船上，情景更为切合。”欣然命笔书之。陈此次旋里不及一月，又去苏州，在家居期中，郁又曾三次造访。[①]【按：郁达夫所抄之联化自林则徐为福州贡院所撰楹联“初日照三神山，看碧海珊瑚尽收铁网；长风破万里浪，喜丹霄银榜早兆珠宫。”】

3月1日，发表诗作《为柱尊题黄宾虹手卷》，刊于东京《东华》第92期。

3月16日，发表诗作《和纕蘅岁晏喜诗次韵》《和纕蘅元日大雪诗次韵益谢馈金》，刊于《青鹤》第4卷第9期。

3月，发表《海日楼集第二叙》《书乌石山麓陶器出土事》，刊于《学术世界》第1卷第9期。

3月，致函王真，云：

---

① 郑丽生：《郑丽生文史丛稿》，福州：海风出版社，2009年，第215—216页。

道真足下：

圣禅何以免职？是自己辞职否？汝有碍否？姑托拔可为招呼，未知做得到否？松岑处会钱，我因事忙，迟交去，交了一个月，渠又退回，岂汝又补交乎？天寒不能出门，事忙无暇写信。此间至今寒欲死，真要命也。厅中人均保得住否？寄今、舜卿有稿过来否？衍[①]【按：1936年3月6日徐桴被免去福建省财政厅厅长之职；“寄今”即陈寄今，尤溪人；“舜卿”即郭则寿，福州人。】

4月1日，发表诗作《送厉南三甥归岭南》《书柱尊水灾诗后》，刊于《诗经》第1卷第6期“过年纪念特大号”。

同日，致函王真，云：

道真足下：

廿八日书读悉。《通志》版已交乌石图书馆将一年矣，主席皆有亲笔凭据并公事在我处。每月约定刻若干叶，亦有主席凭据在我处。皆按月照缴，皆有收据。汝奈何全然不知，何不问大少奶，便明白矣。此而犹谓养老，全省官厅那一个不养老？我已两信与主席，实太和平。不过主席未尝有无理合理事。我对他总是好感情。此只差一篑之刻志，而可取消，则何事不可取消。已议决进行年余之案，可以取消，天下所未闻，古今所未有也！此福建全省几千年几万人之事，非鄙人一人之事也。鄙人即答应他，福建全省人不宜答应他。此事何不令韵珊一说，渠断不能坐视也。我们与财厅不相统属。伊善干预我们之权限，伊何以藉口（请他来说），能推翻我垂完之志局乎？真丧心病狂之人，其罪擢发难数也。

---

① 林公武：《师堂丛录》，第170页。

我本不愿汝在福建官厅作花瓶。此番，徐、高明白人，姑任汝为之。此瓶［瓶］必破，何足惜乎。徐、高往上海，正好极力求带去，一面多交朋友，可以进功，可以扬名，可以卖画。既弃不嫁，还不博得自由之乐。何其愚邪，何其想不到邪。汝母现刻亦诸累俱无矣。汝即坐食，亦养得汝起。此时不求来上海，真自误矣。如果要来，我为汝极力求徐、高二人。汝先自求之亦可。惟其信须先寄我看，有不通破绽否？

汝接我此信，即往韵珊令伊向陈秘书（韵珊与伊甚好，陈秘书与我甚好）力说其大可不累主席名与言。争到底，总是我们胜（我们站脚稳也），官厅万不能胜。陈体诚不是日本仔，不能如此欺我福建人。我办志局有一可议处，请伊说出。石遗　一日

（与韵珊信，请即交之。）

（少航、石舫皆明白人，又热心乡事，可佩。当时主席何故送我千金，即为我当。此若差，无好处也。此辈乃尚有后言乎。）①【按："主席"即陈仪；"韵珊"即陈培锟；"徐、高"指徐桴、高汉鍪；"少航"即高登艇；"石舫"即陈祖烈。】

4月，发表《答说洲间帛字说》《处士朱君梁任墓表》，刊于《学术世界》第1卷第10期。该期另登《陈石遗先生草书：北流陈氏十万卷楼藏》一幅。

5月1日，发表诗作《释堪招集停艇听笛水榭为禊游畏寒未至谢以二绝句》，刊于《青鹤》第4卷第12期。

5月16日，发表诗作《尧生寄诗询近状次韵报之》，刊于

---

① 林公武：《师堂丛录》，第172—173页。

《青鹤》第4卷第13期。

5月25日，应赵熙之邀入川，是日抵重庆。后与金天羽同游峨眉山。作《蜀游诗》三十首。又游酆都城、青城，遇齐白石。是年赵熙作诗颇多赠陈衍。

天津《大公报》（1936年5月28日）：○老当益壮之诗人陈石遗入川游峨嵋○**【重庆二十六日下午十时发专电】**诗人陈石遗偕金松岑二十五日午抵渝。陈年八十余，精神甚佳，步履亦健。据谈初次游川，乘轮过三峡时，见峡中风景雄奇，吟诗多首。拟二十八日飞蓉，转嘉定游峨嵋。兹录其《夔门至夔府诗》一首如下："西来三峡首瞿塘，气势雄奇不可当。两扇夔门撑巨阙，一堆滟滪屹中央。翠微楼座千客满，白帝城随八阵荒。作赋风纯堪结束，江山无力更恢张。"

5月28日，由重庆飞抵成都。

天津《大公报》（1936年5月30日）：○八十老翁不服老。陈石遗将登峨嵋，昨日偕金松岑飞抵成都，蜀中旧友凋零弥增感喟○**【成都二十九日下午五时发专电】**陈石遗、金松岑二十八日下午二时许由重庆飞抵成都，下榻胡宅。陈今年八十一岁，精神甚健，据谈蜀中旧友多凋零，如廖季平、宋芸子均已逝世，不胜感喟。现与赵尧生约在嘉定乌尤寺相晤，拟在蓉住数日，即赴嘉定伴游再登峨嵋。陈今日游草堂、百花潭、薛涛井诸名胜。

陈衍《丙子初夏访尧生老友于乌尤共登峨眉临行远别惘惘去难为赋长句志之书于山中华严顶》：与君一别从旧京，君归山中掩柴荆。书言入山无出理，断难相见于此生。我言嘉州非天上，千山万水吾能行。诸侯相见称曰会，申以约誓为莅盟。况君气谊若兄弟，子由美叔有同情。倘如坡颖得会宿，乌尤何处非彭城。今年决践三年约，交驰函电劳友朋

(原注：谓湘衡诸君)。吴船上峡泊万里，篮舆儿子亦兼程。对床四夜忘漂泊，风雨竟作潇潇声。倘非郁结不可解，谁能辛苦求合并。子猷访戴何足道，韩孟会合诗曾成。大峨何妨拖泥水，离堆两字愁闻名。相逢一笑方未已，预恐相送涕纵横。①

5月29日，与记者畅谈游蜀感想。

天津《大公报》(1936年6月2日)：〇八十老翁陈石遗畅谈游蜀感想，成都颇似北平但各有特点，睹工部草堂颓破不禁怆然，偕赵尧生等往登峨眉〇**【成都航讯】**名诗人闽侯陈石遗先生，因慕天府山川风景，此次由苏而沪，偕金松岑先生乘民生公司轮来游蜀中。五月二十八日自渝乘中航公司巨型机飞抵蓉城。石老不远万里来游，记者以世乡之谊，今(二十九日)晚特趋谒于三圣祠街胡宅。石老精神奕奕，欢然道故，相谈深宵，毫无倦容。当谈至迩日游蜀之观感时，对四川天然物产之殷阜，尤多赞美，并谓重庆虽属商埠，但上海、汉口人所共称之大商埠也，而天然物产俱觉缺乏，实莫能与之比拟同论。成都颇似北平，但各有其特点耳。成都近郊诸名胜，今日整天畅游，晨间即伴金松岑先生等谒工部草堂，游武侯祠，瞻汉昭烈墓，游望江楼，凭吊薛洪度枇杷门巷，更渡百花潭，并至枕江楼午餐。石老谈步入草堂时，睹屋宇之颓破，不禁怆然。而杜陵飨堂之前，伤兵充塞其间，感慨曷已。继谈由渝来蓉时，乘飞机尚觉安适，作有《飞上口占》云："休疑骑鹤上扬州，信是鹏抟知北游。□视山川浑不见，秋蛇春蚓与龙虬。"记者旋叩以今后游程，石老答谓：三十日晨八时应省府、督署之早宴后，决乘汽车赴

① 《赵熙集》，第822—823页。

新都游桂湖、升庵祠及宝光寺，当日返蓉。三十一日原拟先赴灌县游灵岩，登青城山，惟因曾与赵尧生先生约在嘉定乌尤寺相晤，恐赵先生久候，故又拟游罢乌尤、峨嵋后，再往游青城胜迹也。记者因久谈夜深，请其就寝，石老乃止谈。临别犹约归来再长话云。（五月二十九日）

5月30日，游新都桂湖。次日，游灌县、青城等。

天津《大公报》（1936年6月1日）：陈石遗，三十日游新都桂湖，三十一日游灌县、青城，返蓉后将往游峨嵋。

5月，致函王真，云：

道真足下：

得卅日信为慰。钱秘书欲令书扇，当即照寄。惟向来不能作小楷，最多廿八大字，不嫌不好看否？一昨呈上主席两书。不能不为子博生气，主席当不至有所误会。惟后来细看原公事乃是公函，即系聘书中约明。最要三点：一数目（二万元）；二月数（分四十个月领）；三叶数（二千二百叶，每月缴八十叶）。既经约定，官厅对鄙人，与鄙人对官厅，任何意见不得变更原约。主席当时下此公函，真是明见万金，不枝不蔓。子博当做寻常训令，可以随意取消，误人误己，断不足动老于政事者之听也。至刻板本约藏乌山图书馆。一时错字等等，未改清，亦藏放敝庐楼上（不在刻匠处），自当由鄙人负责。此系官厅与福建全省公共之物，亦非官厅专有之物。故主席公函，只约月刻稿（以验有误工否），并不及版片，以版片事，已包乌山图书馆约内也。此等情形，可告明陈秘书长为是。衍白①

5月，致函谢鼎镕，云：

---

① 林公武：《师堂丛录》，第175—176页。

冶庵仁弟足下：

书悉。百忙中赶作一序，请示丹翁，有未安情形，不妨径改，收到望复数字。蜀游尚在三十日后，手边未了之债尚多。丹翁在车上曾许为我刻未刻之稿，我心领而未暇提，大约各门人为我注诗将成，若出版，要者必多，便中姑先向丹翁提及。即颂

吟祉

衍顿首十七

丹翁当已霍然，代问候，恕不另。①

【按：信中丹翁、丹兄皆指祝廷华，字丹卿，号毅丞，晚号愚山佚叟，江阴人。】

6月7日，**返成都；8日赴青城；11日返成都。**

上海《大公报》(1936年6月10日)：陈石遗**【重庆电】**陈石遗七日返成都，八日赴青城，留三日即返成都。

6月10日，**在成都谈组织川国学分会。**

上海《大公报》(1936年6月11日)：**【成都十日下午十一时发专电】**陈石遗、金松岑十日在成都约各耆老名流，商谈组织川国学分会。陈谈：因上海商务印书馆李拔可、张菊生、高梦旦等十一日飞成都，故留此待晤。定十二日偕金离此东返。

6月10日，**所著《石遗室论文》五卷由无锡国学专修学校印行，为“无锡国学专修学校丛书之十四”。**

叶长青《石遗室丛书提要》：《石遗室论文》四卷，侯官陈衍著。上自上古，下迄唐宋之文，本其毕生经验所得，加

---

① 刘衍文、艾以主编：《现代作家书信集珍》，北京：汉语大词典出版社，1999年，第20页。

以评论，并述研究方法，綦详且慎。①

6月13日，张元济游乐山，访赵熙于乌龙寺，晤陈衍、林思进。

> 赵熙《丙子四月乌龙寺胜集特记梦痕》其一：日远长安望紫宸，平生惟有孝章亲。自今雅话乌龙寺，海内名山会故人。注云："石遗老人、张菊生同年、林山公均来会。"②

6月14日，章太炎卒，享年六十九。闻讯返苏。

> 上海《大公报》（1936年6月20日）：〇章太炎葬仪 待张继回京接洽 陈石遗痛哭失声〇 **【苏州十九日下午十一时发专电】** 张继十八日夜莅苏吊章太炎。今晨十时，居正及夫人女公子亦莅止，当于午后五时在章宅召集会议，到李根源、陈石遗等十人。陈闻章逝世，立由川飞来。陈今年已八十有一，到后痛哭流涕，悲悼异常，当会中讨论章氏身后事项，计分三点：㈠葬礼；㈡著作；㈢国学讲习会，但均尚无切实结果。

6月，《暨南大学文学院集刊》第二集"社会科学号"出版，内收陈钟凡和陈衍关于《泰誓》年月讨论文字四篇，分别是陈钟凡《尚书泰誓年月古今文异说考》、陈衍《讨论泰誓年月书》、陈钟凡《答陈石遗先生讨论泰誓书》及陈衍《再复陈斠玄讨论泰誓书》，另有陈钟凡《后案》。

7月16日，发表诗作《挽章太炎》，刊于《青鹤》第4卷第17期。

7月，发表《赠松英宗女士序》，刊于《学术世界》第1卷第12期。

---

① 《国学专刊》第一卷第四期（1927年10月）。

② 张人凤、柳和城编著：《张元济年谱长编》，上海：上海交通大学出版社，2011年，第1020页。

秋后，为“愈壄老人遗墨”，即严复抄录李白《梁甫吟》之长卷题诗，云：

得失派别颇书裙，从刻题笺却荷君。绝喜竹林有贤阮，宝藏遗墨定香熏。

【按：该卷另有陈宝琛、郑孝胥、崔斯哲、柯璜的题诗，现藏严复与北洋水师学堂纪念馆。】

8月5日，发表《哭梦旦　白话诗一首》，刊于《同舟》第4卷第12期，云：

成都飞机场，迎君大喜欢。归途闻遽病，沉重势乃尔。奔沪两视君，佥决君不死。乃服安眠药，长眠遂不起。长眠亦大佳，在君足叹嗟。衣食既有余，婚嫁毕已赊。天性惟好游，能备舟与车。惜君太省事，只爱湖一涯。一年常数至，又不住其家。君常游都门，逢我心如捣（时余丧妻）。同居出近郊，为遣恶怀抢。偶同游镜湖，流转山阴道。水宿无行厨，具餐亦草草。前岁下青柯，逢君华阴道。拍手一大噱，邂面会不早。性又喜文字，词源最得意。此外少著作，实事乃求是。万言育蚕说，为呈于南皮。万本商务报，不胫走四陲。论又有特识，殊为近所希。我作畏庐传，人疑多刺讥。君谓非圣人，有善必有疵。虽在描写处，逼肖有生姿。我送啸桐序，君疑有微词。我谓牛李党，古来本有之。丑正而恶直，招忌实在兹。君乃如冰释，文字多相推。君怜我耄老，仆仆就道途。劝宜稍自贵，跟随须仆收。我谓少也贱，居养非所需。报我白话诗，请我为一书。以配寿君作，张壁足嬉娱。今年吾上峡，君亦思蜀游。只探三峡险，不上峨眉秋。同游为牵率，乘兴不身休。劳顿不能堪，心房散不收。即谓以乐死，谁敢遵曰不？[①] 【按：这是陈衍唯一一首白话诗。】

---

① 《陈石遗集·石遗室诗集》附二，第413页。

8月30日，发表诗作《答方鹤侪次韵》，刊于《文艺捃华》第3卷第3期。

8月，所著《辽诗纪事》十二卷，由上海商务印书馆印行。因初版时即与《元诗纪事》重排本、《金诗纪事》并由商务印书馆刊行，故卷首有丙子年作者自撰《辽金元纪事总叙》一篇，称“诗纪事之体，专采一代有本事之诗，殆古人所谓诗史也”，进而强调“国可亡，史不可亡，即诗不可亡。有事之诗，尤不可亡”，而对“或以为异族而主中国，则其国之诗，可听其亡”的论点不表赞同，于此可见作者编撰辽金元三代诗“纪事”的本意。卷首有同年所撰《辽诗纪事叙》。全书共收有名氏诗人五十九家，并录佚名姓者（包括属国的无名氏）之作二十二篇。

9月1日，发表诗作《丙子游草堂寺见工部龛前伤兵枕藉》，刊于《中心评论》第23期。

9月11日，发表诗作《过巫峡》，刊于《中心评论》第24期。

9月16日，发表《徐孝子墓表》，刊于《青鹤》第4卷第21期。

> 陈衍《徐孝子墓表》：孝子徐经略，字仲权，庐江西乡人。幼即任气不羁，父云程戒之，则谨受命，已而复然。年十三，入本邑高等小学为学生，熟《四子书》《毛诗》《左氏传》，研究《古文辞类纂》。十四为国文，独有会心，而不喜治英文、算学。明年父令离校，从桐城某先生专攻国学。时皖省盗贼滋起，各乡练民团筑垒备守御，经略与兄林经营尤力。岁壬申七月，贼众二千，破金牛镇，虏男女数百人以去。已而陷桐城孔城镇，已而回窜邑之老牛嵌，已而虏桐城邑长，官军莫谁何。庐邑四乡，有逃避一空，荡为丘墟者，独经略兄弟，以团练得自保，举家惴惴，于是经略年十八

矣，血气方盛，视贼若易与者。是月二十七日，官中二十五军自北至，方以为大兵云集，防稍懈，贼猛攻破垒，虏父去。经略使与贼言，纵父归，方知窖金所在，愿厚赎，不信愿以身质，贼顾不许。九月二十七日，经略谋夜袭贼，劫其父。林曰：脱不胜，吾父齑粉矣。经略曰：贼必以我为官军乃敢击之，父何害？是夜，遂袭之，贼溃，毙贼八，然不得父。明日，贼北窜王家楼，官军四集，经略誓必劫父归。官军自西进，经略与林自东进。经略奋斗，毙二贼。贼来益众，经略陷阵被执，林方指挥后队赴援，则皆已败溃矣。贼以盒子枪内经略踉腭间，弹发，脑浆迸出。又明日，林舁尸归，其母恸不欲生，族戚来慰者，皆曰是儿英灵不散，必左右其父免于难。越六日，父果脱身归。是天特以成经略之为孝子耳。呜乎！可以风矣。【按：是篇《石遗室文集》未收。】

9月21日，发表诗作《过鄷都》，刊于《中心评论》第25期。

10月16日，发表诗作《至渝喜晤仙桥先劳赠诗迟之又久始次韵奉答》《追题双骖园图》，刊于《青鹤》第4卷第23期。

10月17日，旧历九月初三日，应邀为谢介石作诗一首。

吴梅《瞿安日记》：竹书邀余作介石五十寿诗，且言蒋公指定，请陈三立、陈衍、吴东培及余各作一诗，其意甚殷，余颔之而已。①

10月22日，旧历九月初八日，游牛首山，道中有两绝句，刊《中华月报》第4卷第2期。

陈衍《重阳前一日游牛首道中两绝句》其一：坡老已仙邠老去，羌无秋雨与霜风。易安词句天然在，尽日浓云薄雾

① 《吴梅全集·日记卷》，第795页。

中（是日四山皆雾）。

其二：十分秋叶二分红，细竹疏疏密之中。竹径穿余松径接，又穿竹径百千丛。

民国二十六年丁丑（1937）　82岁

年初，致函王真，云：

道真足下：

汝父亲遗著印本已收到，惜我所写之序第二页以下太瘦，与首页不称耳。父亲诗可选入《续近代诗钞》诗不少。此书夏季当出版。因记起所识能诗人，祝秘书与我甚好，可向其钞好诗数首，选入《诗钞》。又顺便要求祝秘书一事，打线营屋，无理取闹，地方厅仅胜一大半，现在上诉在高等院。闻祝秘书与童院长交情甚好，为我敦托祝秘书，即向童院长一言此事，不可害我冤枉破产。望代托童院长向承审推事请其秉公讯断，不可偏颇。此非枉法请托。因福州法界时有偏颇之虞也。祝秘书深明法律者，可为知者道也。

专此，即颂　著祉　衍顿首①

【按：“遗著”指王真整理并在上海印行的其父王寿昌遗著《晓斋遗稿》，乙亥立秋陈衍为之序。】

春，为章太炎书碑文。

黄汉文《陈衍的生平与著述》：章太炎病故，李根源（印泉）拟立碑于穹窿山以为纪念。陈衍手书：“太炎老友与吾印泉异姓兄弟。时作山游，而穹窿为其所喜。太炎屡至兹山，题字遍焉。太炎既逝，印泉刻其象于石，而使余志。丁

---

① 林公武：《师堂丛录》，第176—177页。

丑春，八十二叟衍。”

这是他留下来的最后的碑刻。此碑现存苏州。碑上的章太炎像是张善孖、张大千兄弟所作。[①]

3月3日，致函王真，云：

道真足下：

尊翁集十本收到矣。拔可早送一本，已选入《续近代诗钞》。足下有近诗亦写数首寄来，有未好有能代为修饰。高少莱已到福州未？庆丰事我已为力言，渠切实应承。汝再为相托，虽小亦好。我今年尤忙极，手边要办大工作有十几件，皆至繁难者。

今日三月三日（成诗一首），勉抽少许工夫写信与汝有至要事：汝须得信即往三官堂楼上藏书处一查《武夷山志》数条（要查者开后），钞出即寄来。

因六家为我注诗集，其书甚多，惟商务馆能为我出版。六家者：其一即汝，余则公荆、长青、戴礼、晓圃、郑高崧五人也。此可以天下知名者。汝为我编《年谱》，尧生极称赞汝。

《武夷志》查者如下："一曲慢亭峰""万年冲祐宫"。今已有此志，可自查。

郁达夫云，有纸来。纸到即写，先为告达夫。叔尧之兄梅卿向在税局，今又失馆。汝可为留心。衍

（庭中花开极盛，有桃花十株、杏二株、木笔三株、丁香一株、樱花一株，梅已过不算，又牡丹一盆、芍药四盆。）[②]**【按：《续近代诗钞》未见印行；高少莱，名汉鳌，番**

---

① 福建省政协文史资料委员会编：《文史资料选编·第3卷·文化编》，第43页。

② 林公武：《师堂丛录》，第177—178页。

禺人，时为福建省财政厅秘书；“圣仪”即戴礼。】

《侯官陈石遗先生年谱》卷八：三月函真索《武夷志》，并及《石遗室诗》注。①

3月27日，花朝日，门生、说诗社同人以平日观摩之作，请评选。陈衍厘定为《说诗社诗录》四卷，并为之序。入选者有林翰、陈樵、陈炘侯、黄通、梁禹缵、林步瀛、陈鸣则、龚乾义、林宗泽、卢榕林、陈寿琼、施景琛、郑宗霖等三十八人。陈衍抱病着笔，黾勉毕事，不久即病逝。《说诗社诗录》刊行时，已不及见。

《侯官陈石遗先生年谱》卷八：花朝为说诗社撰诗略序。②

陈衍《说诗社诗录序》：民国初年，余以总领志局，屏居里门。乡人之喜为诗者，谬以为老马识途，相率请业。余曾略采其诗入《诗话》及《近代诗钞》矣。既而从游者众，成章斐然。方谓相资以老，乃岁月不居，好学短命，零落山丘者，不十年殆以十数。同人伤之，谋梓其遗著，益以平日观摩之作，请为去取，并丐一言张之。余曰：天下之事物，未有历久而不敝者也。善变化之，则百出而不穷，亿兆其人，亿兆其面目，变化故也。诗何不然。《三百篇》后，历汉、魏、晋、宋、齐、梁，至陈、隋而极敝。初盛唐起而变之，历中晚，至五代而极敝。北宋起而变之，历南宋、金、元，至明而极敝。不能变也，无自己之面目也。吾东越之诗，隋、唐、五代，未能并驱中原。宋以后历《西崑》、南宋五家、四灵、元四家、明十子，至清道咸之交而极敝。甚嚣尘上者，且以为太白、岑、高也；奄奄无生气者，且以为

① 《陈石遗集·附录一》，第2085页。

② 《陈石遗集·附录一》，第2085页。

王、孟也；叹老嗟卑者，且以为杜陵也。其所抱负，犹夫人之抱负也；其所牢骚，犹夫人之牢骚也。平浅空泛，无一动人语，亦何必哉？向余常语诸子，诗者，一人之私言。喜怒哀乐，他人能代吾言之，与吾能代他人言之，皆非诗也，酬应之作也。若其功候，则雅驯其要已。不雅则俗，俗非必薰心势利也，习见之语，令人生厌者，皆不雅也。不驯则生，生非必异书僻典也。强凑字句，难以索解者，皆不驯也。其所以能雅、能驯，则在读书更事与平日之为人，非徒于诗求之也。今诸子之诗，有用意刻入，出笔廉悍，工于取势者；有辞条畅茂，稍患才多，进以求精，遂能吐弃尘近者；有落想不凡，出语使人首肯，而再接再厉，力或不继者；有厌容易而喜艰深，过为奥衍，病在晦涩者。各就所长，自择其不大远吾平日说诗之恉者，宁为狂简，毋为乡原，上焉者足张吾军，次焉者不失为特立独行之士可矣。吾近得友人书，有云：某也诗甚工，可入《诗话》，识其人否？有云：某也诗，初看似甚苦，细读之颇有力量，识其人否？而不知其皆吾党之士也。吾党勉之矣！丁丑花朝日，八十二叟衍。①

3月，无锡国专于学校仪门中央，增设巨镜一座，上镌唐文治撰、陈衍书镜铭一则："照尔形，明尔心，必恭敬，必温文，毋不肃不整，不洁不清，致失吾面目之本真。"②

《校闻·本校仪门增设巨镜》：本校东西两庑，夙已双悬明镜，以为整肃衣冠之指视，近复推本新生活原旨，于仪门中央，增设巨镜一座，务俾同学出入，咸克威仪秩秩。厥额镌有陈石遗先生书铭一则，其辞为校长唐先生所作。铭云：

① 钱仲联编校：《陈衍诗论合集》，第1070—1071页。

② 刘佳秋编：《无锡国专编年事辑》，北京：中国大百科全书出版社，2011年，第254页。

“照尔形，明尔心，必恭敬，必温文，毋不肃不整，不洁不清，致失吾面目之本真。”镜考功深，殊有裨教益。①

4月5日，致函王真，云：

道真足下：

今日清明，满院花开。甚念汝们，颇怅怅也。蒋秘书何款何纸？在闽汝不催我写，到此全记不了，何处觅？请写款来，纸不必寄。写一条幅寄回（记已写过，交达夫）。高少莱必已见到，庆丰事他已答应，汝再一催。志局送件，万不至误，不必关心。刻无片刻有空（大小便皆无工夫）。笔记改一半，一时必无暇，暑天带回。讼事输不妨，我皆自有赢法。部长要来福州矣。石② **【按：“笔记”指为王真批改《学画楼笔记》，陈衍曾于庚午冬至为作叙。】**

陈衍《学画楼笔记叙》：故人王晓斋之女真，幼而嗜学。余知其能琴，善画工诗词矣。近常来请业，出其笔记数册，使余芟薙而是正之。则论书论画论音乐，率多超悟；其言性言理言情，时时间出。辨之未精者，固所不免。其持有故，言成理者亦往往而是。③

4月11日，致函夏敬观，述不及临吴太夫人丧之歉意。函云：

剑丞我兄足下：太夫人西逝，竟罔闻知，赴到方瞿然，此时节已届清明，老朽尚威寒，不能远出视君，抱歉何如。但太夫人福寿全归，临去又真有佛灯之业，为子者亦可无憾矣。衍顿首。（三月）一日。④

---

① 《国学专刊》第五卷第二期（1937年3月15日）。

② 林公武：《师堂丛录》，第180页。

③ 林公武：《师堂丛录》，第180页。

④ 陈谊：《夏敬观年谱》，第163页。

4月15日，《陈石遗先生答陈光汉诗学阙疑七则》，刊于《国学专刊》第五卷第三期。

一、唐宋之诗，其严格之分别何在？世谓唐诗主情，宋诗主理，其说然否？

唐宋诗佳者，无大分别。真能诗者，使人不能分其为唐为宋。使人能分出者，非诗之至者也。诗之至，自家之诗而已。其次，乃似某大家。

二、学诗入门，或谓取唐，或谓取宋。然学宋者每入于生硬苦涩，理足而趣少。学唐者多空泛浅薄，有韵而寡意。究宜如何取法，方免此弊？

无可专学，无可不学。生硬可也，苦涩断不可。偶然空泛犹可，浅薄不必作矣。

三、东坡胸襟气象，唐人无可比者。然其诗往往禅障太深，且多率易之作，似山谷为诗之矜炼功夫，反欲过于东坡，不知然否？

大家之诗，皆求至故人无可比者。禅障率易，自是东坡不好处，断不可学之，偶犯亦不妨。禅障非太深，乃太浅，所谓野狐禅也。山谷之不好，即在字字矜炼，又不切最不可。

四、学诗之道，或主分体学之，或主专学一家，或主专效一代，究竟如何斯可谓之善学？

诗者有韵之言语，说到已非其道，岂可专学一代，专学一家，况专学一体乎？此无志之人，只求有少许诗可传者之所为。有志者无所不能而后可。

五、东坡之诗所以异于江西派之诗者若何？

江西派中人诗并不一样，吕强为一派，已无理取闹。只有山谷可言与坡异，余并不配言异。坡谷之异，即在扭捏与否耳。

六、或谓放翁古体粗，近体多习气，其说然否？

不好即在能粗。何谓习气？何时之习气乎？何人之习气乎？此不通之论也。

七、世论遗山之诗，短于才气，是否以其诗中多用成语之故耶？

气尚有之，读书太少，积理不多，故说来说去，总是那一套话。故人谓其才短也。

石师答汉阙疑求释七则，持诗精深，独有千古。师寿已八十有二，精神矍铄。汉尝侍侧，间古今诗人得失，诗则循循群述，了无倦意。一登说法，如参曹洞禅。愧予小子，慧根浅薄，未能悟澈此种三昧耳。丁丑夏日端安陈光汉谨识于无锡国专。

4月25日，上海《大公报》刊登冯玉祥在苏州与李烈钧、张仲仁、李根源、陈衍等合影。

同日，在苏州出席中国国学会成立大会。

上海《大公报》（1937年4月27日）：○中国国学会举行创立大会，选出理事二十五人，高玉柱亦参加演讲○**【苏州通信】**张一麐、金松岑等发起组织之中国国学会。昨（二十五）日下午三时许在皇废基公园东斋举行成立大会，到唐文治、胡朴安、李根源等一百余人，西南夷族大土司高玉柱女士，亦莅临参加。由金松岑、何震亚、张仲仁（一）、金东雷、陈衍、戴亮吉等为主席团。……最后乃由会员高玉柱起立演讲，最后票选大会理事。结果：唐文治、陈石遗、金松岑、胡朴安、李根源、张一麐、金东雷、徐沄秋、王铨济、蒋吟秋、屈议白、戴亮吉、黄觉、李勋、凌景埏、张维、唐有烈、陈沛德、金世仁、李松颐、曹熙宇、庄恭天、张江裁、李国环、蔡守等二十五人当选。

5月11日，郑孝胥得李宣龚寄胡汉民诗集《不匮室诗钞》。该集有陈衍所作序。

《郑孝胥日记》：拔可昨寄胡汉民诗集，陈衍、冒广生为序，陈三立、夏敬观、吴用威题词，其名曰《不匮室集》，亦三立所题签。[①]【按：《不匮室集》即《不匮室诗钞》。】

陈衍《不匮室诗钞叙》：余弱冠治诗，垂六十年矣，海内外谬许知言，邮撰著丐叙跋者届踵于门，尺函寸帙，巨积案左，百未能一二应也。而吾集中各体文，终以叙跋为最夥，何哉？赋性戆直，不能为违心之言。诗之貌似古人，率公共习见之语者，不叙；壮盛叹老，素封忧贫，以为穷愁即陶杜者，不叙；依草附木，所投赠多阘茸肉食之徒，不叙。苟酸甜辛咸，一有真味，罔不咀嚼而嗜好，绝不以同体异量，歧其待遇，故有相知未久而叙其诗，未相见而叙其诗者，其有相知久而始叙其诗者，殆所谓文字因缘，非其诗不相遘欤？忆民国纪元，胡君展堂至吾福州，得见于旧学宫之广堂，未深言也。继而遇吾甥沈雁南京师，数岭外诗人，首推君，谓君曾馆其家，心识之。今秋余避地海上，老友冒鹤亭出示君《不匮室诗》一册，曰："初喜苏、陆，近则沉酣于昌黎、荆公，其读韩、读王诸作，散原至推挹。子乐道人之善者，盍叙之。"余读一过，曰：论人之诗，必谓其似古人某某，非诗之最上乘者也。上乘者，似杜似韩似白似苏似陆，未尝不间犯古人之形，而必有非杜非韩非白非苏非陆所能囿，自成为一己之诗，如是而执笔以叙其诗者，乃不同于世之周旋。展堂才思有余，故喜次韵叠韵，且至百十叠而未

① 《郑孝胥日记》第五册，第2670页

有已；喜集古碑字，为古近体；其它以精悍之笔达沉挚之思，不肯作一犹人语，盖自成其为展堂之诗，岂屑屑然追摹唐宋诸大家，计较其似不似哉！余尝论诗之为道，无贵贱贤否，无不为者也。古之豪杰若刘季、项籍、诸葛孔明、斛律金类，有一二传作横绝一世，然不得谓之诗人也，所抱负郁积者久，偶一触发，已倾匡倒箧而无余矣。展堂奔走国事，世所推豪杰巨子也，而所为诗，乃读书人本色，绝不作大言以惊人。呜乎！此其所以为诗人之诗也欤！重光协洽嘉平，愚弟陈衍叙。①

夏，乐清朱镜宙（字铎民）自甘肃回归故里，途经雁荡山，作诗一首，后请其师陈衍书写，刻石于雁荡山天柱村大坑口岩壁上。原诗和陈衍跋语如下：

天涯草草一劳人，愿与烟霞结比邻。传语山灵坚后约，十年迟我苦吟身。

右门人朱铎民度支是岁自甘肃假归，道经雁宕未登，寄题之作，来苏乞书之以勒石云。丁丑立夏日，八十二叟衍。②

6月16日，发表诗作《释堪五十生日次韵山谷柳生文武甚四首赠之》，刊于《青鹤》第5卷第15期。

6月29日，由苏州返闽度暑假。后冒盛暑伏案为说诗社勘定诗篇。

《侯官陈石遗先生年谱》卷八：六月廿九日返里。门人龚达青惕庵丈长子，能诗。觞公于可然亭，真在座，公健啖善饭如昔。③

---

① 胡汉民：《不匮室诗钞》卷首，广州：广州编译局，1931年。

② 中国人民政治协商会议乐清市委员会学习、文史委员会编：《乐清文史资料·第十四辑·乐清人文荟萃》，第245页，2001年。

③ 《陈石遗集·附录一》，第2085页。

6 月，《说诗社诗录》四卷刊行，福州中西印书局排印。

7 月，任教于无锡国专时的自编教材《宋诗精华录》，由商务印书馆线装铅印出版，1938 年再版。全书分宋诗为初盛中晚四期，每期一卷。

陈衍《宋诗精华录叙》：孟轲氏有言曰："由汤至于武丁，贤圣之君六七作。"又曰："武丁朝诸侯，有天下，犹运之掌也。"《诗·车攻》小序云宣王能内修政事，外攘夷狄，复文武之境土；修车马，备器械，复会诸侯于东都。此言殷、周二代之中兴也。其事虽大，可以喻小。诗文之中兴，何莫不然？清袁简斋，文人之善谑而甚辩者也。有数人论诗，分茅设蕝，争唐宋之正闰，质于简斋。简斋笑曰："吾惜李唐之功德，不逮姬周，国祚仅三百年耳！不然，赵宋时代，犹是唐也。"由斯以谈，唐诸大家，譬如殷之伊尹、仲虺、伊陟、巫咸，周之周公、太公、召公、散宜生、南宫适；宋诸大家，譬如殷之甘盘、傅说，周之方叔、召虎、仲山甫、尹吉甫矣。然吾之选宋诗，抑有说焉。《虞书》曰："诗言志，歌永言，声依永，律和声。八音克谐，无相夺伦。"伦理也。孟子所谓"始条理""终条理"也。《虞书》又曰："戛击鸣球，搏拊琴瑟以咏"，"下管鼗鼓，合止柷敔，笙镛以间。"故《礼》曰："歌者在上，匏竹在下，贵人声也。"《诗》曰："鼗鼓渊渊，嘒嘒管声，既和且平，依我磬声。"盖声音之道，由细而大，戛击鸣球，所以作止乐。总言之也，合止柷敔，所以合乐止乐。终言之也，土木与石，皆声音之细者。若琴瑟、下管、鼗鼓、笙镛，则丝竹金革，悠扬铿锵鞺鞳，皆声音之由细而渐大也。《关雎》之诗曰："琴瑟友之""钟鼓乐之"；《鹿鸣》之诗曰："鼓瑟吹笙""吹笙鼓簧"，又曰："鼓瑟鼓琴"，无用柷敔者，而合乐则不废柷敔，故长篇诗歌，悠扬铿锵鞺鞳者固多，而不无沉郁顿挫处，则土木之音也。然如近贤之祧唐宗宋，祈向徐仲车、薛浪语诸家，在八音率多土木，甚且有土木而无丝竹金革，焉得命为“律和声，八音克谐”哉！故本鄙见以录宋诗，窃谓宋诗精华，乃在此而不在彼也。丁丑初夏，石遗老人书。①

陈衍《宋诗精华录》卷一案：此录亦略如唐诗，分初、盛、中、晚。吾乡严沧浪高典籍之说，无可非议者也。天道无数十年不变，凡事随之。盛极而衰，衰极而渐盛，往往然也。今略区元丰、元祐以前为初宋；由二元尽北宋为盛宋，王、苏、黄、陈、秦、晁、张具在焉，唐之李、杜、岑、高、龙标、右丞也；南渡茶山、简斋、尤、萧、范、陆、杨为中宋，唐之韩、柳、元、白也；四灵以后为晚宋，谢皋羽、郑所南辈，则如唐之有韩偓、司空图焉。此卷系初宋，西崑诸人，可比王、杨、卢、骆；苏、梅、欧阳，可方陈、杜、沈、宋。宋何以甚异于唐哉！②

7月4日，门人龚达青招饮。是日陈衍饮食如常。

《侯官陈石遗先生年谱》卷八：七月四日复召，真以事阻未往。③

7月7日，晚，王真来访，侍坐匹园竹林下，陈衍侃侃而谈，认为女子应读韩诗，并谈鬼神及人死后有无灵魂等玄理，王真闻所未闻。

《侯官陈石遗先生年谱》卷八：七日晚趋谒，侍坐匹园竹林下，公侃侃谈诗，以女子宜多读韩诗，并谈及神鬼之

① 陈衍评点，曹中孚校注：《宋诗精华录》叙，成都：巴蜀书社，1992年，第1—2页。

② 陈衍：《宋诗精华录》卷一，第1页。

③ 《陈石遗集·附录一》，第2085页。

道，死者有无灵魂等。所说玄理，多为前人未道者。入夜尚留少坐而别，孰知遂成永诀。呜呼痛哉！①

7月8日，旧历六月初一日，上午见客，中午疝气大作，晚，在侯官故居文儒坊三官堂（今大光里8号）逝世，享年八十二。

上海《大公报》（1937年7月9日）：〇陈石遗逝世〇诗人陈石遗八日十二时因疝气病逝世，享年八十。**【按：有误，应为“八十二岁”。】**

上海《大公报》（1937年7月13日）：〇诗人老去文章在，道装朱履了此生。陈石遗逝世纪详〇【**福州通信**】国学泰斗老诗人陈石遗（衍），日前甫从苏州携眷返闽，身体健康，尤胜于前，识者咸谓期颐可期，陈亦以此自豪。本月七日之夕，先生与门弟子畅谈，几逾夜分。提及客岁染病，不药而痊，群羡矍铄，陈闻之喜形于色，且答之曰：“阎罗王亦怕我也。”不属翌日（八日）疝气夙疾忽作，先后延中日医师诊治，乃以年老（今年八十有二），不禁药力，至晚九时，忽焉不起。门生故旧，闻耗哀恸欲绝，京沪友好李拔可等，均纷纷电闽慰唁。陈之长孙亮度等，此时尚留寓苏州，乃拍发急电，嘱其即日南下奔丧。陈遗体十日上午十一时成殓，往吊者极为踊跃，由福州说诗社主持祭礼。氏恒对友人谈话，每主丧葬从俭，自言死后愿作道装朱履，至多上衣十五层，下着十三层，家人九日乃遵意备办，然以百物昂贵之福州，仅此已需五百余元。盖氏原讲学无锡，上月二十九日方返梓，继续整理本省通志，月领本省修志经费三百元。今岁预拟编完《职官志》，及《名胜志》，以竟全功。《名胜志》中，散失至二十八县，材料不易搜集，今竟功亏一篑，殊为

① 《陈石遗集·附录一》，第2085—2086页。

憾事。氏逝世时无遗言，惟逝前曾对门人谈话中，谓渠所撰诗文及序文，不可增减一字。其平日对子孙垂训尚多，异日将家人笔述传后。早著有《石遗室诗话》，行世已久，近作更多，有《近代名人诗钞》，尚未完稿。陈以八十有二之年，勤劳无息，平生官钱及卖文所得，积达十余万元。闽苏均置有厦屋，嫡出三子均早逝。长媳王氏年已五九，有孙多人。七十许时尚纳一妾，生子三人，最幼者仅三岁，随侍苏州。客岁归来，为子孙割分产业另炊，其余现金及苏州业产，将留予其爱妾及新出三子云。

《侯官陈石遗先生年谱》卷八：八日夏历六月初一日。上午，公如例见客，及午疝气大作，延医注射痛止，进牛乳一器，卧藤榻，自言甚适。日晡思溺，扶掖而起，目即瞠视，不能坐，无所言。九时徐瞑而逝。公归里未及旬，病不竟日，殆有得于《庄子》所云“来者夫子委时，去者夫子委顺”之旨者欤？①

钱锺书《石语》：二十六年夏，得许大千信，则丈以疝气卒矣。欷歔惝怳，为诗以哭。②

黄濬《花随人圣庵摭忆补篇》：石遗先生以七月八夕捐馆舍，予中夜闻耗，悲不自胜。先生侨居苏州，岁归里销夏以为常，今年买舟春申，予诣送，出寄赵尧老一律诗叩质，才十日事，未料忽然一瞑。予有三诗哭师，所谓：“归里岁销夏，北帆秋为期。今年独诣送，逆旅还说诗。回思冻梨色，神采犹植鳍。”所谓：“老为过江人，还叩鹤市屋。每要车中谈，辄恨驿路促。坏墙见西山，此景谓不复。岂知造化炉，萎哲嗟更速。”皆杂述近事，“坏墙能见翠微山”，余

① 《陈石遗集·附录一》，第2086页。

② 钱锺书：《石语》，第473页。

《重过小秀野草堂》句，先生所屡称者。然终惭不及众异挽先生第二诗中之“死生真细事，吾恐书种断。国危兵又起，一去宜不返”二十字括举而沉痛也。……众异挽诗中，所谓“并世不数人，我里见尤罕。谁能治朴学，着眼到文苑。公兼畅园长，每绳左海短”者，事实，亦公论也。①

7月9日，上午，大殓。

《中央日报》（1937年7月10日）：〇陈石遗在闽逝世，享年八十二，著作等身，昨日行殓〇中央社福州九日电：陈石遗先生于八日晚十二时逝世，享年八十二岁。陈石遗先生名衍，福建闽侯人，为近代名儒，诗学大师。先生生于咸丰六年，为诗人木庵先生（书）之弟，八岁能仿写《水晶宫》《雁门关》传奇，十三岁已有诗名。光绪壬午举人，为宝竹坡得意门生。三十一岁入台湾巡抚刘铭传幕。三十四岁佐张亨嘉学使，入湘阅试卷。戊戌入湖广总督张之洞幕，前后八年，为张创官钱局，译诸新书，与沈子培等论诗倡和，号为同光体。中间举经济特科，戊戌张入都，亦入学部。自是先后任京师译学馆、北京大学经科文科讲席多年。民国五年，始回闽为编纂通志局总纂。七十岁为厦门大学教授。七十五岁《通志》八百余卷刊成，移家苏州，与章太炎、唐蔚芝等主讲无锡国学专修馆等。又历在各处毕罗国学。今夏五月二十七日以事回里病殁。生平著述有《考工记辨证补疏》《周礼辨证》《礼记辨证》《说文举例》《说文辨证》《通鉴纪事本末书后》《元诗纪事》《元诗癸集补》《渔洋感旧集小传》《补订闽诗录》《闽诗录辛集》《石遗室诗话》，及《近代诗钞》等，凡十五六种。七十五岁以后之著述，尚有《石遗室论

① 黄濬：《花随人圣庵摭忆》，第997—998页。

文》一卷、《诗话续编》四卷，及徇商务印书馆之亲，为《金诗纪事》《辽诗纪事》。又选《宋诗精华录》精选，仅三百首；《续近代诗钞》，尚未发行。先生长身癯立，健谈有风趣，门弟子遍各省。八十岁后，犹乘飞机游峨嵋，只身往来苏锡京沪，未尝携仆从。生平曾于南皮座上，力救太炎，与胡皆深结契云。

中央社福州九日电。老诗人陈石遗，日前自苏州返闽，摒挡家事。八日疝气夙病忽作，先后延中医诊治，乃以年老，药力难奏效，至晚九时逝世，年八十有二。陈氏讲学无锡，嫡出三子，皆早逝。有孙多人。年七十许时纳一妾，生子三人，最幼者仅三岁，随侍苏州。陈氏诗名满海内，主修《福建省志》，仅及大半。深夜由其家属通信无锡国学专修馆、上海国学学会等处报丧。九日上午大殓。

《申报》（1937年7月10日）：〇老诗人陈石遗逝世〇【福州】闽中尊宿陈石遗先生以疝疾逝世。陈毕生致力学术，所著经小学书多种，尤以诗名。《福建省志》即所纂修。享年八十二岁。（九日专电）

8月1日，梁鸿志发表《陈石遗先生挽诗》，刊于《青鹤》第5卷第18期。

8月8日，安葬于福州西关外梅亭文笔山。

《侯官陈石遗先生年谱》卷八：八月八日夏历七月初三日安葬西门外梅亭文笔山。[1]

唐文治《陈石遗先生墓志铭》：陈先生石遗，侯官诗文学大名家，与余乡试同年，长余九岁，尊之曰先生。光绪中叶，相识于嘉兴沈子培先师座中。其气刚以直，其言辨以

① 《陈石遗集·附录一》，第2086页。

晳，其品高峻不可方物，余心折之，然踪迹犹疏。迨辛未岁，门人叶长青介先生来无锡，佐余主国学专修学校讲席，欢然道故，聚首七年。丁丑四月去之闽，无离别可怜色。乃七月得耗，先生死矣，惊怛欲哭而无泪。逾月，其孙光度来，稽首请铭。呜呼！余虽不忍铭先生，然后死之责，不容不铭。

先生家世潜德，祖讳起龙，考讳用宾，俱赠如例。兄弟四人，曰书，曰豫，曰迁。用宾公年五十，生先生，故名曰衍，石遗其字。姿禀特异，五岁已能背诵《四子书》《毛诗》《春秋左氏传》。少长，读书数行下，长老名宿皆叹奇之。光绪壬午举于乡，主试宝竹坡学士，于是文名藉甚。再试春官，不中第，遂无意进取。作诗、古文辞，下笔迅捷，日盈者寸。年三十一，出宾台抚刘公铭传幕。越四年，湖南学使闽同乡张文厚公燮钧，函聘总校，得人为盛。当是时，南皮张文襄公之洞督两湖，以经术文学号召天下，其幕府极一时之选。闻先生名，安车以征，先生年四十三矣。宾主相得极欢，每当长夜，张灯集诸名士，赋诗饮酒，论古证今，先生一言出，率屈其座人，文襄敬礼之。值四方多故，外患迭乘，国家锐意变政。文襄高掌远蹠，开铁路，兴工厂，遣留学，储通材，苦费无所出，用先生言，仿造外国暗字银纸，创铸当十铜元，行用南北十数省，余利至千百万，有裨国用至巨。先生又请以中国自有金铸造金币，以百十万建织呢厂，可支三十年国用，文襄迟回未克行。厥后有以铜元流弊訾建议者，先生曰："吾知裕国便民而已，知我罪我，非所计也。"光绪壬寅，开经济特科，招绩学异能之士，文襄以先生荐。及终试，文襄索先生卷不得，则已为他人所抑矣。先生笑曰："吾岂以此为重耶?"学部创立，征先生为主事，兼礼部礼学馆，凡有关学术邪正，盛衰兴亡，必奏记长官，侃侃无诎。旋应北京大学教职，先后讲授南北各大学，垂四十年。口讲指画，胥归实用，士林争附矣。尝纂《福建通志》，竭晚年精力，是非褒贬，一秉大公。别立《儒行传》，敦崇庸德庸言，盖前史志所未有云。

自古元黄交战之会，必有刚毅英杰之才，扶持乾坤之正气，以贞下而起元。我国自政体改革以来，纪纲废弛，缀学之徒，叫嚣隳突，醉心欧化，侮慢圣贤，甚至倡废孔之议。先生人格严峻，凛然不可犯。其言曰："孔子圣之时，赞《易》则言革命，《礼运》表大同。昏不知者，乃于孔教有违言，可谓失之毫厘，谬之千里。"呜呼，斯言也，非能体天地之心而开贞下起元之运者耶？洎先生殁后，风云骤变，飞鸟以凶，民生之惨罹其毒者，至于口不忍言，笔不忍述，而先生不及见，庸非福乎？惟余与先生皓首订交，诉合无间。回忆壬申之春，时局不靖，先生避居余寓，一角危楼，患难与共，谭论经史，往往莫逆于心，相视而笑，此景宛然目前。一旦长别，感念人琴，怆怀身世，情何以堪！先生为文，凡四五千篇，体曲而直，辞矫以健。他人或出于作为，先生则纯任自然，平淡苍老，于子厚、介甫为近。其所为诗，风骨高骞，时时发明哲理，天怀高旷，自言得于山水游为多。其他所著书凡数十种，都百余万言，余尝总序其目。其平生事实，具详年谱，特举其荦荦大者著于篇，用备史官采择。

先生生于清咸丰丙辰四月八日，民国二十六年七月八日卒，享寿八十有二。配萧夫人，讳道管，常随先生游历诸名胜，卓然女学儒宗，著有《列女传集解》等书数种，载清史馆列传。簉室李氏。子七：声暨、声渐、声被、声讫，萧夫人出，皆前卒；桐吉、亮吉、雍吉，李氏出。女二，兰卿，适林；师葛，适吴，亦萧出。孙六：光威、光度、光衡、光量、光权、光准。明德之后，必有昌者。以时事孔棘，即于殁后一月渴葬于西门外文笔山之原。

铭曰：闽学权舆，龟山浡兴。罗李绍述，紫阳丕承。气节挺秀，松柏菁菁。先生体兹，正直劲清。蔚为文章，纬史经经。扩为诗话，艺苑式型。天纵大雅，俶傥不群。活国大计，胸罗无垠。中年佐幕，广雅心倾。经济鸿博，浩气纵横。都讲大学，竹箭南金。大成小造，天下门生。足迹所历，西华北岳。昔年罗浮，今春巴蜀。炳炳烺烺，书篇盈橐。子长追踪，名山巨作。七六来锡，题我新屋。一灯荧然，论文角逐。四月言别，后期宿诺。天胡不淑，灵光隳落。学人莘莘，群失矩矱。烽烟满地，望风遥哭。有子兟兟，有孙擢擢。我铭以贞，千秋高躅。①

是年，叶长青作《石遗室诗注》及《陈石遗年谱》续编，未完。

《石遗室诗话续编》卷一：叶长青方注《石遗室诗》。②

---

① 《陈石遗集·附录一》，第2170—2172页。

② 《石遗室诗话续编》卷一，第546页。

附录：挽诗辑录

挽石遗年丈

李宣龚

经师例上寿，胡为不憖遗。举世不读书，失君真可悲。车载老矍铄，骤然成暌离。何事甘首丘，九原无鼓鼙。

归船带书局，期以两月至。艺文三百载，犹待补乡志。篮舆才就饮，顿与世相弃。恃健奴群医，一瞑等儿戏。

八闽论诗派，七琴而三琶。松寥不足尊，秋江非所夸。旷代梅都官，正声不停挝。下视徐庚尘，岿然成一家。

海滨治朴学，星凤灿可数。苟能振其绪，一变即邹鲁。说诗引儒行，此义盖已古。莫诋郑巢经，声病出训诂。

元诗有纪事，岂能无辽金。一笑颔吾语，老夫力能任。惜哉近代诗，绝弦谁赏音。历乱一屋鞋，纸堆终难寻。

官家铸铜圆，州县受其累。万钞换一饼，吏治遂扫地。南皮实尸之，非君所有事。著书竟云云，毋遒近功利。

武昌就公饭，餍我必重肉。斜街小秀野，作客辄不速。割烹非有要，得饱谓已足。食单走天下，亦不酱瓿覆。

力贫争一钱，纵欲要有趣。田庐差自给，无待问后顾。孙枝森成林，书种略摆布。况复有寅哥，何须嫁阿鹜。

蜀游降乌迹，乱山翠嶙峋。郊迎来是翁，绝倒天上人。乌尤别香宋，寺僧亦沾巾。涪万闻杜鹃，死生两遗民。

缅怀朱筲河，垂老发奇思。幔亭虚一席，主客商易位。又闻流香涧，吾父有题字。他年求刻石，并作先友记。①

石遗卒于福州

郑孝胥

狂且之狂能几时，历诋名教姑自欺。奄然媚世靡不为，使我不忍与言诗。石遗已矣何所遗，平生好我私以悲。少善老睽将语谁？听水而在其知之。

老如待决囚，死期固必至。勇哉子曾子，得正斯可毙。石遗独大言，阎罗方我畏。入川且登华，八十又加二。诸郎虽蚤逝，晚子还几辈。忽然作长别，盖世信豪气。平生喜说诗，扬抑穷一世。所言或甚隽，所作苦不逮。乃知诗有骨，惟俗为难避。牧斋才非弱，无解骨之秽。②

石遗先生挽诗

钱锺书

几副卿谋泪（先生《续诗话》评余二十岁时诗，以汤卿谋、黄仲则为戒。……），悬河决溜时（先生甚赏放翁祭朱子文“倾长河注东海之泪”云云。余按此说本《世说》顾长康自道哭桓公语，一作“悬河决溜”）。百身难命赎，一老不天遗。竹垞弘通学（先生尝语余，其生平似竹垞者若干事，集中有诗言之；论清初学人亦最推朱。盖其博综略类。……），桐江瘦淡诗（先生诗学诗格皆近方虚谷。时人不知有《桐江集》，徒以其撰诗话，遂拟之随园耳）。重因风雅惜，匪特痛吾私。

八闽耆旧传，近世故殊伦。蚝荔间三绝（……先生集中七绝尤胜于五古），严高后一人。坏梁逢丧乱，撼树出交亲。未敢门墙列

---

① 李宣龚著、黄曙辉点校：《李宣龚诗文集》，第156—158页。

② 郑孝胥：《海藏楼诗集》，第478—479页。

(宋严仪卿之《诗话》、明高廷礼之《品汇》，皆闽贤挹扬风雅、改易耳目者。先生影响差仿佛之)，酬知只怆神。[①]

哭石遗四首

林思进

海内知交尽，怆然又哭君。期颐疑可数，淹速欲何云。只道前期易，宁堪此路分。同昏慨八表，无处赋停云。

回首斜街宅，谈诗三十年。重逢过吴下，留命话桑田。老喜文章富，人推湖海传。网罗心不倦，亲切对时贤。君方续《近代诗钞》。

健蹠从来负，看山兴最多。"石遗矜健蹠，蠕蠕西山根。"林畏庐题予南河泊修禊诗也。高吟满南北，近两年遍游华山罗浮桂林。收脚到岷嶓。秀句峨眉雪，归帆巫峡波。明明酒阑语，后会竟蹉跎。

书到裁三日，还家能几旬。曾君克耑来成都见访，尚携君苏州书致予。如何奠楹梦，偏感钓游身。稿断闽中记，君为补《福建通志》而归。仙疑梅子真。吴门栖隐地，从此失诗人。[②]

挽陈石遗丈

包树棠

烟水南归一叶舟，谁知血食赴湖楼。青天蜀道行逾壮，白发吴门迹久留。大老岂惟尊左海，诗名何止遍神州。宗图不作西江派，无已诚斋共一邱。(过吴中，丈持论如此，盖所历境界多。)

带得京华两鬓尘，遂过长者石湖滨。栖霞红叶添诗料，邓尉梅花滞远人。故里竟随沧趣逝，平生颇与海藏亲。南街日访鸡林

---

① 钱锺书：《槐聚诗存》，北京：生活·读书·新知三联书店，1995年，第16—17页。

② 林思进：《清寂堂集》，第362页。

贾，破烂遗书卖等身。①

挽陈石遗先生四首

王用宾

先生垂暮客吴门，遭际诗人例蹇屯。讲授不知老将至，词章足唤国之魂。箧中杂著千秋业，海内灵光一殿尊。太息归舟天上去，闽江风雨夜沉昏。先生于二十六年七月八日晚殁于福州。

今春杖履过都门，倾盖初逢笑语温。枉顾有缘问奇字，忽归无计驻高轩。来京二日枉顾未遇，赴谭甚畅，送之车站，摄影而别。虎邱雅叙成虚约，梅陇遗书怆旧痕。石室凄凉诗话绝，骚坛嗣是不堪论。

近代诗钞仔细翻，咸同以降百家存。平章风雅别神韵，针砭浮姱折众言。自揣才情太疏脱，更惭格律许高骞。先生书云：诗律高骞雪亮若此尤不易得。述删上断祁春圃，又采狂吟到鹤村。又书云：近得《南輶吟草》及《制言》所载，稍觉珠玉满前矣，大作出笔清刚而结想不凡，诗人之诗，非达官贵人之诗，已精选十之七八入《续钞》。

乌乌瓦缶正纷喧，赖有丝桐播雅言。一代诗名动天下，三千弟子满公门。深情跂续䜣集，又书云：晋地古诗人渊薮，近代最服膺者祁春圃，先生续轨䜣，跂予望之。大笔亲题半隐园。为予题半隐圃额三纸，墨汁犹新。衰退文风须振奋，词宗零落几人存。②

挽石遗诗老

陈含光

塞北江南沸若糜，诗翁决去似前知。生持变雅离骚柄，亲见

---

① 《集美周刊》第22卷第9期。

② 王用宾：《王用宾诗词辑》，太原：北岳文艺出版社，2011年，第20—21页。

明昌大定时。四海倦归丘首卧，群生今逼剑头炊。芳尊腊鼓琅邪邸，一夕清欢系蒙思。

挽陈石遗翁

夏承焘

雅志侨吴集，吟程出峡船。青山犹浩荡，白旐忽翩跹。短鬓昌诗后，横流通袖前。平生辽海鹤，出处莫相怜。

闽赣论诗派，翁宁私一乡？星辰自鸿庑，身世亦龟堂。哀志文原忌，危弦晚定伤。独怜钓台约，梦路比江长。【按：又题《挽石遗老人》。其一“白旐忽蹁跹”作“白旐忽飞翔”；“出处莫相怜”作“出处倘相怜”。末注“谓郑苏堪”。其二“身世亦龟堂”句后有注“翁论诗爱放翁”；“哀志文原忌”句后有注“世有怪翁诗好为谐笑者。‘文章尤忌数悲哀’，荆公句”。“危弦晚定伤”句后有“翁有《朱丝词》”。“梦路比江长”句后有“五年前谒翁吴门，约其游富春，不果来”。】①

陈石遗先生挽诗

梁鸿志

弱年入京校，北面受诸学。铿锵解经人，视我独岳岳。斜街盛花事，招饮亦频数。朱生芷青每同游，公谓得一珏。说诗如说法，了义无追琢。平生气盖世，独立意何卓。谓公当期颐，谁信梦已觉。地下沧趣翁，积疑待商榷。

并世不数人，我里见尤罕。谁能治朴学，着眼到文苑。公兼惕园长，每绳左海短。死生真细事，吾恐书种断。国危兵又起，一去宜不返。神游定八极，笙鹤偕道管。公配萧道管夫人蚤卒。人

---

① 夏承焘：《天风阁诗集》，杭州：浙江文艺出版社，1982年，第60页；夏承焘：《天风阁学词日记》第一册，第528页。

间处裈虱，礼法困嵇阮。天马谁受羁，我惭闻道晚。

我诗懒寄人，诗话勤见搜。时时誉无盐，益我引镜羞。公醉颜如花，铅椠老不休。杯酒身后名，于我胥浮沤。回思岁辛亥，社集从春游。存者今几人，诸老皆山邱。诗魂往不复，禊事谁更修。愿持彻泉泪，并入家江流。

闻归未浃旬，阅报惊不起。弥留果何状，道远无由揆。心头别时面，神王语殊旨。私惭论征献，于我屈一指。筼河武夷主，事诞义则史。期公踵其后，魂气终不死。别时以朱筼河死后为武夷君事见询。哭寝今未能，于义何敢诔。作诗写吾哀，同声有黄李。秋岳、拔可。①

哭石遗师三首

黄 濬

不寐郁烦汗，搅问哆以悲。悲哉十日别，永与函丈辞。归里岁销夏，北帆秋为期。今年独诣送，逆旅求说诗。回思冻梨色，神采犹植鳍。乘化了无朕，穷臆还有疑。所疑烦歒顷，弥留必同时。无分启手足，咽泪酸自知。

斜街拜苍颜，夜雨洗修竹。春服吾初成，朱芷青梁共熏沐。卅年此芳尊，毕世味在腹。中间相笃意，欲纪笔愁秃。老为过江人，鹤市卬新屋。遮要车中谈，每恨驿路促。坏墙见西山，此景谓不复。岂知天仍妒，萎哲事更速。载醪后无期，当寝余一哭。

论诗隘非隘，立身伉最强。心笔晚相适，自近白与杨。先生晚为乐天诚斋之诗。小儿勿轻疑，试覗囊中方。无隐出三昧，豁征攻膏肓。熟观归自求，何体非同光。世人好分别，文字称吾乡。庸知万夫杰，八九皆凋亡。平生学句法，浅短子贡墙。泯泯闭门

① 《青鹤》第5卷第18期，1937年8月1日。

老，谁复裁予狂。[1]

挽石遗

董 卿

青芝携酒梦犹萦，笠泽浮家岁几更。诗教太邱元自广，食单尼父不嫌精。盖棺早定藏山业，透纲真成纵壑行。料为世纷妨佛慧，炮车愁望海云生。[2]

哭石遗

赵 熙

海内晨星尽，惊心哭日斜。常为彭祖戏，遽启福州嗟。抱病宜无药，抛诗独返家。参差三凤小，何计觅桐花。[3]

传闻石遗老人捐馆舍赋感

陈中凡

闽中噩耗转来迟，将信犹疑不自持。蒿目茫茫难入梦，寄怀惘惘失唁词。当今肝胆凭谁共，论古文章忆我师。惆怅凉风起天末，召魂无地寇氛滋。[4]

---

① 《青鹤》第5卷第18期，1937年8月1日。
② 《青鹤》第5卷第18期，1937年8月1日。
③ 《赵熙集》，第871页。
④ 陈中凡：《清晖集》，第24页。

参 考 文 献

白敦仁：《水明楼文集》，杭州：浙江古籍出版社，2015 年。

宝廷：《偶斋诗草》，上海：上海古籍出版社，2012 年。

北京图书馆编：《民国时期总书目（1911—1949）》文学理论、世界文学、中国文学卷，北京：书目文献出版社，1992 年。

毕树棠：《螺君日记》，北京：海豚出版社，2014 年。

卞孝萱、唐文权编：《民国人物碑传集》，南京：凤凰出版社，2011 年。

曹经沅遗稿、王仲镛编校：《借槐庐诗集》，成都：巴蜀书社，1997 年。

常任侠著，郭淑芬、常法韫、沈宁编：《常任侠文集》，合肥：安徽教育出版社，2002 年。

陈宝琛：《沧趣楼诗文集》，上海：上海古籍出版社，2013 年。

中国社会科学院科研局编：《陈步集》，北京：中国社会科学出版社，2007 年。

陈禅心：《沧桑集》，莆田：福建省莆田市城厢区海外联谊会，1995 年。

钱英才、陈明吉主编：《陈汉章全集》，杭州：浙江古籍出版社，2014 年。

陈庆元主编：《谢章铤集》，长春：吉林文史出版社，2009 年。

陈声暨编、王真续编、叶长青补订：《侯官陈石遗年谱》，台北：广文书局，1971 年。

陈槻：《诗人陈衍传略》，台北：台北市“林森县”文教基金会，1999年。

陈国安、钱万里、王国平编：《无锡国专史料选辑》，苏州：苏州大学出版社，2012年。

陈鸣树主编：《二十世纪中国文学大典》，上海：上海教育出版社，1994年。

陈名实：《闽越丛谈》，厦门：厦门大学出版社，2012年。

陈平原、谢泳等：《民国大学：遥想大学当年》，北京：东方出版社，2013年。

陈庆元：《福建文学发展史》，福州：福建教育出版社，1996年。

陈庆元：《诗词研究论集》，成都：巴蜀书社，1998年。

陈三立：《散原精舍诗文集（增订本）》，上海：上海古籍出版社，2014年。

陈烈主编：《小莽苍苍斋藏清代学者书札》，北京：人民文学出版社，2013年。

陈融：《黄梅花屋诗稿》，何氏至乐楼丛书之三十二，1989年影印本。

陈声聪：《填词要略及词评四篇》，广州：广东人民出版社，1986年。

陈书：《木庵居士诗》，清光绪三十二年（1906）武昌刻本。

黄曾樾编：《陈石遗先生谈艺录》，上海：中华书局，1931年。

陈衍撰、陈步编：《陈石遗集》，福州：福建人民出版社，2001年。

陈衍：《石遗室诗话》，北京：人民文学出版社，2004年。

陈衍辑撰、王庆生增订：《金诗纪事》，上海：上海古籍出版社，2012年。

陈勇主编：《民国史家与史学（1912—1949）——民国史家

与史学国际学术研讨会论文集》，上海：上海大学出版社，2014 年。

陈曾寿：《苍虬阁诗集》，上海：上海古籍出版社，2012 年。

陈柱：《待焚诗稿》，上海：中国学术讨论社，1929 年。

陈柱：《待焚诗稿二集》，民国二十二年（1933）陈氏十万卷楼刻本。

陈柱著，崔龙、沈切编选：《守玄阁文稿选》，上海：中国学术讨论社，1938 年。

陈柱：《柱尊诗选》，北流：苏州大学（原无锡国专）广西校友会，1991 年。

程恩泽：《程侍郎遗集》，清道光二十六年（1846）刻本。

程千帆：《唐代进士行卷与文学　古诗考索》，北京：商务印书馆，2014 年。

程翔章、程祖灏：《樊增祥年谱》，武汉：华中师范大学出版社，2017 年。

党玉敏、王杰主编：《冯振纪念文集》，桂林：广西师范大学出版社，2000 年。

邓穆卿：《成都旧闻》，成都：成都时代出版社，2005 年。

杜春和、韩荣芳、耿来金编：《胡适论学往来书信选》，石家庄：河北人民出版社，1998 年。

樊增祥：《樊樊山诗集》，上海：上海古籍出版社，2004 年。

范烟桥著、赵国忠编：《鸥夷室文钞》，北京：海豚出版社，2013 年。

房兆楹、杜联喆编：《增校清朝进士题名碑录附引得》，北平：哈佛燕京学社，1941 年。

冯双编著：《邹鲁年谱》，广州：中山大学出版社，2010 年。

福建省文史研究馆编：《百年闽诗（1901—2000）》，福州：

海风出版社，2004 年。

福建省仙游县文体广电出版局编、黄志强编著：《李耕国画研究》，厦门：厦门大学出版社，2015 年。

福建省政协文史资料委员会编：《文史资料选编 · 文化编》，福州：福建人民出版社，2001 年。

中国人民政治协商会议福建省委员会文史资料编辑室编：《福建文史资料（选辑）》第三辑，福州：福建人民出版社，1964 年。

《福建师范大学文学院百年学术大系》编委会编：《福建师范大学文学院百年学术大系》，福州：海峡文艺出版社，2007 年。

傅宏星编撰：《钱基博年谱》，武汉：华中师范大学出版社，2007 年。

龚联寿编著：《中华对联大典》，上海：复旦大学出版社，1998 年。

顾潮：《顾颉刚年谱》（增订本），北京：中华书局，2011 年。

顾颉刚：《顾颉刚日记》，台北：联经出版事业股份有限公司，2007 年。

顾颉刚：《顾颉刚书信集》，北京：中华书局，2011 年。

顾季慈辑、谢鼎镕补辑：《江上诗钞》，上海：上海古籍出版社，2003 年。

顾炎武：《顾炎武全集》，上海：上海古籍出版社，2011 年。

郭前孔：《中国近代唐宋诗之争研究》，济南：齐鲁书社，2010 年。

顾国华编：《文坛杂忆全编》，上海：上海书店出版社，2015 年。

何绵山：《闽台文学论》，北京：海洋出版社，2012 年。

何维栋：《十六观斋遗集》，民国十四年（1925）铅印本。

何振岱：《何振岱日记》，福州：福建人民出版社，2016 年。

胡汉民：《不匮室诗钞》，民国二十年（1931）铅印本。

胡嗣瑗：《直庐日记》，北京：中华全国图书馆文献缩微复制中心，1994年。

胡思敬：《退庐全集》，沈云龙主编：《近代中国史料丛刊》第四十五辑，台北：文海出版社，1970年。

胡晓明、李瑞明编著：《近代上海诗学系年初编》，上海：上海教育出版社，2003年。

黄濬：《花随人圣庵摭忆》，北京：中华书局，2008年。

黄侃著、黄延祖重辑：《黄侃日记》，北京：中华书局，2007年。

黄乃江：《东南坛坫第一家——菽庄吟社研究》，武汉：武汉出版社，2011年。

黄式苏著、张炳勋编注：《黄式苏集》，北京：线装书局，2009年。

黄书孟主编：《名山留一席——林社文史汇编》，杭州：西泠印社出版社，2013年。

金和：《秋蟪吟馆诗钞》，上海：上海古籍出版社，2009年。

黄荣春主编：《福州十邑摩崖石刻》，福州：福建美术出版社，2008年。

黄荣春编著：《福州市郊区文物志》，福州：福建人民出版社，2009年。

江庸：《江庸诗选》，北京：中央文献出版社，2001年。

金梅：《悲欣交集：弘一法师传》，福州：福建教育出版社，2012年。

金天羽：《天放楼诗文集》，上海：上海古籍出版社，2007年。

柯愈春：《清人诗文集总目提要》，北京：北京古籍出版社，2002年。

孔庆茂：《丹桂满庭芳：无锡钱氏家族文化评传》，郑州：郑州大学出版社，2013 年。

李秉乾编：《福建文献书目》（增订本），排印本，2003 年。

李灿煌、粘良图选编：《古檗山庄题墨选萃》，厦门：厦门大学出版社，2005 年。

李独清：《李独清文史论文选》，贵阳：贵州大学出版社，2014 年。

李洪岩：《钱锺书与近代学人》，天津：百花文艺出版社，2007 年。

李开军：《陈三立年谱长编》，北京：中华书局，2014 年。

李灵年、杨忠主编：《清人别集总目》，合肥：安徽教育出版社，2000 年。

李瑞明：《雅人深致：沈曾植诗学略论稿》，哈尔滨：黑龙江人民出版社，2009 年。

李宣龚：《李宣龚诗文集》，上海：华东师范大学出版社，2009 年。

李详著、李稚甫编校：《李审言文集》，南京：江苏古籍出版社，1989 年。

李肖聃：《星庐笔记》，长沙：岳麓书社，1983 年。

李永翘：《张大千年谱》，成都：四川省社会科学院出版社，1987 年。

黎仁凯等著：《张之洞幕府》，北京：中国广播电视出版社，2005 年。

连横：《台湾诗乘》，沈云龙主编：《近代中国史料丛刊续编》第五十一辑，台北：文海出版社，1978 年。

梁鼎芬：《节庵先生遗诗》，上海：华东师范大学出版社，2012 年。

梁艳青：《陈柱文学思想研究》，北京：人民日报出版社，

2016 年。

林本椿主编：《福建翻译家研究》，福州：福建教育出版社，2004 年。

林葆恒：《瀼溪渔唱》，民国二十七年（1938）上海林葆恒瀼溪精舍铅印本。

林葆恒编、张璋整理：《词综补遗》，上海：上海古籍出版社，2005 年。

林传甲著，况正兵、解旬灵整理：《林传甲日记》，北京：中华书局，2014 年。

林东源：《坚守在荒寒之路——陈衍评传》，福州：福建教育出版社，2006 年。

林公武：《师堂丛录》，上海：上海科学技术文献出版社，2015 年。

林国梁主编：《福建兴化文献》，台北：台北市莆仙同乡会，1978 年。

林惠祥著、蒋炳钊编：《天风海涛室遗稿》，厦门：鹭江出版社，2001 年。

林纾：《畏庐琐记》，上海：商务印书馆，1924 年。

林纾：《畏庐诗存》，上海：商务印书馆，1934 年。

林纾著，李家骥、李茂肃、薛祥生整理：《林纾诗文选》，北京：商务印书馆，1993 年。

林纾著，夏晓虹、包立民编注：《林纾家书》，北京：商务印书馆，2016 年。

林思进著，刘君惠、王文才等选编：《清寂堂集》，成都：巴蜀书社，1989 年。

林薇：《百年沉浮——林纾研究综述》，天津：天津教育出版社，1990 年。

林韵芬：《石遗老人评传》，台北：华兴书局，1978年。

刘成禺：《洪宪纪事诗本事簿注》，太原：山西古籍出版社，1997年。

刘桂秋：《无锡国专编年事辑》，北京：中国大百科全书出版社，2011年。

刘建萍：《诗人何振岱评传》，福州：海潮摄影艺术出版社，2004年。

刘立身：《闽菜史谈》，福州：海风出版社，2012年。

刘培育主编：《虞愚文集》，兰州：甘肃人民出版社，1995年。

刘小云编著：《陈柱往来书信辑注》，桂林：广西师范大学出版社，2015年。

刘衍文、艾以主编：《现代作家书信集珍》，上海：汉语大词典出版社，1999年。

刘衍文：《寄庐茶座》，上海：汉语大词典出版社，2004年。

柳诒徵著、文明国编：《柳诒徵自述》，合肥：安徽文艺出版社，2013年。

龙沐勋：《风雨龙吟室丛稿》，上海：商务印书馆，1931年。

鲁迅：《鲁迅全集》，北京：人民文学出版社，2005年。

陆阳：《唐文治年谱》，上海：上海三联书店，2013年。

陆阳：《无锡国专》，南京：凤凰出版社，2011年。

陆胤：《政教存续与文教转型——近代学术史上的张之洞学人圈》，北京：北京大学出版社，2015年。

栾梅健：《民间的文人雅集：南社研究》，上海：东方出版中心，2006年。

伦明等：《辛亥以来藏书纪事诗（外二种）》，北京：北京燕山出版社，1999年。

马卫中、董俊珏：《陈三立年谱》，苏州：苏州大学出版社，

2010 年。

茅海建：《戊戌变法史事考二集》，北京：生活·读书·新知三联书店，2011 年。

茅海建：《戊戌变法的另面：〈张之洞档案〉阅读笔记》，上海：上海古籍出版社，2014 年。

冒怀苏编著：《冒鹤亭先生年谱》，上海：学林出版社，1998 年。

闽都文化研究会编：《闽都文化与台湾》，福州：海峡文艺出版社，2015 年。

闽侯县政协委员会编：《闽侯历代楹联选》，福州：福建美术出版社，2007 年。

缪荃孙著，张廷银、朱玉麒主编：《缪荃孙全集·日记》，南京：凤凰出版社，2014 年。

牛仰山编：《1919—1949 中国近代文学论文集·概论·诗文卷》，北京：中国社会科学出版社，1988 年。

齐白石：《齐白石自述：从穷孩子到艺术大师》，南昌：江西教育出版社，2015 年。

钱玄同著、杨天石主编：《钱玄同日记》（整理本），北京：北京大学出版社，2014 年。

钱锺书：《谈艺录》，北京：中华书局，1984 年。

钱锺书：《七缀集》，上海：上海古籍出版社，1985 年。

钱锺书：《槐聚诗存》，北京：生活·读书·新知三联书店，1995 年。

钱锺书：《石语》，北京：生活·读书·新知三联书店，2002 年。

钱仲联：《梦苕庵诗话》，济南：齐鲁书社，1986 年。

钱仲联：《梦苕庵论集》，北京：中华书局，1993 年。

钱仲联著、周秦整理：《钱仲联学述》，杭州：浙江人民出版社，1999 年。

钱仲联编著：《近代诗钞》，南京：江苏古籍出版社，2001年。

程颂藩：《程伯翰先生遗集》，《清代诗文集汇编》本，上海：上海古籍出版社，2010年。

三联书店编辑部编：《“东方杂志”总目》，北京：生活·读书·新知三联书店，1957年。

上官涛、胡迎建编注：《近代江西文存》，北京：社会科学文献出版社，2015年。

上海博物馆图书馆编：《冒广生友朋书札》，上海：上海书画出版社，2009年。

上海图书馆编：《中国近代期刊篇目汇录》，上海：上海人民出版社，1965年。

邵元冲著，王仰清、许映湖标注：《邵元冲日记》，上海：上海人民出版社，1990年。

沈阳市文史研究馆编：《沈延毅先生纪念集》，沈阳：辽宁人民出版社，2002年。

沈卫威编著：《“学衡派”编年文事》，南京：南京大学出版社，2015年。

沈瑜庆等：《涛园集（外二种）》，福州：福建人民出版社，2010年。

沈云龙：《近代史事与人物》，台北：文海出版社，1971年。

沈曾植著、钱仲联校注：《沈曾植集校注》，北京：中华书局，2001年。

石铭吾著，赵松元、杨树彬点注：《慵石室诗钞》，北京：线装书局，2007年。

时萌：《常熟近代文学五家》，常熟市政协文史编辑委员会，1995年。

菽庄吟社辑：《菽庄林先生暨德配云环龚夫人五十寿言》，北京：九州出版社、厦门：厦门大学出版社，2004 年。

孙克强、杨传庆、裴喆编著：《清人词话》，天津：南开大学出版社，2012 年。

汤志钧：《戊戌变法人物传稿》，北京：中华书局，1961 年。

汤志钧编：《章太炎政论选集》，北京：中华书局，1977 年。

汤志钧编：《章太炎年谱长编（1868—1918）》，北京：中华书局，1979 年。

唐惠虎、朱英主编：《武汉近代新闻史》，武汉：武汉出版社，2012 年。

唐文治：《茹经先生自订年谱正续篇》，台北：文海出版社，1986 年。

唐文治著、文明国编：《唐文治自述》，合肥：安徽文艺出版社，2013 年。

汪辟疆撰、王培军笺证：《光宣诗坛点将录笺证》，北京：中华书局，2008 年。

汪辟疆著、张亚权编：《汪辟疆诗学论集》，南京：南京大学出版社，2011 年。

王鸿猷编著：《南楼随笔》，上海：新文化书社，1935 年。

王森然：《近代二十家评传》，北京：书目文献出版社，1987 年。

王桐荪、胡邦彦、冯俊森等选注：《唐文治文选》，上海：上海交通大学出版社，2005 年。

王业晋主编，黄健敏、李宁整理：《李仙根日记·诗集》，北京：文物出版社，2006 年。

王揖唐：《今传是楼诗话》，沈阳：辽宁教育出版社，2003 年。

王用宾：《王用宾诗词辑》，太原：北岳文艺出版社，2011 年。

王元化主编：《学术集林》（卷三），上海：上海远东出版社，1995 年。

王兆鹏、龙建国主编：《2006 词学国际学术研讨会论文集》（二），南昌：百花洲文艺出版社，2007 年。

许宝蘅：《许宝蘅日记》，北京：中华书局，2010 年。

汪辟疆：《汪辟疆文集》，上海：上海古籍出版社，1988 年。

汪辟疆：《光宣以来诗坛旁记》，沈阳：辽宁教育出版社，1998 年。

汪毅：《走近张大千》，成都：四川大学出版社，2002 年。

汪兆镛纂辑：《碑传集三编》，香港：大东图书公司，1978 年。

魏泉：《士林交游与风气变迁：19 世纪宣南的文人群体研究》，北京：北京大学出版社，2008 年。

文丕衡编辑：《蜀风集：文守仁先生遗著》，新津县政协文史资料委员会，1998 年。

吴保初：《北山楼集》，合肥：黄山书社，1990 年。

吴昌硕：《吴昌硕诗集》，桂林：漓江出版社，2012 年。

诸家合编：《台湾诗钞》，《台湾文献史料丛刊》第八辑，台北：台湾大通书局，1987 年。

王卫民编校：《吴梅全集·日记卷》，石家庄：河北教育出版社，2002 年。

吴俊、李今、刘晓丽、王彬彬主编：《中国现代文学期刊目录新编》，上海：上海人民出版社，2010 年。

吴剑杰：《张之洞年谱长编》，上海：上海交通大学出版社，2009 年。

徐世昌编：《晚晴簃诗汇》，北京：中华书局，1990 年。

吴天任：《梁节庵先生年谱》，台北：艺文印书馆，1979 年。

吴新雷、姚柯夫、梁淑安、陈杰编纂：《清晖山馆友声集》，南京：江苏古籍出版社，2000 年。

无锡碧山吟社编：《碧山吟草》第十四期，无锡：无锡碧山吟社，2000 年。

夏承焘著、吴无闻注：《天风阁诗集》，杭州：浙江文艺出版社，1984 年。

夏敬观：《忍古楼诗续》，沈云龙主编：《近代中国史料丛刊》第九十七辑，台北：文海出版社，1973 年。

夏思痛撰，王佩良、张茜编：《夏思痛集》，长沙：岳麓书社，2009 年。

象山县政协文史资料委员会编：《经史学家陈汉章》，合肥：黄山书社，1997 年。

萧穆撰、项纯文点校：《敬孚类稿》，合肥：黄山书社，1992 年。

谢其铨、郭斌编纂：《于山志》，北京：大众文艺出版社，2009 年。

新文丰出版公司编辑部编：《丛书集成续编·文学类》第一一八册，台北：新文丰出版公司，1989 年。

熊月之主编：《稀见上海史志资料丛书》，上海：上海书店出版社，2012 年。

许全胜：《沈曾植年谱长编》，北京：中华书局，2007 年。

徐俊西主编，袁进、黄坤编：《海上文学百家文库·009·郑孝胥　沈曾植　朱祖谋　况周颐卷》，上海：上海文艺出版社，2010 年。

徐珂编撰：《清稗类钞》，北京：中华书局，1984 年。

徐爽编：《冼玉清研究纪念文集》，桂林：广西师范大学出版社，2015 年。

徐一士：《一士谭荟》，北京：中华书局，2007 年。

徐兆玮：《徐兆玮日记》，合肥：黄山书社，2013 年。

杨丽娟：《学海遗珍：仪征刘氏家藏书札笺注》，扬州：广陵书社，2014 年。

杨萌芽：《古典诗歌的最后守望——清末民初宋诗派文人群体研究》，武汉：武汉出版社，2011年。

杨萌芽：《清末民初宋诗派文人群体活动年表》，郑州：河南大学出版社，2008年。

严迪昌：《清词史》，南京：江苏古籍出版社，1990年。

孙应祥、皮后锋编：《〈严复集〉补编》，福州：福建人民出版社，2004年。

王栻主编：《严复集》，北京：中华书局，1986年。

汪征鲁、方宝川、马勇主编：《严复全集》，福州：福建教育出版社，2014年。

姚柯夫：《陈中凡年谱》，北京：书目文献出版社，1989年。

姚鹓雏：《姚鹓雏文集·诗词卷》，上海：上海古籍出版社，2009年。

姚永概：《慎宜轩日记》，合肥：黄山书社，2010年。

叶长青：《国魂集》，无锡：民生印书馆，1936年。

叶大庄：《小玲珑阁词》，清光绪二十一年（1895）刻本。

叶贤恩：《王葆心传》，武汉：崇文书局，2009年。

易顺鼎：《琴志楼诗集》，上海：上海古籍出版社，2004年。

游友基：《闽都文学与文化漫论》，厦门：鹭江出版社，2013年。

于弘颠：《弘颠吟稿》，上海：商务印书馆，1929年。

郁达夫：《闲书》，南京：译林出版社，2015年。

俞明震：《觚庵诗存》，上海：上海古籍出版社，2012年。

俞樟华、胡吉省：《桐城派编年》，北京：人民文学出版社，2015年。

虞愚：《虞愚自写诗卷》，厦门：厦门大学出版社，1989年。

袁志成：《晚清民国福建词学研究》，福州：福建人民出版社，2013年。

袁作、黄崇艺、黄乐心编注：《流香诗选》，北京：北京燕山出版社，2001年。

恽毓鼎：《恽毓鼎澄斋日记》，杭州：浙江古籍出版社，2004年。

臧惠千主编：《一柳草堂诗文稿》，北京：中国戏剧出版社，2012年。

张帆、刘建萍主编：《同光体闽派诗歌评析》，福州：海潮摄影艺术出版社，2005年。

张晖：《龙榆生先生年谱》，上海：学林出版社，2001年。

张晖：《张晖晚清民国词学研究》，南京：南京大学出版社，2014年。

张晖著、张霖编：《朝歌集》，杭州：浙江大学出版社，2014年。

张晖编：《忍寒庐学记：龙榆生的生平与学术》，北京：生活·读书·新知三联书店，2014年。

张人凤、柳和城编著：《张元济年谱长编》，上海：上海交通大学出版社，2011年。

张旭、车树昇编著：《林纾年谱长编》，福州：福建教育出版社，2014年。

张旭、车树昇、龚任界编著：《陈宝琛年谱》，福州：福建人民出版社，2017年。

张寅彭主编：《民国诗话丛编》，上海：上海书店出版社，2002年。

张煜：《同光体诗人研究》，上海：中西书局，2015年。

张璋、职承让、张骅、张博宁编纂：《历代词话续编》，郑州：大象出版社，2005年。

赵麟斌主编：《闽文化的历史思辨》，上海：同济大学出版社，2012年。

赵熙：《香宋诗钞》，成都：四川人民出版社，1986年。

王仲镛主编：《赵熙集》，成都：巴蜀书社，1996年。

劳祖德整理：《郑孝胥日记》，北京：中华书局，1993年。

郑孝胥：《海藏楼诗集》，上海：上海古籍出版社，2003年。

郑逸梅：《人物品藻录初编》，上海：日新出版社，1946年。

郑逸梅：《近代野乘》，上海：新中书局，1948年。

郑逸梅：《郑逸梅选集》，哈尔滨：黑龙江人民出版社，2001年。

郑逸梅：《先天下之吃而吃》，上海：上海文艺出版社，2015年。

周达：《安徽东至周氏近代诗选（东至周氏家乘之一）》第四分册，合肥：安徽文艺出版社，2004年。

周建屏、王国平主编：《苏州大学校史研究文选》，苏州：苏州大学出版社，2008年。

周文华主编：《乐山历代诗集》，乐山：乐山市市中区地方志办公室，1995年。

周薇：《传统诗学的转型——陈衍人文主义诗学研究》，上海：上海三联书店，2006年。

周薇：《陈衍诗歌选评注》，上海：上海三联书店，2013年。

朱鹏著、南航编注：《朱鹏集》，北京：线装书局，2009年。

朱文华：《风骚余韵论——中国现代文学背景下的旧体诗》，上海：复旦大学出版社，1998年。

朱希祖：《朱希祖日记》，北京：中华书局，2012年。

朱元曙、朱乐川：《朱希祖先生年谱长编》，北京：中华书局，2013年。

朱则杰：《清诗考证》，北京：人民文学出版社，2012年。

朱乔森编：《朱自清全集》第九卷《日记编》，南京：江苏教育出版社，1998年。

朱自清著、商金林编：《大家国学·朱自清卷》，天津：天津人民出版社，2008年。

朱祖延：《朱祖延集》，武汉：崇文书局，2011 年。

邹鲁：《澄庐诗集》，沈云龙主编：《近代中国史料丛刊》第五十六辑，台北：文海出版社，1966 年。

邹然主编：《中国文学批评史》，北京：北京大学出版社，2006 年。

张士伟：《陈衍的经济思想研究》，河北大学硕士学位论文，2007 年。

黄萍荪主编：《四十年来之北京》初集第二辑，上海：子曰社，1950 年。

国学专刊社编：《国学专刊》（全四期），上海：上海群众图书公司，1926 年 3 月—1927 年 10 月。

国风报馆编：《国风报》（全十册），北京：中华书局，2009 年。

梁启超主编：《庸言》（全八册），北京：中华书局，2010 年。

后　　记

本年谱的编写和出版，得到中共福建省委宣传部资助项目、福建省社会科学研究基地重大项目、福建省财政厅文化建设支持计划、福建省闽江学者奖励计划、中国翻译文献整理研究中心、广西民族大学外国语言文学一级学科博士点资助计划的支持，在此谨表谢意。

2012 年我调至福建工程学院工作。这是一所典型的以工科为主的院校。为了发展文科、加强学校的人文研究力量，学校在原文化传播系和外语系的基础上组建人文学院，我承乏院长之职。我们选择从福建地方文化研究着手，围绕学校前身苍霞精舍的几位创始人展开研究。其后，学校又成立了福建地方文献整理研究中心，很快将其培育成校重点研究机构。接下来，我们的研究团队决定从年谱编撰入手，推出“闽人年谱丛书”。2014 年，我率先出版了《林纾年谱长编》；2017 年，又出版了《陈宝琛年谱》。在编撰的过程中，我接触到大量的文献，而陈衍是一个高频率出现的人物，他和学校的几位创始人有着密切的交往。陈衍在中国近代学术史、文学史和教育史上地位显赫，对中国近代化建设也有特殊贡献，更重要的是，他早年也曾涉足翻译，由此进入了我的关注视野。我决定为陈衍新编一部年谱。

我们在编写过程中得到诸多领导、师长和朋友的帮助和支持，他们分别是福建工程学院前任校长蒋新华、吴仁华书记、童昕校长、章正祥副书记、苏建新教授、刘冰泉教授、戴光荣教授、薛学财博士、李良博士、邓少平博士、王亮博士，台湾“中央研究院”单德兴教授，台湾大学沈冬教授，台湾中国文化大学杨锡彬副教授，业师清华大学罗选民教授，北京外国语大学王克非教授，首都师范大学叶培贵教授，中南大学孟泽教授，中山大学王东风教授，南京国际关系学院杨晓荣教授，华东师范大学潘文国教授，厦门理工学院魏志成教授，福建师范大学方宝川教授，广西民族大学谢尚果校长、卞成林书记、宁耀副书记、陈应鑫副书记、李珍刚副校长、张正英教授、覃修桂教授、杨令飞教授、张跃军教授、李学宁教授、刘雪芹教授，福建人民出版社江中柱编审，还有文化人士卢仁龙先生以及学棣肖志兵、苏玉鑫、孙艳、蓝岚、胡卫伟、王茹、李乐驰、李玉东、巩同伟等。正是有了他们的勉励和支持，是书才得以最终面世，在此谨表谢意。

张　旭

戊戌初夏于邕城相思湖畔

图书在版编目（CIP）数据

陈衍年谱/张旭，车树昇，龚任界编著. --福州：福建人民出版社，2020.11
（闽人年谱丛书）
ISBN 978-7-211-08468-5

Ⅰ.①陈…　Ⅱ.①张…　②车…　③龚…　Ⅲ.①陈衍（1856—1937）一年谱　Ⅳ.①K825.6

中国版本图书馆 CIP 数据核字（2020）第 103207 号

陈衍年谱

编　　著： 张　旭　车树昇　龚任界
出版发行： 福建人民出版社　　**电　　话：** 0591-87533169(发行部)
网　　址： http://www.fjpph.com　　**电子邮箱：** fjpph7211@126.com
地　　址： 福州市东水路 76 号　　**邮政编码：** 350001
经　　销： 福建新华发行（集团）有限责任公司
印　　刷： 福州德安彩色印刷有限公司
地　　址： 福州市仓山区浦上工业园 B 区 42 幢
开　　本： 890 毫米×1240 毫米　1/32
印　　张： 15.5
字　　数： 372 千字
版　　次： 2020 年 11 月第 1 版
印　　次： 2020 年 11 月第 1 次印刷
书　　号： ISBN 978-7-211-08468-5
定　　价： 70.00 元

本书如有印装质量问题，影响阅读，请直接向承印厂调换。